构建现代化产业体系

以宁夏回族自治区为例

刘雪梅　张满闯　孙治一　等　著

国家行政学院出版社
NATIONAL ACADEMY OF GOVERNANCE PRESS

·北京·

图书在版编目（CIP）数据

因地制宜构建现代化产业体系：以宁夏回族自治区
为例 / 刘雪梅等著 . -- 北京：国家行政学院出版社，
2025. 6. -- ISBN 978-7-5150-2980-1

Ⅰ. F127.43

中国国家版本馆 CIP 数据核字第 2025EA6061 号

书　　名	因地制宜构建现代化产业体系——以宁夏回族自治区为例
	YINDI ZHIYI GOUJIAN XIANDAIHUA CHANYE TIXI——YI NINGXIA
	HUIZU ZIZHIQU WEI LI
作　　者	刘雪梅　张满闯　孙治一　等 著
统筹策划	王　莹
责任编辑	孔令慧
责任校对	许海利
责任印刷	吴　霞
出版发行	国家行政学院出版社
	（北京市海淀区长春桥路 6 号　100089）
综 合 办	（010）68928887
发 行 部	（010）68928866
经　　销	新华书店
印　　刷	中煤（北京）印务有限公司
版　　次	2025 年 6 月北京第 1 版
印　　次	2025 年 6 月北京第 1 次印刷
开　　本	170 毫米 × 240 毫米　16 开
印　　张	24.25
字　　数	363 千字
定　　价	86.00 元

本书如有印装问题，可联系调换，联系电话：（010）68929022

目录
CONTENTS

战略编

产业编

战略编

第一章

现代化产业体系构建与宁夏区域发展定位

2024年6月20日，习近平总书记在宁夏考察时指出，宁夏地理环境和资源禀赋独特，要走特色化、差异化的产业发展路子，构建体现宁夏优势、具有较强竞争力的现代化产业体系。强化科技创新和产业创新融合，加大科技成果转化应用力度，促进传统产业转型升级，培育战略性新兴产业，因地制宜发展新质生产力。[①]

现代化产业体系应当满足完整性、先进性、安全性三个特征，包括现代化农业、现代化工业、现代化服务业和现代化基础设施。建设现代化产业体系应当把握五个重要原则：坚持以实体经济为重，防止脱实向虚；坚持稳中求进、循序渐进，不能贪大求洋；坚持三次产业融合发展，避免割裂对立；坚持推动传统产业转型升级，不能当成"低端产业"简单退出；坚持开放合作，不能闭门造车。[②]产业是创新的载体，创新是一种"创造性破坏"，是产业体系新陈代谢的重要力量。建设现代化产业体系与新质生产力的形成和发展相辅相成。

现代经济处于开放的世界中，我国在建设现代化产业体系过程中必须

---

① 《建设黄河流域生态保护和高质量发展先行区　在中国式现代化建设中谱写好宁夏篇章》，《人民日报》2024年6月22日。

② 许召元：《建设现代化产业体系要把握的重要原则》，《经济日报》2023年8月31日。

有国际视野，要立足国情，统筹开放和安全，实现高质量发展和高水平开放的良性互动。各地区要有全国一盘棋的全局观，立足区情明确自身在国家发展中的定位，因地制宜构建现代化产业体系。

第一节　全球竞争中的现代化产业体系

产业体系的现代化既包括新的现代化产业的形成与发展，又包括传统产业的现代化改造，其关键是发展新质生产力。习近平总书记指出："要及时将科技创新成果应用到具体产业和产业链上，改造提升传统产业，培育壮大新兴产业，布局建设未来产业，完善现代化产业体系。"[1]

区分传统产业、新兴产业和未来产业的标准是其所提供的商品或服务，而非其使用的技术与生产方式。传统产业可以通过现代化改造升级提高其经济或社会效益，推动其高质量发展。传统产业是已经产生和发展较长时间的产业，面临着盈利能力下降、增长动力衰减、能耗高、生态环境效益差的问题，推动新技术、新业态、新模式的应用是改造提升传统产业的重要手段。新兴产业即制造新商品或提供新服务的产业，一般具有较大的发展空间，其中战略性新兴产业是对社会经济的长远发展具有重大引领作用的产业。战略性新兴产业与未来产业具有相似之处，它们都是基于重大科技创新或技术突破，具有较高发展潜力，对其他产业发展具有牵引作用，对国家发展具有重大影响的产业。它们的不同之处在于战略性新兴产业在技术上已经较为成熟，而未来产业尚处于萌芽阶段。[2]

现在全球竞争就是构建现代化产业体系能力的竞争。各主要经济体竞相改造提升传统产业，培育壮大新兴产业，布局建设未来产业，厚植竞争优势，争取在全球竞争中占得先机。

---

① 习近平：《发展新质生产力是推动高质量发展的内在要求和重要着力点》，《求是》2024年第11期。

② 《未来产业知多少》，《兵团日报》2024年1月15日。

一、改造提升传统产业

根据产业生命周期理论，产业的发展周期主要包括幼稚期、成长期、成熟期、衰退期。传统产业一般经过了较长时间的发展，技术得以广泛传播，很多产业处于成熟期或衰退期，有些文献也将处于衰退期的传统产业称为"夕阳产业"。但是，并非所有产业都会按顺序经历这四个周期。传统产业中很大一部分是满足人们基础需求的支柱产业，其需求长期保持稳定，对商品量的需求随着人们收入的提升或偏好的变化温和地变动，对质的需求随着经济发展不断提高。传统产业改造提升的方向是高端化、智能化、绿色化、融合化。

（一）高端化

传统产业高端化要求不断改进生产技术或提升其在产业链上的地位，向"高、精、尖"迈进，使这些产业重新焕发活力。传统产业高端化将提高其产品或服务的附加值、企业形象和品牌价值。传统产业的市场需求较为稳定，难以实现爆发式增长，在中低端进行价格竞争最终会遇到增长的天花板，抢占高端市场是实现经济持续增长的必由之路。根据全球价值链理论，实现传统产业升级的路径主要有工艺升级、产品升级、功能升级和链条升级。其中，工艺升级的目的主要是生产效率的提高，产品升级、功能升级、链条升级指向的就是产业高端化。

传统产业的高端市场基本被老牌发达国家占据。英国、美国、意大利等在服装设计领域处于领先地位，英国戴森的吸尘器、吹风机相对于小米的同类型产品价格贵了几倍甚至几十倍，光学镜头有很多生产厂家，但目前只有蔡司能够生产 EUV 光刻机镜头。中国的高端市场消费规模在不断增长，产品质量也逐渐获得认可进入高端市场，如电子产品、核反应堆、高速铁路等。

推动传统产业高端化关键在于创新。各主要经济体争相制定鼓励创新的政策，美国有对折旧再投资的税收抵减、新产品试制的贷款优惠、高新技术研发的资金支持、新产品包销等政策；日本采取了新老技术结合，技术改造、引进、消化和创新结合，技术创新与管理现代化结合，鼓励技术改造、设备更新、高技术发展等政策。[①]

（二）智能化

信息与通信技术的发展深刻地改变了人们的生产生活方式及行政管理方式。生活上的改变是普通人最能直接感受到的，移动支付、在线教育、在线医疗、智能家居等改变了人们的生活方式。"智慧城市"融合了智慧政务、智慧应急和智慧交通，是未来城市的新形态。信息与通信技术对生产方式的改变可以区分为"数字产业化"与"产业数字化"。数字产业化即数字要素转化为商业价值，最终形成独立的数字产业的过程；产业数字化即对传统产业进行改造升级，赋予传统产业新的活力。[②]

中国电子技术标准化研究院分四个维度研究传统产业数字化，即业务模式、技术范式、组织方式与文化意识。从业务模式讲，由传统的"以产品为中心"注重产品质量和生产效率的模式转向"以客户为中心"注重客户个性化需求、客户体验的模式，客户参与生产的多个环节；从技术范式讲，大数据、人工智能等新技术的应用提升了生产能力与风险预警能力，数据逐渐成为核心要素；从组织方式讲，数字化导致层级式组织架构向网络化、扁平化转变；从文化意识讲，数字化引领企业更加重视数字素养。[③]见图1-1。

产业智能化是数字化的高级阶段，它运用人工智能、物联网、大数据等新兴技术，提升传统产业的效率、安全性、灵活性、交互性，推动产业高质量发展。传统产业的智能化需要智能化技术、智能化设备同运用技术与设备的技术人才和管理人员结合，因此推动传统产业智能化离不开相关产业发展、智能化基础设施建设、智能化人才培养等的支撑。

产业智能化包括智慧农业、智能制造、智能服务等。智慧农业运用遥

---

① 王育宝、胡芳肖：《国外运用高新技术改造传统产业的经验》，《科学学与科学技术管理》2007年第2期。

② 孙占利、付蓓静：《"数字产业化"的界定与统一规范使用》，《征信》2022年第12期。

③ 中国电子技术标准化研究院：《制造业数字化转型路线图（2021）》，第14—22页。

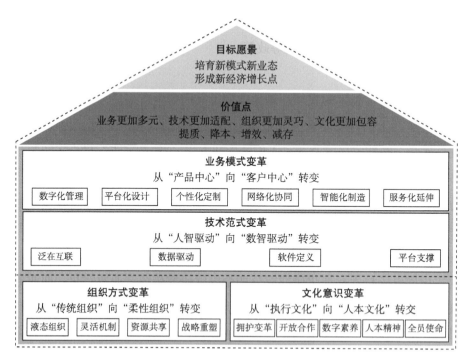

图1-1 制造业数字化转型体系

资料来源：中国电子技术标准化研究院《制造业数字化转型路线图（2021）》。

感技术、地理信息系统、气象监测与数字化技术，改造农业生产与流通过程。德国2021年发布了《德国耕地战略2035》，支持智慧农业发展；美国农业生产面临高昂的人力成本压力，非常重视农业技术的研发，推动农业集约化和智能化远程控制技术的发展；日本面临老龄化和年轻人不愿从事农业的问题，推动自动化技术在农业方面的应用。智能制造是20世纪80年代末兴起的概念。日本早在1988年就提出了智能制造系统的概念，于1990年推出了"智能制造系统 IMS"，项目计划投资10亿美元，有美国、加拿大、欧共体等多个经济体参与。智能服务，如智能物流、智能客服、智能医疗，已被大面积运用。亚马逊利用深度学习模型和大数据，进行4亿多种商品的需求和销量预测，是人工智能与物流业产业融合的典范。随着自然语言处理（NLP）技术的进步，客服机器人如今被广泛使用，能够识别顾客的简单需求，并提供相应的解决方案，ChatGPT、谷歌 Duplex 等智能客服的应用对国际客服行业造成了严重的冲击。谷歌健康的 AI 模型在检查乳腺癌的准确度上甚至超过了放射科医生。

（三）绿色化

近年来，资源、环境与生态问题日益突出，传统产业绿色转型的需求日益迫切。对保护环境与追逐利润的关系的认识，从"环保成本观"向"绿色生产力观"转变。以企业的短期利益衡量，绿色生产需要付出额外成本；以社会总体和长期利益衡量，保护生态环境就是保护生产力，改善生态环境就是发展生产力。产业绿色化的难点在于如何将社会效益与企业效益、长期效益与短期效益结合起来。

1972 年通过的《联合国人类环境会议宣言》提出对环境的利用、保护与恢复或改善的原则，以及发展中国家与发达国家的权利与责任问题。1992 年通过的《联合国气候变化框架公约》提出了可持续发展的目标，以及和平、发展和保护环境相互依存不可分割的原则。1993 年实施的《生物多样性公约》规定了各国保护生物多样性的义务。1997 年通过的《京都议定书》规定了温室气体减排义务，促成了国际碳排放市场。但是全球环境问题依然日趋严峻，国际合作依然存在不少障碍。据联合国环境规划署报告，2023 年温室气体排放达到历史新高，多数可持续发展目标的治理出现了偏差。虽然如此，但各主要经济体都在布局绿色发展，推动对高能耗、高排放、高污染的传统产业的治理。

在能耗管理上，美国通过健全能效管理、支持节能技术开发、完善节能激励、提供切实有力的支持等政策促进了企业的能效利用；日本拥有完善的法律与管理体系，建立了"能效管理师"制度，形成了良好的政企关系，推动了能效提高；德国建立了健全的法律与监管体系、完善的咨询与服务体系，实施了一系列政府支持项目，促进了节能技术的应用。①

在碳排放上，降低碳排放的途径是使用新型能源和减少各生产环节的消耗。欧洲推出能耗产品（Energy-using Products，EuP）生态设计指令、日

---

① 朱彤、从博云：《美国、日本和德国能效管理的经验与启示》，《中国发展观察》2018年第 Z2 期。

本提出名为《绿色经济与社会变革》的政策草案，推动节能减排，促进绿色制造的发展。

在污染控制上，控制方法从主要依靠末端治理向清洁生产与全过程控制转变。西方发达经济体加强立法，采取预防为主的措施，加大环境治理资金投入，支持防治污染的技术研发及其应用，利用市场机制创建生态园区等，大大削减了污染物排放。①

（四）融合化

产业融合是指不同产业或同一产业的不同行业相互渗透、相互交叉，最终融合为一体，逐步形成新产业的动态发展过程。现代产业融合理论认为，产业融合有 4 个特征，即技术融合、产业边界演化、逐步融合、产业组织。产业融合将促进技术扩散与创新，是传统产业改造升级的重要手段，其中农村一二三产业融合是研究的一个焦点。

不同国家的产业融合化发展模式有其自身特色。如日本的农工结合模式重视农业与科技发展的结合，推动农业生产效率提高与农产品精深加工；美国的农商结合模式注重产业间技术、产品与市场资源的优化配置；法国的农旅结合模式注重乡村旅游的发展。②

新技术是产业融合的内在动力。新技术的发展催生了新业态、新模式，推动了产业融合化发展。阿里巴巴与中石化共建的加油站利用软硬件融合实现了在线支付、智能服务；华为与山东能源集团开发了井下新一代网络技术，推动"AI+ 工业互联网"的应用；美的与腾讯合作的智能家居解决方案推动了传统家电制造与人工智能、物联网的融合发展。

二、培育壮大新兴产业与布局建设未来产业

新兴产业和未来产业是新技术与市场需求结合的产物。新兴产业中

---

① 张笛、曹宏斌、赵赫等：《工业污染控制发展历程及趋势分析》，《环境工程》2022年第1期。

② 宋园园、叶维秋、潘庆等：《国外农村一二三产业融合的主要模式及经验启示》，《农村经济与科技》2020年第5期。

"以重大技术突破和重大发展需求为基础，对经济社会全局和长远发展具有重大引领带动作用的产业"[①] 被称为战略性新兴产业。未来产业是尚处于萌芽期、具有巨大潜力的产业。战略性新兴产业和未来产业是各主要经济体竞争的重点，是决定未来全球竞争格局的关键。

（一）主要经济体对新兴产业与未来产业的规划

各主要经济体根据自身情况出台相应的产业政策，但很多产业政策并没有严格按照新兴产业与未来产业划分，并且各主要经济体选择的重点产业具有很高的一致性。表1-1展示了部分国家未来一段时间的重点产业发展规划。

中国在新兴产业和未来产业的竞争中不甘人后。2010年下发《国务院关于加快培育和发展战略性新兴产业的决定》，明确了七大战略性新兴产业。2023年8月，工信部等四部门联合印发《新产业标准化领航工程实施方案（2023—2035年）》，制定了重点发展的八大新兴产业和九大未来产业的发展规划。八大新兴产业分别是新一代信息技术产业、新能源产业、新材料产业、高端装备产业、新能源汽车产业、绿色环保产业、民用航空产业和船舶与海洋工程装备产业。九大未来产业分别为元宇宙、脑机接口、量子信息、人形机器人、生成式人工智能、生物制造、未来显示、未来网络和新型储能。

表1-1　部分国家新兴产业与未来产业发展规划

国家	相关规划	发布时间	政策制定机构	重点产业
美国	《关键和新兴技术清单》	2024年	美国白宫科技政策办公室（OSTP）	先进计算、先进工程材料、先进燃气轮机技术、先进的网络传感和签名管理、先进制造；人工智能，生物技术，清洁能源的生产与储存，数据隐私、数据安全与网络安全技术，定向能源，高度自动化、自主和无人驾驶与机器人，人机交互，高超声速空气动力学；集成通信和网络技术，定位、导航与授时技术，量子信息与赋能技术，半导体和微电子技术，空间技术与系统

---

① 《十八大报告辅导读本》，人民出版社2012年版，第159页。

国家	相关规划	发布时间	政策制定机构	重点产业
英国	《2022—2027科创战略》	2022年	英国国家科研与创新署（UKRI）	新兴产业：生命科学、空间技术、绿色能源、人工智能、金融科技、创意产业 未来产业：先进材料与制造，人工智能、数字与高级计算，生物信息与基因组学，工程生物学，电子、光子与量子技术，能源、环境与气候科学，机器人与智能机器
法国	《使法国成为突破性技术主导的经济体》	2020年	Benoît Potier 领衔的专家组	法国有领先潜力的十大新兴产业：精准农业与农机设备、健康的可持续食品产业、生物控制、数字医疗、生物疗法与创新疗法、氢能、低碳工业、新一代可持续复合材料、量子技术、网络安全 需关注的其他12个新兴产业：可持续燃料、数据存储与处理基础设施、海洋风力发电、新一代光伏、新型建筑、建筑材料回收、垃圾回收再利用、生物能源产品、数字教学、增材制造、电动汽车电池、嵌入式微微电子硬件与软件
日本	《科学技术创新基本计划（2021—2025年）》	2021年	日本内阁办公室	产业政策：人工智能，生物科技，量子技术，材料科技，健康和医疗，空间技术，海洋技术，食品业、农业、林业、渔业
韩国	《第五个科技总体规划（2023—2027）》	2023年	韩国国家科学技术信息通信部	国家战略技术：半导体与显示器、二次电池、先进移动通信、下一代核能、先进生物、航空航天与海洋、氢能、网络安全、人工智能、下一代通信、先进机器人与制造、量子科技

（二）八大新兴产业的国际竞争态势

1. 新一代信息技术产业

信息技术产业又称信息产业，是运用信息手段或技术，收集、整理、储存、传递信息情报，提供信息服务，并提供相应的信息手段、信息技术等服务的产业。新一代信息技术产业主要包括集成电路、基础器件等硬件制造业，智能终端、嵌入式操作系统等软件业，云计算、人工智能等信息服务业。这些产业相互融合，共同推动新一代信息技术产业的发展。这些产业与现代日常生活和生产方式深刻融合，具有巨大的市场潜力。各主要经济体都很重视新一代信息技术产业的发展，纷纷在自身的产业基础上制定发展战略。

新一代信息技术产业的市场规模不断增长。根据北京电信技术发展产业协会（TD 产业联盟）发布的《全球 5G/6G 产业发展报告（2023—2024）》，2023 年全球 5G 新增用户数达到了 5.6 亿人，总用户数达到了 15.7 亿人，5G 产业价值约为 41.2 万亿元，各主要经济体也在积极布局 6G 产业。南京软件大会上发布的《中国工业软件产业发展研究报告（2024）》显示，全球工业软件的市场规模稳步上涨，2023 年市场规模约为 3.56 万亿元。百谏方略发布的《2024—2030 全球与中国电子元件市场规模分析及行业发展趋势研究报告》认为，全球电子元件市场规模在稳步扩张，并预计 2030 年全球电子元件市场规模将达到 43823.5 亿元。随着信息化、数字化发展，产业规模将进一步扩大。

2. 新能源产业

能源即"可以直接或经转换提供人类所需的光、热、动力等形式能量的载能体资源"①。能源是一切活动的最终驱动力，是经济发展的基础。经济发展对能源的需求不断提高，传统的化石能源不断消耗，并且其带来的污染与碳排放问题越来越受重视，新能源产业逐渐成为推动经济增长的重要引擎。

新能源主要包括太阳能、风能、生物质能、氢能等可再生能源与核能等未来能源。尤其是风能、太阳能的利用技术已经成熟，显示出了强劲的增长势头。风能是广泛分布的能源，通过一定技术手段可将其转换为机械能与电能，是一种环境友好的能源。太阳能是太阳辐射产生的能量，通过光热转换或光电转换可以变成更易储存的能量形式，是一种可再生清洁能源。太阳能温室、物品干燥器、太阳灶、太阳能热水器、光伏发电、太阳电池等都是常见的太阳能的利用形式。在化石燃料日趋减少及生态环境保

---

① 见中国大百科全书（第三版网络版）网站中"能源"词条，https://www.zgbk.com/ecph/words?SiteID=1&ID=196186。

护力度不断增强的情况下，太阳能具有资源充足、长寿、分布广泛、安全、清洁、技术可靠等优点，应用产业市场范围广泛，已成为人类使用能源的重要组成部分。利用半导体界面的光生伏特效应将太阳光线直接转变为电能的技术被称为光伏发电，是当前发展最为迅速的太阳能利用形式。

新能源产业包括能量的利用、输送、储存等过程形成的不断完善的产业链，主要包含新能源发电、并网和关键设备等产业。各主要国家积极推出政策支持光伏发电、新能源电池等新能源产业。20世纪90年代后，美国、德国、日本、瑞士、法国、意大利、西班牙、芬兰等国纷纷制定光伏发展计划，全球光伏发电市场快速发展。瑞士2023年为光伏电池项目提供了6亿瑞士法郎的补贴，并且为2023年10月31日前提交申请的小型光伏系统运营商提供一次性付款资助，150千瓦以上的大型光伏系统提供60%投资成本的一次性付款补贴。2023年，美国能源部公布了1.92亿美元的计划，用以资助电池回收及先进电池技术研发。2024年1月，美国环保署提议制定石油天然气系统排放收费以减少温室气体排放。新西兰商业、创新和就业部领导制定能源战略，旨在2050年实现净零碳排放。芬兰数次追加向新能源公司贷款的预算。当前新能源发电投资已经超过传统能源发电的投资额。国际能源署预测，2023—2028年，全球可再生能源发电装机量至少会翻倍，2025年全球可再生能源发电量将超过煤电成为最大的电力能源，2028年占全球发电量的比例将超过42%，风能和太阳能占比将达到25%。光伏发电的成本不断下降，中国、美国、欧盟等主要经济体加大投资，新能源企业具有良好的获利前景（见图1-2）。[①]

3. 新材料产业

新材料是指新出现的具有优异性能和特殊功能的材料，以及传统材料在成分、工艺改进后性能明显提高或产生新功能的材料。前者如石墨烯，2004年首次从石墨中分离得到，是目前世界上已知最薄的材料，强度比最好的钢高100多倍，同时导电、导热性能优异，具有广泛应用前景。后者如

---

① 资料来源：国际能源署网站，https://www.iea.org/。

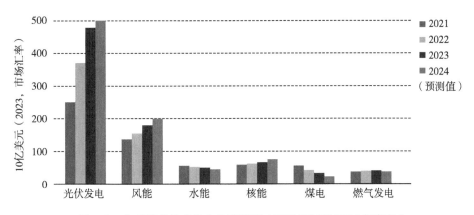

图1-2 全球特定技术发电年度投资（国际能源署2024年发布）

　　铜合金，目前通过成分和工艺的改进，不断提高某方面性能或产生新功能，在信息、能源、高端制造等关键领域得到新的应用。新材料的范畴随着经济发展、科技进步、产业升级发生变化。新材料产业是指以新材料为主要产品或服务的产业，包括新材料的研发、生产、加工、销售等环节。新材料产业是一个高度细分和多元化的产业，涉及多个子行业和领域，如高性能结构材料、先进功能材料、生物医用材料、智能制造材料等。新型材料产业具有基础性、战略性、先导性作用，是制造业发展的重要支撑、产业链提升的关键环节。

　　目前，新材料产业的领军者主要集中在美、欧、日等发达经济体，中国属于第二梯队，除巴西、印度等少数国家外，大部分发展中国家在新材料产业上比较落后。进入21世纪，各主要经济体都高度重视新材料产业的发展，均制定了相应的新材料发展战略和研究计划。2008年金融危机以来，发达国家纷纷启动"再工业化"战略，将制造业作为回归实体经济、抢占新一轮国际科技经济竞争制高点的重要抓手。材料作为制造业的基石，其战略地位日益提升。此外，主要发达国家针对新材料重点领域，如高温合金、碳纤维及复合材料、新型显示材料、新型能源材料、第三代半导体材料、稀土新材料、石墨烯等，还出台了专项政策。

　　随着全球高新技术产业的快速发展和制造业的不断升级，以及可持续发展的不断推进，新材料的产品、技术、模式不断更新，应用领域不断拓展，市场前景更加广阔，对新材料的需求十分旺盛，产业规模持续增长。据统计，2010年全球新材料市场规模超过4000亿美元，到2017年达到2.3万亿美元，2019年达到2.82万亿美元，2020年接近3万亿美元，2026年有望超过6万亿美元，年均复合增速有望超过14%。[①]

信息技术是当前世界经济复苏和推动未来产业革命的重要引擎。信息化的发展水平主要取决于光电信息功能材料，其主流仍然是半导体材料。另外，砷化镓、碳化硅和氮化镓等宽禁带半导体材料也将对光纤通信、互联网作出重要贡献。美国等发达国家在电子信息等关键材料领域占据主导地位。美国为巩固其全球霸主地位，蓄意挑起中美贸易争端，联手其他国家对我国材料产业实施打压。对钢铁、铝等优势基础材料产品实施高关税，对芯片、光刻胶等核心高端材料实施出口禁运，压制我国高技术产业发展。

随着全球经济一体化进程加快，集约化、集群化和高效化成为新材料产业发展的突出特点。新材料产业横向、纵向扩展，上下游产业联系也越来越紧密，产业链日趋完善，多学科、多部门联合进一步加强，形成新的产业联盟。这有利于产品的开发与应用，但是也容易形成市场垄断。大型跨国公司凭借技术研发、资金、人才等优势，以技术、专利等作为壁垒，已在大多数高技术含量、高附加值的新材料产品中占据了主导地位。国际新材料企业呈现集团化、寡头化、国际化发展趋势。例如，日本、德国的5家企业占据了80%以上的半导体硅材料国际市场销售额。

4. 高端装备产业

高端装备产业包括工业机器人、高端数控机床、农机装备、工程机械、医疗装备、智能检测装备、增材制造装备等的基础共性与关键技术、行业标准、整机和核心部件制造等产业，其高端性体现在技术含量高、经济价值高、产业链中的地位高。高端装备产业通常由龙头企业主导，具有高投资、高风险、高收益的特点，其产业链通常涉及多个关键环节，是科技和

---

① 《新材料产业专利预警分析》2024年第5期，汕尾市市场监督管理局网站，https://www.shanwei.gov.cn/swscjdglj/zwdt/tpxw/content/post_1058952.html。

工业能力的集中体现，是高质量发展的重要基础。在全球化背景下，不少高端装备产业是通过国际协同完成的。

西方发达经济体高端装备产业发展早，已经形成了从研发、标准制定到装备制造的体系，拥有较高的国际市场份额，形成了品牌优势。中国当前高端装备产业总体处于追赶阶段，高端机床等领域严重依赖进口；但与国外先进水平的差距在逐步缩小，得益于中国制造业水平的提高和内需市场的扩大，在工业机器人等领域已经处于领先地位。[①]

5. 新能源汽车产业

新能源汽车是指其使用的最终能源脱离了化石能源的汽车，包括一次能源和二次能源，前者有氢能源，后者主要是电能。新能源汽车产业主要包括汽车整车、关键部件、核心元件、智能网联技术和充换电基础设施等。目前国际市场上的新能源汽车电车和混动汽车在销量上占绝对优势。

在全球削减碳排放政策的影响下，各主要经济体都比较重视新能源汽车产业，法国、澳大利亚、爱沙尼亚、德国、荷兰都积极为新能源汽车产业提供补贴及其他政策扶持。新能源汽车产业潜力巨大，国际能源署预测2035年全球电动汽车的市场占比将达到2/3，充电设施将大幅增长，电池技术日益提高，智能驾驶将更加成熟。中国当前是全球新能源汽车最大的制造国、消费国与出口国，2024年中国售出的新能源汽车约占汽车总销量的40.9%，占全球售出的新能源汽车总量的近70.4%[②]。中国在电池与电车制造技术上也处于领先地位。

6. 绿色环保产业

绿色环保产业主要包括绿色制造、节能节水、污染防治、碳排放的核算与监测等技术的产业化。随着人们对绿色环保的重视，绿色环保产业的市场不断扩大，"绿水青山就是金山银山"的理念逐渐深入人心。

各主要经济体争相出台政策扶持绿色环保产业。欧盟委员会发布的

---

① 国际机器人联合会：《2023世界机器人报告》；中金企信国际咨询：《"制造业单项冠军"占有率：机床行业全球及中国市场占有率专项报告（2024版）》。

② 资料来源：国际能源署网站，https://www.iea.org/。

《欧洲绿色协议》确定了三项核心目标：到2050年成为世界第一个气候中立大陆；到2030年实现在1990年基础上降低温室气体排放55%以上的目标；到2030年新植30亿棵树。欧洲创新与技术研究所提案为勘探、采矿、加工全过程及新技术开发，关键、有毒和低性能材料替代，高效利用、报废、回收和延长寿命，监管链等项目提供融资。法国计划5年投资540亿欧元开发材料的回收、再循环利用与再生产。英国政府设立了社会住房减碳基金，并决定2025年后新建住宅要用低碳供暖系统代替天然气锅炉，芬兰2023年增加了1030亿欧元预算用于住宅节能改造。加拿大新斯科舍等省制定了排放定价的系统，并逐年提高价格至每吨最高170加元。[①]

目前，我国的绿色环保产业在国际竞争中优势明显，专利申请数量大幅领先其他国家（见图1-3）。但是，绿色环保产业目前也面临着严峻的挑战。第一，由于环境问题具有明显的外部性，当前绿色环保产业的动力主要来源于政府的资金投入与政策支持，项目吸引社会资本参与的能力较弱。第二，当前绿色环保产业存在周期长、回报率低的问题。我国环保企业主要以小微企业为主，未形成明显的规模效益。

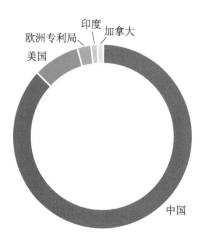

图1-3 截至2022年11月全球环保产业技术分布情况

资料来源：前瞻产业研究院。

① 资料来源：国际能源署网站，https://www.iea.org/。

7. 民用航空产业

民用航空产业主要包括商用飞机、水陆两栖飞机、直升机、无人机及其发动机等关键零部件制造，机载系统的研发，商业运营，适航与管理标准的制定等产业。国际民航组织数据显示全球航空运输业务稳定增长，亚太地区是最大的航运市场，约占全球总业务量的1/3，中东是增速最快的航运市场。[①] 民用航空产业显示出持续的增长能力。

商用飞机制造产业链长、技术门槛高、投资额大、回报丰厚、市场集中度高。当前民航大飞机制造市场主要由波音和空客双寡头垄断，中国商飞有望成长为有力竞争者，加拿大庞巴迪宇航公司和巴西航空工业公司也有一定市场份额。支线客机领域有中国航空工业集团、日本三菱重工等制造商。在水陆两栖飞机市场上，中国航空工业集团也占有一席之地。民用直升机市场主要由美国、意大利等国家的企业占据。民用无人机可分为固定翼无人机和旋翼无人机，广泛应用于农业、地质勘探、摄影等行业。中国在民用无人机领域处于领先地位。在适航标准上，美国与欧洲由于长期的积累，处于领先地位，很多国家直接采用它们制定的标准。中国正在积极构建自己的适航体系，提高自身在国际市场上的话语权。

8. 船舶与海洋工程装备产业

全球贸易的90%是通过海运完成的，船舶工业具有较高的增长潜力。国际船舶市场发展历史显示船舶工业大约每30年出现一次大的周期波动，当前船舶工业仍然具备较高的增长潜力。我国船舶制造业总体上在国际上处于领先地位。根据工信部的数据，2024年上半年我国造船完工量达到2502万载重吨，占世界份额的55%；新接订单量达5422万载重吨，占世界份额的74.7%；手持订单量达17155万载重吨，占世界份额的58.9%，[②] 并且高端船舶订单增长带来丰厚的利润。当前船舶制造业正在向低碳转型，为我国带来了新的机遇。

---

① 资料来源：国际民航组织网站，https：//www.icao.int/Pages/default.aspx。

② 《2024年上半年我国造船三大指标同步增长》，人民政府网站，https：//www.gov.cn/lianbo/bumen/202407/content_6963220.htm。

海洋装备产业包括深海油气开发、海上风电装备、深海采矿装备、大型人工浮岛等产业。当前全球海洋工程装备产业以欧美为第一梯队，它们以高技术产品和总承包为主；韩国、新加坡等国处于第二梯队，以海洋工程装备总装制造为主，具备总承包能力；中国、巴西等国处于第三梯队，以中低端产品制造为主。

（三）九大未来产业的布局

未来产业是处于萌芽状态并具有巨大潜力的产业，其驱动力是颠覆性创新，其前途在于满足经济与社会发展需要的能力。一旦技术成熟，未来产业将进入快速增长期，成为未来的新兴产业。未来产业是下一阶段全球各主要经济体竞争的焦点，但其发展具有较大的不确定性，对未来产业的投资具有较高风险，需要国家的力量予以扶持。

各主要国家都在积极布局未来产业，其关注的未来产业重合度较高，反映出未来高科技发展的方向。当前我们处于信息技术革命延伸与扩散时期，很多未来产业与此相关。第一类未来产业聚焦于信息技术效率的提升，如元宇宙、未来显示、未来网络等；第二类未来产业涉及信息技术对人类能力的扩展，如脑机接口、人形机器人、生成式人工智能。生物技术、量子技术、能源与储能技术、新材料技术、空间技术也广受关注。

第二节　全国统一大市场与现代化产业体系的构建

一、建设全国统一大市场

（一）处理好政府与市场的关系

处理好政府与市场的关系是经济体制改革的核心问题。党的二十大提出"充分发挥市场在资源配置中的决定性作用，更好发挥政府作用"，为全面深化改革指明了方向。有效市场与有为政府有机结合才能充分发挥中国特色社会主义制度优势。

充分发挥市场在资源配置中的决定性作用是市场经济体制的本质要求。

只有充分尊重市场规律，最大限度激发微观经济主体活力，才能使市场经济体制高效运行。充分发挥市场的资源配置作用，要加快转变政府职能，完善产权制度，健全政府的经济决策体系，减少政府对市场的随意干预，坚持有所为有所不为；要破除地方保护主义，促进要素合理流动和高效聚集；要充分调动各类经济主体的积极性，坚持"两个毫不动摇"，依法平等保护各类所有制的经济主体，促进其平等竞争，激发各类经济主体的经济活力；要深化国有经济体制改革和国有资本布局优化、结构重组和战略性调整，推动国有资本做强做优做大；要培育市场竞争力强的经济主体。

社会主义市场经济体制要顺利运行，必须更好发挥政府作用。第一，政府是市场秩序的建立者和维护者，缺乏政府有效管理的市场必将充斥着欺诈与霸凌。第二，自发的市场竞争会导致资本积累、资本积聚与资本集中，产生垄断者与垄断联盟，损害资源配置的有效性。第三，市场无法消除盲目性引起的经济波动，需要政府进行宏观调控。此外，还存在因外部经济、公共物品、财富分配等原因引起的市场失灵。政府要积极研究市场规律，发挥好政策引导作用，优化公共服务水平，改善营商环境，促进共同富裕。

（二）加快建设创新型国家

创新是建设现代化产业体系的战略支撑，党中央提出了加快建设创新型国家的战略任务和到2035年将我国建成科技强国的战略目标。加快建设创新型国家是统筹国内国际两个大局，统筹高质量发展与高水平安全，转变传统经济增长模式，把握发展自主权，破解经济发展深层次矛盾和问题，更好地满足人民日益增长的美好生活需要，推进中国式现代化的必然选择。

习近平总书记在2024年6月召开的全国科技大会、国家科学技术奖励大会、两院院士大会上提出，实现科技强国的战略目标要从五个方面着手：第一，充分发挥新型举国体制优势，加快推进高水平科技自立自强；第二，扎实推动科技创新和产业创新深度融合，助力发展新质生产力；第三，全面深化科技体制机制改革，充分激发创新创造活力；第四，一体推进教育科技人才事业发展，构筑人才竞争优势；第五，深入践行构建人类命运共同体理念，推动科技开放合作。[①]

中国当前已经培养了大量掌握科学技术和具备研发能力的人才，科研投入不断增加，科研水平不断提高。根据国家统计局数据，2023年全国在学研究生达388.3万人，全国科研经费支出约为3.33万亿元，占国内生产总值的2.64%，国家自然科学基金资助项目5.25万个，截至2023年末有207个国家工程研究中心、1798家国家企业技术中心纳入新序列管理，建立了完整的国家科技成果转化、科技企业孵化与众创空间等科技转化体系。2023年授权专利92.1万件，截至2023年末有效发明专利499.1万件，签订技术合同95万项，技术合同成交额约6.15万亿元。[②]在5G通信、航空航天、量子计算等领域处于世界领先地位。

目前国际环境复杂多变，传统经济增长模式难以为继，加快建设创新型国家才能实现高水平科技自立自强，培育国际竞合优势，提高企业竞争力，增强我国的综合国力，改善人民生活水平。

（三）建设现代化基础设施体系

"十四五"规划将建设现代化基础设施体系作为重要目标。现代化基础设施体系是由传统基础设施和新型基础设施共同组成，符合"系统完备、高效实用、智能绿色、安全可靠"要求的基础设施体系。"十四五"规划提出了建设现代化基础设施体系的四个任务：加快建设新型基础设施、加快建设交通强国、构建现代能源体系、加强水利基础设施建设。

现代化基础设施体系是现代化产业体系的重要支撑，广泛作用于各种商品生产与流通过程，提高生产效率、推动产业融合、促进商品与信息的流通。我国具有强大的基础设施建设能力，2023年我国新建铁路总里程3637公里，其中高速铁路2776公里，新改建高速公路7498公里，港口万吨级以上码头泊位新增通过能力32529万吨/年，新增民用运输机场5个，新

① 习近平：《在全国科技大会、国家科学技术奖励大会、两院院士大会上的讲话》，人民出版社2024年版，第6—11页。

② 《中华人民共和国2023年国民经济和社会发展统计公报》，国家统计局网站，https://www.stats.gov.cn/sj/zxfb/202402/t20240228_1947915.html。

增光缆线路长度474万公里，5G基站达338万个。但是我国目前基础设施建设还存在不适应国家发展与安全需要的问题。以信息化设施为例，目前我国信息化快速发展，但在关键核心技术、信息资源共享领域与建设网络强国和世界先进水平还有不小差距，存在网络安全意识不足，网络安全保障不到位的问题。[①]

（四）处理好区域和城乡问题

改革开放之初，中国凭借人口素质高、成本低的优势，充分发挥中国特色社会主义制度优势，采用两头在外的贸易方式，推动了中国经济40年的高速发展。但这种经济模式下，中国商品贸易与GDP的比值一度高达0.64，远高于美国、印度等国，[②] 对于一个大国来讲是畸高的。在这种世界工厂的发展模式下，中国的经济向东南沿海集中，人才向东南沿海流动，被形象地称为"孔雀东南飞"。根据国家统计局数据，2023年仅东南沿海的山东、江苏、上海、浙江、福建、广东六省（市）的GDP总量就占全国的42.84%，GDP排名最靠前的十大城市中只有北京、天津属于北方城市，区域发展分化已经成为重要问题，部分区域发展相对滞后。随着中国的发展和国际环境的变化，这种世界工厂的发展模式难以为继。

改革开放之初，邓小平同志提出沿海地区要较快地先发展起来，发展到一定阶段沿海地区要拿出更多力量来帮助内地发展。[③] 随着发展条件的逐渐成熟，国家在继续优先发展沿海地区的同时推动了西部大开发、振兴东北老工业基地、中部崛起等重大战略。随着中国进入新发展阶段，党中央立足两个大局，作出构建以国内大循环为主体、国内国际双循环相互促进的新发展格局的战略抉择。构建新发展格局必然要求且有利于推动区域平衡发展。习近平总书记提出了"按照客观经济规律调整完善区域政策体系，

---

①　参见中央网络安全和信息化委员会办公室编《习近平总书记关于网络强国的重要思想概论》，人民出版社2023年版，第39、91页。

②　数据来源：世界银行公开数据。

③　《邓小平文选》第3卷，人民出版社1993年版，第277—278页。

发挥各地区比较优势，促进各类要素合理流动和高效集聚"①的总体思路。

实施乡村振兴战略是我国解决城乡发展不平衡问题、巩固农业基本盘的重大战略。我国脱贫攻坚战已经取得全面胜利，消除了绝对贫困，全面建成小康社会，但城乡差距依然显著，2023年中国农村居民可支配收入仅为城镇居民可支配收入的41.86%，乡村振兴是新阶段"三农"工作的重心。乡村振兴的关键是产业振兴，基础是人才振兴，要坚持物质文明与精神文明、生态文明统筹发展。

二、中国现代化产业体系发展现状

党的二十大报告提出构建现代化产业体系要坚持把实体经济作为立国之本，推动新型工业化。中国是一个超大规模的国家，拥有联合国规定的全部工业门类，成为全球最大的工业国。② 根据《2023中国统计年鉴》，2023年中国GDP达到126.06万亿元，占全球比重超17%，国内市场规模甚大。全产业链的优势与超大的国内市场，使中国能够构建较为完整的现代化产业体系。2023年12月，国家发展改革委发布《产业结构调整指导目录（2024年本）》，明确了鼓励、限制和淘汰的产业目录，以及我国构建现代化产业体系的政策导向。

（一）改造提升传统产业

传统产业是经济发展的坚实基础，是吸纳就业的主要力量，中国积极对传统产业进行改造提升。党的二十大报告提出要实施产业基础设施再造和重大技术装备攻关工程，支持专精特新企业发展，推动制造业高端化、智能化、绿色化发展。

中国出台了一系列政策推动传统产业提质升级。2024年2月23日，习近平总书记主持召开中央财经委员会第四次会议，提出推动新一轮大规模设备更新和消费品以旧换新，推动先进产能比重持续提升。同年3月27

---

① 习近平：《论把握新发展阶段、贯彻新发展理念、构建新发展格局》，中央文献出版社2021年版，第325页。

② 李婕：《中国成为唯一拥有全部工业门类国家》，《人民日报海外版》2019年9月21日。

日，七部门联合印发《推动工业领域设备更新实施方案》，提出坚持市场化推进、标准化引领、软硬件一体化更新等原则，争取到2027年工业领域设备投资规模较2023年增长25%，推进数字化改造、能效提升、安全性提高，推动创新产品、先进产能的发展，对设备更新采取了财税、金融、要素资源等政策支持。各部门为推动传统产业改造提升出台了详细的政策。以农机产业为例，农业农村部发布了《2024—2026年全国通用类农业机械中央财政资金最高补贴额一览表（公示稿）》，提高了大马力、动力换挡、无级变速、智能控制的履带拖拉机的补贴，对谷物烘干机等农具进行了明细分类，启动了粮食单产提高的行动。

中国传统产业的改造升级面临着一些问题。例如，我国制造业的数字化改造面临着工业软件的短板。我国工业化较西方发达国家起步晚，知识和技术经验积累不足，工业软件发展落后，即便我国软件水平发展迅速，也面临着软件生态难以建立、用户信心不足等问题。同时，我国具有完备的产业体系，良好的产业基础，信息技术、绿色环保技术的发展，丰富的人才优势，中国特色社会主义制度优势，有利于传统产业的改造提升。

（二）培育壮大新兴产业

新兴产业是驱动我国经济增长的新引擎，是培植我国国际竞争力的重要着力点，是发展新质生产力的重要支撑。

1.新一代信息技术产业

我国积极发展新一代信息技术产业，积极推动其与制造业融合。工信部积极组织相关案例申报、单位推荐、专家评审等工作，推出新一代信息技术产业及新一代信息技术与制造业融合示范案例。我国新一代信息技术产业规模不断扩大，形成了围绕长三角、珠三角、环渤海及中西部中心城市的产业聚集，催生了集群化的发展优势。我国消费电子产销规模位居世界第一，得益于中国巨大的市场潜力及丰富的应用前景，中国新一代信息产业创新成果不断涌现，取得领先地位的领域不断增多。根据工信部的统计，2012—2021年，中国信息制造业产业规模增长1倍有余，其中软件和信息技术服务业规模增长近3倍，利润总额达1.2万亿元，软件著作权登记量年增长率达36%。① 但是当前我国工业软件还严重依赖外国，由于软件私有格式造成兼容问题，虽然我国企业有能力开发替代软件，也难以获得市场。

2. 新能源产业

我国规模化应用的新能源包括太阳能、风能、核能等。随着我国清洁低碳化进程不断加快，水电、光伏发电、风电、在建核电装机规模等多项指标均保持世界第一，尤其是光伏发电领域。我国已经建成世界最大新能源发电体系，新能源产业不断发展壮大，新能源消费占比持续增长。

我国地域范围宽广，地貌条件丰富，特别是沿海岛屿、草原牧区、山区和高原地带等地区，风能资源丰富，全国风力能源总储量巨大，可极大程度上补充我国能源市场需求，助力国家能源结构优化。我国风力发电始于20世纪50年代后期，主要是非并网小型风电机组风力发电项目的建设，用于解决部分交通不便的沿海岛屿、草原牧区、山区和高原地区的电力等能源供应难问题；1986年5月，我国的并网风电研究及国外风电机组建设示范电场引入初步取得成效，国内首个示范性风电场马兰风力发电场在山东荣成建成并网发电；在国家政策的支持推动下，我国风力发电行业高速发展逐步进入稳步增长时期。截至2024年6月，我国风能发电行业累计装机容量达4.67亿千瓦。随着我国资源利用开发主阵地逐渐转向深海领域，海上风电技术装备水平逐步提升，近年来国内海上风电装机容量呈现爆发增长态势，风电产业成为我国清洁能源市场主要增长领域之一。

光伏发电是我国新能源体系的重要能源。我国光伏发电产业虽然起步较晚，但发展迅猛。截至2024年6月，我国光伏发电装机容量达7.14亿千瓦，位居全球之首。太阳能作为可供人类利用且储量最丰富的清洁能源之一，市场光伏发电和储能技术研发投入不断增加，技术工艺水平不断提升，国内光伏发电在发电量、开发成本、使用效率等方面的规模及优势正加速赶超传统能源发电市场，持续推动国家清洁能源产业体系发展。

---

① 《一图读懂十年来我国新一代信息技术产业发展成就》，工信部网站，https：//wap.miit. gov.cn/zwgk/zcjd/art/2022/art_13e8cf92bb7a40f3a9a989dfb07d8e3f.html。

根据国家能源局的数据，截至2024年6月，我国可再生能源发电装机量达到16.53亿千瓦，在所有能源发电装机量中占比超过一半，新增装机中可再生能源占比88%。其中光伏发电、风电、水电装机容量合计已超过煤电。多种新型储能技术路线共同推进，华北和西北地区新型储能装机量占比超过一半。[①]

3. 新材料产业

我国新材料产业加速发展，规模不断扩大，2022年总产值约达6.8万亿元，目前已经形成7个国家先进制造业集群、35个新材料重点平台，一批关键技术取得突破，多种新材料产量位居世界前列，研发与生产体系已形成，第三代锂铝合金、第二代高温超导材料、超级钢、电解铝材料为我国高端制造业的发展提供了强大的支持，研究方法从传统"试错法"转向更先进的材料基因工程法。[②]

我国新材料行业发展潜力巨大，新材料投资市场火热，即使在2023年一级市场整体投资节奏放缓的情况下，依然保持逆势增长。2023年新材料行业一级市场融资达到240笔，创历年新高。2024年第一季度融资已达82笔，显示新材料市场发展前景较好。[③]目前，我国新材料行业在中高端领域与世界领先水平仍有一定差距，因此还有较大的增长潜力。见图1-4。

4. 高端装备产业

我国高端装备制造业增长超过经济增长速度，截至2024年，科创板上市的高端装备制造企业超过120家，涉及航空航天、工业机器人等多个领域，其研发支出约164亿元，营收占比达7.89%，有效促进重要技术突破与产业利润提升。高端装备企业的发展为我国工业高端化、数字化、智能化提

---

① 刘园园：《国家能源局：我国风电光伏发电装机规模超过煤电》，《科技日报》2024年8月1日。

② 《新材料产业进入发展加速期（科技视点·走近新质生产力①）》，《人民日报》2024年2月26日。

③ 《数据实锤！2024年新材料行业仍然是投资人们青睐的赛道》，澎湃新闻，https：//www.thepaper.cn/newsDetail_forward_27399561。

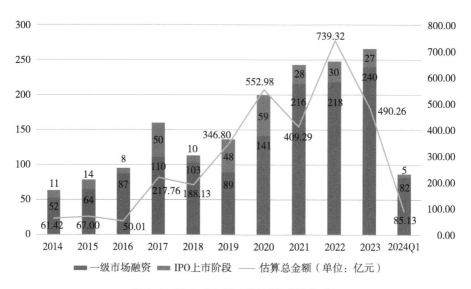

图1-4　近10年国内新材料行业融资情况

供了支撑，相关企业积极影响国家战略，推动了我国先进生产力的出口。[①]

5. 新能源汽车产业

我国新能源汽车产业处于领先地位，得益于绿色环保政策及充电设施的完善，我国新能源汽车市场迅速成长。2024年上半年我国新能源汽车产量达492.9万辆，占汽车总产量的35.5%，在全球新能源汽车中处于主导地位。同时，我国也是新能源汽车的最大单一市场，2024年上半年新能源汽车销量达494.4万辆，同比增长32%，占汽车销售总量的35.2%，增长幅度远超汽车总销量增长率。[②] 新能源汽车产业形成了以北京、上海、合肥、深圳等城市为中心的产业集群。

6. 绿色环保产业

中国对生态环境保护的认识从"既要金山银山，也要保住绿水青山"到"绿水青山就是金山银山"，把生态文明建设作为"五位一体"总体布局

---

① 潘清、高少华：《高端装备为工业制造注入"新质生产力"》，《经济参考报》2024年3月22日。

② 《1月至6月我国新能源汽车产销量保持同比稳步增长》，人民政府网站，https：//www.gov.cn/yaowen/liebiao/202407/content_6962354.htm。

的重要组成部分，是我国以人民为中心的发展思想的体现，是中华民族永续发展、经济社会系统发展、全球可持续发展的必由之路。在推动绿色环保产业发展的方法上，我国提出优化国土空间开发保护布局、加强生态系统保护修复、推动重点区域绿色发展、建设生态宜居美丽家园等措施。

我国通过推动绿色环保产业不断发展，已经形成了全链条绿色环保产业体系——工业、农业、服务业、交通运输业全面绿色发展。2022年全国环保产业营收约2.22万亿元，环保产业相关企业约3万家，多数是小微企业。当前我国绿色环保产业还存在发展不平衡、创新能力有待提升、政策体系和价格机制有待完善、营商环境有待提高、市场规范性有待改善等问题。[1]

7. 民用航空产业

近年来，中国民用航空业快速发展，2023年，中国运输航空全行业总周转量达1188.34亿吨公里，比2022年增长98.3%；发送旅客61957.64万人次，增长146.1%；货邮运输量735.38万吨，增长21.0%。[2] 航空制造业方面，中国具备支线和干线客机能力，并着手建立自己的适航认证体系。C919干线客机到2024年5月27日已经交付6架，运营模式逐渐完善。

8. 船舶与海洋工程装备产业

2024年上半年，中国造船完工量2502万载重吨。中国造船业的完工量、手持订单量和新接订单量三个指标都超过全球总量的50%。[3] 毫无疑问，中国是世界第一造船大国。中华造船（集团）有限公司交付全球首艘NO96 SUPER+型LNG船、全球最大24000TEU（标箱）超大型集装箱船，都代表我国造船业已经达到了先进的技术水平。中国海洋工程装备产业回暖，海上储油、海上风电装备获得快速发展。从区域集群来看，中国船舶与海洋装备产业形成了环渤海、长三角、珠三角产业集群，已经形成多个全球领

---

① 参见中国环境保护产业协会《2023中国环保产业发展状况报告》。

② 参见中国民用航空局《2023年民航行业发展统计公报》。

③ 参见《全球超七成订单被中国拿下　我国造船业上半年成绩单来了》，央视新闻，https://baijiahao.baidu.com/s?id=1804699041575788038&wfr=spider&for=pc。

先的龙头企业。

（三）布局建设未来产业

2024年1月，工信部等七部门联合印发《关于推动未来产业创新发展的实施意见》，提出前瞻部署、梯次培育，创新驱动、应用牵引，生态协同、系统推进，开放合作、安全有序的原则；提出2025年实现技术、产品、企业、应用场景、标准、服务机构"六个百项目标"，以及2027年成为世界未来产业重要策源地的目标；提出六个重点任务，即全面布局未来产业、加快技术创新和产业化、打造标志性产品、壮大产业主体、丰富应用场景、优化产业支撑体系。

中国对未来产业投资集中在北京、上海、深圳等大城市，新京报贝壳财经对中国32个重点城市的未来产业发展状况进行调查发现，工业互联网、通用AI方向相关企业的数量均超过150万家，机器人、低空经济、新材料企业数量超过50万家，新一代光电、再生医学、元宇宙、下一代汽车和合成生物企业数量超过10万家。获得投融资最多的4个未来产业是新型储能、量子科技、深地技术、空天科技。①

（四）努力攻克"卡脖子"技术

随着反全球化的思潮泛起，多国右翼势力抬头，国际环境急剧变化。2018年美国对中兴的制裁开启了对华贸易战，对我国的经济安全造成了极大的压力。我国在构建现代化工业体系过程中必须将"卡脖子"技术作为攻关的重点。2018年4月19日《科技日报》发表评论员文章《核心技术靠化缘是要不来的》，将"卡脖子"技术分为三类：集中但不限于国防安全领域的硬性约束的技术；软性约束，在能够实现技术自主之前只能忍受畸高价格、拖沓工期和附加条款的技术；介于软性约束和硬性约束之间，可以高价获得，但随时会被切断供应的技术。《科技日报》连续三个月就中国被"卡脖子"的技术推出系列文章，列出了35项清单：光刻机、芯片、操作系统、触觉传感器、真空蒸镀机、手机射频器件、航空发动机短舱、ICLIP技

① 《中国未来产业图谱｜工业互联网、通用AI产业成熟度高、规模大》，新京报网站，https：//www.bjnews.com.cn/detail/1722326464129834.html。

术、重型燃气轮机、激光雷达、适航标准、高端电容电阻、核心工业软件、ITO 靶材、核心算法、航空钢材、铣刀、高端轴承钢、高压柱塞泵、航空设计软件、光刻胶、高压共轨系统、透射式电镜、掘进机主轴承、微球、水下连接器、高端焊接电源、钾离子电池隔膜、燃料电池关键材料、医学影像设备元器件、数据库管理系统、环氧树脂、超精密抛光工艺、高强度不锈钢、扫描电镜。

"卡脖子"技术成为中国重点攻克的技术清单，中国科学院、清华大学等科研单位均将这些技术作为科研攻关的重点，中国科学院大学校长周琪院士在毕业典礼致辞中说："永远不要再让'卡脖子'的那双无形之手遏制我们的发展，永远不要让核心技术的壁垒成为我们强国道路上难以逾越的鸿沟。"2018年以来，经过中国科研工作者的努力攻关，部分"卡脖子"技术已经被攻克，还有一些已经具备国产替代的可能，但与以光刻机为代表的一些技术相比仍然有较大差距。在一些领域，技术突破并不足以打破国外的"卡脖子"，如操作系统市场上微软和苹果在桌面系统上占据绝对主流，其他系统难以替代它们并不是因为在技术上落后，而是无法取代它们的软件生态。

第三节　宁夏区域发展的条件及其在全国大市场中的定位

一、宁夏区域发展的条件

因地制宜发挥好自身比较优势，是构建现代化产业体系的基础。

宁夏回族自治区位于中国西北，东临陕西，西、北接内蒙古，南连甘肃，是欧亚大陆桥的重要通道，其下属盐池县自古有"西北门户，关中要冲"之称。宁夏位于黄河中上游，全境均为黄河流域。平均海拔超过1000米，南北狭长。西北部的贺兰山是宁夏的重要山脉，形成了天然生态屏障。南部是六盘山，是黄土高原重要水源地，黄河的多条支流发源于此。2023

年，宁夏生产总值5314.95亿元，一二三产业占比分别为8.05%、46.89%、45.15%。宁夏拥有多个高等院校，宁夏大学是自治区内最高学府。

宁夏拥有铁路、公路、空运、水运多种运输方式，是西北地区重要的交通运输中心，包银铁路、银兰铁路、银西铁路、中兰铁路等成为宁夏铁路主动脉，形成了国家级、省级、县乡级公路的密布公路网，拥有银川河东机场、中卫沙坡头机场、固原六盘山机场，水路运输量也有所增长。宁夏致力于推动绿色交通发展先行区建设，加强多式联运体系建设，加强交通网建设，扩大优质服务供给，提高运输体系的效率与韧性，其中银昆高速已于2024年8月全线建成通车。宁夏提出发展通用航空和低空经济，布局研究"路空一体"立体交通。宁夏全力推进数字基础设施建设，发挥宁夏自然条件优势建设数据中心、5G网络、千兆光纤，促进宁夏与全国网络连接；推进宁夏至湖南的高压输电网络，进行黄河宁夏段治理工程、黄河黑山峡水利枢纽等多项水利工程，改善宁夏基础设施。

宁夏处于三大自然区交会、过渡地带，地形地貌多样，具有"山水林田湖草沙"生态体系，被称为"中国生态微缩盆景"。西部和北部被沙漠和戈壁包围，贺兰山为宁夏阻挡了沙漠的东扩，抵挡了西伯利亚寒流，塑造了黄河的"几字弯"，使宁夏平原成为重要的农业产区。黄河流域生态资源丰富，绿色生态发展条件良好，被誉为"塞上江南"。宁夏是风力和光伏发电发展良好的地区，矿产资源丰富，煤、硅石等矿产储量位居前列，有利于承接产业转移。北部和中部是"三北"防护林建设工程的重要地段，南部属于黄土高原综合治理区和"三西"地区范围，属于北温带干旱、半干旱区，降雨北多南少，且集中在夏季，具有丰富的历史与人文景观。

二、宁夏区域发展在全国统一大市场中的定位

宁夏市场是全国统一大市场的有机组成部分，宁夏区域发展应当找准自身在全国统一大市场中的定位，主动打破区域保护的藩篱，激发市场活力，促进区内外的资源与市场有效利用，推动创新发展，统筹政府与市场关系，优化营商环境。党中央亲切关怀与大力支持宁夏的发展，支持宁夏

加快建设黄河流域生态保护和高质量发展先行区，努力创建铸牢中华民族共同体意识示范区，推进内陆开放型经济试验区，紧抓新时代推动西部大开发机遇，加快建设经济繁荣、民族团结、环境优美、人民富裕的美丽新宁夏。

黄河是我国的母亲河，黄河流域拥有多样的生态资源和自然景观，是我国重要的经济地带，但长期以来黄河自然灾害频发，黄河流域治理和高质量发展是我国区域经济布局的重要一环。宁夏位于黄河中上游，全境属于黄河流域，是黄河流域生态保护修复和建设工程重点推进区域。要坚持生态文明和物质文明共同发展，重视发展方式绿色转型。

我们要以铸牢中华民族共同体意识为主线，推进民族团结进步事业，方能巩固和发展最广泛的爱国统一战线。宁夏作为铸牢中华民族共同体意识示范区，应当维护好民族平等、团结、互助、和谐，让民族团结思想深入人心，促进各族群众形成休戚与共、荣辱与共、生死与共、命运与共的共同体，共同建设伟大祖国，共享祖国发展成果。

内陆开放型经济试验区是国家批准设立的覆盖省级全域全业的试验区，其中宁夏内陆开放型经济试验区设立最早。2012年9月10日，国务院同意在宁夏设立内陆开放型经济试验区。2013年，政府提出共建"一带一路"倡议，以互联互通为主线推动国际合作，有效促进了中国与世界的经济联系。同年9月，首届中阿博览会在银川举行，并将宁夏作为永久举办地。宁夏位于丝绸之路经济带的重要节点，融入"一带一路"，推动与阿拉伯国家等国际经济体的合作，加强基础设施互联互通，扩大经济对内对外开放，有助于宁夏内陆开放型经济的建设发展。

新时代西部大开发是中国特色社会主义进入新时代，为了解决西部地区发展不平衡不充分问题，维护民族团结、社会稳定、国家安全，促进区域协调发展作出的重大战略部署。新时代西部大开发以形成大保护、大开发、高质量发展的新格局为目标，坚持创新发展理念。宁夏作为西北地区连接中西部的关键地区，要自觉推动新时代西部大开发形成新格局，推进现代化美丽新宁夏建设。

三、中国产业转移与宁夏的发展机遇

改革开放之初，中国采取原材料和销售市场"两头在外"的发展模式，东南沿海由于贸易条件优越，获得了国家支持，迅速发展起来。但在改革开放初期，邓小平同志就提出了"两个大局"的思想，先支持东部沿海地区较快发展起来，发展到一定时期就要拿出更多力量支持中西部地区加快发展，两个阶段都要求各地区服从大局。改革开放几十年来，中国的发展取得了巨大的成就，同时也积累了不少矛盾。中国经济的对外依存度畸高，地区间发展不平衡，少数大城市土地价格和工资快速增长，劳动者承担的生活成本日益增长等问题凸显。党的十九届五中全会提出要"构建以国内大循环为主体、国内国际双循环相互促进的新发展格局"，必然要求产业在全国更合理的分布。

工信部主办了一系列活动促进产业转移，促进内陆地区产业升级。2024年7月27—29日，中国产业转移发展对接活动（宁夏）在银川举行，同时还举行了4场专题对接活动，分别是新型材料产业专题对接活动、数字信息产业专题对接活动、现代化工产业专题对接活动、轻工纺织产业专题对接活动。石嘴山市作新型材料产业招商引资推介；银川市、中卫市作数字信息产业招商引资推介；宁东基地、吴忠市作现代化工产业招商引资推介；吴忠市、固原市作轻工纺织产业招商引资推介。上述市政府与企业等单位与国家有关部委、科研院所、金融机构、相关企业等进行了交流，各市均表示要创造良好的营商环境，提高办事效率，开展技术交流，促进产业链的延伸，共创发展。

产业转移对宁夏来说是一次重大的发展机遇。借助这次产业转移，宁夏不仅能够获得相关产业的生产能力、技术和就业机会，更是宁夏深化改革、营造良好的营商环境、学习先进的管理经验、促进产业链延链展链补链强链、培育新质生产力、促进经济高水平开放、推动经济高质量发展的绝佳时机。

第二章

宁夏打造现代化产业体系的产业基础与比较优势

2022年6月，中国共产党宁夏回族自治区第十三次代表大会明确提出："着力打造'六新六特六优'产业，优化产业结构和布局，推动产业向高端化、绿色化、智能化、融合化方向发展。"其中，"六新"是在工业领域，加快新型材料、清洁能源、装备制造、数字信息、现代化工、轻工纺织战略性新兴产业发展；"六特"是在农业领域，大力发展葡萄酒、枸杞、牛奶、肉牛、滩羊、冷凉蔬菜特色产业；"六优"是在服务业领域，大力发展文化旅游、现代物流、现代金融、健康养老、电子商务、会展博览优势特色产业。习近平总书记关于新质生产力的概念与发展新质生产力的重要论述，是新时代马克思主义中国化的原创性重大突破。宁夏党委和政府把发展新质生产力，推动高质量发展作为一道政治理论课题、时代发展考题，在深入学习领悟习近平总书记关于因地制宜发展新质生产力的重要论述基础上，围绕"两个弄清楚"加强研究谋划，两次邀请中国科学院院士围绕人工智能、生命科学主题作专题辅导。在分析了宁夏比较优势的基础上，初步确定了从"六新六特六优 +N"为支撑的现代化产业体系，其中"N"是在"六新六特六优"产业之外具有培育形成新质生产力潜力的行业领域，主要有人工智能、先进算力、氢能、新型储能、生物育种、生命健康、绿色环保、数字创意等新兴产业和未来产业。这一重大战略部署是基于宁夏三次产业发展的历史条件，立足当前宁夏产业发展的现实基础，着眼未来中国及世界产业发展新趋势所作出的科学决策，为宁夏未来产业转型升级、加快推动经济社会高质量发展指明了方向。

"六新六特六优"产业是宁夏的支柱产业，在宁夏经济中占重要地位。2023年，"六新"产业产值占规上工业的75%；"六特"产业产值占农业的73.5%；"六优"产业增加值占服务业的36%。

第一节 宁夏"六新"产业发展的基础与比较优势

宁夏提出加快发展新型材料、清洁能源、装备制造、数字信息、现代化工、轻工纺织"六新"产业，是基于宁夏工业发展的基础和比较优势所作出的科学决策。工业是指加工取自自然界物质的生产部门，即广义的制造业或工业，包括采矿业、制造业、建筑业等。[①]工业提供了人们生产和生活需要的各种物质材料，是现代化经济体系中最重要的部门，是国民经济的主导产业。宁夏工业起步于1958年，成长于"三线建设"时期，改革开放以来，特别是国家实施西部大开发战略以来，宁夏工业进一步发展壮大。经过60多年的发展，形成了以煤炭、电力、化工、冶金、装备制造、轻工纺织等行业为支柱的工业体系，为加快"六新"产业发展奠定了坚实基础。

一、工业经济规模持续扩大

在宁夏回族自治区成立初期，依托丰富的煤炭资源，贺兰山煤炭基地开始开发建设，1957年成立石嘴山矿务局，1960年石嘴山一矿、二矿建成并投产，1958年开发建设以生产炼焦煤为主的原石炭井矿区，1959年宁夏第一座大型洗煤厂建成投产。除煤炭资源的开发外，宁夏在电力、冶金、纺织、建材等方面也不同程度地取得突破性进展。综观1958—1960年的宁

---

① 高志刚：《产业经济学》，中国人民大学出版社2022年版，第5页。

夏工业建设，其显著特点是发展速度快，主要表现为工业企业数量由1958年的310个猛增到1960年的783个，工业总产值增长3.8倍，并第一次超过农业总产值，工业就业人数增长了9.6倍。

1965—1970年的"三线建设"时期，受国家支持内陆地区加快发展的区域发展战略调整的有利影响，宁夏工业迎来了第二个快速发展时期，突出表现为国家将一些沿海的企业，特别是工业企业迁建到了宁夏（见表2-1）。这些以机械工业为主的企业，素质都比较高，有较雄厚的技术力量和较先进的经营管理能力，而且迁到宁夏后，仍与原厂在生产技术上保持着联系，从而成为这些在宁夏建设的企业不断进步的重要原因。这极大提高了宁夏工业水平，特别是在机械工业方面，使宁夏的机械工业产值在工业总产值中的比重由1965年的19%提高到1970年的26.3%。

表2-1　1965—1970年主要迁建宁夏企业

迁入企业	在宁所建企业	迁入或投产时间
石家庄拖拉机配件厂	吴忠配件厂	1965年7月
大连机床厂	银川长城机床厂	1965年10月
北京仪器厂	青铜峡青山试验机厂	1965年10月
大连起重机器厂	银川起重机器厂	1965年11月
沈阳中捷人民友谊厂	中卫大河机床厂	1965年12月
大连仪表厂	银川银河仪表厂	1966年2月
上海自动化仪表七厂	吴忠仪表厂	1966年3月
冶金部有色金属研究所435室436室	宁夏有色金属冶炼厂（九〇五厂）	1966年
沈阳中捷人民友谊厂	银川长城机床铸造厂	1969年9月
瓦房店轴承厂	西北轴承厂	1969年10月
天津红旗仪表厂	吴忠微型试验仪器厂	1969年10月
张家口煤矿机械厂	西北煤矿机械一厂	1970年9月
淮南煤矿机械厂	西北煤矿机械二厂	1970年9月
抚顺煤矿机械厂	西北煤矿机械三厂	1970年9月

资料来源：徐安伦、杨旭东《宁夏经济史》，宁夏人民出版社1998年版。

改革开放以来，宁夏在不断探索中于"六五"后期逐渐形成了立足本地资源优势，发展以能源工业为主体的地方工业，如以电力工业为龙头，以冶金、建筑材料等工业为延伸的能源－高耗能工业系列；以煤炭工业为基础，以煤化工、碳素等工业为延伸的煤炭及深加工系列；以农牧业为依托，以食品、纺织、造纸、皮革等工业为延伸的轻纺工业系列；以迁建企业为支柱，以煤机、机床、仪器仪表等为重点的机械工业系列。特别是2000年西部大开发以来，宁夏工业发展进入快速发展阶段，工业增加值由2000年的96.7亿元增加到2023年的2130.13亿元，增长21.03倍（见图2-1），工业增加值占地区生产总值的比重也由2000年的32.8%提高到2023年的40.1%，工业对宁夏经济增长的贡献率达到21.9%。

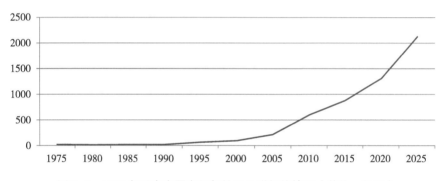

图2-1 1978年以来宁夏主要年份工业增加值情况（单位：亿元）

资料来源：《宁夏统计年鉴（2023）》《宁夏回族自治区2023年国民经济和社会发展统计公报》。

二、工业内部结构不断优化

在工业经济总量持续增长的同时，工业内部结构也在持续优化。在宁夏回族自治区成立初期，伴随工业的快速发展，工业内部结构初步得到改善，特别是现代机械制造、化学、建材、冶金等工业部门从无到有，不断涌现，填补了宁夏工业经济发展史上的许多空白，其中煤炭工业逐步发展成为主导产业，原煤产量从1958年到1960年增长8.9倍，占工业总产值的比重由6.8%上升到21.8%。同时，也初步改善了宁夏工业布局，随着煤炭工业的大规模开发，首先带动了石嘴山市工业的快速发展，到1960年，石嘴山市成为一个拥有近10万人口的煤炭城市；青铜峡、吴忠也因水电站、水泥厂、综合机床厂、仪表厂等项目的布局建设而成为具有深厚潜力的宁夏现代工业新的生长点。

改革开放以来，宁夏工业呈现出传统优势工业持续快速发展、战略性新型工业加快发展的局面。截至2022年，从工业门类来看，宁夏采矿业，制造业，电力、热力、燃气及水生产和供应业占规模以上工业比重分别为16.4%、67.1%和16.5%。从行业构成来看，煤炭、电力占工业比重分别为12%和13.4%，化工占比35.3%，冶金、有色占比分别为11.6%和3.1%，轻工纺织、医药占比分别为4.9%和1.2%，机械占比3.5%，建材占比2.9%，其他行业占比12%。从产业类别看，宁夏规模以上高技术制造业和战略性新兴产业占全部规模以上工业增加值比重分别达到8%和16.9%。

三、平台支撑更加有力

园区是工业转型升级的主要载体，也是工业经济高质量发展的主阵地。改革开放以来，宁夏各类园区在工业经济发展中发挥了至关重要的作用，推动了宁夏经济的快速蓬勃发展。但随着经济水平的提升，众多早期建设的各类园区也暴露出越来越多的发展问题，如产业同质化、产业链缺失、产业配套服务薄弱、政策依赖性强等。为进一步促进以开发区为主的各类园区形成新的集聚效应和增长动能，促进各类园区持续健康发展，2018年以来，宁夏先后出台了《宁夏回族自治区关于促进开发区改革和创新发展的实施意见》《宁夏回族自治区开发区节约集约用地管理办法》《关于建立完善开发区土地集约利用评价制度的通知》《宁夏回族自治区工业用地弹性供应实施办法（试行）》《关于强化开发区节约集约用地导向　助推先行区建设的若干措施》，并于2025年发布了《宁夏回族自治区建设用地控制指标（2024年版）》等相关制度，从坚持规划引领、优化土地资源配置、制定亩均综合效益激励评价和奖惩措施等方面，构建共同责任机制，全面提升开发区等各类园区管理水平。[①]

截至2022年,在宁夏23个园区中,主导产业涉及采矿业、制造业等的6个门类、28个大类、100余个小类,其中,涉及装备制造、轻工、智能制造的有19个,涉及农副产品加工的有10个,涉及化工的有9个,涉及纺织、冶金和新型材料的有7个,涉及医药健康和现代服务业的有4个,涉及新能源和物流仓储的有3个,涉及大数据和再生资源循环利用的有2个。[②]在对园区整合撤并的同时,赋予开发区市县级管理权限37项,支持4家开发区设立了一级财政,7家开发区建立了行政审批服务大厅;累计实施19个园区、109个低成本化改造项目,园区基本实现了"九通一平",园区的基础设施建设、产业优化布局、体制机制改革,有效提高了园区的承载力、吸引力。其中,宁东能源化工基地已经成为国家4个现代煤化工产业示范区之一,近年来,新引进现代煤化工、精细化工、新型材料和装备制造4大类24个项目,总投资330亿元,煤化工产业累计投资超过1300亿元;单位土地投资强度达373万元,单位土地产出强度达176万元,工业增加值年均增长13.2%;科技进步贡献率达52.5%,居自治区首位。宁东能源化工基地已被确定为国家重要的煤化工产业基地、国家产业转型升级示范区、现代煤化工产业示范区,也是西北地区唯一一个产值超过千亿元的大型化工园区,已构建煤制油、煤基烯烃及特色精细化工三大产业集群。银川经济技术开发区先后被国家有关部委认定为装备制造国家新型工业化产业示范基地、国家高端装备制造业标准化试点园区、国家"十三五"服务业综合改革试点区域、国家大众创业万众创新示范基地、国家级"绿色园区"、国家知识产权试点园区、新能源国家科技兴贸创新基地。银川经济技术开发区拥有国家级企业技术中心3家、国家地方联合工程研究中心11家、国家产业创新中心1家;自治区级重点实验室2家、工程技术研究中心9家、技术

① 强妮、黄茜、温润等:《宁夏开发区高质量发展面临的困境及对策》,《中国资源综合利用》2022年第12期。

② 强妮、黄茜、温润等:《宁夏开发区高质量发展面临的困境及对策》,《中国资源综合利用》2022年第12期。

创新中心21家、产业协同创新中心1家、工程研究中心4家及自治区企业技术中心19家；高新技术企业62家，占自治区高企比重的41%。银川经济技术开发区重点围绕战略性新型材料、现代装备制造、大健康三大产业布局产业链、创新链。其中，战略性新型材料产业现有规模以上企业15家，以单晶硅、工业蓝宝石、半导体级大硅片等晶体材料为主，银川隆基硅公司建成世界最大的单晶硅棒生产基地，天通银厦公司建成国内最大的工业蓝宝石晶棒生产基地，银和新能源公司半导体级大硅片填补了国内空白。现代装备制造产业现有规模以上装备制造企业43家，"小巨人"企业大河机床公司智能加工中心、共享铸钢公司大型铸钢件、舍弗勒公司高端精密轴承、巨能公司工业机器人等技术水平在国内处于领先地位。

截至2022年底，开发区等各类园区拥有规上企业1151家，占宁夏工业规上企业1442家的80%，工业总产值占宁夏全部规上工业总产值的76%，增长7.3%。

四、绿色发展成效显著

加快工业绿色发展是完整、准确、全面贯彻新发展理念的战略要求，是推进新型工业化的题中应有之义，是促进可持续发展的大势所趋。近年来，宁夏工业领域以传统工业绿色化改造为重点，以绿色科技创新为支撑，以法规标准制度建设为保障，先制定出台《宁夏回族自治区碳达峰实施方案》《2023年自治区工业领域碳达峰工作要点》，将单位GDP能耗纳入宁夏政府高质量发展指标体系，将年度能耗双控目标纳入国民经济社会发展年度计划；建立起区、市、县（区）三级节能目标管理体系，将节能目标完成情况纳入政府绩效考核体系。与此同时，积极组织开展重点用能单位"百千万"行动，对重点用能单位实行能耗双控目标责任管理，督促企业加强节能管理，提高能源利用效率；按照绿色低碳循环发展要求，坚持有破有立、破立并举，加快形成节约资源、保护环境的产业结构和生产方式；运用综合标准和市场化、法治化的办法淘汰落后产能，对淘汰类和限制类企业实施差别电价，对优势产业、新兴产业类企业实施优惠电价，工业绿色发展取得明显成效。累计培育宁东基地、银川经开区等国家级绿色园区6家、自治区级2家，国家级绿色工厂19家、自治区级23家，绿色产品4个，国家绿色数据中心1家。创建了18家自治区资源综合利用示范企业，宁东能源化工基地、石嘴山市、中宁工业园区被列入国家大宗工业固废综合利用基地。其中，大地循环、格瑞精细化工等企业入选工信部国家绿色工厂名单，贝利特生物科技、金昱元广拓能源、丰华生物等企业被认定为自治区级绿色工厂。宝丰能源打造高端煤基新材料循环经济产业集群，用煤代替石油生产高端化工产品，推动煤炭资源由燃料向化工原料的转变，实现了煤炭清洁高效利用。绿色生产工艺广泛应用，日盛高新采用国内外先进工艺、技术和装备，实现了绿色低碳循环化发展，新生焦化、阳光焦化等焦炭企业组织实施了干熄焦工艺改造，产业绿色生产能力进一步提高。

五、创新活力显著增强

高水平科技自立自强是实现国家强盛和民族复兴的战略基石，是应对风险挑战和维护国家利益的必然选择，也是贯彻新发展理念、构建新发展格局、推动高质量发展的本质要求。宁夏牢固树立新发展理念，坚持以供给侧结构性改革为主线，统筹抓好稳增长、调结构、促转型、增动能等各项工作，全力推进创新驱动产业转型升级，培育发展新兴产业，结构改造、绿色改造、智能改造、技术改造深入实施，推动质量变革、效率变革、动力变革，工业经济呈现出新兴产业加速布局、传统产业绿色转型、重点行业特色鲜明的发展态势，高质量发展迈出了坚实步伐。深入实施创新驱动发展战略，重大科技成果不断涌现。国能宁煤煤基烯烃工业示范装置获得国家专利34项，干煤粉加压气化炉"神宁炉"获中国专利奖金奖。中石油宁夏石化建成了国内首套具有自主知识产权、单套生产能力最大的45/80国产大化肥项目，打破了国外企业的技术垄断。开展产业创新共性技术揭榜攻关，瑞泰科技尼龙66关键中间体等10个项目成功揭榜。创新平台建设取得积极成效，建成了宁东现代煤化工产业研究院、中试基地、微反应技术实验室等创新平台。"十三五"期间，宁夏化工行业共培育认定智能工厂7家、数字化车间9个、制造业领先示范企业（产品）8家（个）。

六、宁夏发展"六新"产业的比较优势

（一）新型材料产业

1.气候与资源条件适宜

干旱少雨是制约宁夏发展的劣势，但这一气候条件也形成了光照强、温差大、风能足、灾害少的自然禀赋，特别适合高性能金属材料、特色精细化工、电池材料、半导体材料、碳基材料等生产加工，是宁夏材料工业发展的基础。宁夏发展储能、半导体、电子化学品等新型材料，具有生产成本低、效率高和产品性能强、质量好的优势。如在干燥环境下碳基材料、石墨烯和锂电池等制造工艺、质量性能、运输存储的稳定性和安全性更高，是新型材料产业发展的"天然大工厂"。

新型材料企业需要充足的矿产资源与能源，如硅基、碳基等材料的生产需要大量电力。宁夏及周边省区用于新型材料生产所需的煤炭、硅石等矿产资源丰富。宁夏电力资源丰富，人均发电量居全国首位，工业用电价格相对较低。低廉的矿产资源和能源价格有利于新型材料企业降本增效，提升市场竞争力。同时，宁夏丰富的清洁能源也被一些需要"绿色电力"、参与国际竞争合作的新型材料企业看好。作为国内排名前十的动力与储能型电池材料研发生产制造商，杉杉能源（宁夏）近年来积极拓展海外市场，目前主要目标在欧盟。这些优势综合作用让新型材料企业生产成本更低，宁夏也容易发展成新型材料产业聚集的高地。

2.产业基础较好

宁夏材料工业经过数十年的积累，已具备一定的产业基础。高性能纤维及复合材料、光伏材料、锂离子电池材料规模优势明显。通过技术创新、产品升级、装备改进等综合开发应用，部分基础材料已发展成为具有优异性能或特殊功能的新型材料，在规模体系、技术水平、延链集聚上取得了较快提高和长足进步。这些厚实的前端基础吸引了一大批下游新型材料企业汇聚宁夏，围绕这些产品发展上下游产业的空间很大。中色东方（宁夏）

集团是世界钽冶炼生产三强企业之一、世界有能力生产铍的3家企业之一、中国唯一的铍材科研生产基地，整体处于世界领先水平。中色东方钽铌铍稀有金属材料产量位居世界三强，铍材主导产品国内市场占有率达70%以上，氰胺产品产量占国际市场的85%，单晶硅棒产能约占全国的23%，还有全国最大的煤制烯烃生产基地，为企业无缝嵌入产业链提供了丰富选择、畅通了各种道路，更为产业实现融合发展、耦合发展创造了机会。2022年，宁夏新型材料实现工业总产值超过1700亿元，比上年增长30%以上。

（二）清洁能源产业

清洁能源的准确定义应是：对能源清洁、高效、系统化应用的技术体系。含义有三点：第一，清洁能源不是对能源的简单分类，而是指能源利用的技术体系；第二，清洁能源不但强调清洁性，同时也强调经济性；第三，清洁能源的清洁性指的是符合一定的排放标准。[①] 清洁能源包含新能源和部分化石能源。新能源主要包括风能、太阳能、生物能等可再生能源及核能。可再生能源是指原材料可以再生的能源，如水力发电、风力发电、太阳能、生物能（沼气）、地热能（包括地源和水源）、海潮能等。这些能源排放的温室气体和有害物质少，短期内没有资源耗竭的危机，日益受到许多国家（尤其是能源短缺国家）的重视。核能也是重要的清洁能源，但是核电技术较为复杂，对安全性要求较高。自主知识产权的"华龙一号"属于第三代核电技术，具有完善的纵深防御安全系统。这些一次能源可以转化为电能、氢能等二次能源形式。部分化石能源也属于清洁能源，如天然气主要以甲烷为主，几乎不含硫、粉尘和其他有害物质，燃烧后主要生成水及二氧化碳，且燃烧产生的二氧化碳量远低于其他化石能源燃料，能有效减缓地球温室效应，从根本上改善生态环境质量问题，被誉为"城市清洁能源"。《能源体制革命行动计划》《加快推进天然气利用的意见》等系列政策表明，将逐步把天然气培育成为我国现代清洁能源体系的主体能源之一，并明确提出，到2030年，我国天然气在一次能源消费中的比例应力争提高至15%左右，将天然

---

① 李宇灏：《当前清洁能源的发展概况》，《地球》2015年第9期。

气行业纳入我国清洁能源产业未来重点发展领域。

1. 气候与资源条件适宜

宁夏地处中国西北部，常年干旱少雨，风能光能富集，三面环沙，荒漠土地充裕，全年日照时间3000～3300小时，常年平均风速约8米/秒，发展清洁能源产业具备得天独厚的资源优势和产业基础。根据最新风能、太阳能潜力研究结果，宁夏太阳能资源理论储量为86.61亿千瓦、技术可开发量约4.81亿千瓦，风电的技术可开发量约为5193万千瓦、可开发面积约为1.9万平方公里，是国家一类清洁能源富集省区，风能、太阳能、氢能等多种清洁能源具有综合开发的优越条件。自古以来人类赖以生存的生物能源，经过深加工易转化为低碳或零碳排放的清洁能源原料等。黄河流经宁夏397公里，为发展清洁能源产业提供了丰富的水资源，也是发展水力发电、绿氢产业、抽水蓄能产业的理想场所。

2012年，国家能源局将宁夏确定为全国首个新能源综合示范区，积极推进资源优势向经济优势转化。党的十八大以来，宁夏绿色低碳清洁能源发电和清洁能源制造业得到快速发展，成为全国"西电东送"的主产地之一，吸引了华为、隆基绿能科技股份有限公司等区内外众多有魄力、有实力的清洁能源企业投身宁夏风、光资源开发。一大批技术先进、投资大、带动效果显著的清洁能源产业项目建设取得积极成效，推动宁夏清洁能源产业发展驶入快车道。

2. 产业基础好

宁夏能源工业基础雄厚，依托丰富的煤炭资源优势，持续推动煤炭、电力、化工、新能源等相关产业快速发展。目前，宁夏共有规模以上化工企业206家，其中中国国能集团宁夏煤业有限公司、中国石油宁夏石化分公司、宁夏宝丰能源集团有限公司产值已突破100亿元。与此同时，宁夏处于我国三大自然区域的交汇、过渡地带，蕴含丰富的风能、太阳能资源，具有显著的资源优势和区位优势[①]，以及建立高比例可再生能源体系的基础条

---

① 钟当书:《宁夏电网新能源高效消纳技术》,《产业科技创新》2020年第32期。

件，被誉为绿色能源的"大电站"。数十年来，宁夏源源不断将火电、绿电通过"西电东送"大通道送到全国十几个省份，为全国探索出了具有借鉴意义的经验。截至2022年，宁夏电力装机容量6382万千瓦，其中，新能源装机占比47%，新能源利用率98.01%，位居西北前列。2022年，宁夏发电量2123.5亿千瓦时，比上年增长6.61%，其中，新能源发电量489.5亿千瓦时，比上年增长6.53%；外送电量944.5亿千瓦时，比上年增长4.5%。

（三）装备制造产业

1. 资源储量丰富

钢铁、铝、镁、锰等资源储量丰富，有利于高端铸造业利用本地资源延链展链，降低成本，形成规模化产业，具备发展大型铸件、精密铸造等高端铸造业的良好条件。

2. 产业基础好

宁夏装备制造业发展起步较早、基础好、特色突出、转型快、增速高。早在"三线建设"时期，国家就迁建了一批重点装备制造工业企业，为宁夏装备制造业发展奠定了坚实基础。随着制造业进入信息时代，宁夏政府看准智能制造的趋势，大力推动数字化转型，祭出鼓励智能化改造、数字化转型、网络化连接的政策组合拳，培育了一批高端装备制造企业。虽然宁夏装备制造业总量不大，但产品具有技术含量、智能化水平高，精细化、特色化新产品多的特点，是宁夏工业"小身材大智慧"的典型行业。截至2024年，宁夏高端装备占行业比重达到55%，已建成智能工厂和数字化车间8家、绿色工厂7家，培育行业标杆企业14家，高新技术产品占行业比重达到45%，50%以上企业数字化研发及办公软件应用进入新阶段，规上企业数字化研发设计工具普及率达到79%，核心装备数控化率达到85%，涌现出了巨能机器人等10多家国家级专精特新"小巨人"企业，装备制造业质量竞争力指数达到78%。2022年，宁夏装备制造业实现工业总产值850亿元，比上年增长40%。

（四）数字信息产业

数字信息产业是数字经济的核心产业，既包括数字产业化也包括产业数字化。随着数字技术应用水平不断提高，数据资源不断优化，数字经济与实体经济融合程度不断加深，数字信息产业链、供应链和价值链也在不断延伸和拓展，数字信息产业在经济增长中的作用越来越大。

1. 气候、地质与区位条件适宜

宁夏气候条件适宜，平均气温较低，全年大气环境优良天数达 280 天以上，适宜采用全自然风冷技术建设大型、超大型数据中心，年 PUE（电能利用效率）降至 1.1，较其他常规数据中心节能 35% 以上。宁夏地质构造稳定。西部云基地地质构造稳定，发生 7 级以上地震的概率几乎为零，适合建设高安全性的超算中心。宁夏地处中国陆地几何中心的区位优势，被誉为数据产业的"大机房"。宁夏成为全国为数不多的"国家新型互联网交换中心、一体化算力网络国家枢纽节点"双中心省区。如今宁夏已全面开通至京津冀、长三角、成渝、粤港澳大湾区等的重要城市直达链路，与全国 90% 以上地区光纤直连传输时延在 8～20 毫秒，能够很好地满足广大客户对时延的要求。中国电信、中国移动、中国联通已经完成了西部云基地骨干网络升级工程，建成中卫至北京、西安、太原等地的高速网络通道，出口带宽达到 12.4T，中卫市至北京单向时延 9 米 / 秒，至西安单向时延 5 米 / 秒以内，丢包率低于 0.01%，实行 P95 流量计费模式，已成为除北京、上海、广东等一级骨干网节点以外上联至骨干互联网的城市。中国电信、中国移动、中国联通、中国广电等网络运营已开通中卫至北京、上海等国内重要城市长途传输链路，可根据客户需求随时开通链路。现已有亚马逊、美利云、中国移动、中国联通、中国电信等头部企业的 18 个大型数据中心项目落地，安装标准机架 5.8 万个，上架率达到 76.7%，集聚了 200 多家云计算及配套企业。

2. 能源供应充足

宁夏充分立足资源禀赋优势，有着良好的煤电基础，截至 2023 年底，电力装机规模 7242.7 万千瓦，同比增长 11.9%。其中，火电装机容量 3313.4 万千瓦，增长 0.3%；水电装机容量 42.6 万千瓦，与上年持平；风电装机容量 1463.6 万千瓦，增长 0.5%；太阳能发电装机容量 2136.6 万千瓦，增长34.9%。新能源装机占统调电力总装机比重突破50%，超过火电规模成为宁夏第一大电源，也成为继青海、河北、甘肃后全国第四个新能源装机占比超过50%的省份。可再生能源发电量598.7亿千瓦时，占总发电量的25.9%。[①]宁夏积极创新电力交易模式，降低数据中心用电价格。数据中心供电电网结构坚强可靠。

（五）现代化工产业

化工产业是我国国民经济的支柱产业，可以粗略地将其分为大化工和精细化工。大化工一般以生产基础原料为主，产品品种较少，质量标准明确，投资金额与生产规模大，生产条件较危险，多数生产过程面临高温高压、有毒有害、易燃易爆易腐蚀等危险。精细化工利用大化工的产品生产特色产品，其中染料、维生素等产业产量较大，而大部分产业以小规模、高附加值、多样化为特点，通常投资金额与生产规模相对较小。大化工和精细化工在污染特点上也有差别，大化工污染比较集中，精细化工大多生产规模不大，污染比较分散，但并不代表其污染低。无论是大化工还是精细化工，污染治理与恢复都是化工生产中的难题。对化工产业来说，统筹生产与安全、生产与生态治理是其永恒的课题。现代化工是指以煤、石油、天然气或基础化工产品为主要原料，采用现代化生产方式加工生产的化学工业，主要包括现代煤化工、石油化工、电石深加工、化工新材料及精细化工等领域。

1. 资源与自然条件适宜

宁夏煤炭、硅石等矿产资源丰富，是塑料、染料、化肥、光伏、电子芯片、建筑装饰等产业的原料。宁夏能源充足，气候条件适宜，地质条件稳定，对发展现代化工产业极为有利。

2. 产业基础与管理经验充分

化工行业一般是技术和资本密集型产业，是宁夏重要的支柱产业。宁夏拥有良好的产业基础和管理经验，是发展现代化工产业的比较优势。宁

---

① 宁夏回族自治区统计局、国家统计局宁夏调查总队：《宁夏回族自治区2023年国民经济和社会发展统计公报》。

夏的化工产业涉及煤化工、石油化工、精细化工、电石及其深加工等多个领域、上百种产品，产业规模不断扩大，产值不断提高。目前，宁夏的现代煤化工在国内处于领先水平，拥有全国重要的煤化工生产基地、领军企业、先进技术和化工产业智能化示范项目，产业链不断延伸，上下游企业协作力增强。国家能源集团宁夏煤业有限责任公司在产业绿色化、绿色产业化上取得显著的成就，推动了产业高端化、绿色化、融合化发展。

（六）轻工纺织产业

轻工纺织业是宁夏传统产业，2021年宁夏有规模以上企业321家，完成产值近600亿元，占全部规上工业的9.2%。其中，食品行业具有特色优良原料，深加工、精加工的比重不断提升；医药行业原料药优势明显，泰乐菌素、盐酸四环素、VC原料药等具有较大优势，很多中药材具有产地优势；纺织行业具有电力充足、地价低廉、劳动力丰富、气候干燥凉爽、水资源保障有效等优势，在区位上处于原料产区与下游市场的中间地带，交通便利，产业集聚效应初步形成，适合纺织业协同融合发展。

第二节　宁夏"六特"产业发展的基础与比较优势

宁夏提出大力发展葡萄酒、枸杞、牛奶、肉牛、滩羊、冷凉蔬菜"六特"产业，是基于宁夏农业发展的基础条件和比较优势作出的科学决策。农业是指产品直接取自于自然界的物质生产部门，包括种植业、畜牧业、林业、渔业等。① 农业是国民经济的基础性产业，不仅提供人们日常生活所必需的丰富多样的农产品，还为二三产业的发展提供了众多的原材料。宁夏依托多样性的生态类型、极佳的土壤条件和良好的光热资源，为发展特色农业、生产高品质农产品奠定了先天优势。宁夏回族自治区成立初期就确立了"以农牧生产为主"的发展思想。长期以来，宁夏始终坚持农业的基础地位不动摇，特别是党的十八大以来，始终坚持把解决好"三农"问

---

① 高志刚：《产业经济学》，中国人民大学出版社2022年版，第5页。

题作为各项工作的重中之重，扎实推进农业农村现代化建设，为"六特"产业发展提供了有力支撑。

一、农业发展的生态环境和基础设施条件持续改善

宁夏是全国面积最小的省级行政区之一，虽地处西北内陆，干旱少雨，但得益于黄河水的滋润，素有"塞上江南"的美誉，具有农业发展的先天优势。一是宁夏耕地资源丰富。根据宁夏自然资源厅统计，截至2021年，宁夏耕地面积达1802.22万亩，人均耕地面积约2.5亩，高于全国1.36亩的平均水平。同时，宁夏是全国10大牧区和12个商品粮基地之一。二是宁夏多样性的生态类型和良好的光热资源，适宜高品质农产品生产。宁夏是中国枸杞之乡、中国滩羊之乡和中国马铃薯之乡，宁夏大米、长枣、黄花菜、菜心等优质农产品驰名中外，更是全国奶业优势产区和重要的优质奶源生产基地，贺兰山东麓是中国优质葡萄酒原产地。但同时，干旱缺水、生态极度脆弱又在一定程度上约束了宁夏农业的发展。为此，经过长期不懈的艰苦努力，宁夏农业发展的基础条件正在发生重大变化。一是生态环境质量持续改善。长期以来，宁夏通过植树造林、封山禁牧、小流域综合治理，水土涵养能力不断提升，水土流失从20世纪90年代最高的年均1亿吨左右减少到近10年的年均2000万吨左右。[①] 森林覆盖率由1958年宁夏回族自治区成立之初的1.5%提高到2022年的18%，草原综合植被盖度达到56.7%，形成了以引黄灌区为重点的黄河绿洲，沙尘天气经过林区时风速下降了27%～40%，水面蒸发量也下降了14%，形成了防风固沙的绿色长城，有效改善了"六特"产业发展的生态环境条件。二是水利基础设施明显改善。长期以来，宁夏持续加强以农田水利为重点的农业基础设施建设力度，将高标准农田建设作为农田水利基本建设的主阵地，实施建设项目1272个，建成高标准农田876万亩。通过建设高标准农田，粮食产量增加11.9万吨，亩均产量增加75公斤，为种植

---

① 徐庆林：《守好改善生态环境生命线　奋力构筑祖国西部生态安全屏障——学习贯彻自治区十二届八次、九次全会精神》，《宁夏林业》2020年第2期。

结构优化调整腾退了空间,并带动项目区农民亩均增收约600元。[①] 三是农村交通基础设施条件明显改善。近年来,宁夏加快推进农村公路建设、管理、养护、运营协调发展,不断提升农村公路质量。2023年,农村公路通车里程达到2.98万公里,所有乡镇、建制村通硬化路、通客车,常住人口20户以上自然村通硬化路率达99.7%,乡镇通公交车率达63%。

二、农业综合实力显著增强

宁夏回族自治区成立以来,农林牧渔业生产规模持续扩大并呈现加速发展趋势。1960年,宁夏农林牧渔业总产值仅为1.79万元,1978年改革开放初期也只有4.81万元,历经多年,1995年跃上50万元台阶,2003年跃上100万元台阶,2017年跃上500万元台阶,到2022年农林牧渔业总产值达到845.92万元(见图2-2)。其中,粮食生产能力得到了大幅度提升。宁夏回

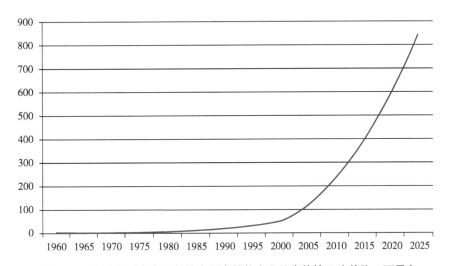

图2-2　1960年以来主要年份宁夏农林牧渔业总产值情况(单位:万元)

资料来源:《宁夏统计年鉴(2023)》。

---

① 马宇、刘静:《夯实粮食产能基础　宁夏农田水利建设正酣》,宁夏台融媒体新闻中心,https://mp.weixin.qq.com/s?__biz=MzA4OTE5OTkyNA==&mid=2651701122&idx=1&sn=3b68e720a2714369385842de22dc11dd&chksm=8be79bd9bc9012cf735e722d60ef20a11c8357b008177cd94980da2c9404d6516d89ddb6f433&scene=27。

族自治区成立以来，粮食播种面积逐步扩大，品种结构不断优化，良种化率不断提高，单产快速提高，总产逐年增长。1993年突破200万吨，2022年达到375.83万吨（见图2-3）。粮食人均产量由1949年的268公斤、1978年的333公斤，提高到2022年的516.25公斤，高于全国486.1公斤的平均水平。粮食单产水平的提高是宁夏粮食增产的主要因素。1949年宁夏粮食亩产水平只有54.2公斤，1990年为177公斤，到2022年粮食亩产达到261.92公斤。

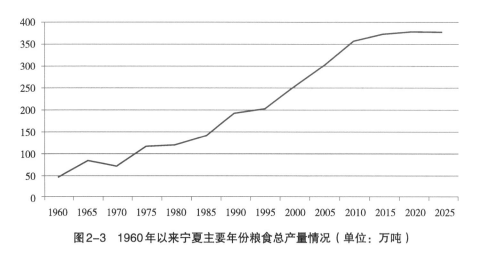

图2-3　1960年以来宁夏主要年份粮食总产量情况（单位：万吨）

资料来源：《宁夏统计年鉴（2023）》《宁夏回族自治区2023年国民经济和社会发展统计公报》。

三、农业产业结构持续优化

宁夏回族自治区成立以来，宁夏农业实现了由单一以种植业为主的传统农业向农林牧渔业全面发展的现代农业转变。一是从产值构成来看，农林牧渔业结构日益协调合理。1960年农业产值占农林牧渔四业产值的比重为81.99%，处于绝对主导地位，牧业产值占比仅为15.57%。改革开放以来，林牧渔业开始全面发展，农林牧渔业结构日益协调合理。2021年农业产值占农林牧渔业总产值的比重为54.32%，比1960年下降了27.67个百分点；牧业占36.94%，提高21.37个百分点；林业占1.5%；渔业占3.29%；农林牧渔服务业占3.95%。二是从产量构成来看，宁夏畜产品人均占有量全国领先。1978年宁夏猪肉、牛肉、羊肉总产量仅有1.2万吨，人均占量仅3.5公斤。经过40多年的发展，尤其是改革开放以来，国家相继放开了畜产品价格，畜牧业生产进入快速增长阶段。到2022年，宁夏猪肉、牛肉、羊肉总产量达到33.98万吨，人均占量46.68公斤；牛奶产量从1978年的0.4万吨发展到2022年的342.5万吨，人均牛奶占有量从1978年的1.1公斤发展到2018年的245.7公斤；禽蛋产量13.21万吨，人均禽蛋占有量从1985年的2.8公斤发展到2022年的18.15公斤。三是水产品生产在西北地区具有明显优势。宁夏回族自治区成立以来，宁夏积极转变渔业发展方式，以现代渔业建设为主攻方向，由单纯天然捕捞生产向多品种、集约化、产业化养殖方向发展。2023年，宁夏水产品总产量17.5万吨[①]，比1978年增长852倍。水产品人均占有量由1978年的不到0.1公斤提高到2023年的24公斤，70%以上的水产品远销甘、蒙、陕、青、藏、新等省区。四是从产业布局来看，农业特色产业布局更加合理。宁夏依托资源禀赋，打造以贺兰山东麓为重点的葡萄酒产业集群，以清水河流域为重点的枸杞产业集群，以银川和吴忠为核心、石嘴山和中卫为两翼的牛奶产业集群，以中南部地区为重点的肉牛产业集群，以中部干旱带为重点的滩羊产业集群，以六盘山区为重点的冷凉蔬菜产业集群。截至2023年底，宁夏酿酒葡萄种植面积达到60.2万亩，年产葡萄酒1.4亿瓶，综合产值达到401.6亿元[②]；枸杞种植面积32.5万亩，年产鲜果32万吨，全产业链综合产值突破290亿元[③]；奶牛存栏达到92万头；肉牛饲养量达242万头；滩羊饲养量达1564万只；蔬菜种植面积达296.7万亩。[④]

与此同时，宁夏优势特色农业快速发展。近年来，宁夏扎实推进农产

① 《宁夏强化财政投入为渔业发展注入"活水"》，《宁夏日报》2024年4月21日。

② 《以精耕细作的定力推动葡萄酒产业可持续发展》，《宁夏日报》2024年8月22日。

③ 《今年宁夏枸杞全产业链综合产值力争破340亿元》，《宁夏日报》2024年4月24日。

④ 《乘势而上开新局系列报道之三 变"提篮小卖"为"盛装远嫁"：宁夏加速构建"宁字号"农产品品牌矩阵》，《宁夏日报》2024年3月1日。

品品牌提升行动，坚持"走出去"与"请进来"相结合、线上"攒人气"与线下"聚人流"相统一，积极参与全国农博会、农交会、中国品牌日等大型展会，连续举办两届中国（宁夏）国际葡萄酒文化旅游博览会，创新举办"宁夏品质中国行"、全国知名农产品销售商走进宁夏等系列宣传推介活动，努力挖掘"原字号""老字号""宁字号"农产品品牌优势，培育区域公用品牌13个、特色优质农产品品牌466个，形成了贺兰山东麓葡萄酒、中宁枸杞、盐池滩羊、宁夏牛奶、六盘山牛肉等特色地域名片，宁夏农业品牌建设驶入健康发展快车道。到2022年，贺兰山东麓葡萄酒、中宁枸杞、盐池滩羊品牌价值分别达到301.07亿元、191.88亿元和98.25亿元，分别居"中国区域品牌影响力百强榜"第9位、第12位、第35位，盐池滩羊列畜牧类排行榜第1名。

四、农业现代化水平不断提高

宁夏回族自治区成立以来，特别是改革开放以来，持续加快农业机械化、农业科技化、农业产业化、农业信息化、农业绿色化步伐，农业现代化建设稳步推进，"六特"产业发展基础显著增强。一是农机装备及机械化水平稳步提升。多年来，宁夏围绕特色优势产业，把发展农业机械化作为强化农业基础、保证粮食安全和推进现代农业的战略重点，加大政策扶持和资金投入。2021年宁夏农用机械总动力达到653.82万千瓦，比1978年的66.3万千瓦增长9.86倍；拥有各种型号的拖拉机21.91万台，比1978年的1.7万台增长12.89倍。其中，大中型拖拉机达到5.08万台，增长10.81倍；联合收割机达到10054台，增长68.34倍。大马力、多功能、高性能机械大幅增加，农机装备结构进一步优化，布局更加合理。2020年，宁夏主要农作物综合机械化水平达到80%，高于全国平均水平9个百分点，引黄灌区小麦、水稻、玉米基本实现全程机械化，耕种收综合机械化率分别达到96%、99%和89%。马铃薯耕种收综合机械化率达到68%，畜牧业、水产养殖业、设施农业、农产品初加工等机械化率分别达到43%、48%、34%、43%。二是农业科技应用实现新突破。宁夏围绕优质粮食、草畜、瓜菜、枸杞、葡萄、水产等特色产业，建设农业科技示范园区，其中智能化示范园区3个，基于北斗、5G的无人化农机、植保无人驾驶航空器等智能农机进军生产一线。三是农业产业融合化发展成效明显。多年来，宁夏围绕农业特色产业在建链、延链、补链、壮链上持续下功夫，农产品加工转化率达到70%。支持建成一批龙头企业精深加工基地，精深乳制品日加工能力同比提高20%；引导加工企业开发滩羊精细化分割产品，精深加工比例超过11%。规模以上粮油加工企业达180家，年加工能力765万吨，实现工业总产值114亿元。累计创建优势特色产业集群3个、国家农业产业强镇13个、全国"一村一品"示范村镇74个，培育国家农业产业化重点龙头企业28家。四是农业绿色发展方兴未艾。绿色兴农战略深入推进，农业绿色化、优质化、特色化、品牌化水平不断提升。截至2020年，测土配方施肥覆盖率达到93%，化肥农药利用率分别达到40.1%、40.8%，畜禽粪污综合利用率、秸秆综合利用率、农用残膜回收率分别达到90%、87.6%和85%。品牌影响力不断扩大，创建6个中国特色农产品优势区，贺兰山东麓葡萄酒、中宁枸杞、盐池滩羊、宁夏大米等8个区域公用品牌入选"中国百强区域公用品牌"。五是农业标准化生产水平明显提高。近年来，宁夏先后出台了《宁夏高质量发展重点产业标准体系》《宁夏回族自治区推动高质量发展标准体系建设方案（2021年—2025年）》等，累计修订种植养殖、繁育、加工、销售标准规程106项。加大标准推广应用，种植业实行品种、耕种、施肥、植保、培训、管理、收获"七统一"，养殖业按照物业服务、技能培训、检疫防疫、饲养规程、饲草配送、抱团发展、粪污处理"七统一"模式管理，创建国家级和自治区级绿色标准化生产基地185个，主要农产品监测合格率稳定在98%以上。

五、农业和农村经济体制改革持续深化

建设农业强国，利器在科技、关键靠改革。多年来，宁夏不断解放思想，打破惯性思维和条条框框，持续推进农业农村各项改革，逐步打破一些制约发展的体制机制壁垒，不断激活乡村沉睡资产资源，农业农村现代

化的内生活力持续释放。一是持续推进农村土地承包经营权改革。2013年，宁夏在21个县（市、区）选择107个村开展农村土地承包经营权确权登记颁证百村试点，2015年成功被列为全国土地确权"整省推进"试点。2017年率先在全国基本完成了确权登记颁证工作，通过"确实权、颁铁证"，让农民吃上了"定心丸"。截至2021年，宁夏已确权到户面积1551.8万亩，占应确权面积的95.4%。承包地流转总面积达354.1万亩，较2012年增加166.6万亩，年均增长6.6%。二是农村集体产权制度改革红利持续释放。先后在金凤区、利通区、沙坡头区、大武口区、惠农区、平罗县、灵武市和隆德县8个县（市、区）开展试点积累经验的基础上，于2019年成功争取在全国开展整省域农村产权制度改革试点，率先在全国完成集体资产清产核资。农村集体资产总额由2017年底的104.5亿元增加到2021年底的159.4亿元，累计向集体经济组织成员分红达1.7亿元。三是新型农业经营主体培育不断发展壮大。农民合作社累计由2012年的2787家发展到2021年的6298家，家庭农场累计由2013年的581家发展到2021年的15020家，农业社会化服务组织发展到1382家。累计创建自治区级以上农民合作社示范社681家、四星级家庭农场478家、农民合作社联合社78家、家庭农场联盟10家。

六、宁夏发展"六特"产业的比较优势

（一）葡萄酒产业

宁夏葡萄酒产区，即贺兰山东麓产区，其分布具有明显的地理和气候特征。该产区地处宁夏黄河冲积平原和贺兰山冲积扇之间，西靠贺兰山，东临黄河。地理位置影响酿酒葡萄生长和葡萄酒品质，根据地理分布主要被划分为6个子产区，即石嘴山产区、贺兰产区、银川产区、永宁产区、青铜峡产区和红寺堡产区。

宁夏贺兰山东麓地处北纬38°左右，属于中温带干旱气候，干燥少雨，年降水量200毫米左右，主要集中在6—8月，光照充足，全年日照时数2851～3106小时，年有效积温达到3300℃，昼夜温差大，平均气温8.5℃。这一地带处于贺兰山冲积带，土壤以灰钙土、砾石新积土为主，土质疏松，

透气性好。贺兰山东麓临近黄河，这里栽培的酿酒葡萄有稳定的黄河水灌溉，既解决了降水量少蒸发量大的灌溉难题，又回避了类似法国波尔多地区地中海气候降水量不稳定引起的干旱或湿涝难题，所以业界人士说贺兰山东麓产区没有年份酒之分，或者说贺兰山东麓产区年年都是年份酒。独特的风土条件使贺兰山东麓成为世界上适宜种植酿酒葡萄和发展葡萄酒产业的黄金地带。

（二）枸杞产业

枸杞是我国传统中药材，养生保健效果极佳，目前已经被广泛应用于保健品、食品、饮料、化妆品等行业。我国有13个省（自治区、直辖市）种植枸杞，宁夏、甘肃、青海、新疆、内蒙古的枸杞产业已经成为当地的优势特色产业。

1. 品质绝佳

枸杞浑身是宝，根、叶、花、果、皮均可入药，《神农本草经》中记载："枸杞，味苦寒。主五内邪气，热中，消渴，周痹。久服，坚筋骨，轻身耐老。"明代李时珍《本草纲目》中记载："春采枸杞叶，名天精草；夏采花，名长生草；秋采子，名枸杞子；冬采根，名地骨皮。"可谓"根茎与花实，收拾无弃物"。宁夏枸杞是唯一被载入新中国药典的道地药材。

现代医学研究证明，宁夏枸杞成熟果实含有枸杞多糖、枸杞黄酮、玉米黄素、甜菜碱、牛磺酸、生物碱等生物活性成分和18种氨基酸、32种微量元素以及利于人体健康和智力开发的有机硒、锌等矿物质元素。枸杞多糖有促进免疫、抗衰老、抗肿瘤、清除自由基、抗疲劳、抗辐射、保肝、生殖功能保护和改善等作用。枸杞黄酮类成分富含多种维生素、矿物质、抗氧化物质，这些营养成分可以提高人体的免疫力。玉米黄素本身具有的分子结构特征，使得玉米黄素具有很强的抗氧化性，具有保护视力、抗癌、预防心脑血管疾病、减轻紫外线辐射的功效。宁夏枸杞中的枸杞多糖、枸杞黄酮、玉米黄素含量明显高于其他产区枸杞。

2. 生长环境优越

枸杞的品质与其生长环境息息相关。宁夏位于我国西北部的黄河中上游地区，地处鄂尔多斯高原和黄土高坡过渡带，属西北温带大陆性季风气候区，得天独厚的气候条件和地理环境为枸杞生长提供了极其优越的生长环境。

宁夏地处北纬35°14′~39°14′，东经104°17′~109°39′，正好处于神秘的北纬37°线上。地球上大约90%的古文明发源地、70%的古建筑遗迹以及绝大部分特异神奇的自然现象都集中在这一区域。

从土壤看，宁夏地处青藏高原、黄土高原、鄂尔多斯台地交界处，四处环山，风沙不易侵袭。特殊的地理位置使宁夏在漫长的地质变迁中成为承接周边四大高原矿物质的聚宝盆。宁夏平原地区土壤肥沃，黄土类型占据主导。黄土保湿性强，透气度好，便于枸杞深根长势的发展。宁夏平原土壤中铁、锌、硼等微量元素含量相对丰富。这些元素是枸杞生长所必需的，有助于提高枸杞的产量、品质和抗逆性。此外，由于宁夏平原地区土层深厚，水分利用率较高，能够满足枸杞对于土壤水分的需要。

从水源看，宁夏全境属于黄河流域，黄河自南向北纵贯自治区397千米，为这片土地带来了丰富的水资源和灌溉优势。宁夏处于黄河流域首个舒缓区和沉积区，也是发源于六盘山的清水河汇入黄河的入河口。清水河在宁夏的行程最长、流域面积最大，奔流而下的河水带来丰富的矿物质元素，为枸杞的生长提供优质的灌溉资源。

从光照看，宁夏属于温带大陆性气候，处于全国第二个日光富集区，全年日照3000小时以上。宁夏四季分明，春暖迟、夏热短、秋凉早、冬寒长，昼夜温差大，贺兰山、六盘山抵挡了寒流和风沙，自然灾害发生率低。平坦的地形和充足的日照使枸杞具备良好的光合作用和养分吸收能力。加之干旱少雨，病虫害发生率低，让宁夏枸杞沉淀出充足的营养成分，使宁夏枸杞成为枸杞中的上品。

位于内蒙古高原和黄土高原过渡带的中宁县，属于北温带大陆性季风气候区，四面环山、光照充足、干旱少雨，极其利于枸杞的生长。发源于六盘山的清水河与黄河在此交汇，形成了洪积土壤，微量元素和矿物质含量丰富，腐殖质多，熟化度高，为枸杞提供了优质的土壤环境。黄河水和水土资源的独特组合为当地枸杞提供了充足的水分和营养，因此素有"中宁枸杞甲天下"之美誉。

（三）牛奶产业

牛奶产业的品质在很大程度上取决于自然气候环境。宁夏处于北温带北纬38°上下的"黄金奶源带"，日照时间长、温度适宜、昼夜温差大、水源丰富、环境清洁、空气湿度低，是适合优质牧草生长与高产奶牛健康成长的天然牧场。银川灵武市曾是北京冬奥会高品质牛奶奶源供应地，生鲜乳的指标高于欧盟标准。

宁夏奶牛养殖从农户散养、拎桶挤奶的小农生产模式，已经发展成为专业化、规模化、高端化的养殖方式。从20世纪80年代起，宁夏就把改良奶牛品种作为重大工作来抓，通过奶牛选育、引进国外优良品种不断选育更优良的品种。养殖中实行"六统一"的方式，即统一编号、统一佩戴耳标、统一建档立卡、统一采购冻精、统一选育方案、统一实行信息化管理，把养好牛作为出好奶的基础。构建全产业链质量提升和管理体系，重视平均乳脂率、乳蛋白率、体细胞数、细菌数、违禁添加物、卫生等指标，不仅注重养好牛，而且重视产好奶。同时，宁夏产业链延伸和产业融合重视品牌效应。

面对国内外的激烈竞争，宁夏致力于提高牛奶产业的竞争力，对标国际先进水平，践行国际先进理念，致力于关键技术的改进，优化牛奶产业的服务、技术与管理，培育优质高端的产品与企业，巩固与扩大牛奶产业的比较优势。

（四）肉牛产业

1. 气候资源条件优越

宁夏养殖业优势突出，早在秦汉时期宁夏就是优良的牧场，有"马千匹、牛倍之、羊万头"之说。宁夏的自然条件适合养奶牛，同样适合养肉牛，是农业农村部确定的全国肉牛优势产区之一。

宁夏青贮玉米、紫花苜蓿及一年生禾草等饲草种植面积广，淀粉、粗蛋白含量高，是养肉牛的优质饲草。宁夏青贮玉米干物质、淀粉含量均达到28%以上，整体质量优于国家二级标准；苜蓿草粗蛋白含量达18%～20%，相对饲喂价值（RFV）平均达到150以上，单产和质量均居全国前列，为宁夏肉牛产业快速发展提供了重要保障。

2. 牛肉产品特色鲜明

宁夏六盘山地区牛肉谷氨酸、油酸、硒等营养物质与有益的微量元素含量高，肉质鲜美、口感独特，广受好评。从品质上来讲，每100克牛肉谷氨酸含量3.78克，高于平均水平的3倍；微量元素硒含量8.7微克，是测定推荐值的3倍；对人体有益的不饱和脂肪酸油酸含量43.35%，明显高于市场主体牛肉；氨基酸含量丰富结构合理，其中人体所必需的氨基酸含量达到40%以上，达到优质牛肉标准。宁夏加强"宁夏六盘山牛肉"品牌培育，完善品牌营销体系，提升品牌影响力。支持经营主体在区内外大中城市建设"宁夏六盘山牛肉"品牌营销店22个、"西吉好东西"销售门店8个，推广餐饮连锁、社区连锁、"餐饮体验＋零售＋社区配送"等消费新业态，销售精细分割、精深加工牛肉产品5490吨。宁草之苑、源牛凭借六盘山牛肉特色品质入选农业农村部全国特质农品名录。

经过长期的发展，宁夏肉牛产业已具规模化、标准化、优质化，品牌影响力不断增强，产业融合加速发展。"优质＋高端"的技术路线不断增强宁夏肉牛产业的比较优势。

（五）滩羊产业

1. 独特的自然条件

滩羊是国家二级保护品种，早在南宋时期就已颇负盛名，是宁夏四大"最著物产"之一。宁夏滩羊产业以盐池县为核心，带动周边县区发展，是宁夏重要的特色产业之一。这里既是滩羊主产区，又是天然草地、荒漠化草原富集区。据统计，宁夏2000万亩的荒漠、半荒漠土地分别占了荒漠化草地总面积、天然草地总面积和中部干旱带地区土地总面积的90%、55%和70%以上。宁夏盐池地处干旱带，气候干燥、日照充足、环境清洁、饲草丰美、种类丰富，并且大多数同时具有药用价值，境内盐湖水矿物质丰富，非常适合滩羊养殖。盐池滩羊肉质细嫩、含脂率低、无腥膻味、营养丰富，含有人体不能合成的8种必需的氨基酸、中链脂肪酸和风味氨基酸，口感层次分明、香味细腻，远近驰名。

2. 强大的品牌效应

宁夏滩羊凭借其优良的品质和独特的风味，已经在市场上树立了一定的品牌形象。滩羊品牌，尤其是盐池滩羊品牌，在中国羊肉市场中占据显著的地位，具有巨大的影响力。宁夏盐池滩羊属于高档次，堪称盐滩贵族、羊中贵族，六次登上国宴。根据2023中国品牌价值评价信息，宁夏盐池滩羊肉以106.82亿元的品牌价值，居中国区域品牌百强榜第31位。就拿盐池滩羊肉来说，从2003年盐池县被中国国际品牌协会评为"中国滩羊之乡"，到2008年盐池滩羊肉被认定为宁夏回族自治区著名商标、2010年被认定为中国驰名商标，再到如今盐池滩羊肉多次登上国宴餐桌、畅销全国50多个大中城市，成为极具市场竞争力的"金牌品牌"，盐池滩羊的附加值得到了进一步提升。盐池滩羊品牌价值位列"中国区域农业品牌影响力排行榜"畜牧类第一。盐池滩羊肉以自身品牌的迭代升级，成功实现了由"土字号"向"金名片"的蜕变，也以自身的发展壮大证明了品牌效应的重要性：一个"叫得响"的品牌，对于一家企业而言，意味着市场份额甚至生存发展；对一个地区而言，则能以一个特色产业带动一片企业、富裕一方百姓、推动一方发展。宁夏滩羊不仅是宁夏的特产，还被列为国家二级保护品种，显示了其在中国的珍贵地位。

习近平总书记多次强调宁夏要发展好滩羊产业。盐池县也非常重视滩羊产业发展，连续16年制定印发《盐池滩羊产业发展实施方案》，推动滩羊产业规模化、标准化，推动滩羊产业向"精品化、高端化、绿色化"方向发展。

（六）冷凉蔬菜产业

1. 自然资源优势

宁夏属温带大陆性半干旱气候，光热充足，夏无酷暑，冬无严寒，环境洁净，日平均气温10℃以上的有效积温近3400℃，无霜期160天左右，昼夜温差大，尤其是夏季相对干燥冷凉的气候特点与南方高温梅雨天气形成明显的季节差异，特别适宜生产南方市场需求的蔬菜产品。这里年太阳辐射总量149千卡/平方厘米，且多风少雨，蒸发强烈，是全国日照和太阳辐射最充足的地区之一，具有日光温室蔬菜发展的优越条件。

宁夏位于我国西北部的黄河中上游地区，全境属于黄河流域，90%的用水来源于黄河，素有"天下黄河富宁夏"之说。黄河流经宁夏10个县（市、区）397公里，过境流量325亿立方米，有效灌溉面积934.5万亩，是国家五大自流平原灌区之一，水利设施配套，灌溉条件便利，基本农田旱涝保收。

宁夏地区土地资源丰富，土层深厚，土壤肥沃，冬季土壤休养生息，病虫害少，非常适合绿色有机农产品生产。土壤有机质丰富、硒含量高，生产的蔬菜口感鲜嫩、营养丰富、风味浓郁、品质优良，深受消费者青睐。引黄灌区土地平展，适宜大规模机械化作业；因宁夏气候干旱少雨、蒸发强烈，引黄灌区土壤盐渍化情况较多。有数据显示，现有不同程度盐渍化耕地248.7万亩，其中轻度、中度、重度盐渍化耕地分别占比56%、30%、14%。非耕地和重度盐渍化土地面积达到320多万亩，与当前宁夏冷凉蔬菜的生产规模相当。盐碱地、非耕地的开发为宁夏冷凉蔬菜扩大规模提供了土地资源。

近年来，"好看、好吃、绿色、安全"宁夏菜已成为粤港澳大湾区、长三角等地市民的首选菜，也成为全国高品质蔬菜的代表。目前，宁夏菜心占夏季香港菜心市场销量的70%~80%，售价比其他产区高30%以上；深圳海吉星市场的宁夏菜由2015年的5%上升到2021年的12%，市场占有份额逐年增大。

2.产业基础优势

宁夏立足三大自然分区，结合水土、气候、生产基础等条件，坚持"区域化规划，规模化布局，产业化发展"的原则，分别建设北部引黄灌区供港蔬菜、中部干旱带硒甜瓜及南部山区露地蔬菜3大产业集群。宁夏有蔬菜种植面积在万亩（666.67公顷）以上的重点生产县（市、区）11个，生产优势区域逐渐集中，已建成规模化基地1472个，连片1000亩以上的2个，连片500~1000亩的216个，连片200~500亩的392个，连片50~200亩的558个，连片20~50亩的87个，蔬菜产业的基础良好。同时，宁夏冷凉蔬菜生产集约化程度较高，多数企业、合作社、家庭农场通过土地流转，实现土地集中管理经营，为宁夏冷凉蔬菜产业发展起到了重要作用。

第三节　宁夏"六优"产业发展的基础与比较优势

宁夏提出大力发展文化旅游、现代物流、现代金融、健康养老、电子商务、会展博览"六优"产业，是基于宁夏第三产业发展的现实条件和未来服务业发展新趋势所作出的科学决策。第三产业是指除第一产业、第二产业以外的所有社会经济活动，提供服务是其主要特征。根据《国民经济行业分类》的标准，服务业主要包括以交通运输、仓储和邮政业，信息传输、软件和信息技术服务业，金融业，租赁和商务服务业，科学研究和技术服务业，水利、环境和公共设施管理业等为主的生产性服务业，以房地产业，教育，卫生和社会工作，文化、体育和娱乐业等为主的生活性服务业。[1] 如果说第一产业、第二产业是有形物质财富的生产，那么第三产业主要是服务业并繁衍于有形物质生产之上的无形财富的生产。[2] 随着经济社会的不断发展，宁夏第三产业逐渐由少到多、由小到大，服务业对自治区经济社会发展贡献进一步增强，为加快发展"六特"产业奠定了坚实的基础。

一、产业规模不断扩大，带动自治区产业结构持续优化

宁夏回族自治区成立初期，由于经济发展重生产、轻流通，宁夏的第三产业主要以商业零售、餐饮等传统产业为主，服务业增长较为缓慢，比重偏低，服务业发展基础薄弱。改革开放以来，宁夏在加强基础设施建设

① 李倩、李亚、方丹等：《浙江省现代服务业高质量发展问题分析及对策建议》，《中国商论》2023年第19期。
② 高志刚：《产业经济学》，中国人民大学出版社2022年版，第5页。

的同时，安排大量资金用于服务业项目建设，服务业向开放式外向型转变，第三产业取得了长足发展，成为三次产业中发展最快的产业。在改革开放初期的1978—1991年，宁夏第三产业迎来了快速增长阶段，这一时期以交通运输、批发零售和餐饮住宿业等为主的传统服务业得以迅速发展，促进了第三产业规模总量的迅速增长，使得宁夏第三产业的增加值由1978年的3.33亿元增长到1990年的22.66亿元，带动了宁夏三次产业结构由1978年的23.6：50.8：25.6调整到1990年的26.0：39.1：34.9，第三产业增加值占地区生产总值的比重由1978年的23.6%上升到1990年的34.9%。1992年，中共中央、国务院作出《关于加快发展第三产业的决定》，提出"为了抓住当前有利时机，加快改革开放步伐，集中精力把经济建设搞上去，必须使第三产业有一个全面、快速的发展"。1992—2011年，宁夏迎来第三产业加快发展的阶段，第三产业增加值由1990年的22.66亿元增加到2010年的686.91亿元。1997年第三产业增加值占地区生产总值的比重首次突破了40%，到2010年，宁夏三次产业结构调整优化为9.4：49.0：41.6。党的十八大以来，随着供给侧结构性改革有力推进，经济结构调整和产业升级步伐不断加快，宁夏第三产业在转型升级、动能转换、促进就业、拉动消费、改善民生等方面发挥了重要作用，成为拉动经济增长的主动力和新引擎，有力地推动了经济社会平稳健康发展，整体呈现总量稳步提高、增长速度平稳、结构不断优化、新兴服务业发展良好的态势。宁夏第三产业发展进入了崭新的历史时期。2012—2023年，宁夏第三产业增加值由949.51亿元增加到2399.61亿元，2012年第三产业增加值占地区生产总值的比重为44.5%，2023年为45.1%，带动产业结构进一步优化（见图2-4）。

二、现代服务业快速发展，带动第三产业内部结构持续优化

改革开放以来，宁夏第三产业保持较快发展速度的同时，其内部结构明显改善，逐步由过去的以交通运输、仓储和邮政业，批发和零售业，住宿和餐饮业等传统服务业为主，发展为与现代服务业等新兴行业齐头并进的格局。从传统服务业来看，交通运输、仓储和邮政业占第三产业的比重

从1978年的19.82%，在波动中下降到2022年的9.65%；批发和零售业、餐饮和住宿业占第三产业的比重由1978年的28.83%持续下降到2022年的12.33%，金融业在波动中有所上升（见表2-2）。

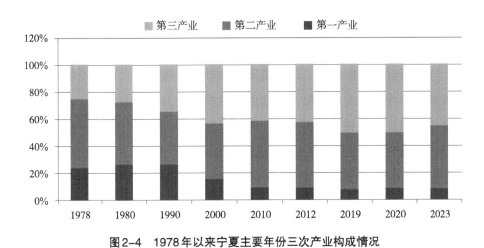

图2-4　1978年以来宁夏主要年份三次产业构成情况

资料来源：《宁夏统计年鉴（2023）》《宁夏回族自治区2023年国民经济和社会发展统计公报》。

表2-2　宁夏主要年份第三产业内部结构　　　　　　　　　　单位：%

年份	交通运输、仓储和邮政业	批发和零售业、住宿和餐饮业	金融业	房地产业	其他服务业
1978	19.82	28.83	12.91	2.40	36.04
1980	18.51	25.28	16.48	2.26	37.47
1985	18.92	20.22	21.41	2.38	37.07
1990	15.40	23.48	24.58	2.21	34.33
1995	15.11	23.59	29.67	3.30	28.33
2000	23.17	20.57	16.91	6.95	32.40
2005	18.13	20.28	12.11	9.06	40.42
2010	20.12	17.46	12.99	9.18	40.25
2015	15.11	15.22	17.99	8.46	43.22

续表

年份	交通运输、仓储和邮政业	批发和零售业、住宿和餐饮业	金融业	房地产业	其他服务业
2020	10.09	13.55	8.01	10.41	57.94
2022	9.65	12.33	15.91	8.36	52.70

资料来源:《宁夏统计年鉴(2023)》。

与此同时,金融保险、计算机服务和软件业等与现代产业发展相适应的新兴服务业蓬勃发展,第三产业内部结构优化升级正在加快。一是金融业稳步健康发展。改革开放以来,宁夏主动融入全国和世界发展大格局,打"开放牌"、走"开放路",使金融业焕发出了勃勃生机。截至2023年,宁夏金融机构本外币各项存款余额9347.07亿元,其中,人民币各项存款余额9329.49亿元;金融机构本外币各项贷款余额9711.84亿元,其中,人民币各项贷款余额9695.89亿元。宁夏共有省级营业性保险分公司25家,全年实现保费收入244.59亿元,比2022年增长13.3%;共有上市公司17家,总股本213.46亿股,总市值1859.12亿元。[①] 发行债券种类从企业债等较为单一的品种,发展到政府债、企业债、金融债、中小企业私募债、中期票据、项目收益债等多种债券,多层次资本市场体系逐步形成。二是信息服务业快速发展。党的十八大以来,宁夏互联网技术与各行业加速融合,互联网经济呈现爆发式增长。2022年,互联网宽带接入用户349.4万户,比2012年增加288.49万户;电话用户总数938.4万户,比2012年增加228万户;移动电话用户891万户,比2012年增加285.56万户,信息基础设施进一步增强,带动互联网行业迅猛发展。以云计算、大数据、物联网、人工智能为代表的新一代信息技术加速孕育、蓬勃兴起,互联网成为创新驱动发展的先导力量。三是科技服务业不断成长。党的十八大以来,宁夏科技研发投入稳步提升,创新水平也有了很大提高。2022年,宁夏研究与试验发展(R&D)经费支出规模达到79.4亿元,同比增长12.78%,高于全国平均增速

---

① 宁夏回族自治区统计局、国家统计局宁夏调查总队:《宁夏回族自治区2023年国民经济和社会发展统计公报》。

2.67个百分点，增速居全国第8位、西部第4位、西北第2位、沿黄九省区第1位。^①

三、幸福产业迈上新台阶

幸福产业是以人为本、与人民群众幸福感紧密相关的产业集合，主要包括旅游、文化、健康、养老、体育等产业。幸福产业是稳投资、促消费、惠民生的有效结合点，是产业升级和消费升级协同推进的联动交汇点，是新基建中智慧生活、幸福民生智能化的重要发力点，是现代化建设中落实以人民为中心，实现人的全面发展的现实选择。

一是全域旅游影响力逐步扩大。改革开放以来，宁夏旅游业实现了从无到有、从小到大的历史性转变，特别是党的十八大以来，旅游产业规模快速增长，市场主体不断丰富，旅游业取得了长足的发展。宁夏以"两山一河、两沙一岭、两文一景"九大特色旅游精品为依托，构建了互为联通、互为补充的旅游产品体系，逐步完善"黄河文化""西夏探秘""红色之旅""塞上江南""大漠风光""丝路古韵"等旅游产品体系建设。2016年9月，继海南之后，宁夏成为全国第二个省级全域旅游示范区创建单位。面对新的机遇，宁夏把全境作为一个"大景区"来规划，提出"有一个景区叫宁夏"的营销口号，抓住"一带一路"建设机遇，加快推进全域旅游战略。截至2024年9月，全区共有A级以上旅游景区139家，其中，5A级旅游景区5家，4A级旅游景区33家，3A级旅游景区60家，2A级旅游景区40家，1A级旅游景区1家。2024年，全区累计接待国内游客8124.96万人次，旅游花费766.45亿元，同比分别增长16%和17.65%。

二是文化产业繁荣发展。党的十八大以来，宁夏文化产业积极适应新常态，深化文化体制改革，推进文化产业转型升级，文化产业得到了长足进步和发展。2021年，宁夏文化及相关产业法人单位3614个，文化产业实现增加值121.84亿元，占自治区GDP比重2.69%。其中，在公共文化服务方面，截至2022年末，公共图书馆总流通量423.91万人次，较2021年增长15.17%；书刊文献外借232.73万册次，较2021年增长4.62%。全年共为读者举办各类活动900次，参加人数达38.69万人次，图书馆网站访问量270.13万次。推进新型公共文化空间建设，围绕城市15分钟生活圈、农村30分钟服务圈，建成"城市书房"20个、"城市阅读岛"12个。加快补齐乡村文化设施短板，新建5个标准化乡镇综合文化站，扶持城乡文化示范点100个。高质量承办文化和旅游部第十九届群星奖广场舞决赛活动，由自治区文化和旅游厅选送的广场舞作品《塞上儿女心向党》荣获第十九届群星奖。

三是各类教育全面发展。通过实施中小学校舍安全工程、农村初中校舍改造工程、普通高中改造工程等一系列教育重点项目，普通中小学办学条件全面改善，D级危房全部消除，生均校舍面积达到国家标准。基础教育、职业教育、高等教育、民办教育经费保障机制逐步完善，从学前教育到高等教育的学生资助体系基本建立。截至2023年底，宁夏共有各级各类学校3265所（含小学教学点377所），教职工12.68万人。全年学前教育毛入园率91.96%，小学学龄人口入学率100%，初中阶段毛入学率105.64%，高中阶段毛入学率94.85%，高等教育毛入学率60.3%，九年义务教育巩固率为100.45%。[①]宁夏建成了西部地区最大的职业教育园区，基本建成职业教育骨干办学体系；又获批建设全国"互联网＋教育"示范区。

四是健康养老等社会保障事业快速发展。党的十八大以来，宁夏健康、养老领域的相关硬件设施、专业人员、服务质量大幅提升，2023年末，卫生机构、医疗卫生机构床位、卫生技术人员的数量分别为4863个、4.35万张和7.8万人，分别是2012年的1.2倍、1.6倍和2.2倍。社会保障水平进一步提升，2023年末城镇职工基本养老保险、城镇职工基本医疗保险参保人数分别为292万人和169.14万人。

---

① 宁夏回族自治区统计局、国家统计局宁夏调查总队：《宁夏回族自治区2023年国民经济和社会发展统计公报》。

四、第三产业就业规模不断扩大，吸纳就业成效显著

现代服务业在促进经济快速发展的同时，也为宁夏创造了大量的就业岗位，成为吸纳就业的重要力量。随着服务业的快速发展，服务业就业人员数量一直处于快速增长的阶段，大量从业人员从第一产业和第二产业转移到了第三产业。1995年，宁夏第三产业就业人员为50.4万人，占全部就业人员的20.9%，到2022年，第三产业就业人员增加到163万人，占全部就业人员的48.5%（见图2-5）。

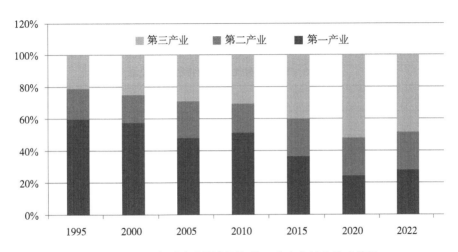

图2-5　1978年以来宁夏主要年份三次产业就业构成情况

资料来源：《宁夏统计年鉴（2006）》和《宁夏统计年鉴（2023）》。

五、宁夏发展"六优"产业的比较优势

（一）文化旅游产业

1. 文化底蕴深厚

宁夏建区虽短，却历史悠久，拥有有1.6亿年历史的"神奇灵武龙"化石，及被誉为"中国史前考古的发祥地"的4万年前的水洞沟遗址。1万年前的贺兰山岩画生动记录了早期的人类活动；姚河塬遗址是目前发现的最西北的封国都城；自秦代以来形成的引黄灌区被列入世界灌溉工程遗产

名录，是人与自然和谐共处最好的生态文明例证；2000年前战国至明代的长城遗址被称为"中国长城博物馆"；还有约1500年前的须弥山石窟，近1000年前的西夏王陵……宁夏有着光荣的革命传统，六盘山是红军长征翻越的最后一座胜利之山，"不到长城非好汉"的革命精神诞生自这里。改革开放以来，宁夏人民艰苦奋斗、团结一心，践行"社会主义是干出来的""幸福是奋斗出来的"等理念，齐心协力走好新的长征路。

2. 旅游资源丰富

宁夏的旅游资源非常丰富，旅游产品的差异性和外地相比还是很大的，中国95种旅游资源中，宁夏独享66种，被称为"中国旅游的微缩盆景"。这里仅介绍一下具有代表性的特色旅游资源，见表2-3。

表2-3　宁夏具有代表性的特色旅游资源

名称	简介	特色
沙湖	我国首批4A级生态旅游区之一，是全国35个王牌景点之一。南面是沙，北面是湖，沙水紧密相连，苇鸟相依，构成了一幅令人神往的美丽奇景	沙湖拥有水域达万亩、沙丘近5000亩，还有2000亩的芦苇、1000亩的荷池。这里栖居着十几种珍鸟奇禽，如白鹤、黑鹤、天鹅等，各种鸟巢无数，五颜六色的鸟蛋散布芦苇丛中，是一种奇特的景观。在水族馆里养着几十种珍稀鱼类，如在北方难得一见的武昌鱼、娃娃鱼（大鲵）和体围1米多的大鳖。与湖水相接的一望无际的沙丘，设置有滑沙、骑驼、骑马、滑翔、沙滩排球、足球等游乐设施
沙坡头	古老的黄河经黑山峡一个急转弯流入宁夏的中卫境内。这一个急转弯使黄河一改往日的汹涌成为文静秀美的少女，平静缓流，滋润两岸沃土；这一个急转弯造就了一个神奇的自然景观	百米沙坡，倾斜60°，人们从沙坡向下滑时，沙坡内会发出一种"嗡——嗡——"的轰鸣声，犹如金钟长鸣，所以获"沙坡鸣钟"之誉，是中国四大响沙之一。站在沙坡下抬头仰望，沙山悬若飞瀑，如从天降，正所谓"百米沙坡削而立，碛下鸣钟世传奇，游人俯滑相嬉戏，婆娑舞姿弄清漪"。它融自然景观、人文景观、治沙成果为一体，被世人称为"世界沙都"

名称	简介	特色
镇北堡西部影城	被国务院和原文化部评为"国家文化产业示范基地"和"国家级非物质文化遗产代表作名录项目保护性开发综合实验基地"，2011年荣获"中国十大影视基地""亚洲金旅奖·最具特色魅力风景名胜区"等称号。在全国绝无仅有，创造了中国旅游产业的奇迹，堪称"中国一绝"	镇北堡西部影城富含影视文化，在此拍摄了《牧马人》《红高粱》《黄河谣》等获得国际大奖的电影及《大话西游》《新龙门客栈》《锦衣卫》《刺陵》等200部脍炙人口的影视片，许多蜚声国际影坛的中国影星由此一举成名。故而镇北堡西部影城享有"中国电影从这里走向世界"的美誉
苏峪口国家森林公园	占地面积近万公顷，植被覆盖率高达70%，有800余种野生动植物，是宁夏著名的生态旅游景区。该公园山体巍峨，森林茂密，油松、杜松、云杉等天然林木形成一望无际的林海；山谷沟壑中遍布樱桃、丁鲁、蒙古扁桃等珍稀灌木	峭壁之间古松林立，高山之上留存残雪，在森林公园中散步的人们能够感受到松涛阵阵，云雾蒙蒙，有一种回归大自然、陶醉大自然的美好心境。公园中的樱桃谷由地壳运动产生，谷地的"一线天""双狮峰""飞来石"充分体现了大自然鬼斧神工的无穷魅力。从这儿向上走，有甘甜爽口的樱桃山杏、曲径通幽的林间小道，游客能深切感受到大自然与人类的亲近、和谐
火石寨国家地质（森林）公园	宁夏唯一同时拥有国家地质公园、国家森林公园、国家4A级旅游景区、国家级自然保护区称号的旅游胜地。火石寨因山体岩石整体呈现暗红色、在绿树成荫的掩映下宛如一团团燃烧的火焰而得名	在春夏两季，这里色彩斑斓，蜂恋蝶舞，生机盎然。一簇簇箭竹生长在稀疏的林木间，为北方大山大水的豪气景色增添别有风味的南国气息。在火石寨内，分布着著名的扫竹岭、石寺山、照壁山，以天然石城最为奇特。奇山、异石、茂树、岩洞、石窟堪称景区"五绝"。景区内有丰富的动植物资源，品种繁多，完美契合了丹霞地貌，形成了最奇异最多彩的自然景观

（二）现代物流产业

宁夏位于中、西部地区的连接地带，拥有铁路、公路、空运、水运多种运输方式，是西北地区的重要交通枢纽。随着区域的发展，宁夏对物流产业发展的需求必然与日俱增，发展现代物流业是宁夏发展的重要条件与现实需求。近年来，连接宁夏的省际高速公路不断增加，银昆高速宁夏段、乌玛高速石嘴山段等项目进展顺利，对宁夏发展现代物流产业起到了促进作用。

宁夏近年来推动黄河流域公路基础设施高质量发展，积累了交通执法、绿色生态交通建设、交通设施综合利用的经验和技术成果，也有利于宁夏现代物流业的发展。

（三）现代金融产业

近年来，随着信息与通信技术的发展，金融与数字技术结合产生了金融科技企业。在线支付、数字货币、互联网金融等形式迅速发展起来，改变了金融业的面貌。宁夏把数字信息产业作为重点发展的产业，有利于其与金融产业融合，发展数字金融等相关产业。宁夏的金融机构以便民、惠民为理念，积极推动金融数字化，从智慧场景搭建切入，打造互联网医疗、互联网教育、智慧校园等应用场景，推动现代金融服务实体、服务民生。推动现代金融产业发展，有利于现代化产业体系的构建。

（四）健康养老产业

1. 自然环境宜人

宁夏气候呈现典型的中温带大陆性气候特征，平均海拔在1200米左右，处于负氧离子富集层，气候适宜，四季分明，是中国日照最充足的地区之一，地表水源充足，河渠密布，绿洲效应显著，空气相对湿度保持在60%~70%，对夏季酷热、冬季阴冷的南方的老人尤其具有吸引力。宁夏被人们称为"塞上江南"，在宁夏有这么一首歌谣："宁夏川，两头子尖，东靠黄河西靠贺兰山，金川银川米粮川。"党的十八大以来，宁夏认真践行"绿水青山就是金山银山"理念，统筹山水林田湖草沙系统治理，森林覆盖率从11.9%提高到16.9%，草原综合植被盖度从47.5%提高到56.5%，绘就了一幅幅塞上江南新画卷。

2. 区域交通便捷

宁夏交通四通八达，这里有银西高铁、银兰高铁，全面融入国家高铁网，更加增强省内的联系；宁夏是我国西北部区域的航空枢纽，开辟了银川飞往土耳其伊斯坦布尔、中国香港等国际（地区）航线，并且开通了直达国内所有省会城市航线和重点城市航班，航空旅客吞吐量每年都在1000万人次以上。交通线路非常完善、方便。

3. 绿色食品多样

绿色食品近些年逐渐成为广大人民群众特别重视的关注点，关乎着人民"舌尖上的健康"，在现代农业产业领域起到引领作用。近年来，宁夏始终坚持高端化、绿色化、智能化、融合化绿色产业发展方向，大力推进绿色食品产业高质量发展，努力打造成为全国重要的绿色食品深加工优势区。目前，宁夏绿色食品产业主要以高端葡萄酒、精品乳制品、特色枸杞制品、牛羊肉精细制品为主，以冷链蔬菜、特色食品、大众调味品等为辅，形成多元化发展的食品产业链。同时，加大绿色食品深加工的研发力度，食品种类品牌逐渐增多。宁夏回族自治区农业农村厅数据显示，2022年自治区农业综合产值和增加值分别达到758亿元、407.5亿元，分别增长4.8%、4.7%。截至2022年底，自治区农民合作社6381家，家庭农场14712家，农业社会化服务组织1477家，其中创办农产品加工实体的农民合作社1429家，发展电子商务的农民合作社238家，进军休闲农业和乡村旅游的农民合作社59家。新型农业经营主体发展质效双增、后劲十足，为推动现代农业发展提供了坚实的基础保障。宁夏回族自治区党委和政府始终把农产品加工业作为特色农业产业发展的核心和重点，因地制宜，发挥优势，推动农产品加工由数量增长向质量效益提升转变。

（五）电子商务产业

宁夏的健康食品、特色产品是电子商务产业发展的有利条件。随着人民生活水平的提高，健康食品如宁夏枸杞和沙棘越来越受欢迎，特色产品葡萄酒、奶酪、火腿等商品广受好评，但宁夏农副产品体量小、较分散，缺乏产业链支撑，与电子商务产业融合，有利于市场的扩展与产业链的延伸。宁夏电子商务发展势头良好，电商企业众多，产业规模持续增长。宁夏电子商务以服务于区域发展、服务于现代化经济体系为根本，促进电子商务与传统产业的融合，推动产业转型升级。利用电商直播等形式推动特色产品突破区域限制成为经济融合的新模式。宁夏电商通过与福建等地的协作，建立了"狮城宁好"等电商品牌，举办了"数商兴农进宁夏"等活动，拓展了宁夏商品"出塞"的市场，促进了宁夏与东部省份的经济联系，提高了宁夏在全国的知名度。

（六）会展博览产业

会展博览产业是一个多元化和复杂的领域，涵盖了许多不同的活动和功能。一般来说，会展业是指在一定的区域空间内，许多人聚集在一起形成的定期或者不定期，制度或者非制度，传递和交流信息的群众性的社会活动。会展有狭义和广义之分。狭义上的会展主要指会议和展览，是一种更为传统和正式的形式。广义的会展则包括会议、展览、奖励旅游、节事活动等。这一定义更为全面，反映了现代会展行业的多样性和灵活性。

会展博览活动至少有2000多年的历史了，如今随着人们经济交往的日益频繁，会展博览产业蓬勃发展，成为推动经济发展的重要促进剂。宁夏富有特色的产品与高科技产品难免有"酒香也怕巷子深"之感，发展高水准的会展博览产业正是宁夏所急需的。

宁夏通过会展博览推动宁夏奶业、农牧机械、吴忠早茶、枸杞、冷凉蔬菜等产业的发展。2024年前7个月，宁夏就已举办各类会展博览活动179场次，实现产值42.28亿元，推动宁夏品牌扩大知名度，宣传与推介宁夏企业。根据中国会展经济研究会的统计，银川在会展经济中排名前列，显示出独特的比较优势。[①]

---

① 《宁夏前7个月举办会展博览活动实现产值42.28亿元》，中国新闻网，http://www.chinanews.com.cn/cj/2024/08-23/10273865.shtml。

产业编

第三章

宁夏"六新"产业发展的现状与问题

第一节　新型材料产业发展的现状与问题

新型材料产业是高新技术的先导和基础，也是宁夏重点发展的产业之一。宁夏新型材料产业具有气候与资源优势，同时经过多年的发展，形成了良好的产业基础，发展前景广阔。可以说，新型材料产业规模不断扩大、创新能力不断提升、产业链条不断延伸、产品优势不断凸显，已经逐渐成为宁夏产业转型升级、经济高质量发展的重要支柱。

一、自治区对新型材料发展的支持

（一）自治区政府推动新型材料产业发展的思路

宁夏回族自治区党委和政府对新型材料产业高度重视、大力推动，提出推动新型材料产业发展思路包括以下六个方面。

坚持高位推动，持续释放发展动力。自治区党委和政府先后多次到园区、企业调研，研究确定发展思路、目标任务、实施路径和重大举措，专题研究产业支持政策，带头抓招商、引企业，推动一批填补产业链空白、贯通上下游环节的国内知名企业落户宁夏。自治区重要领导带队赴广东等地对接新型材料产业重点项目，协调解决问题，推动项目落地。新型材料产业推进小组研究制定《宁夏新材料产业高质量发展实施方案》等16项政策规划，明确了发展目标和重点领域。

坚持协调联动，合力推进产业发展。各市县结合实际研究制定本地区新型材料产业发展规划方案，银川、石嘴山、吴忠出台具体实施方案，宁东管委会编制完成新型材料产业发展规划。自治区发改、财政、人社、科技、商务等部门发挥行业优势，在项目、资金、人才、技术和招商引资等方面出台政策措施，初步建立起较为完善的政策支持体系和企业服务体系。工信厅遴选认定40家新型材料重点企业，在要素保障方面予以倾斜扶持，协调投放自治区产业引导基金10.8亿元；科技厅制定科技支撑行动方案，争取各类研发扶持资金近2.4亿元，撬动企业研发投入达28.4亿元；教育厅、石嘴山市会同相关部门组建新型材料现代产业学院，探索产教融合、校企合作人才培养新模式。

坚持招大引强，促进头部企业落户宁夏。坚持把招商引资作为产业发展的"助推器""硬支撑"，依托中阿博览会、闽宁联席会议、广东经贸合作交流恳谈会等平台，精准对接、招大引强，天津中环、隆基绿能、东方希望、江苏润阳、蓝思科技、晶盛机电等一批国内头部企业纷纷落户，头部企业的带动作用逐渐显现。晓星年产36万吨氨纶、中环50GW（吉瓦）单晶硅、鑫晶盛工业蓝宝石、泰和高性能对位芳纶等一批大项目建成投产；百川锂电材料一体化、东方希望光伏一体化、江苏润阳多晶硅及高效电池、宝丰电池及储能集装系统等一批大项目正在加快建设。

坚持延链补链，发挥集群优势。坚持把拉长补强产业链作为新型材料产业转型升级的关键抓手，持续建链延链补链壮链，建成光伏产业多晶硅-单晶硅棒/切片-电池片-组件-光伏电站，锂电池产业正/负极材料-动力/储能电池-电池资源化利用等一批特色优势产业链条，形成了以银川、石嘴山高纯度工业硅、多晶硅、单晶硅、太阳能基板玻璃、电子级氢氟酸等为主导的光伏材料产业集群，以银川、石嘴山、宁东三元正极材料、硅碳负极材料、钠盐电池材料等为主导的锂离子电池材料产业集群，以石嘴山、吴忠、宁东钽铌铍、铝合金板带制品、特种钛合金等为主导的高性能金属材料产业集群，以吴忠、中卫及宁东能源化工基地烯烃、氨纶、医药农药化妆品中间体、合成树脂等为主导的特色精细化工材料产业集群。整体呈现主业突出、多元发展、集约协同的态势，推动自治区工业"高投入、高耗能、高排放、低产出、低价值、低效益"的"三高三低"深层次问题逐步破解。建链强链延链补链，科学精准谋划一批利长远、打基础、补短板的大项目、好项目，加大招商引资力度，利用厦洽会、深圳高交会等展会，举办新型材料产业专题推介活动，靶向对接蓝思科技、天津中环、东方希望、江苏润阳、中电科等新型材料龙头企业，成功引进落地鑫晶盛工业蓝宝石等超过10亿元的产业项目18个，晓星集团8万吨氨纶等54个项目开工建设。

坚持科技赋能，激发创新潜力。宁夏以科技创新为引领，瞄准高端化发展方向，推动产业智能化升级、数字化赋能，大力推进创新体系建设，鼓励引导企业加强技术研发，积极构建以企业为主体的"政产学研金服用"产业创新体系，组织开展关键技术"揭榜挂帅"及重点研发计划立项，提供研发费用后补助，支持耐高温型聚氨酯弹性纤维等300余个新型材料科研项目及企业研发，支持专项资金近2.4亿元，拉动企业研发投入达28.4亿元，产出阶段性成果58项、实用新型专利17项，中色东方"平板显示用高性能ITO靶材关键技术及工程化"项目荣获国家技术发明奖二等奖。深入实施以智能改造为引领的"四大改造"，推广新型材料领域"5G＋工业互联网"应用场景试点示范项目11个，建成自治区智能工厂、绿色工厂、数字化车间10家。同时，积极培育创新载体，深入实施人才能力提升工程，进一步助推新型材料产业"内涵式发展"。

注重抓服务优环境，壮大市场主体。省级包抓领导多次带领各部门深入自治区重点新型材料企业调研，现场解决影响企业发展的困难问题，遴选认定40家新型材料重点企业，在要素保障方面予以倾斜扶持；协调产业引导基金为百川新材料、宝瑞隆石化、启玉生物新材料等企业投放贷款10.8亿元；加大财政资金支持力度，为23个产业重点项目给予贷款贴息4875万元；认定新型材料产业智能工厂、绿色工厂、数字化车间10家，行业领先示范企业及产品3家，共给予奖励资金2631万元；加大专精特新企业培育力度，支持优势龙头企业积极拓展先进技术，强化与下游精深加工企业合作，推动新型材料产业提质增效。突出企业转型升级、延链补链和产业突破，抓好重大项目建设，加快突破关键核心技术，培育一批拥有自主知识产权、核心竞争力强的制造业领先示范企业、高新技术企业、隐形冠军企业，形成一批具有影响力的名企、名品、名牌。

（二）自治区政府出台支持新型材料发展政策

近两年，宁夏相继出台了支持民营经济高质量发展的若干意见、企业梯度培育计划、36条产业支持政策及支持"六新""六特""六优"产业高质量发展的相关政策支持。从政策制度设计上，重点对新型材料产业重要领域，如光伏制造、储能电池、先进半导体材料、高性能纤维等，设计了产业链、技术链、招商链、创新链4张图谱，并有针对性地出台支持围绕链主企业、配套企业发展的若干政策措施，自治区拿出了近10亿元专项资金进行大力支持。

自治区在《宁夏新材料产业高质量发展实施方案》《自治区新材料产业高质量发展科技支撑行动方案》《自治区"六新"产业高质量发展科技支撑行动方案》等文件中，提出以发展高纯度、高强度、高精度、高性能新型材料为重点，以提升产业链供应链现代化水平为着力点，以科技创新、机制创新、业态创新为手段，以新型工业化产业示范基地、工业园区为依托，培育一批创新能力强、具有核心竞争力的骨干企业，形成一批布局合理、特色鲜明的新型材料产业集群。把新型材料产业打造成为推动宁夏新旧动能转换、工业转型升级、实现制造业高质量发展的重点产业，为打造西部有一定影响力的新型材料生产研发基地提供有力科技支撑。这些政策的出台为新型材料产业的发展创造了良好的发展环境和政策支持。

二、宁夏新型材料产业发展现状

多年来，宁夏聚焦于光伏材料、半导体材料、高性能金属材料、化工新材料、碳基材料和锂离子电池材料，通过科技创新推动主导产业升级、新产品开发和深加工拓展，形成了上、中、下游产业协同发展模式。光伏材料方面，宁夏打造"一核三群一园一基地"特色光伏产业生态，通过内引外联、延链补链强链壮链，自治区光伏产业协同配套体系日益完善，吸引国内众多光伏产业头部企业投资布局。带动光伏发电、储能电池、电解水制氢等多个清洁能源项目布局宁夏，推动光伏材料全产业链条向"链主"高端化、"链路"智能化、"链条"绿色化、"链企"融合化稳步发展。在半导体材料方面，以宁夏中欣晶圆半导体科技有限公司等企业为龙头，形成了以半导体级硅片、碳化硅衬底、半导体石英坩埚、半导体硅部件、柱状多晶硅、硅基靶材、封装材料为主的特色半导体材料产业群。华芯紫辰半导体化合物晶体产业化项目填补了半导体新型材料加工生产的空白。在高性能金属材料方面，形成了以稀有金属材料、铝镁合金材料、特殊合金材料为主要特色优势的高性能金属材料产业群。其中，中色东方主要产品如钽丝、钽粉在技术、产品等级和质量等方面均达到世界先进水平，部分品种领先于世界同行；中太镁业生产的铝镁合金广泛应用于高铁配件、汽车配件、3C产品配件等方面。

截至2023年末，自治区规模以上新型材料产业企业产值超过10亿元的企业有7家，宁夏泰和芳纶纤维有限责任公司高性能差别化对位芳纶产品规模化生产，打破了国外高性能对位芳纶的长期垄断；自治区规模以上新型材料企业完成工业产值1670亿元，同比增长0.4%，占自治区规模以上工业总产值的23%。培育形成光伏材料、烯烃下游材料、高性能纤维及复合材料、锂离子电池材料、铝镁合金材料、电子信息材料、特色精细化工材料等7条优势特色产业链，在稀有金属材料技术上居世界前列，铝镁及碳基材料技术达到国内领先水平，单晶硅和多晶硅等光伏材料技术已初露锋芒，形成较大的规模和产业优势。其中部分新材料产品可直接作为新基建、航天航空等高端应用领域的基础原料使用。

宁夏新型材料产业创新能力逐步提升，科研院所与新型材料企业广泛开展产学研合作。2022年，宁夏累计建成国家及自治区级新材料重点实验室5家、工程技术研究中心15家、企业技术中心20家、高新技术中心88家、科技"小巨人"企业23家。初步形成光伏、半导体、锂离子电池、有色金属等产业集群。此外，自治区新型材料企业研发投入强度超过2%，比规上工业研发投入强度高1个百分点。一批重大科技成果不断涌现，高效N型单晶硅棒制备、钽酸锂晶体晶片黑化技术达到国内领先水平，中国标准动车组铝合金枕梁打破国外技术垄断格局，煤制聚丙烯、重型燃气轮机铸钢件等多项产品入选国家制造业单项冠军产品名单。

三、新型材料产业发展存在的问题

（一）原始创新能力不足，高端产品自给率不高

宁夏新型材料产业相关产品总体呈现"先进基础材料单一、关键战略材料薄弱、前沿新材料短缺"的特点，产品结构主要以中低端为主，高附加值产品开发不足，缺乏市场竞争力。如碳基材料高端产品缺乏，处于产业初始阶段；金属材料主要以建筑用棒线材产品为主，缺乏高品质不锈钢、特种钢材等中高端产品。

目前宁夏一些新型材料企业虽被认定为高新技术企业、科技"小巨人"企业，但其核心研发中心基本在外地，本地能为产业发展提供智力支撑的高校、科研院所等资源较少。原材料、关键设备对外依赖性强，新型材料企业关键原材料、生产线、关键设备等对外依存度高，如工业机器人、高精度数控机床、高纯多晶硅、高端炭材料、茂金属聚乙烯等产品主要依赖进口。太阳能级多晶硅、工业蓝宝石、氨纶、芳纶等的原材料都需要从区外购买。缺乏良好的资源配置机制和持续有效的投入，原始创新不足，缺乏不同学科之间的深层次交流和原创性的理论研究，产业共性关键技术研发缺位。企业作为创新主体创新能力不足，参与创新研发少、生产跟踪仿制多，普遍存在关键技术自给率低、发明专利少、关键元器件和核心部件受制于人的问题。此外，宁夏新型材料没有形成大批具有自主知识产权的材料牌号与体系；缺少符合行业标准的新型材料"结构设计 – 制造 – 评价"共享数据库，基础支撑体系缺位。多数企业仍在"引进 – 加工生产 – 再引进 – 再加工生产"的怪圈里挣扎，使得"中国制造"产品中缺乏"中国创造"元素，只能依靠廉价

销售与低层次竞争寻找出路，这在很大程度上制约了新型材料产业的跨越式发展。

（二）新型材料投资分散，产业链不够完整

目前，部分新型材料领域的产业结构不够合理，新型材料产业投资支持的是一些"点"，尚未形成以点带线、以线带面的联动效应。近两年，宁夏在新型材料产业布局中引进了一批产业链配套项目和企业，但前端多后端少、低端多高端少、空白多配套少等共性特征较明显。现有产业链、供应链上仍有不少断点、堵点、盲点，企业间经济协作、产业间横向融合也不够系统。政府资金投入偏向国有企业和科研院所，民营企业难以进入国家大型项目。此外，作为发展主体的新型材料企业规模普遍较小，产业发展缺乏统筹规划，投资分散，成果转化率低，产业链不够完整。有些行业的新型材料企业大多集中在中下游环节，产业配套能力不强。

（三）资金与人才要素供给不足，物流成本偏高

一些新型材料企业缺乏自主知识产权的产品和技术，在高端产品领域不具备竞争力。加上近两年受新冠疫情影响，部分新型材料企业产品出口受挫，抗风险能力弱的短板凸显。一些重点项目建设周期较长，短期内难以产生经济效益，企业资金缺口较大，且市场周期走向不确定性因素较多。

企业所需科研人才、高职称专业人才相对缺乏，影响自身技术研发能力提升；成熟的操作工人、技能型人才也越来越难以满足企业需求。康森等人还提出，目前新型材料领域存在一些关键技术问题和发展瓶颈待突破，需要行业共性技术研发平台支撑，这方面的科研成果供给不足。

宁夏物流业的整体发展水平较低，与发达地区相比仍存在差距。如银川市与最近的海运港口天津港距离为1270千米，使进出口整体运输成本普遍偏高，高于发达地区10%~15%，导致电池组件等新型材料产业项目落地困难，也增加了企业经营成本，成为影响新型材料产业发展的瓶颈之一。

（四）政策及保障机制难以适应新型材料产业发展的要求

政策难以适应新型材料产业的发展要求，在产业的关键环节和重点领域存在"老办法管新事物"的现象。创新产品审批周期长，资本在短期内难以盈利。虽然一些产品（如医疗材料）的严格审批是必要的，但确实打击了企业创新的积极性。对于开发风险较大的项目，缺少资金保障机制的支持。市场的准入机制也存在一定的缺陷。此外，新型材料产业服务平台尚未建立，风险投资、中介服务不能满足企业创新创业的需求。新型材料成果转化和工程化过程需要大量投入，但面向工程化服务的多元化投融资体系和中介服务体系尚不完善，制约了新型材料创新和产业的发展。

第二节　清洁能源产业发展的现状与问题

宁夏是我国能源资源富集省区，在党中央、国务院的关心支持下，按照习近平总书记提出的"四个革命、一个合作"的能源安全新战略要求，宁夏勇担国家首个新能源综合示范区建设责任，积极推进资源优势向经济优势转化，建设了一大批技术先进、投资大、带动效力显著的能源产业项目，宁东国家大型煤炭基地、"西电东送"火电基地、现代煤化工基地建设取得积极成效。

一、自治区对清洁能源产业发展的支持

（一）不断完善清洁能源产业政策体系

宁夏着眼高水平建设国家新能源综合示范区需要，率先出台省级清洁能源产业高质量发展标准体系，不断完善支持绿色低碳清洁能源产业健康有序发展的政策，出台了《关于推动清洁能源产业一体化配套发展招商引资工作方案》《自治区清洁能源产业高质量发展科技支撑行动方案》《关于加快促进自治区储能健康有序发展的指导意见》《关于进一步优化新能源项目投资建设营商环境的通知》《宁夏回族自治区可再生能源发展"十四五"规划》《宁夏能源转型发展科技支撑行动方案》等一系列政策文件，在新能源资源开发消纳、清洁能源制造业健康发展方面给予引导支持，为清洁能源产业高质量发展营造良好环境。

银川市、石嘴山市、吴忠市、固原市、中卫市、宁东管委会建立了关

于发展清洁能源产业的地方机制，为宁夏清洁能源产业发展明确了目标和任务，为绿色低碳清洁能源产业投资营造了良好的营商环境，为提高清洁能源消纳能力和储能提出了具体措施和办法。目前，宁夏已形成了以太阳能、风能、生物质能、水能、地热能、绿氢等可再生资源为基础的产业或产业集群，优势特征十分明显。

（二）不断完善清洁能源产业标准体系

《宁夏"六新"产业高质量发展标准体系》，在系统研究梳理清洁能源产业相关的国家标准、行业标准、地方标准及团体标准基础上，以发挥宁夏区域优势、产业特色为主线，紧扣清洁能源产业发展目标定位和重点任务，聚焦光伏、风电、氢能、储能4个重点领域，细分材料制备、设备制造、规划设计、施工安装、并网验收、测试评价、调度管理、运行维护、安全环保、老旧设备回收10个类别、565项标准，对宁夏清洁能源产业各产业链条、全寿命周期可定性定量规范内容进行了系统量化。

该标准体系于2022年12月19日起正式实施，发挥标准化在推动产业发展、促进科技进步、规范市场运行中的引领、支撑作用，实现国家标准、行业标准、地方标准、团体标准的协调衔接，提高产业标准化水平、增强标准化治理效能。

同时，宁夏出台《关于推进能源清洁低碳转型的实施意见》，围绕能源生产绿色转型、清洁能源制造产业、能源清洁高效利用、新型电力系统建设、能源转型制度保障等提出22条政策举措。按照该实施意见设定的目标，到2025年，宁夏清洁能源发电装机容量力争达到5500万千瓦，非化石能源消费比重达到15%左右；到2027年，清洁能源发电装机容量超过6000万千瓦，非化石能源消费比重达到16%左右；到2035年，清洁能源发电装机容量达到1亿千瓦以上，非化石能源消费比重达到30%左右。

（三）推动能源产业改造提升

宁夏是传统的火力发电大省（区）。宁夏煤炭储量较多，是优势矿产资源，自治区查明储量346亿吨，居全国第9位。自治区共划分为四大煤田，分别是东部的宁东煤田、南部的固原煤田、西部的香山煤田、北部的贺兰山煤田，保有储量分别为280亿吨、25.6亿吨、6.6亿吨、33.6亿吨。其中，宁东煤田是煤炭资源主要富集地，具备建设亿吨级煤炭生产基地的资源条件，是国家规划建设的14个大型煤炭基地之一，开发利用高效运转。截至2022年底，自治区共有在册煤矿49处，生产建设总规模13415万吨／年。2022年，自治区煤炭产量9400万吨，同比增长8.5%，居全国第7位，创历史最高水平。自治区煤矿平均单井规模超过270万吨／年，是全国平均规模的2.5倍，产业集中度、单矿规模、智能化水平等均居全国前列。电力是宁夏实现资源优势向经济优势转化的最直接最有效方式，也是宁夏传统优势产业。宁夏建设了世界首台百万千瓦级空冷机组灵武电厂二期、鸳鸯湖、方家庄等一批大容量、高参数的先进火电项目。截至2022年底，宁夏电力装机容量达6475万千瓦，发电量2124亿千瓦时，同比增长6.61%；火电装机容量3303万千瓦，发电量1609亿千瓦时，同比增长6.82%；人均电力装机容量、发电量均居全国第一。

2020年6月，习近平总书记视察宁夏时明确指示要"努力建设黄河流域生态保护和高质量发展先行区"，赋予了宁夏新的时代重任，同时，指出宁夏新能源等产业发展有特色、有成效，要求宁夏推动产业向高端化、绿色化、智能化、融合化方向发展，形成新的增长点、新的动力源。为建设黄河流域生态保护和高质量发展先行区，自治区党委和政府将清洁能源产业确定为建设黄河流域生态保护和高质量发展先行区的重点特色产业之一。

二、宁夏清洁能源产业发展现状

（一）新能源装机规模持续提升

宁夏是国家太阳能资源Ⅰ类区、风能资源Ⅲ类区。根据最新风电、光伏发电潜力研究，光伏发电技术可开发量约4.54亿千瓦，近期光伏发电发展潜力约5400万千瓦、风能电技术可开发量约5200万千瓦。利用全国首个国家新能源综合示范区创建机遇，宁夏大力发展新能源，产业规模不断扩大，已建成14个百万千瓦级的风光基地。通过规模化、集约化、园区化开发，宁夏风电、光伏发电装机容量先后突破千万千瓦，也是全国首个新能源发电出力超过用电负荷的省级电网。宁夏已初步形成比较完整的风光氢储及配套制造体系。2023年，全国绿氢年产能达7.8万吨，宁夏、新疆、内蒙古三省区绿氢产能合计6.252万吨，占全国总产能的80%。宁夏氢气来源多样，尤其是丰富的可再生能源资源为氢能产业的发展提供了有力支撑。宁夏氢能产业主要集聚在宁东地区。截至2023年，宁夏新能源装机规模达到3478万千瓦，其中风电1457万千瓦、光伏2021万千瓦，占全区电力总装机的50.8%；并网型储能电站22座、装机规模215.99万千瓦，新能源利用率达97.21%，为绿氢制备奠定了坚实基础。截至2024年8月，宁夏已经形成氢气产能267.8万吨，约占我国总产氢量的8%。①

随着清洁能源装机规模及占比的不断提升，宁夏清洁能源发电量稳步提升。2023年，宁夏全年发电量2214.71亿千瓦时，比上年增长3.4%。其中新能源发电量575.72亿千瓦时，较上年增长15%，占总发电量的26%。

（二）持续建强电网网架结构

宁夏电网是"西电东送"北通道的重要组成部分，是典型的"小省区、强电网、大送端"。宁夏电网实现自治区内电力高效安全保障，外送通道可靠，外送成绩突出，通道利用率居全国前列。2023年6月11日，我国"西电东送"重要工程宁夏－湖南 ±800千伏特高压直流输电工程（"宁电入湘"）开工建设。该工程是纳入国家"十四五"电力发展规划的跨省跨区输电通道重点项目，是我国首条以输送"沙戈荒"风电光伏发电大基地新能源为主的电力外送大通道，建成后每年可向湖南输送电量400亿千瓦时，其中绿色清洁电输送占比将达50%以上，通道年利用率5000小时以上，成为面向"双碳"目标、实现新能源高比例稳定输送的创新工程。"宁电入湘"工程配套电源装机容量共1764万千瓦，按年输送电量400亿千瓦时设计，投产后可为湖南增加可观用电量。届时，宁夏电网外送能力将从1400万千瓦提升到2200万千瓦，新能源装机容量将突破5000万千瓦，大幅带动宁夏

---

① 《竞速"氢"赛道 "链"出新机遇》，《宁夏日报》2024年9月1日。

新能源就地消纳和新能源大范围优化配置，从根本上解决宁夏中南部地区新能源并网消纳难题。"宁电入湘"工程将实现宁夏能源资源在更大范围优化配置，提高清洁能源消纳比例，加快形成"强电网、大送端、高比例新能源"的新型电力系统发展格局，保障国家能源安全。

（三）清洁能源产业链做大做强

由传统的风力发电、光伏发电等单一产业逐步向上补链向下延伸，宁夏逐步形成以晶硅产业为基础全力打造光伏全产业链，以风电整机制造为基础带动风电全产业链，以正负极材料为基础推动储能电池产业链，不断加快清洁能源龙头企业落地建设，不断提高产业链的稳定性，形成相对完善的风光电储及配套制造业体系。向上补链体现在逐步引进国内风电、光伏机组、组件原件等关联制造产业，壮大清洁能源产业上游制造业，降低风力、光伏发电产业化项目投资成本。推动形成了完整的太阳能光伏单晶全产业链，建成全球最大单晶硅棒及切片生产基地。

宁夏硅石储量达50.06亿吨，2023年单晶硅产量增长1.2倍、多晶硅产量增长25.3倍，拥有多晶硅产能18万吨，占全国的1/4。单晶硅棒产能达120吉瓦，约占全国的18%，2023年产量占全国的14%，已投产项目单晶硅棒产能达到54吉瓦；单晶硅片产能32吉瓦，占全国的10%，2023年产量占全国的9%，已投产产能达21吉瓦；单晶电池产能达15吉瓦，已投产产能达7.5吉瓦。风机主机组装及主要零部件配套、动力电池、锂电池材料等形成一定产业规模，风机整机出货量563台、容量245万千瓦；锂离子电池正极材料产能达11.5万吨，已投产产能达3.5万吨；负极材料产能13万吨，已投产产能达0.5万吨；锂电池产能1.5吉瓦时。带动宁夏光伏、风电、储能等清洁能源装备产值增速30%以上，清洁能源全产业链集群化发展步入快车道。现有多晶硅企业1家、单晶硅企业16家、组件企业2家，2023年共完成产值571亿元。

向下延伸产业链体现在发展风电、光伏发电运维业态，以及汉尧石墨烯、墨工科技、储能电池等重点储能材料生产企业。现已建成运营的企业有华润电力宁夏运维基地、红寺堡新能源集维中心等。光伏、风能、抽水蓄能配套储能项目落实落地，是降低宁夏弃光弃风占比、增加清洁能源利用率的重要手段，也是清洁能源产业发展的必要措施。宁夏已建成的多个风电及光伏储能设施、锂电池储能项目、新能源汽车以及正在建设的牛首山抽水蓄能电站，为清洁能源消纳提供缓冲时间，提高新能源利用率，也是新能源产业链创新发展的一项重要内容。宁夏促进新能源消纳能力，先后通过调整峰平谷电价时段、电力辅助交易、储能措施、终端用户响应、技术创新等措施，不断提高清洁能源利用效率和消纳能力。至2022年末，建成投运750千伏青山、330千伏泉眼等重点工程，建成10个总容量109万千瓦/219万千瓦时锂电池储能项目，即将开展6个总装机容量680万千瓦抽水蓄能电站工程建设（如牛首山抽水蓄能电站）。至2023年底，储能规模达到215万千瓦（居全国第4位），宁夏储能设施规模逐步扩大，将进一步提升自治区清洁能源电网消纳能力。① 清洁能源消纳率的提升直接带动宁夏非化石能源消费比例的提升，进一步优化了宁夏的用能结构。同时，宁夏积极参与山东、浙江、湖南等地特高压外送，为地区乃至全国减污降碳、缓解气候变化作出了积极贡献。

（四）技术研发能力逐步提升

清洁能源产业的发展离不开相关配套产业的发展，近年来清洁能源配套产业也有了一定的发展。

一是光伏产业实现全产业链发展。近年来，宁夏光伏产业高速增长，以东方希望、江苏润阳、隆基绿能、天津中环等龙头企业为引领，已成功培育打造出"多晶硅－单晶硅棒－单晶硅片－电池片－组件"全产业链条。光伏背板、玻璃、支架、逆变器、金刚线、串焊机等配套产业项目已陆续落地投产。

二是风电装备制造业发展初见成效。近年来，宁夏以关键部件为支撑的"叶片－轴承－变流器－铸件－塔筒"风电全产业链初具规模。主要企业有运达风电、银星能源风电和宁夏中车。配套企业有银川威力传动、金

---

① 《激扬搏击奋进的澎湃春潮》，《宁夏日报》2024年2月26日。

银河重工科技、同心山泰钢结构、顺和电工、华天瑞德科技、盐池锦辉长城电力、光煜科技等，产品主要有风机减速器、风电塔筒等。银川威力传动技术股份有限公司生产的风力发电机组可靠性达到国际先进水平，出口至欧洲、中东、中亚、东南亚等国家和地区。

三是储能材料产业发展势头强劲。近年来，宁夏大力发展新型锂离子、钠离子、全钒液流等电化学储能电池制造，初步构建起"磷酸铁 / 针状焦 / 三元前驱体等原材料 – 正极材料 / 负极材料 / 隔膜 / 电解液 – 电池制造及组装"全产业链。锂电池材料产业现有巴斯夫杉杉、百川新材料、中化锂电池、中泰新能等多家规上企业，主要生产高镍低钴三元材料，锰酸锂、镍酸锂、磷酸铁锂等锂离子电池正极材料，及前驱体、人造石墨等负极材料。目前，宁夏已有正极材料产能 11.5 万吨，负极材料产能 13 万吨。宁夏宝丰 17 万吨电解液一体化项目和 200 吉瓦时锂电池电芯生产及组装项目正在抓紧建设当中。

三、宁夏清洁能源产业发展存在的问题

通过打捆交易、跨区外送、启动电力辅助市场等多种渠道，宁夏激发了能源市场的活力，也率先在新能源替代、开发利用模式和管理体制机制等方面进行了探索创新。然而，在深入推进创建国家新能源综合示范区的过程中，宁夏仍面临不少挑战。

（一）对清洁能源的认知不足

随着经济的快速发展，资源、环境与生态问题日益严重，民众环境保护意识日益增强，各国也加强了对环境保护的宣传。清洁能源是指从生产到消费的全过程中，能源效率高，对生态和环境污染少的能源。将能源结构从以煤炭和石油等化石能源为主转向以清洁能源为主，是统筹高质量发展与生态环境高水平保护的必然要求。宁夏的生态环境比较脆弱，在推动清洁能源发展的同时，宁夏也需要关注环境保护和资源利用的问题，正确处理发展与环境之间的关系。

由于清洁能源的专业性和对清洁能源宣传力度方面的不足，普通民众

很难对清洁能源有全方位深层次的认知，这使清洁能源的推广和发展受到了一定的限制。因此应从各个方面加大对清洁能源的宣传力度，提高民众对清洁能源的认知水平。在清洁能源项目建设和运营过程中，应注重减少对土地、水资源等自然资源的消耗及对生态环境的影响。

（二）产业链延伸不足

目前，宁夏新能源产品主要集中在基础原料和简单组装环节，核心竞争力不强。如在风电制造方面，宁夏在铸造、机械加工、电气设备等方面有一定基础，但在主机总装方面合作的大项目、大企业少，难以带动关键零部件本地配套。又如在光伏制造方面，虽然宁夏单晶硅产业链比较完整，但沿着产业链往下规模逐渐缩小，更多以初级产品的形式外销。

宁夏清洁能源产业在核心技术和关键设备方面仍较为依赖进口，自主创新能力相对较弱。此外，清洁能源产业链上下游环节还不够完善，缺乏一体化的产业链布局。

（三）电网接入和消纳能力不足

随着清洁能源装机规模的扩大，宁夏电网的接入和消纳能力逐渐成为制约清洁能源发展的瓶颈。由于清洁能源发电具有间歇性和波动性，需要解决与电网平稳运行、储能技术等问题。目前宁夏尚有450万千瓦已批复新能源尚未并网，未来还将批复一定规模的新能源，新增外送通道投运前，新能源装机规模增长与消纳能力不相匹配的矛盾突出。在"碳达峰、碳中和"目标背景下，预计2025年宁夏新能源装机规模将超过4000万千瓦，占电力装机比重超过50%，这意味着"十四五"期间宁夏新能源消纳形势将非常严峻。

（四）资金与人才缺口

尽管政府出台了鼓励政策和支持措施，但宁夏清洁能源产业发展仍面临资金投入不足的问题。大规模建设清洁能源项目需要巨额资金，并且回收期较长，对企业来说经营风险较高。

清洁能源领域需要大量高素质的专业人才进行研发、设计和管理工作，但目前宁夏仍面临清洁能源领域技术人才供给不足的问题。需要加强高校和企业合作，培养更多具备清洁能源专业知识和技能的人才。

综上所述，宁夏清洁能源产业发展面临对清洁能源认知不足、产业链延伸不足、电网接入和消纳能力不足、资金投入不足、技术人员短缺等问题。解决这些问题需要政府加大支持力度，引导企业增加投入，并加强产学研合作，促进清洁能源产业健康可持续发展。

第三节　装备制造产业发展的现状与问题

装备制造业是传统产业，宁夏的装备制造业经过60余年的发展已成为宁夏工业体系中的支柱产业，也是宁夏的"六新"产业之一。着力推动传统装备制造业高质量发展和打造高端装备制造产业集群，离不开与自治区"六新"战略的深度融合，更离不开与自身禀赋特点的高度匹配。

一、自治区对装备制造业的支持

（一）因地制宜发展各市特色

从区域分布来看，宁夏装备制造行业分布具有较强区域性，银川市、石嘴山市和吴忠市是装备制造产业的主要聚集地，且各市均具有自身的行业特色和产业亮点。

银川市将高端装备制造作为推动高质量发展和产业转型升级的重要抓手，按照市场主导、创新驱动、特色发展的工作思路，聚焦智能铸造、数控机床、精密轴承、仪器仪表、新能源装备等领域，推动高端装备制造业向高技术含量、高附加值方向发展，精心打造大国重器的宁夏品牌。

石嘴山市将装备制造业作为推动工业转型升级和工业强市的主导产业之一，石嘴山国家高新技术产业开发区是装备制造业聚集地，经过多年发展，已形成以煤机装备、精密铸造、锻造、机械设备、光伏制造等为主的产业结构。其中，煤机装备制造业基础性优势明显。例如，西北骏马研制的双速高压大功率隔爆型电动机，在国内同类产品中处于领先水平；天地奔牛研发的智能控制刮板输送机世界领先。石嘴山装备制造业以天地奔牛为依托，以西北煤机、西北骏马、苏宁新能源等骨干企业为重点，大力发展智能成套超重型、大型煤炭综采设备、输送设备及液压支护设备、矿用特种电机等高端煤机装备；抢抓中煤科工煤机制造板块产业整合和西部转移契机，重点引进"三机一架"领域智能采煤机、掘进机、液压支架项目，打造煤机制造全产业链。此外，石嘴山装备制造业在高端铸造、工程机械、农业机械等领域也取得了显著成效。

吴忠市坚持以装备制造业高端化、智能化发展为主攻方向，聚焦产业、企业、技术创新等方面，全力促进装备制造产业迸发新活力，推动现有装备产品向智能化、成套化和系统化转型升级。装备制造业以智能高端控制阀、精密铸锻、专用精密轴承、智能农机装备和智能焊接装备为主。其中，智能高端控制阀领域围绕高端控制阀市场需求，重点发展石油化工、煤化工、火电及船舶等流程工业高端控制阀，加快智能控制阀、智能传感器等产品的推广应用与持续研发；精密铸锻领域依托朗盛精密等企业，重点发展高端装备承压合金材料、深海用阀铸件及高铁轮毂、风力发电机铸锻件等关键部件；专用精密轴承领域依托青铜峡汽车零部件及智能制造产业，重点发展汽车轴承及轴承单元、家用电器低噪声电机轴承等；智能农机装备领域重点加快田间作业机械、葡萄藤条压埋机械等智能化农业主机的研制和生产，培育引进一批农业机器人、植保无人机等整机制造企业及相关配套项目；智能焊接装备领域重点推进自动化焊接设备的模块化设计和生产管理，推动焊接自动化专机向标准化、模块化发展。

（二）以技术创新引领产业发展

装备制造业是宁夏智能制造的重点领域，经济总量不大，但产品技术含量高、智能化水平高，精细化、特色化新产品多。例如，吴忠仪表、西部大森等装备企业积极参与关键技术揭榜攻关，先后突破增材制造、高端铸造、精密加工、智能制造等核心技术70余项。宁夏规上企业已实现研发机构全覆盖，催生了一批国家标准、行业标准、地方标准和团体标准，提升了企业核心竞争力，成为行业领跑者、标准制定者，涌现出了一批"明星企业"。

在积极开展技术创新的同时，数字化技术的推广应用也为宁夏智造按下了快进键，区内特色优势企业广泛运用数字信息技术，打造"数字车间"。如吴忠仪表集团认真组织实施"海洋工程及船舶用控制阀智能工厂建设"国家资金项目，在其现有数字化车间基础上，建成了满足个性化定制离散制造企业智能工厂，其自动化设备与自动检测设备应用比例提高到了89.22%、运营成本降低23.46%、产品研发周期缩短37.54%、单位产值能耗降低17.65%、产品不良率降低44.94%。又如银川特种轴承有限公司的生产车间有着个性化的数据采集方式设计，具有纠错功能的全序控制平台，符合轴承再制造的监控追溯与预警功能设计，及全方位数据统计功能。特别是其自主研发的"铁路货车轴承检验检测 MES 系统"，取得了3项实用新型专利，实现了过程质量监控的数据化管理、检测数据自动化实时上传，大幅度缩短生产加工技术准备时间，降低生产成本，优化了资源配置。每套检修轴承成品都有一个"数据身份证"——二维码，集成了压装游隙、内径尺寸相互差等关键生产数据，直接上传到铁路用户的系统，实现轴承生产和运用环节中的轴承信息及检测数据的共享。

二、宁夏装备制造业发展现状

（一）产业规模稳步壮大

"十三五"期间，宁夏规模以上制造业平均增速保持在7%以上，高于全国平均水平近两个百分点，制造业增加值占地区生产总值比重达到17.4%。2023年，宁夏装备制造产业产值达到839.6亿元，增加值增长38.6%。分门类，采矿业增加值同比增长8.9%，制造业增长15.8%，电力、热力、燃气及水生产和供应业实现利润总额97.1亿元，增长1.8倍。分行业，煤炭开采和洗选业下降6.2%，食品制造业增长18.1%，化学原料和化学制品制造业下降66.2%，石油、煤炭及其他燃料加工业下降36.7%，受国内外大宗贸易影响，黑色金属冶炼和压延加工业增亏7.6亿元，有色金属冶炼和压延加工业下降18.4%，通用设备制造业下降13.5%，专用设备制造业下降7.9%，仪器仪表制造业增长46.8%，电力、热力生产和供应业增长2.7倍。

2023年，自治区规模以上制造业企业增加值增长15.8%，实现利润178.2亿元。[①]发展速度、效益和质量同步提升。其中，作为重点领域的装备制造业逆势上扬、快速崛起。进入"十四五"时期以来，装备制造业进一步发挥支柱产业"挑大梁"的作用，为工业经济发展注入强劲动能。

（二）创新活力显著增强

装备制造业是宁夏发展智能制造的重点领域，虽然经济总量不大，但其行业产品具有高、精、专、特、新等特点，是典型的"小身材大智慧"产业，对自治区工业整体发展水平和质量的影响举足轻重。历经60余年的发展，宁夏装备制造业已形成通用设备制造、机床工具、矿山机械、起重运输机械、新能源装备、环保装备、专用汽车、电工电器、仪器仪表、机械基础件、金属制品、铸锻件制造12个分行业。"十三五"期间，宁夏制造业培育出国家和自治区企业技术中心98家、重点实验室36个，自治区技术创新中心218家，高新技术企业250家，规模以上企业研发活动占比升至30.2%，自治区R&D经费总投入强度达到1.45%，综合科技创新水平指数56.11%，迈入国家二类创新地区行列。进入"十四五"时期以来，装备制造业重大科技成果更是不断涌现。目前，宁夏装备制造业科技创新正在加速推进，装备制造业高新技术企业数量约占自治区高新技术企业数量的30%，涌现出了一批代表世界先进水平、填补国内空白的名优产品。随着产业数字化转型升级的持续推进，宁夏装备制造业沿着高端化、智能化、绿色化、融合化的方向加速发展，涌现出一批"明星企业"和"冠军产品"。目前，已累计认定自治区级制造业行业领先示范企业（产品）58家，5项产品入选国家制造业单项"冠军产品"，2家企业成为国家制造业单项"冠军企业"。

（三）集群效应已经显现

宁夏有各类开发区24个，2018年、2021年自治区两次发文安排部署开发区体制机制改革和高质量发展工作，从管委会机构设置、领导班子配备、

---

① 宁夏回族自治区统计局、国家统计局宁夏调查总队：《宁夏回族自治区2023年国民经济和社会发展统计公报》。

行政审批、低成本化改造项目投入、科技创新等各个方面进行了改革创新。截至2023年底，自治区24个开发区入驻规上企业1256家，占自治区规上企业的83.3%。开发区集中了全区90%的有研发活动的规模以上工业企业、90%的国家高新技术企业、80%的科技型中小企业，R&D经费投入占全区80%以上。

装备制造业以产业开发区为载体，产业集聚效应凸显，形成了以高端铸造、数控机床、仪器仪表、煤矿机械为重点，北起石嘴山高新技术产业开发区、银川经济技术开发区，南至宁夏吴忠金积工业园区，以临近园区为配套的高端装备产业发展格局，园区工业经济发展势头迅猛。其中，石嘴山高新技术产业开发区围绕天地奔牛实业集团、天地西北煤机、西北骏马电机制造、维尔铸造等骨干企业，重点发展矿山机械、高端铸造等产业。宁夏吴忠金积工业园区围绕吴忠仪表等骨干企业，做大做强仪器仪表行业。宁夏青铜峡工业园区配套发展精密轴承等汽车零配件产业。银川经济技术开发区围绕共享集团、小巨人机床、银川大河数控机床、新瑞长城机床、巨能机器人、力成电气、西北轴承等骨干企业，重点发展高端铸造、智能装备、电工电气、精密轴承等产业。宁夏永宁工业园区、宁夏贺兰工业园区、苏银产业园重点配套发展电工电气、新能源汽车、智能装备等产业。在银川市高端装备制造产业中，以共享铸钢为龙头的智能铸造领跑全国，其生产的水轮机叶片替代进口，占国家重大水电工程所需叶片30%以上的份额，大型水轮机铸钢件是全国制造业单项冠军产品，核电外缸部件出口国外。共享装备的铸造3D打印及铸造智能工厂工业设计中心是国家级工业设计中心，其3D打印成型智能工厂为世界首个万吨级铸造3D打印成型工厂，是宁夏新旧动能转换的典范。同时，以小巨人机床、银川大河数控机床为代表的数控机床在西部领先；以西北轴承、舍弗勒（宁夏）为代表的精密轴承已成为行业一流；以隆基宁光、银利电气、卧龙变压器等企业为代表的仪器仪表应用广泛；以银星能源、威力传动、小牛自动化等企业为代表的新能源装备独具特色，已形成从轮毂、塔筒、叶片、减速器到主机的较为全面的风电装备产业链。

三、宁夏装备制造业发展存在的问题

（一）开发区综合承载能力不足

园区是产业集群的物理载体，对宁夏装备制造产业而言，园区的发展水平很大程度影响着装备制造产业的发展质量。目前，宁夏已打造了基于产业园区特征的装备产业发展格局。但各园区发展基础差异较大，主要体现在以下三个方面。

一是产业发展层次低。从产业层次上看，开发区倚重倚能明显，煤炭、电力、原材料等高耗能产业居主导地位，简单加工企业与劳动密集型企业数量占园区企业数量的60%以上，园区企业多数处于产业链前端和价值链低端。由于高耗能、低附加值产业仍占据着较多资源，导致包括装备制造业在内的特色优势产业得不到充分发展，未形成真正意义上的特色产业集群。二是园区要素成本过高。受生产要素、金融要素等价格上升的影响，企业成本压力普遍增大，利润缩减，部分在建项目出现资金短缺、工期延长和停工现象，影响了企业正常经营和项目建设进度，需要配套金融支持。对于装备制造业而言，能源价格的上涨使得装备制造企业生产成本大幅提升，企业的行业竞争力下降。三是土地资源约束明显。部分开发区由于配套设施和招商引资不到位，导致整体投资强度低、容积率低，土地利用粗放，严重影响了建设用地利用效率，制约开发区高质量发展。此外，部分开发区由于僵尸企业的历史遗留问题，土地清算盘活难度大，加之土地资源紧缺，导致企业用地成本过高。目前，土地资源日益趋紧已对宁夏工业优质装备制造项目入园、立项造成了严重阻碍。

（二）产业链不完善

在做好装备制造业链强链补链延链方面，应从外部和内部两方面入手：一方面，要通过产业链招商，补齐产业发展短板，锚定产业发展方向，打造具有更紧关联性、更高附加值、更安全可靠的装备制造产业链；另一方面，要着力打造本土骨干企业，重点扶持一批有潜力、想干事、能干事的本土企业，将发展壮大本土企业与招商引资紧密结合，全面提升本土企业综合竞争力，让本土企业"走出去"。目前，宁夏装备制造业在强链补链延链方面仍面临一些困难与挑战。

一是产业链招商力度不足。部分企业外协工作压力较大，原辅材料均需从外地采购，本地配套企业严重不足；电液控制系统等高端专业生产设备的维护需要从外地邀请专业团队，缺乏本地生产性服务业。对于装备制造业而言，高附加值终端装备由研发和服务产生的价值远超制造本身产生的价值，但宁夏针对装备制造业的生产性服务业发展严重滞后。二是产业链韧性亟待提升。对于宁夏传统装备制造业而言，目前除个别龙头企业外，多数企业仍处于产业链供应链的中低端，整体产业链条较短，聚集程度不高，从中低端向高端化发展压力较大。部分本地企业只为龙头企业配套了一些中低端且无法持续量产的比较零散的产品，配套水平低下，且配套企业对龙头企业的依赖度极高，如遇市场变化，很容易形成一荣俱荣、一损俱损的局面，后续发展乏力。此外，部分国内企业只有生产部门落户在宁夏，研发、销售、采购等其他重要部门均在东南沿海省份，不利于产业链纵深发展。三是本土优质骨干企业较少。宁夏装备制造业成长于"三线建设"时期，产业历史悠久，但多数本土装备制造企业生产方式仍较为落后，经营模式仍以小本逐利为主，为链主企业提供的精准配套不足，难以扩大生产规模。部分装备制造企业使用的还是20多年前的加工设备，多数中小企业尚未实现全过程生产工艺智能化，生产环节还处在传统的人工操作阶段，严重影响产品质量和生产效率的提升。具有自治区以上影响力的本土企业较少，缺少具备自主创新能力和高市场潜力的瞪羚企业和独角兽企业。

（三）科技创新支撑引领不足

创新是装备制造业的核心竞争力，既要坚持产业链创新链的深度融合，发挥科技创新的乘数效应，也要防止部分企业因缺乏创新而逐渐丧失市场竞争力。从自治区装备制造产业链来看，整体科技创新能力明显偏弱，创新成果价值转化不足，限制了宁夏装备制造业由产业链价值链中低端向高端发展。

一是装备制造业创新价值转化不足，科技创新与产业链各层次的系统性耦合仍存短板。二是企业间科创水平严重失衡，大中小企业融通创新布局有待进一步优化。三是产业链创新链缺乏有效衔接，产业园区科技管理体制机制有待进一步优化，科技管理"重行政轻市场""重立项轻过程"倾向仍然存在，导致创新活力无法充分释放。

（四）人才短板明显

人才是装备制造产业发展的基础，目前宁夏装备制造业用人形势较为紧张，既面临着招工困难，也面临着高端人才"难引进，易流失"的问题。

一是装备制造企业招工困难。一方面，年轻人受就业观念影响普遍不愿进工厂，不愿成为产业工人，企业招工局限性较大，加之装备制造企业生产过程相对辛苦，进一步加剧了招工难度；另一方面，人员流动性较大，宁夏具有较好的产业技术人才培养体系及政策支持体系，但限于企业自身工作环境、薪酬待遇等，招引进来的中高级人才经过半年或一年多的锻炼并掌握了一定实践技能后纷纷跳槽，或被周边省市或南方企业高薪挖走，难以留住人才。此外，国内装备制造自动化程度普遍不高，尚未具备自动化生产能力，目前人工操作不可替代，与外资企业存在差距。二是装备制造业高端人才流失严重。人才留不住也是目前摆在装备制造业企业面前的一座大山。近年来，各产业园区内企业虽然积极建设各种国家及自治区创新平台，但实际情况通常是平台人才招不来、来了留不住，技术人员向外省或区内大项目、大企业流动较明显。尤其是装备制造企业领军人才严重稀缺，流出人才远远多于流入人才。缺乏与装备制造产业规划相配套的人才专项规划。围绕产业引才、依托产业育才、立足产业用才的力度还有待进一步加强，尤其是对于高端装备制造业这类战略性新兴产业，目前只重视产业规划编制，基本没有相配套的人才专项规划，产业布局与人才布局一定程度上还存在"两张皮"现象。例如，从事装备制造行业的高级技工甚至工程师，多采用师傅带徒弟的方式，其科研能力的提升均来自一线生产操作的工作经历和自我学习的不断积累，与一般性的研究生培养相比有很大不同，在职称评审、引进待遇等方面应予以区别对待。

（五）传统产业和新兴产业发展不均衡

传统产业改造升级与新兴产业发展之间不是割裂对立的，而是互为支撑的，要一手抓传统装备制造产业的转型升级，一手抓高端装备制造产业的发展壮大。但目前，在宁夏传统装备制造业和高端装备制造业之间存在一定程度的发展矛盾。

一是传统民营装备制造企业发展的积极性不高。传统民营装备制造企业被忽视。近几年，以"转型发展、高质量发展"为目标，各项经济政策的出台主要围绕招商引资开展，关注点多数放在招引大项目好项目、新建企业上，对传统老企业关注不多，影响了企业发展的积极性。配套企业回款压力较大。装备制造业龙头配套企业较多，应收账款问题较为突出，部分龙头企业付账款周期较长，比例较低，影响了企业的项目建设及技改信心。招标竞争机制影响企业发展积极性。部分龙头企业在招标配套企业过程中以最低价作为中标条件，导致竞标企业之间开展价格战，从而导致配套企业利润空间狭小、生产的积极性不高以及产品质量无法保证，导致部分企业直接放弃竞标。二是高端装备制造企业缺乏培育支撑。宁夏装备制造产业链模式依托共享集团、吴忠仪表、巨能机器人、天地奔牛等龙头企业带动上下游配套产业发展。具有国资背景的龙头企业为园区产业链构建和中小企业发展提供了强大支撑。但民营企业发展仍不够充分，产业链整体"头重脚轻"，尤其是有意愿、有潜力进军高端装备制造的本地民营企业对外部市场开拓不足，普遍未形成多条腿走路，在面对产业链中自上而下传导的市场风险波动时缺乏足够韧性。对于培育高端装备制造业而言，需要传统装备制造业为其提供充足应用场景和广阔市场空间，但目前这种支撑仍明显不足。

第四节　数字信息产业发展的现状与问题

近年来宁夏大力发展数字信息产业。作为一种战略性新兴产业，与传统产业相比，数字信息产业在产业要素、发展载体、组织方式、技术赋能等多方面都正在发生着颠覆性变革，为欠发达地区提供了相对平等的发展环境，也为追赶发达地区提供了重要载体。2022年中共宁夏回族自治区第十三次代表大会，明确将数字信息产业定为重点打造的"六新六特六优"产业"六新"中的一种战略性新兴产业，已经在良好基础、科学布局、主要成就等方面有了新突破。

一、自治区对数字信息产业发展的支持

结合当前数字信息产业发展的需要，宁夏积极开辟数字信息产业的新领域、新赛道，塑造新动能、新优势，瞄准已经有一定产业基础的智算产业、智算中心建设，力争"十四五"期间将数字信息产业打造成千亿级产业，在2025年数字信息产业发展规模达到1500亿元。

（一）加强数字信息产业基础建设

当前，宁夏着力提升网络供给能力，大力发展人工智能、区块链、云计算、物联网等信息技术和制造业的深度融合，推进5G和千兆光网建设，统筹布局数据和算力设施，启动建设国家"东数西算"示范基地、信息技术应用创新基地、国家级数据供应链培育基地等"三大基地"，累计建设5G基站4500余处，每万人拥有5G基站15.5个（高于"千兆城市"评价指标，即每万人拥有12个的标准）。

（二）打造重点数字信息产业

智算产业方面，宁夏重点打造中卫市成为全国一体化算力网络国家枢纽、国家新型互联网交换中心双节点城市，依托中卫市现有的产业基础，结合国家一体化大数据中心，逐步打造西部数据中心集群和智能计算中心。汇集数据资源、推动广泛应用，加快建设数据共享交互平台，实现数据信息互联互通、开放共享。智能制造方面，通过数字赋能工业的发展，促进制造业数字化转型，积极发展工业互联网和智能制造的示范企业，引领工业企业积极参与制造业数字化智能化方向发展。当前自治区开展量化融合管理体系贯标企业累计102家，企业上云用数赋智的数量不断增加，"5G+工业互联网"当前在"六新"产业方面应用广泛，特别是高端装备、新材

料、电子信息几个重点行业形成了多个应用场景。以吴忠市为例,吴忠仪表、汇高科技、上能电气在智能制造方面取得了很好的成效;银川市已经形成了15个应用场景,28个示范企业。

(三)保障数字信息产业高质量发展

第一,要保障安全,加强信息安全责任建设,确保基础设施、工业数据和重点领域信息安全,推进网络安全管理、公共信息系统维护,围绕数字信息产业的安全诉求,不断提升工业互联网模拟仿真、风险评估、漏洞挖掘和后门攻防等工作。第二,保障数字信息产业人才供给。在高层次人才方面,积极引进专家团队参与工业互联网和数字信息产业方面的诊断咨询工作,完善宁夏数字信息产业顶层设计;在专业技术人才方面,采用区外引入和加强区内培养相结合的方式,积极补齐工业互联网、工业软件和智能计算方面的人才短板,努力营造人才安居乐业的良好氛围,为数字信息产业高质量发展提供人才支撑。

二、宁夏数字信息产业发展现状

宁夏数字信息产业依托现有的优势和产业基础,取得了卓有成效的发展。中卫市是中国陆地几何中心,地理与气候条件适宜,为发展节能低碳的绿色算力提供了巨大优势。中卫市正加快推进大数据产业中心市建设,全力建设"中国算力之都"。

(一)数字信息产业基础不断夯实,工业互联网发展迅速

宁夏在大数据、人工智能、云计算、区块链等方面已经取得了较为成功的应用和推广,软件和信息技术服务业规模不断壮大,实现了乡镇以上地区5G网络全覆盖。银川市、固原市成功进入工信部"千兆城市"名单。已经建成亚马逊、美利云、中国移动、中国联通、中国大脑、中国电信、银川滨河7座数据中心。正在建设集澜、广电、浩云、爱特、中国建材、中国能建、中国交建等11座数据中心。宁夏智算能力在全国遥遥领先,搭建了完善的智算无损网络,实现单GPU服务器之间800G的大带宽,建立了GPU服务器集群,可面向工业仿真、生命科学等各行业应用场景提供智算

能力和解决方案；数字产业基金、智能算力平台、AI 语料库等正在加快落地。此外，宁夏作为全国首个"互联网＋医疗健康""互联网＋教育""互联网＋城乡供水"示范区，具备良好的实际场景应用基础。

2023 年，全区共有数字信息产业规模以上企业 97 家，实现产值 764.2 亿元，同比增长 3.4%，数字经济占 GDP 比重超过 35%，算力质效指数位居全国第四，算力资源环境指数位居全国第一。建成和在建大型数据中心 15 家，标准机架增长 72%，服务器上架率达 77%；建成 5G 基站 1.4 万余个，覆盖所有工业园区、县级城区和城镇。建成全国首个万卡级智算基地、人工智能芯片适配基地，西北首条高端人工智能服务器生产线投入运行。信息传输和信息技术服务业投资比上年增长 52.7%，同比提高 11.6 个百分点，电信业务总量增长 20.9%。新培育智能工厂和数字化车间 34 家（个）、工业互联网应用项目 40 个，规上企业数字化转型比例达到 50%。10 家企业跻身国家试点示范和优秀场景，全区上云企业总量达 2000 家，实现翻番。

工业互联网创新战略扎实推进，网络、平台、安全等体系逐步完善，产业规模增长较大，自治区、市、园区、企业四级协同联动的技术检测服务体系已经基本建成。智能制造系统全面升级，银川市、石嘴山市、中卫市、吴忠市的工业园区已基本完成智能化改造，积极推进数字车间、智能工厂建设。

（二）"云天中卫"品牌影响力不断提高

中卫市大力发展云计算和大数据产业这一"一号工程"，实现了从无到有、从小到大的大跨步飞跃，2022 年带动信息传输、软件和信息技术服务业增加值增长 20.4%。同时，中卫市成功举办了首届"西部数谷"算力产业大会，与 12 家企业签订了项目投资合同，投资金额达 420 亿元，新闻总体传播曝光量达 3 亿次。目前中卫市已建成投运 7 个大型、超大型数据中心，累计安装机柜 4.33 万个，服务器装机能力超过 67 万台，带动解决就业 3500 人以上。

中卫市是宁夏数字信息产业的重要地区，中卫市数字信息产业发展指数位居全国前列，数字经济增速高于全国平均增速，且连续四年排名全国第一。根据中卫市大数据局的资料，2019年、2020年、2021年和2022年这四年第二产业的影响力系数均最高，说明第二产业对其他部门的拉动作用最大，仍然是拉动国民经济增长的支柱性产业。数字信息产业次之，其对经济增长的促进作用逐渐活跃。数字信息产业已经开始在中卫经济中发挥很强的影响作用，随着数字产业化水平的不断提高，这种势头还将逐渐加强。第三产业和第一产业拉动作用稍低，但相差不大。感应度方面，系数较大的部门集中在第二产业和第三产业，说明它们对各部门的推动作用较强，同时也反映出中卫经济发展对它们的需求程度较强。从整体上看，数字信息产业的感应度系数小于其影响力系数，表明数字信息产业相对于其他产业，受整体国民经济的拉动效应最不明显，该行业受国民经济其他部门的影响小于它对国民经济其他部门的影响。

总之，数字信息产业后劲提升趋势明显，提高对数字信息产业的关注度，数字信息产业才能具有健康和可持续发展的坚实基础。这无论是对于整个国民经济的健康协调发展，还是对于中卫经济快速增长，都具有重要的指导意义。同时，通过数据的对比不难看出，尽管中卫市数字信息产业发展指数位居全国前列，数字经济增速高于全国平均增速，且连续四年排名全国第一，但是，中卫市数字信息产业与国内其他具备良好产业基础和创新能力的地区仍存在较大差距，尤其数字信息产业总产出率和增加值率均处于较低水平，使得数字信息产业发展面临后劲不足的困境。

中卫市关于数字信息产业的发展在项目规模、数字产业、数据价值挖掘等方面也有一系列的目标规划，见表3-1。

表3-1　中卫市数字信息产业发展目标

序号	任务领域	指标名称	2022年	2023年	2024年
1	总量规模	实现营业收入（亿元）	30	100	300
2		信息传输、软件和信息技术服务业增加值（亿元）	13	40	120
3		机柜数量（万个）	5.6	15	30
4		完成固定资产（亿元）	90	120	240

序号	任务领域	指标名称	2022年	2023年	2024年
5	产业基础	中卫数据中心集群可再生能源使用率（%）	30	45	60
6		网络出口总带宽（Tb）	12.4	26	52
7		到北京单向网络时延（ms）	10	8	8
8		到上海单向网络时延（ms）	17	13	13
9		到深圳单向网络时延（ms）	25	16	16
10		到西部主要城市单向网络时延（ms）	15	10	10
11		中卫数据中心集群集群内单向网络时延（ms）	3	1	1
12		互联网交换中心接入企业数量（家）	—	20	50
13	质量效益	上架率（%）	≥75	≥80	≥85
14		集群内平均PUE	≤1.21	≤1.2	≤1.2
15		集群内软硬件和云操作系统自主可控比例（%）	≥65	≥75	≥90
16		其他软硬件自主率（%）	≥10	≥25	≥50
17		"东数西算"占比（%）	>24	>45	>70
18	企业培育	高新技术企业数量（家）	5	25	50
19		规上企业数量（家）	8	10	15
20		年收入上亿元的骨干企业数量（家）	—	2	5

三、宁夏发展数字信息产业面临的问题

宁夏数字信息产业起步晚，相比东部发达省份总量偏小，企业主体偏少，总体上处于初级发展阶段。宁夏数字信息产业总产出率和增加值率均低于第一产业、第二产业和第三产业，两项指标值最低，说明宁夏数字信息产业规模较小，仍有较大进步空间。数字信息产业的生产过程需要其他

产业的物质支持、固定资产的投资、劳动力的投入等。数字信息产业的固定资产折旧系数高达0.153442,远超其他产业,说明在数字信息产业的发展过程中,对固定资产的消耗要多于其他产业。在劳动者报酬系数偏低排列中,数字信息产业对应的测算数值偏低,与第一产业和第三产业存在明显差距,说明数字信息产业并不是劳动密集型产业,对劳动力的依赖性不强。从分配角度来分析产业生产成果的使用去向可以看出,数字信息产业的调出系数大于第一产业、第二产业和第三产业,说明数字信息产业的总产出中用于支持国内其他地区的比重最大,相反地,数字信息产业的总产出较少用于支持国外其他地区的生产活动。见表3-2。目前,数字信息产业面临着产业发展基础较弱、产业链不完善、对大数据价值挖掘不足、产业核心竞争力不足、产业人才短缺等问题。

表3-2 宁夏数字信息产业发展指标

一级指标	二级指称	第一产业	第二产业	第三产业	数字信息产业
产业规模指标	总产出率	0.104746	0.559696	0.307900	0.027659
	增加值率	0.158038	0.396909	0.414191	0.030863
	固定资产折旧系数	0.028519	0.031337	0.094088	0.153442
投入结构指标	劳动者报酬系数	0.594801	0.093975	0.354323	0.119226
分配结构指标	调出系数	0.370061	0.262376	0.209989	0.376622
	出口系数	0.008799	0.034525	0.000033	0.006899
产业关联指标	直接前向关联系数	0.345879	0.621206	0.608467	0.479814
	直接后向关联系数	0.373153	0.705372	0.441110	0.536411
	扩散能力系数	0.696759	1.467117	0.830286	1.005837
	扩散感应系数	0.270147	2.129321	1.324931	0.275601

(一)产业发展基础较弱

宁夏是西北地区欠发达省区,经济发展相对落后,较东部发达省份产业数字化转型进程相对缓慢。宁夏整体产业结构中,传统产业仍占据主导地位，但其中数字化转型尚未广泛开展，如电子信息制造、软件开发等数字信息产业链条仍有关键节点缺失，未能充分发挥推动传统产业数字化转型的功能。数字信息产业整体规模较小。数字信息产业总量小、主体少、实力弱，其中电子信息制造业产值仅占自治区工业产值的4.5%，规上企业数量仅占自治区规上企业的2.5%，年产值过10亿元的企业仅有6家，过1亿元的企业有39家。尚未构建成熟完备的数据交易市场和数据资源交易机制，导致数据资源的流通不畅，难以深挖数据价值。保护知识产权就是保护创新，在推动数字信息产业发展过程中对于数字信息产业的知识产权保护力度不足，缺乏对软件、知识产权方面保护的具体政策，不能在应用层面保障数字信息产业技术的健康发展。

（二）产业链不完善

宁夏数字信息产业发展面临产业链开发不足的问题，导致数字信息产业的产品和服务的附加值较低，难以实现高端化、高附加值化。亚马逊、美利云、中国移动、中国大脑等头部企业仅把数据中心落户中卫西部云基地，基地内数据存储硬件、数据开发利用等配套产业缺乏，导致这些引进的龙头企业难以发挥辐射带动作用。自治区内与数字信息产业紧密相关的企业普遍起步晚、体量小、影响力不足，难以形成规模效应和范围效应。大数据产业规模小、实力弱，创新能力不强，规上电子信息制造、软件和信息技术服务、通信服务企业仅有78家，区域间、企业间产业发展不平衡，缺少龙头企业、拳头产品，品牌影响力不强。工业软件、数据服务等市场主体发育明显不足，过分依赖区外服务商，缺乏本地化第三方服务商。智能终端产业以零配件为主，缺乏高端成套产品。大数据产业主要提供存储备份服务，仍处于产业价值链中低端环节。软件和信息技术服务产业主要集中在安装、调试和售后服务方面，前端设计、研发、生产不足，难以激发创新性，无法满足市场上的中高端差异化需求。

（三）对大数据价值挖掘不足

数字信息产业对互联网大数据技术应用的创新探索与场景挖掘深度不够，尚未在传统领域进行全面应用，未形成全面化的解决方案，推动政府决策和消费市场发展方面的大数据价值体现不足，对开发市场消费需求和提振市场主体信心未能发挥应有作用。从需求端来看，数字信息产业尚未发挥出提升实体企业多元化供给能力的作用，没有为实体企业与消费市场的衔接提供帮助，缺乏对下沉市场消费者需求的有效挖掘，使得下沉市场消费潜力无法得到有效释放。数字信息产业在农业农村发展中的作用尚未充分体现，数字信息企业普遍缺乏开发农村市场客户群体的积极性，城乡数字鸿沟仍然存在，数字信息产业在开发农村消费市场，弥补城乡数字鸿沟方面存在角色缺位。

（四）产业核心竞争力不强

数字信息产业的关键技术、关键环节没有取得突破性的进展。宁夏作为国家算力枢纽，主要在数据存储方面有优势，在数据挖掘和计算方面特别是工业软件、数据服务方面还有很大的提升空间。新型基础设施建设方面，5G 技术的应用基础、产业互联网的基础设施正在布局中，尚未形成竞争优势。数字信息产业和实体经济融合方面，中小企业预期整体偏弱，在应用数字化、网络化、智能化推动制造业、服务业和农业数字化转型过程中遇到的阻力较大。当前区内规上工业企业数字化研发设计工具普及率为57.8%、关键工序数控化率为53.4%，分别低于全国16.9个和1.9个百分点。缺乏互联网、大数据、人工智能同产业深度融合的专精特新企业和单项冠军企业。缺乏数字信息产业龙头企业带动。当前的平台企业各自为政，不能高效地整合汇集数字信息资源，人才资源不能高效汇集，缺乏创新能力，创新文化和氛围尚未形成，距离数字信息创新生态的建设还有一定的差距。在集成电路、新型显示、通信设备、智能硬件等数字信息产业重点领域方面还没有形成在全国有竞争力的企业，数字领域的重点产业还处在产业链的低端、供应链的前端和价值链的末端，离实现产业高端化、高价值化仍有巨大差距。工业软件、数据服务等市场主体发育不足，应用场景不足，数字服务商技术上难以本土化。当前宁夏的软件产业增速为19%，没有头部的企业，也没有年收入过亿元的企业，总体来说还是发展慢，存在产业支撑能力弱的问题。当前工业企业数字化转型所需的智能感知、自动控制、网络连接、工业软件等技术尚未自给，难以满足工业企业数字化转型发展的要求。

（五）产业人才短缺

数字信息产业发展的核心竞争力是人才，尤其是掌握数字信息技术、理解数字经济发展规律的高端人才，这决定了培育人才是实现数字信息产业高质量发展的关键。正如中共宁夏回族自治区第十三次代表大会所指出的，"人才短缺是最大困扰"。宁夏是欠发达地区、滞后于全国发展水平的基本区情没有变，人才短板明显、缺口巨大，严重制约了自治区数字信息产业发展进程。互联网、大数据、云计算等领域复合型、应用型、领军型人才严重匮乏，存在结构性短缺问题。地区间竞争日趋激烈，人才"引不来、留不住"问题严重。本地人才数量不足，现有人才培养模式与企业需求不相匹配，人才现状与数字信息产业发展还不适应。高层次人才短缺，一线工人供需矛盾突出，流动量大。一些企业为了招揽工人甚至竞相提高工资，上演"抢人大战"。随着中环光伏材料、鑫晶盛电子材料等新一批企业建成投产，一线工人供需矛盾会进一步加剧。数字信息产业人才相关政策的覆盖面有待进一步扩大。现在数字信息产业人才可以评职称和参与评选各类人才称号，但是政策知晓面不宽，部分中小企业数字人才不能及时参与。现有的14个产业学院还是不能满足需求，大学生找不到工作和企业招不到人的状况并存。

第五节　现代化工产业发展的现状与问题

应当指出，现代化工产业的快速发展对宁夏实现高质量发展具有十分重要的推动作用。因此，归纳总结当前宁夏现代化工产业的发展现状和问题就显得十分必要且具有极为重要的意义。

一、自治区对现代化工产业发展的支持

自治区政府立足自身优势与国家发展需要，推动现代化工产业高质量

发展，发展思路可以概括为坚持集聚发展、差异发展、创新发展、目标导向、问题导向，推动形成具有竞争力的产业集群。

（一）大力解决产业瓶颈

化工产业是宁夏的支柱产业，但也存在不少短板，如主导的产业链大而不强，层次不高，效益偏低；产业结构单一，传统产业比重大，增长动力不足，新兴产业发展滞后，缺乏核心竞争力；产业生产与生态难以协调，水资源短缺与污染问题严重。宁夏政府正全力以赴解决化工产业高质量发展瓶颈，消除现代化工产业发展的痼疾。

（二）统筹生态与产业发展

为实现节能减排降耗，宁夏出台了《高耗能行业重点领域节能降碳改造升级实施指南》《宁夏工业企业单位产品能源消耗限额》等文件，督促企业采用节能减排技术。实施"三废"等问题的专项治理，推动企业与产业间衔接，提高资源循环高效利用水平，提高清洁能源比例，不以牺牲生态环境为代价实现经济增长。

（三）推动技术创新与应用

技术创新是提升企业竞争力，培育经济长期增长动力的根本手段。宁夏积极培育创新主体、组织关键技术攻关、汇聚创新力量、涵养创新生态，建立多元创新投入机制，鼓励科技金融创新，营造一流创新生态。近年来，宁夏通过推动校企合作，建设创新载体，打造现代化工产业基地，制订创新计划，推动技术创新与应用。

近年来，宁夏提出了通过创新发展优势产品、高附加值产品和特色产品，延伸产业链、布局创新链、提升价值链、建设生态链，推动绿色节能技术的渗透，形成创新集群的发展模式，全力攻克茂金属聚烯烃、POE、PAO等重大关键技术，推动创新成果转化，推动化工产业数字化、智能化，加快建设数字化基础设施，确保产业数字化走在自治区前列的目标。

（四）提高现代化工产业服务水平

宁夏积极提高现代化工产业服务水平，通过明确现代化工高质量发展路线图、时间表，建立自治区现代化工重点项目库，优化服务过程，加快推动项目进展，推出合理的鼓励措施，为企业纾困解困，推进现代化工项目，促进现代化工产业链集群形成。

二、宁夏现代化工产业发展的现状

近年来，自治区现代化工产业高质量发展取得长足进步。产业结构持续优化，煤化工、石油化工、精细化工持续发展，在一些领域打破了国外的技术垄断格局，形成了上下游协调、多产业协同发展的局面；创新能力持续增强，特色产品不断涌现，关键技术不断突破，产生了高流动性聚丙烯系列产品、新型液晶材料、光引发剂、煤炭间接液化项目、神宁炉等多项产品与技术；集群效应产生合力，国家级现代煤化工产业示范区、"中国氨纶谷"、"氰胺之都"等园区呈现延链融合带动作用。

在产业发展方面，截至2023年底，自治区规模以上现代化工企业共有207家，实现工业产值超过1900亿元，占规上企业比重约30%，是重点产业中规模最大、带动就业最多、税收贡献最多的产业。[①] 其中，煤化工产能达到1600万吨、煤制烯烃产能达到320万吨（占全国1/5），煤制油产量连续3年超过400万吨。按煤制烯烃投入产出测算，1吨烯烃大约需要5吨原料煤、2吨动力煤。目前，煤制烯烃生产成本在6100元/吨左右，烯烃价格在6300元/吨时可实现盈利。按煤制油投入产出测算，以国能宁煤集团400万吨/年煤间接液化装置运行数据为例，2022年产量为434.78万吨，吨油品煤耗3.4吨标煤、水耗6吨，国际油价50～60美元/桶处于盈亏平衡点。2023年，自治区规模以上工业原油产量128.63万吨，比2022年下降2.5%；原油加工量462.85万吨，比2022年增长1%；汽油产量289.58万吨，比2022年增长34.4%；柴油产量263.74万吨，比2022年增长5.5%；石脑油产量147.88万吨，比2022年增长0.7%。[②]

在项目建设方面，2023年，自治区现代化工产业重点项目共有118个。

---

① 《共建开放发展新格局 打造西部产业新高地》，《宁夏日报》2024年7月26日。

② 《2023年全区能源生产情况》，宁夏回族自治区统计局网站，https://tj.nx.gov.cn/tjxx/202401/t20240126_4431105.html。

其中，拟投产项目43个、更新改造项目29个、新开工项目46个。计划总投资1732亿元，年度计划投资225亿元，截至上半年，已开工建设项目82个、开复工率约70%，已完成投资65亿元，占年度计划的29%。

在科技创新方面，高附加值产品与新工艺新技术有效支撑了宁夏现代化工产业高质量发展。国能宁煤集团的高流动性聚丙烯系列产品、金昱元化工集团的固原盐化工项目采取了新技术，实现了自动化与绿色化发展。

三、宁夏现代化工产业发展存在的问题

在当前的国际、国内经济大环境下，宁夏现代化工行业始终处在低位运行的态势。2023年1—6月，受产品价格、市场缩减等因素影响，区内化工企业生产积极性普遍降低，不同程度减产或安排检修，除化学农药原药、轮胎产量同比上升外，硫酸、烧碱、电石、甲醇、氮肥、初级形态塑料、表面活性剂、活性炭、化学试剂9种产品同比下降。6月，宁夏21种重点化工产品中，除ADC发泡剂外，其他20种化工产品价格较2022年同期全部下降，焦炭、PVA、BDO降幅达到50%以上。总体来看，当前宁夏现代化工产业发展主要存在以下突出问题。

（一）政策措施和产业布局有待进一步完善和优化

近年来，尽管政府职能部门定期或不定期组织召开现代化工产业工作推进会议，并且取得了一些显著成效，但仍然存在协调统筹能力不强、成员单位信息共享与交换不够、政府对相关产业信息掌握不足等问题。政策措施与产业布局有待进一步完善和优化。

第一，当前，宁夏在贯彻落实《宁夏回族自治区化工园区建设标准和认定管理办法（试行）》等文件方面的力度仍需进一步加强。因此，要以新一轮化工园区认定和复核为抓手，在巩固10个化工园区C级风险等级的基础上，推动宁东能源化工基地风险等级率先降至D级，努力使其成为整治提升示范区，带动其他园区进一步提升安全环保和基础服务能力水平。

第二，有为政府和有效市场关系的处理及其各自作用的发挥方面有待进一步发掘。一方面，政府职能部门在推进《宁夏现代化工产业高质量发

展实施方案》的力度方面仍需加强，"市场主导、政府主推、企业主动"的发展机制有待进一步完善，在大力发展现代煤化工、推动产业向高端化终端化发展，推动石油化工平稳发展、逐步实现天然气与石油化工融合发展，巩固电石深加工优势、延伸发展下游医药、农药及可降解塑料产业，做大做强精细化工、积极引进功能助剂等领域项目方面仍需持续发力。另一方面，在现代化工产业的空间布局方面，还存在着很大的优化空间，这就要求各化工园区根据自身的资源禀赋和区位优势，错位发展，不求大而全，要有所为有所不为，形成一到两个重点培育的产业发展方向。此外，当前自治区普遍存在的一个问题是，现代化工产业关键技术攻关、科技成果产业化、人才培养、能效提升、智能化改造及产业链链主企业培育等方面的政策措施和产业发展配套政策制定存在较大的不足。

（二）项目建设和产业发展后劲有待进一步推动和增强

一方面，项目建设仍需持续不断地推动。当前，现代化工产业重大项目库的建设还需不断完善，而重大建设项目的调度也需重点加强。同时，在相关部门解决项目建设中的重大问题方面，存在着协调不足的突出问题，从而严重影响了项目如期达产达效。

另一方面，当前宁夏现代化工产业在招商引资力度方面仍需不断发力。具体来说，现代化工产业招商引资重点项目谋划不突出，招商引资重点方向不明确，学习东部沿海化工大省的主动性不足，应适时组织成员单位赴江苏、山东、浙江等化工大省推介招商活动。化工产业链链主企业的作用发挥不到位，应主动依托链主企业开展招商，重点谋划一批延链补链强链的大项目、好项目签约落地。

（三）创新引领和产业竞争新优势有待进一步强化和培育

首先，自治区现代化工产业在关键核心技术攻关及科技成果转化方面存在着一定的短板，在原始创新和集成创新方面的推进力度稍显疲弱，重点领域和关键环节的聚焦程度不够，共性技术研发和科技成果转化仍需进一步加强，在研发一批新产品、攻克一批关键共性技术难题、实现一批新技术产业化等方面还有很长的路要走。

其次，自治区化工产业在研发机构建设和科技创新平台布局方面也存在着一定程度的不足。对现代煤化工、化工新材料、精细化工等重点领域的聚焦程度仍需持续加强，培育建立各类科技创新平台和新型研发机构的主动性和积极性不足，应重点发力建设企业技术中心、专精特新中小企业及其他科技型企业。

最后，自治区化工产业在信息技术应用及企业管理模式创新方面存在着一定的短板和不足。对企业开展智能工厂、数字化车间创建、加快工业互联网平台建设以及提升企业信息化管理水平的激励措施和政策支持较少，在引导企业加快生产设备设施数字化改造，提高设备全生命周期管理能力，开展生产数据实时采集、分析与展示等方面仍需持续加强。此外，当前自治区缺少现代化工产业数字赋能的示范性企业。

（四）资源约束和产业绿色发展水平有待进一步强化和提升

一方面，自治区在对标落实《高耗能行业重点领域节能降碳改造升级实施指南》《宁夏工业企业单位产品能源消耗限额》等文件要求上的力度不够，化工产业重点企业节能诊断和节能技术改造仍需进一步深入推进。此外，能效领跑者行动进展缓慢，这在一定程度上影响了自治区主要化工产品30%的企业能效水平达到国家标杆水平的目标要求。

另一方面，自治区在严格执行国家关于化工产业重大生产力的布局、有序承接转移等政策方面仍需持续发力，在落实工信部有关文件精神方面存在不足，淘汰落后产能速度较慢，这导致没有为现代化工产业调整腾退出足够的能耗空间。同时，在企业发展绿色循环经济，提升"三废"综合利用水平，加大绿色低碳生产工艺、技术和装备的研发和推广示范力度，积极探索二氧化碳减排途径，构建绿色低碳产业体系等方面的支持力度仍显不足。

第六节　轻工纺织产业发展的现状与问题

轻工纺织产业是重要民生产业和宁夏传统产业，也是自治区建设黄河流域生态保护和高质量发展先行区的重要支撑产业。宁夏深入学习贯彻党的二十大精神和宁夏回族自治区第十三次代表大会精神，牢固树立新发展理念，坚持以供给侧结构性改革为主线，统筹抓好稳增长、战疫情、调结构、促转型、增动能等各项工作，全力推进创新驱动转型升级、结构改造、绿色改造、智能改造、技术改造深入实施，提升质量变革、效率变革、动力变革，推动了轻工纺织产业高质量发展。

一、自治区对轻工纺织产业发展的支持

宁夏轻工纺织产业拥有良好的产业基础，自治区政府大力支持相关产业发展，确立市场需求导向、创新驱动战略、供给结构优化、"三品"战略①引领、绿色低碳发展、开放合作共赢的"六个坚持"为基本原则。立足自治区资源禀赋、产业基础和未来消费升级趋势，深入实施打造1个千亿产业、培育5个百亿行业、建设5个生产基地、壮大6个产业集群的"1556"发展战略，努力构建布局合理、特色突出、集聚发展的轻工纺织产业新格局。

根据《宁夏轻工纺织产业高质量发展计划（2023—2027年）》，到2027年，自治区轻工纺织产业规模稳定增长，结构更趋合理，创新水平明显提升，数字化转型稳步推进，绿色发展引领示范，"三品"行动成效显著，年产值接近1500亿元。乳制品制造、葡萄酒酿造、枸杞深加工、医药制造、化学纤维生产5个行业产值全部突破百亿元（其中乳制品制造突破300亿元、化学纤维生产突破200亿元），建成全国重要的乳制品、葡萄酒、枸杞制品、高端牛羊肉和现代纺织原料5个生产基地，乳制品制造、葡萄酒酿造、枸杞精深加工、医药制造、羊绒加工、化学纤维制造6个特色产业集群进一步发展壮大。

二、宁夏轻工纺织产业发展现状

"十三五"以来，自治区轻工纺织产业发展呈现恢复性增长态势，打造出一批品质突出、特色鲜明、在全国具有一定知名度和比较优势的特色产

---

① 即深入实施增品种、提品质、创品牌"三品"战略行动。

品和龙头企业,为自治区经济社会发展和打赢脱贫攻坚战作出了积极贡献。

(一)产业规模稳定壮大

目前宁夏轻工纺织产业规上企业有352家,2024年上半年共完成产值348.24亿元,实现营业收入359.61亿元,利润总额19.01亿元,同比增长分别为5.38%、1.4%、14.3%,产业总体发展呈稳中向好态势。重点行业中,纺织行业产值增长4.16%,医药行业下降0.02%;食品行业利润总额增长27.5%,医药行业在营收下降的情况下,利润总额大幅增长131.3%,纺织行业营收和利润总额均下降,上半年亏损1.64亿元;烟草、塑料制品等行业稳健发展。重点项目建设进度低于预期。[1] 见表3-3。

表3-3 2024年1—6月自治区轻工纺织产业重点运行指标

行业	产值（亿元）	产值增减（%）	营业收入（亿元）	营收增减（%）	利润总额（亿元）	利润增减（%）
全行业	348.24	5.38	359.61	1.40	19.01	14.30
食品行业	209.54	5.07	223.68	0.70	16.64	27.50
医药行业	36.02	−0.02	30.88	−5.30	0.96	131.30
纺织行业	51.41	4.16	52.24	−1.90	−1.64	−3003.70
其他	51.27	12.37	52.80	13.60	3.05	−1.90

资料来源:《2024年上半年自治区轻工纺织产业发展情况通报》。

(二)主导行业快速发展

以食品、医药、纺织和轻工其他行业为重点的主导行业,各具特色,近年来得到快速发展。食品行业特色发展。在乳制品、枸杞制品和葡萄酒等特色产品加工制造的引领下,规模持续壮大、发展成效显著,2024年上半年,195家规上企业完成营业收入223.68亿元,同比增长0.70%,营收利润率7.4%,同比提高1.6%,乳制品、味精、啤酒、饲料等产值有不同程度的下降,饮料、饲料添加剂产值有所增长,葡萄酒产业产值与2023年持平;

---

① 宁夏回族自治区工业和信息化厅:《2024年上半年自治区轻工纺织产业发展情况通报》。

12家规模以上乳制品企业生鲜乳日加工能力超过1万吨，宁夏伊利建成全球最大液态奶单体工厂；枸杞深加工制品达10大类100余种，出口40多个国家；国家葡萄及葡萄酒产业开放发展综合试验区建设挂牌启动，建成酒庄116家，年产葡萄酒超过1亿瓶，连续多年斩获国际国内多项顶级大奖，远销40多个国家和地区。医药行业创新发展。形成以化学药品原料药（含生物发酵）、化学药品制剂、中药饮片加工和中成药生产为主的产业体系，共有368个品种获国家药品批准文号，首个双胍类降糖原料药取得上市销售许可，泰乐菌素全球市场占有率第一，盐酸四环素全球独家生产，VC原料药跻身世界六大主要供应地，中药材种植加工规模不断扩大。2024年上半年，27家规上企业实现营业收入30.88亿元，同比减少5.3%。现代纺织初具规模。建成近200万锭纱线和近4700万米织物产能，形成以贺兰工业园、金积工业园为中心的棉纺集群；持续盘活灵武市原有资源，羊绒加工全产业链优势正在复苏；宁东能源化工基地布局"中国氨纶谷"建设，加速发展高性能化纤材料生产，建成氨纶产能9.6万吨。2024年上半年，43家规上企业产值达51.41亿元，同比增长4.16%，实现营业收入52.24亿元，同比降低1.9%。轻工其他行业稳健发展。包装印刷、塑料制品、毛皮制品等细分行业稳中有进，新建了一批延链补链项目，实施了一批信息化、智能化和工艺技术改造项目，规模以上企业数量有所增加，龙头企业实力不断增强。2024年上半年，87家规上企业实现营业收入51.24亿元，同比增长12.37%。[1]

（三）产业高端化、集群化、品牌化发展

宁夏以产业园为支撑推动轻工纺织产业高质量发展。形成了银川国家高新技术产业开发区纺织园区、金积工业园、贺兰工业园、灵武现代纺织工业园、同心工业园等轻工纺织工业园。银川国家高新技术产业开发区纺织园区生产了全球44%的羊绒原绒、58%的无毛绒以及全国65%的绒条、15%的羊绒纱；灵武纺织业走出低谷，做大做强，产业实现高端化、集群化、品牌化发展。[2]产业集群有助于宁夏摆脱供需端"两头挤压"的现状，

---

① 宁夏回族自治区工业和信息化厅：《2024年上半年自治区轻工纺织产业发展情况通报》。

② 《宁夏：打造产业集群推动工业经济高质量发展》，《宁夏日报》2024年7月25日。

促进产业稳定发展。

依托中宁枸杞、盐池滩羊、贺兰山东麓葡萄酒、宁夏大米等300多个特色农产品品牌，大力培育轻工纺织领域新品、名品、精品，涌现出伊品调味料、昊王大米、百瑞源枸杞、鑫海盐池滩羊肉、夏进牛奶、金河酸奶、西夏王葡萄酒等一批国内、自治区内驰名商标。自治区被认定为国家中药现代化科技产业中药材基地和产业基地，同心银柴胡、隆德黄芪、秦艽等获批国家地理标志产品，精熠滩羊皮制品、沃福百瑞枸杞制品、贺兰红葡萄酒、华泰龙家具等知名品牌市场影响力进一步增强，恒丰纺织、爵派尔服饰、蒙牛乳品、伊利乳品、丽珠药业、张裕葡萄酒等一批知名品牌落地宁夏。宁东基地被中国石油和化学工业联合会授予"中国氨纶谷"称号。

（四）创新能力明显提高

紧盯消费升级趋势和创新消费品领域，龙头企业加快产品创新升级步伐，提升高端供给能力。截至2022年底，自治区认定轻工纺织产业高新技术企业75家，创建企业技术中心31家，其中国家级3家、自治区级28家，建成院士专家工作站3个。塞尚乳业应用膜技术成功研制出高科技含量的浓缩牛奶蛋白粉，实现国内高附加值乳基配料生产零的突破；百瑞源、华宝等枸杞企业，与暨南大学、江南大学、南京中医药大学、西北大学等院校合作，开发了30余款深加工复配产品，获得授权专利37项；康亚药业成功开发圣畅-吲达帕胺缓释片、色甘酸钠滴眼液等产品，结束宁夏没有第三代制剂的历史；舜昌亚麻采用国内外先进的高科技设备和工艺，染色系统全部实现智能化控制，成为全球首家实现亚麻清洁化生产的企业；如意时尚科技公司强化科研投入，先后承担国家、自治区级16项科研项目。

（五）融合发展不断深化

一大批轻工纺织企业应用物联网、大数据、人工智能等先进数字技术，积极建设数字车间和智能工厂。例如，厚生记建成国家级智能制造示范工厂，产线产能达到3.6万罐/时；恒丰纺织建立纺纱数字化平台，被评为国家级绿色工厂，荣获高新技术企业、智能工厂、新型针织纱线创新研发基地等多项称号；启元国药颗粒剂、丸剂、胶囊剂包装自动化项目被认定为自治区机器人推广应用示范项目；大窑饮品建成年产20万吨碳酸饮料及果蔬汁智能生产线，获评自治区数字化车间、绿色工厂、智能工厂；德悦纺织30万锭差别化新型纤维纺织全流程数字化车间、法福来食品高端大米深加工数字化车间等一批智能工厂和数字化车间建成投产。

三、宁夏轻工纺织产业发展中存在的问题

（一）宏观环境不确定性增加

当前，世界经济依然低迷，国际经济、贸易环境较为不利，轻工纺织产业发展的不稳定性、不确定性因素依然存在。国内外宏观市场环境的变化，特别是大宗原材料和商品价格的大幅波动，劳动力、原材料等生产要素成本的持续上升，不断挤压企业利润空间，食品、轻工、纺织等劳动密集型行业发展面临严峻挑战。

（二）产业基础较为薄弱

受资源禀赋、技术能力、人才资金等的制约，自治区轻工纺织产业整体上依然呈现出规模偏小、实力较弱、基础薄弱、竞争力不强等特点。截至2022年末，全产业总产值仅700亿元左右，规模以上企业340余家，年产值过亿元企业不足100家。食品行业以粮油、液态乳、饲料等传统产品为主，紧跟消费潮流的快消品、预制菜、功能性食品等高附加值产品生产能力严重不足。医药制造受人才、技术、管理和审批严格等因素的限制，化学药品原料药优势难以向制剂本地化生产转化。纺织行业远离产业链下游和终端市场，主要产品仍为纱线。近年来，产业新建项目增长缓慢，且投资额普遍不高，发展后劲储备不足。

（三）绿色转型任重道远

消费结构升级压力不断加大。随着国内消费升级步伐持续加快，个性化、特色化、功能性消费品需求加大和有效供给不足的矛盾将日益突出，自治区轻工纺织产业持续推进供给侧结构性改革任务艰巨，需要在稳固传统行业、做优特色行业、发展新兴行业等方面下大力气，提升创新发展内生动力，加大结构、技术、智能、绿色改造力度，加快转型升级步伐，主

动适应消费升级变化的市场需求。

转型升级和高质量发展任重道远。当前，绿色发展理念深入人心，绿色消费持续扩大，但自治区轻工纺织产业绿色产品开发认证、绿色低碳生产体系锻造相对落后，需要企业加快节能降碳改造、清洁能源替代和节水工艺改造提升，特别是在数字化研发设计、数字车间和智能工厂培育、工业互联网平台协同服务等方面加大投入，加快产业高质量发展步伐。

（四）重点行业困难增多

近年来，受国际大环境变化和国内疫情影响，消费需求收缩，市场预期转弱，生产要素成本上升，导致自治区纺织行业出口受阻，化纤行业利润下降，塑料制品原材料价格飙升，毛皮制品、地毯坐垫、家具制造等订单减少，重点行业发展困难增多，部分传统行业严重萎缩。中小企业资金短缺，融资难、贷款难、招工难等问题仍然突出。

（五）产业升级任务艰巨

产业主导产品中，初加工产品占比偏高，精深加工产品相对不足。枸杞深加工占比不足30%，乳制品90%以上为液态乳，原料药产值占医药制造总产值的82%，90%以上羊绒企业仅能生产无毛绒，棉纺产品70%为纱线。重点产业链链条普遍偏短、偏小，断点、短板较多，缺乏链条完整、规模效益突出、带动能力明显、发展后劲持久的支柱产业。各地在产业布局上，存在一定的低层次、同质化竞争现象。

产业90%的企业为中小企业，自身实力有限，在科技研发、技术改造、品牌建设等方面，普遍重视不够、投入不足，创新发展的能力较为落后。自治区围绕健康、育婴、养老等新兴领域，尚未形成多元化产品研发创新链和创新体系，家用电器、照明器具、电动车、体育用品、游艺器材、化妆品等高端产品研发生产处于空白状态。中高端管理和科研人才引进困难，高质量发展的智力支撑严重不足。

第四章

宁夏"六特"产业发展的现状与问题

第一节 葡萄酒产业发展的现状与问题

历史上，宁夏是较早种葡萄、酿葡萄酒的地区，唐代僧人贯休在描写塞上生活的诗作中，明确提到葡萄和葡萄酒。千百年间，葡萄酒文化伴随朝代更迭在曲折中发展，近代葡萄酒产业的萌芽在战火中饱受摧残，直至新中国改革开放后，这一产业才具备了稳定发展的环境。贺兰山东麓葡萄酒产业始于20世纪80年代。2016年、2020年及2024年，习近平总书记三次视察宁夏，都高度关注宁夏贺兰山东麓葡萄酒产业发展。

一、自治区对葡萄酒产业发展的支持

葡萄酒产业是自治区的支柱产业之一。自宁夏国家葡萄及葡萄酒产业开放发展综合试验区建设以来，宁夏在农业农村部、工业和信息化部等国家部委的支持下，珍惜和用好国家赋予的"金字招牌"，紧紧围绕引进新技术、开创新模式、打造新业态、搭建新平台、实施新工程、创设新政策"六新"任务，推动综试区不断发展。2022年6月，中共宁夏回族自治区第十三次代表大会召开，提出宁夏要打造现代产业基地，着力打造"六新六特六优"产业，并将葡萄酒产业列为六个特色产业之首。在国家和宁夏回

族自治区党委、政府高度重视下，贺兰山东麓葡萄酒产业发展进入快速发展阶段。

2021年，国家批准设立宁夏国家葡萄及葡萄酒产业开放发展综合试验区、中国（宁夏）国际葡萄酒文化旅游博览会，两个国家级平台落户宁夏标志着宁夏葡萄酒产业发展进入国家战略。2021年5月，国务院批准《宁夏国家葡萄及葡萄酒产业开放发展综合试验区建设总体方案》。宁夏贺兰山东麓葡萄酒产业园区管委会同农业农村部、工业和信息化部建立了"1个省区+2个牵头部委+16个共建部委"的综试区建设工作框架和运行机制，起草完成综试区专家委员会章程和运行规则，确立了推进综试区建设综合政策支持体系。农业农村部、工业和信息化部、宁夏回族自治区人民政府共同建立部区联合工作机制，主要研究解决综试区建设的重要事项，协调推动国家相关部委、宁夏相关部门（单位）加大对综试区的支持力度。在国家战略引导下，宁夏相关政府部门不断完善政策体系，如自治区人民政府印发了《宁夏贺兰山东麓葡萄酒产业高质量发展"十四五"规划和2035年远景目标》及《宁夏回族自治区贺兰山东麓葡萄酒产区保护条例（修订草案）》、宁夏贺兰山东麓葡萄酒产业园区管委会编制了《国家葡萄及葡萄酒产业开放发展综合试验区建设方案》、银川市人民政府印发了《银川市贺兰山东麓葡萄酒产业空间布局规划》等。2023年，宁夏成功申报葡萄及葡萄酒优势特色产业集群项目，"宁夏贺兰山东麓葡萄酒"纳入特色农产品原料基地，特色产业集群获得国家重点支持。不断完善的政策支持体系从制度上保障了贺兰山东麓葡萄酒产业健康发展。

二、宁夏贺兰山东麓葡萄酒产业发展现状

（一）生产规模持续扩大

近年来，宁夏贺兰山东麓葡萄酒产业呈蓬勃发展态势。2023年，宁夏贺兰山东麓酒庄继续改造现有葡萄园、拓展新葡萄园，进一步扩大种植面积、提高种植品质，改造低质低效葡萄园4万亩，新增酿酒葡萄种植和开发面积1.9万亩，连续7年保持增长，种植总面积达到60.2万亩，占全国的

35%左右，是全国最大的酿酒葡萄集中连片产区，在全球仅次于法国波尔多产区和美国纳帕谷产区。截至2023年底，产区共有酒庄和种植企业实体228家（其中已建成酒庄116家、有基地无酒庄种植企业112家），已建成贺兰金山、西夏镇北堡、永宁玉泉营、青铜峡甘城子、红寺堡肖家窑五大酒庄集群，全年生产葡萄酒1.4亿瓶，比2022年增长了1.45%，占国产酒庄酒酿造总量近40%，葡萄酒出口增长率稳定在30%左右，产品出口德国、美国、英国、比利时、加拿大、澳大利亚及中国香港和澳门等40多个国家和地区，实现综合产值400亿元以上。贺兰山东麓葡萄酒产业呈良好发展态势，世界葡萄酒大师杰西斯·罗宾逊曾评价说："毋庸置疑，中国葡萄酒的未来在宁夏。"

（二）产业不断提质升级

贺兰山东麓银川产区通过智慧化葡萄园信息系统，根据需要精确控制用水量，实时监测二氧化碳浓度变化，实现资源的集约利用和碳足迹的追踪，实现生态效益与经济效益协同发展。

葡萄酒产业与文化旅游业融合发展。2024年5月首播的《星星的故乡》是首部以葡萄酒产业为背景的电视剧。2024年8月，银川市兴庆区推动历史文化名城改造，将5条老街巷改造成以酸甜苦辣咸五味为主题的五巷，原来的意志巷被改造成为以葡萄酒为主题的靠葡街（酸巷），可谓匠心独运。2024贺兰山东麓葡萄酒（经销商）大会推出《银川产区葡萄酒TOP50》榜单，为消费者选择葡萄酒提供了依据。

（三）产业链条持续延长

葡萄酒产业包含一二三产业，产业链条长，产业纵向延伸、横向集合发展空间大。目前，贺兰山东麓葡萄酒产业已初步形成了从研发到种植、酿造、销售、葡萄酒衍生品开发、葡萄酒配套产品生产、葡萄酒产业与文旅产业融合等较长的产业链条。贺兰山东麓产区聚集了200多家酒庄企业，包括法资企业酩悦轩尼诗夏桐、保乐利加及中资企业张裕、长城、美贺、贺兰晴雪、玉泉营、智辉源石等优秀的酒庄。酒庄企业是产区的主导力量，致力于酿酒葡萄种植、葡萄酒酿造及销售。随着葡萄酒产业快速发展，一系列配套企业应运而生，如酒瓶制造企业、瓶塞生产企业、酒标印制企业等，这些企业致力于为酒庄企业做好本地化配套生产。为进一步延长葡萄酒产业链条，农垦酒业公司与中科院工程物理研究所合作研制开发葡萄籽原花青素、葡萄皮渣膳食纤维、葡萄籽油等产品，帮助酒庄企业充分回收利用葡萄皮渣籽，开发生产葡萄醋、葡萄饮料、葡萄籽油等新型饮品和功能性产品，进一步提高葡萄酒产业附加值。从产业融合发展角度而言，宁夏回族自治区政府鼓励葡萄酒产业和文旅产业融合发展，设计旅游线路、建设基础旅游设施等。贺兰山东麓葡萄酒产业链条在不断延伸拓展。

（四）产品品质持续提升

好的葡萄酒七分种植、三分酿造。贺兰山东麓优越的地理条件为发展葡萄酒产业打下了坚实基础。自从2011年贺兰晴雪酒庄的加贝兰获得世界最大规模的葡萄酒赛事——Decanter（品醇客）世界葡萄酒大赛金奖以来，贺兰山东麓产区先后有60多家酒庄的葡萄酒在品醇客、布鲁塞尔、柏林等国际顶级葡萄酒大赛中获得上千个奖项，占全国获奖总数的60%以上。其中，柏林葡萄酒大奖赛是世界五大国际葡萄酒比赛之一，由德国DWM公司主办，并受国际葡萄与葡萄酒组织（OIV）、国际葡萄酒大赛联合会（VINOFED）、国际酿酒师协会（UIOE）共同监管，是世界上受到最严格约束的比赛。在2023年3月举办的2023柏林葡萄酒大奖赛冬季赛中，中国产区共收获88项大奖，贺兰山东麓产区获得49枚奖牌并包揽了中国产区的3枚大金奖。2023年，中国酒业协会举办的首届中国国际葡萄酒大赛上，大金奖总数的25%、金奖总数的18%由贺兰山东麓产区的葡萄酒获得。2024柏林葡萄酒大奖赛冬季赛共有来自全球各地总计近9000款葡萄酒参加比赛，宁夏、山东、新疆、北京、河北、辽宁、山西、甘肃和四川等葡萄酒产区近300款葡萄酒参赛。2024年3月8日，2024柏林葡萄酒大奖赛冬季赛中国区参赛酒款获奖名单出炉，中国区参赛酒款在此次大赛上共收获88项大奖，其中大金奖2枚，金奖86枚。贺兰山东麓产区斩获1枚大金奖、51枚金奖。频频荣获国际葡萄酒赛事大奖充分证明了贺兰山东麓葡萄酒产区实力与葡萄酒品质。2023年，"贺兰山东麓葡萄酒"品牌价值达320.22亿元，居中国地理标志产品区域品牌榜第 8 位。2023 年，宁夏葡萄酒产区品牌上升至中国第一、世界第四。

2024 年，宁夏举办了第四届宁夏贺兰山东麓国际葡萄酒大赛、首届贺兰山"中国红"国际葡萄酒摄影大赛、首届葡萄酒酿酒师职业技能竞赛、首届贺兰山东麓葡萄酒创意大赛等赛事，以此扩大影响、促进交流、吸引人才、推动创新。

三、宁夏葡萄酒产业发展面临的问题

（一）影响力不大

贺兰山东麓葡萄酒产业始于 20 世纪 80 年代。1982 年，宁夏农垦玉泉营农场建立了宁夏第一个大型葡萄基地，1984 年玉泉营葡萄酒厂建厂并酿造出了宁夏第一瓶葡萄酒。贺兰山东麓葡萄酒产业快速发展于 2012 年之后，产业投资逐步汇聚，酒庄建设逐步增多，支持政策逐步出台，研发水平逐步提升，国际交流逐步拓展。虽然贺兰山东麓葡萄酒产业发展历经了 40 多年，但与国际"葡萄酒旧世界"上千年的发展历史、"葡萄酒新世界"上百年的发展历史相比，贺兰山东麓产区仅是一个新兴产区，发展历程短使得产业发展积淀少，产业链科技研发少，产业发展专业人才少等，贺兰山东麓产区仍处于起步阶段。

贺兰山东麓产区是新兴产区，国内外知名度较小。国内葡萄酒消费者对葡萄酒的认知仍以法国、德国、意大利、美国、澳大利亚等老牌葡萄酒国家为主，国内也更多以山东烟台、河北昌黎为主，有些人对贺兰山东麓产区闻所未闻。对国外消费者而言，虽然业内人士给予这一产区高度评价，参加国际葡萄酒大赛也屡屡获奖，但普通葡萄酒消费者对其仍知之甚少。产区品牌认知度较低对于产区发展尤其是葡萄酒销售带来了很大压力，葡萄酒销售市场开拓较慢，葡萄酒销售资金回笼时间较长，制约了产业发展。

（二）自然资源趋紧

贺兰山东麓产区因具有独特的风土气候成为发展葡萄酒产业的黄金地带，但目前产区的土地、水资源日趋紧张，日渐成为产业发展的瓶颈。一

是土地供给面临红线制约。宁夏回族自治区"三区三线"数据和国土空间规划显示，今后可用于发展酿酒葡萄种植的土地资源比较有限。现有一些土地可以通过改造种植酿酒葡萄，但改造成本较高。如贺兰县金山片区通过砂石地改良可扩大种植空间，但筛石、碎石成本较高，每亩增加成本近万元，开发利用难度较大。二是水资源较为紧张。贺兰山东麓产区干旱少雨，酿酒葡萄种植主要依靠黄河水灌溉。黄河水灌溉给这一产区提供了稳定的水源保证了产区葡萄比较稳定的品质，不像法国、美国等产区因每年降水的不确定性影响葡萄品质，但高度依赖黄河水灌溉也使得产业受限于水资源。现在，水利部黄河水利委员会每年给宁夏分配的用水指标有限，宁夏给产区分配的用水指标也有限，因此产区酒庄用水价格较高，酒庄工作人员形象地比喻说："贺兰山东麓产区的葡萄喝的是纯净水。"为降低用水成本，产区酒庄普遍用了先进的节水滴灌设备。即便如此，产区用水依然十分紧张，目前部分区域用水配水指标不足，仅贺兰县和西夏区每年缺口指标就达0.5亿立方米，许多酒庄因水价较高、水不够用、供水不及时等问题而犯愁。2027年，贺兰山东麓产区将建成100万亩葡萄基地，产区全部实施高效节水灌溉，每年最少用水量也需2.6亿立方米，葡萄灌溉用水会进一步紧张。

（三）人力资源短缺

贺兰山东麓产区是世界葡萄酒产区中的后起之秀，相比国内外葡萄酒主产区上百年的发展史而言起步较晚。近年来，随着产区酒庄逐步增多，酿酒葡萄种植面积不断扩大，葡萄酒产业所需专业人才和熟练工人越来越紧缺。一是专业人才不足。葡萄酒产业发展需要大量的种植技术人员、酿酒师、品酒师、侍酒师等专业人才，现在产区相关专业人才严重不足。为满足产业发展对人才的迫切需求，自治区采取多种举措培养引进葡萄酒专业人才，如宁夏大学葡萄酒学院、宁夏葡萄酒与防沙治沙职业技术学院等高校加快人才的本土化培养；一些酒庄引进国外酿酒师，鼓励宁夏葡萄酒业内人士出国深造，通过双向交流机制提升宁夏酿酒葡萄栽培管理和葡萄酒酿造工艺水平。但现有人才供给仍存在较大缺口，专业人才匮乏。人们不愿意学习酿酒葡萄种植和葡萄酒酿造等知识。二是熟练工人不足。目前，贺兰山东麓产区机械化程度较低，尤其是产区冬季较冷，初冬时葡萄需要人工埋土，初春时葡萄需要人工展藤，产业用工需求量很大。现在农村青壮年外出求学、务工等较多，农村的年轻人越来越少，葡萄酒产业的用工主要以中老年人为主，不仅劳动力数量有限，而且掌握现代种植技术较慢。现在，产区每年用工约13万人次，仅9—10月采收季20天时间就需要人工4.5万人次。随着产区种植面积扩大，用工难现象凸显。

（四）技术研发滞后

葡萄酒产业属于传统产业，不断推进葡萄育种、种植，葡萄酒酿造等技术的发展，是推动葡萄酒产业高质量发展的重要支撑。目前，宁夏贺兰山东麓产区已创建自治区级农业高新技术产业示范区1个、自治区农业科技示范展示区2个、自治区重点实验室4个，先后制定41项技术标准，集成推广浅清沟、斜上架、深施肥、统防统治及高效节水灌溉等一批关键技术。宁夏相关政府部门与产区酒庄共同努力攻关产业发展中的科技难题，如宁夏贺兰山东麓葡萄酒产业园区管委会与联合国粮农组织、农业农村部合作实施"宁夏贺兰山东麓酿酒葡萄园生态安全种植和资源循环利用""宁夏贺兰山东麓葡萄酒风格固化关键技术研究与示范""宁夏葡萄酒产区布局区域化、标准化生产技术体系构建与应用"等自治区重点研发项目。宁夏回族自治区科技厅采取"揭榜挂帅"方式攻关"葡萄酒陈酿期间橡木桶替代材料装备研制"项目。上述科技攻关有利于不断提升贺兰山东麓产区葡萄酒产业科技水平。目前，宁夏贺兰山东麓葡萄酒产业技术协同创新中心建设并投入运行；产区持续推进宁夏贺兰山东麓葡萄酒产业智慧园区运营中心建设，目前已接入56家酒庄的葡萄园监测实时数据。但整体而言，贺兰山东麓产区科技研发能力不足，尚未培育出适宜本地气候条件的葡萄品种，尚未探索出适宜本地风土条件的栽培技术和酿造技术，尚未研发出针对贺兰山东麓独特的地理条件所需的高效节水灌溉技术与设备，水肥一体、黄河泥沙资源利用、生态循环、智能监管、黄河滩区生态修复与治理等技术研发不足。

（五）企业融资困难

葡萄酒产业是典型的资金密集型产业，酒庄从流转土地、土地改造、葡萄种植、葡萄酒酿造和存储到营销与文旅产业融合发展等，每个环节都需要大量投资，对于酒庄而言，资金平衡期长达10年左右。投资规模大、投资周期长使得贺兰山东麓的大多数酒庄有强烈的融资需求。目前，贺兰山东麓70%的酒庄都有融资需求，但银行贷款融资难、融资贵、融资期限短等问题凸显。产区酒庄企业从资本市场融资较少，只有张裕、长城等极少数大型酒庄在股票市场融资，中小民营酒庄中只有西鸽酒庄获得由中信农业投资的A+轮融资，正在进行上市辅导。就银行贷款而言，酒庄受限因素较多。一是缺乏适合银行贷款的抵押物。酒庄的土地多是从农户手中流转来的，没有所有权，难以抵押贷款。目前，酒庄土地上的葡萄林权及葡萄酒原酒、瓶装酒评估标准体系和定价机制欠缺，而且银行对葡萄酒的资产监管比较困难，这些都导致酒庄手中有有价值的资产却难以获得抵押贷款。二是贷款期限短。酒庄的资金回收期远比一般的传统农业长得多，而目前95%以上的银行贷款期限为1年，与企业资金需求时限严重错配，酒庄年年倒贷成为普遍现象，增加了企业的融资负担。有时政策变化，银行"抽贷"现象时有发生，给短期拆借资金过渡的企业带来了巨大压力，有的因此造成资金链断裂。三是银行质押物处置难。目前产区依托评估机制的交易平台尚未建立，银行质押物没有合适的平台保管和处置，存在较大损失风险，致使许多银行不愿给中小酒庄放贷。一些酒庄以"三户联保"等方式获得贷款，但这种模式又捆绑制约了一批企业。一些酒庄所欠银行贷款已还清，但因前些年相互联保贷款的一家企业尚有欠款，导致其他酒庄受到影响难以融资。酒庄受困于多种原因，银行贷款少、利息高。宁夏贺兰山东麓葡萄酒产业园区管委会着力解决酒庄融资困境，2021年为富麓酒庄、西鸽酒庄等11家葡萄酒企业累计贷款贴息201.3万元，2022年为图兰朵、德福葡萄酒庄等37家葡萄酒企业累计贷款贴息937.8万元。对产区大多数酒庄而言，依然存在着融资渠道狭窄、融资模式单一的融资困境。目前，产区酒庄投资资金主要源于酒庄庄主以往的自我积累这种内源融资，而随着产业发展，葡萄酒产业的长周期投资的资金压力越来越大。

（六）产品营销不足

贺兰山东麓产区不断拓展线上线下营销渠道，如宁夏回族自治区文化和旅游厅2023年在新加坡、澳大利亚、西班牙等国举办"以酒为媒——宁夏葡萄酒文化旅游分享会"，宣传宁夏葡萄酒这张亮丽的"紫色名片"。产区与京东集团合作搭建"1+10+50+N"的宁夏贺兰山东麓葡萄酒京东销售矩阵等，但产区依然面临着"种得好""酿得好"却"销不好"的市场困境。自2020年以来，世界葡萄酒市场呈现需求下降趋势，这几年全球葡萄酒销量整体下滑15%以上，贺兰山东麓产区尚未建立完整的销售体系、销售渠道，酒庄普遍面临很大的销售压力。目前，我国葡萄酒消费市场中进口葡萄酒比重远超国产葡萄酒。法国、德国、意大利代表的"葡萄酒旧世界"国家以传统工艺、品质保证和文化内涵见长；美国、智利、澳大利亚代表的"新世界国家"以产业规模化、产品标准化和营销集中化见长。进口葡萄酒的品牌优势、价格优势与营销优势对贺兰山东麓葡萄酒形成了较大的竞争压力。贺兰山东麓产区在品牌打造、品质维护、形象塑造上问题仍然较多。如在产区品牌管理上，加强原产地保护的共识还未形成，监管制度也不够健全。许多酒庄各自为政，从高端产品到普通酒品都没有产区标识，难以辨识。政府在支持产品品牌建设上政策措施还不够多元，效果还不够明显。贺兰山东麓产区产品有奖牌没市场，社会知晓率低，甚至连宁夏人也很难说出贺兰山东麓获得国际大奖的酒庄和葡萄酒品牌，贺兰山东麓葡萄酒陷入了"酒香也怕巷子深"的销售困境。2022年，贺兰山东麓葡萄酒销量在国内市场占有率不足5%，这与其种植面积、酒庄酒产量不相匹配。同时，贺兰山东麓产区酒庄出口营销也有着很大的难度，如企业去国外参加展会往往是单打独斗，没有联合形成较强的产区合力、影响力；企业出口酒品因产区没有海外仓，租用别人的海外仓成本太高，有的酒庄因成本高昂不得不放弃一些海外市场。

（七）葡萄酒产业尚未与文旅产业深度融合

宁夏贺兰山东麓产区先后被评为"世界十大最具潜力葡萄酒旅游产

区""全球葡萄酒旅游目的地",成为与法国波尔多、美国纳帕谷、澳大利亚猎人谷并肩的全球葡萄酒旅游目的地。国际葡萄与葡萄酒组织（OIV）给予宁夏"葡萄酒之都"的美誉。同时,贺兰山东麓也是宁夏重要旅游景点的分布地带,贺兰山岩画、苏峪口国家森林公园、拜寺口双塔、滚钟口、镇北堡影视城、西夏王陵等著名景点都分布在贺兰山东麓。葡萄酒产业与旅游景点地域上的高度契合为产业融合发展奠定了坚实基础。宁夏回族自治区政府在顶层设计上也力推葡萄酒产业与文旅产业融合发展,如宁夏文化和旅游部门设计了多条旅游线路,将贺兰山东麓的风景名胜与多个酒庄串连成线,不断提升漫葡小镇旅游接待能力,张骞葡萄郡、贺兰金山康养小镇、青铜峡鸽子山葡萄酒文化旅游小镇等重点项目建设有序推进,图兰朵轻奢酒店已试运营,通过酒旅融合将旅游与葡萄酒品鉴融为一体,提升游客的体验感。但与一些发达国家葡萄酒主产区相比,贺兰山东麓产区酒旅融合仍处于起步阶段,贺兰山东麓的道路、交通、餐饮住宿等基础设施建设都比较滞后,尚不具备高品质的国际接待能力。贺兰山东麓产区文化旅游推介能力较弱,面向世界广大葡萄酒爱好者全方位、多语种线上线下宣传力度不足,致使贺兰山东麓这一优秀的葡萄酒产区仍处于"养在深闺人未识"的状态。另外,在贺兰山东麓葡萄酒产业与文化产业融合发展中缺乏对中华优秀传统文化中葡萄酒文化元素的挖掘、整理、利用,酒庄在酒堡设计、酒标设计等方面也没有充分彰显中华优秀传统文化的底蕴与魅力。

第二节　枸杞产业发展的现状与问题

"宁夏枸杞,贵在道地;中宁枸杞,道地珍品。"宁夏回族自治区党委和政府高度重视枸杞产业发展,抢抓建设黄河"六优"生态保护和高质量发展先行区的重大战略机遇,特别是中共宁夏回族自治区第十三次代表大会作出聚力发展"六新六特六优"产业部署,完善包抓机制,出台扶持政策,加大资金支持,突出道地产区优势,筑牢"中国枸杞之乡"地位,宁夏现代枸杞产业高质量发展迈入快车道。

一、自治区对枸杞产业发展的支持

2019年底，枸杞产业被确定为宁夏九大重点产业之一。2020年，宁夏建立了现代枸杞产业高质量发展省级领导包抓机制，大力开发果用、叶用、茎用多种用途，从基础研究、良种繁育、基地建设、品牌建设、标准化体系建设、社会化服务、融合发展等各个方面，持续提升产业链、价值链效益。包抓机制成员单位由自治区党委宣传部、财政厅等22个部门组成，涉及枸杞全产业链，下设包抓机制办公室和种苗与种植、龙头企业培育与招商引资、科技攻关、市场与品牌、文化活杞、财政金融6个工作组。2023年包抓机制工作组45项任务，主产市、县（区）35项任务进展有序。其中，包抓机制工作组9项工作取得了显著成效，65项工作达到预期目标，6项任务还需持续跟进落实。2023年自治区现代枸杞产业"十件大事"推进有力，产业发展态势强劲，企业信心满满，行业持续向好。针对精深加工、功效物质开发等高端产品研发短板，宁夏搭建了中国枸杞研究院、国家枸杞产品质量检验检测中心（宁夏），并启动建设国家级中宁枸杞市场。三大国家级支撑平台让科研成果走出实验室，转化成适销对路的商品，让消费者购买到质量上乘的好枸杞。目前，国家级中宁枸杞线上交易平台已有30多家。

宁夏出台了一系列政策措施支持枸杞产业发展，包括《宁夏回族自治区枸杞产业促进条例》《现代枸杞产业高质量发展实施方案》《宁夏现代枸杞产业高质量发展"十四五"规划（2021—2025年）》《自治区现代枸杞产业千亿产值发展规划（2023—2030年）》等，一系列政策构筑起了现代枸杞产业高质量发展的"四梁八柱"。

自治区林草局、科技厅、农科院联合示范推广"良种＋良方"技术，杞鑫公司的种植模式首次实现秋果产量占总产量的40%，种植端提产增效取得新进展。打造"百、千、万"绿色丰产示范点29个，海原县、沙坡头区部分示范点亩均利润达3000～5000元。举办第二届自治区现代枸杞产业茨农技能大赛，中卫市探索公司对接农户基地8万亩，"公司＋农户"运营模式迈出实质性步伐。自治区科技厅、农林科学院推进中国枸杞研究院建设，建成3个实验室及中试加工车间，新立项18个科研项目。自治区林草局、市场监管厅与香港标准及检定中心（STC）建立宁夏枸杞质量检测及认证工作机制，香港 STC 为枸杞国检中心授予"香港 STC 宁夏实验室"牌子，为枸杞企业授予"香港 STC'正品正标'认可标志"，枸杞企业在宁夏通过检测即可获得"全球通行证"成为可能。自治区市场监管厅牵头，财政厅、林草局合力推进，国家枸杞产品质量检验检测中心（宁夏）顺利通过国家市场监管总局评审验收，其中40项关键项目通过国家级 CMA 资质认定，将面向全国开展检验检测服务，对宁夏树牢行业风向标意义重大。

自治区财政厅、地方金融监管局等财政金融工作组成员单位积极推进财政、金融政策落地实施。2023年，自治区财政统筹安排支持枸杞产业发展资金2.3亿元。枸杞产业贷款余额26.3亿元，较上年增长19.8%。提供保险保障4.7亿元，因灾赔付1025万元。自治区工信厅牵头推进"育龙计划""小升规行动"，16家枸杞企业纳入"小升规"企业培育库。自治区新增收入突破1亿元企业3家、突破5亿元企业1家，规上企业达到30家。早康公司在"新三板"顺利挂牌。自治区市场监管厅协调制修订《枸杞病虫害综合防治技术规程》等4部地方标准，自治区主导制定的枸杞标准达146部，占全国枸杞类标准总数的59%以上。自治区林草局、农林科学院布设绿色防控监测样点1505个，绿色防控覆盖率95%以上。宁夏气象局发布枸杞气象服务预报49期。自治区林草局、市场监管厅完成检验检测1830批次，银川海关完成出口枸杞风险监测1931批次，农业农村厅对投入品开展了2次专项检查。自治区林草局、财政厅协调主产区完善宁夏枸杞质量追溯体系，以实现"宁夏枸杞"授标产品质量全程可追溯。

二、宁夏枸杞产业发展现状

宁夏是枸杞发源地、原产地、道地产区，是《中华人民共和国药典》唯一明确可以入药枸杞产区，是唯一药食同源的枸杞产品。4000多年以前殷商时期甲骨文"杞"字出现，这是最早关于枸杞的文字记载。宁夏枸杞种植系统始于唐、兴于宋、扬于明、盛于今。

最早记录宁夏枸杞的是明代第一部宁夏地方志《宣德宁夏志》（1429年），其中物产部分列有枸杞。明（弘治）《宁夏新志》（1501年）中记载枸杞被列为"贡果"，标志着宁夏枸杞的品质得到了官方的肯定，也标志着宁夏枸杞品牌的初步形成，这一品牌至今已有500多年的历史。1753年，瑞典植物学家卡尔·冯·林耐将茄科枸杞属宁夏枸杞录入其著作《植物种志》，自此，宁夏枸杞作为物种被正式命名，收入世界植物志，宁夏枸杞兼具了枸杞物种名称与宁夏生产枸杞产品的双重属性。（乾隆）《银川小志》（1755年）记载："枸杞，宁安堡产者极佳，红大肉厚，家家种植。"1760年，清朝宁夏中卫知县黄恩锡写诗赞中宁枸杞："六月杞园树树红，宁安药果擅寰中。千钱一斗矜时价，绝胜腴田岁旱丰。"说明清乾隆年间宁夏种植枸杞的收入已经超过了粮食生产的收入。乾隆年间《中卫县志》（1761年）记载："宁安堡一带家种杞园，各省入药甘枸杞皆宁产也。"这奠定了自清乾隆年间起宁夏枸杞道地产区的历史地位。

1918年，宁夏枸杞的总产量达到12万公斤；1929年，宁夏枸杞种植面积达到万亩，产量超过75万公斤。这一时期，中宁县舟塔乡人张绪义（字宜之）、张绪礼（字敬之）、张绪孝（字友之）兄弟三人创立了宁夏（中宁）枸杞第一个企业品牌"福大元"。1932年宁夏开始大面积种植枸杞，当时有记载"常年栽培面积3000余亩。每亩以180株计算，所种枸杞当年在50万株以上"，每年总产量30万～40万斤。1934年，中宁县在宁安堡成立，宁安枸杞之名逐渐被中宁枸杞、宁夏枸杞代替。1937年，宁夏省政府在中宁设裕宁枸杞公司，专营枸杞。至1949年，宁夏枸杞不但销往全国各地，而且走出国门，远销东南亚，宁夏枸杞已成为享誉国内外的一流中药材品牌。1961年，宁夏中宁县被国务院确定为全国唯一的枸杞中药材生产基地县。1963年，《中华人民共和国药典》把宁夏枸杞列为唯一入药枸杞基源植物。《中华人民共和国药典》虽经11次修订，但始终把宁夏枸杞确定为唯一的药用枸杞，明确了宁夏枸杞的药用价值与地位。

（一）综合生产能力显著上升

宁夏已成为全国枸杞产业基础最好、生产要素最全、品牌优势最突出的核心产区。目前，2023年，宁夏枸杞基地规模实际保有面积32.5万亩，基地标准化率95%，枸杞鲜果产量逐年提升达到32万吨，鲜果加工转化率达到35%。现有近3000家枸杞企业，其中国家重点龙头企业12家，规上企业30家。精深加工产品达10大类120余种，综合产值达到约290亿元。

产区分布主要有三个：中宁核心产区作为道地产区，主要瞄准高端市场，高起点谋划，重点围绕良种繁育、精深加工、仓储物流等建设枸杞产业集散区、加工集聚区和特色优势区，建设国家级农业产业示范园区，国家级中宁枸杞市场、做强做优中国枸杞产业核心产区；沿黄宁夏平原产业带气候条件适宜，灌溉条件便利，重点发展果用枸杞，城郊地带结合打造田园综合体，发展枸杞商贸流通、科技研发、检验检测、文创及特色旅游业等，推动三产融合发展，延伸产业链，提高附加值，提升产业整体发展水平；清水河流域产业带依托固海扬水和固海扩灌工程，重点发展果用、叶用枸杞，培植叶用枸杞产业富民新业态，使枸杞产业成为促进农业现代化发展和农民增收的助推器。

宁夏已形成包括枸杞种植、初加工、深加工、商贸服务、文旅等较为完善的枸杞产业链。宁夏枸杞产品远销欧美等50多个国家和地区，平均年出口枸杞约5000吨，出口额约6000万美元。中宁县获批建设国家级中宁枸杞市场，青海、甘肃、内蒙古等周边省区85%以上的枸杞干果都在该市场交易。宁夏注册枸杞经营主体且处于正常营业状态的共7182家，规上企业25家，营业收入1亿元以上的企业7家。枸杞企业获得各类质量认证证书147个，培育国家级龙头企业16家，国家农民专业合作社（枸杞）示范社8家。中国驰名商标7个，宁夏枸杞知名品牌12个，优质基地（示范苗圃）10个。

（二）良种繁育领先全国

早在清光绪二十年（1894年）就有了宁夏枸杞品种选育的记载。当时宁夏中宁地区的茨农根据枸杞果实的形状对枸杞进行分类，分为长粒和圆粒。随后，在宁夏枸杞100多年的人工种植过程中，又选育出诸如大麻叶、小麻叶、圆果枸杞、黄果枸杞、白条枸杞等许多枸杞品种。20世纪30年代，中宁县舟塔乡上桥村张佐汉选育出大麻叶品种，1952年曾获得宁夏省政府颁发的爱国丰产奖章。1966年，宁夏农林科学院枸杞研究所首次选定麻叶类枸杞为枸杞优良品种，在生产中开始大力推广。1973年，宁夏农林科学院枸杞研究所从大麻叶品种中相继选育出宁杞1号、宁杞2号等优新品种，随后在全国大面积推广，实现了我国枸杞优良品种的首次更新换代。1985年，中宁县选育出宁杞4号。1994年，宁夏农林科学院培育出菜用枸杞新品种宁杞菜1号。1999年，宁夏农林科学院选育出宁杞5号，2002年培育出宁杞7号。2000年，宁夏林业研究所选育出叶用枸杞新品种宁杞9号（叶用1号），成为我国枸杞综合开发利用的新领域。2015年，宁夏杞鑫苗木专业合作社培育出宁杞10号。

经过一代代枸杞人的努力，宁夏培育的宁杞系列优新良种已覆盖全国所有枸杞产区，占到全国枸杞主栽品种的95%以上，宁夏良种苗木年繁育能力超出1亿株，初步建成枸杞良种育、繁、推一体化现代种业体系。目前，宁夏已经建成2个国家级枸杞种质资源圃、1个宁夏枸杞种源保护基地、3个自治区级良种繁育示范基地。宁夏枸杞嫩枝扦插、硬枝扦插等标准化繁育技术、种苗分子标记和鉴定技术已经在全国得到广泛推广应用。宁夏枸杞规范性描述和综合评价体系建立，已经创建的枸杞种质库是目前世界上资源最为丰富的枸杞种质库，收集保存了15种3个变种2000余份枸杞种质材料，国内特异种质资源100%入库，国外具有重要经济性状的种质资源60%入库。宁夏已经筛选出63份核心种质，构建了20个遗传群体，创建了包含农艺、品质、抗性等200个重要性状表型数据库。宁夏制定了国家枸杞新品种DUS测试标准，建立了高效育种体系，研制出具有大果、丰产、高类胡萝卜素等优异性状的红果枸杞优系31个、黄果枸杞新优系7个及黑果枸杞新优系12个，宁夏良种繁育一体化日趋完善。

（三）产业标准体系引领全国

早在清光绪二十年（1894年）就有宁夏枸杞质量分级标准记录。当时，中宁的茨农按照果实大小对枸杞分等分级，分为贡货、改王、顶王、枣王、魁元、大栋等。

目前，由宁夏主导制定的枸杞标准146部，占全国枸杞类标准总数的59%以上。其中包括国家标准3部，行业标准9部，地方标准76部。宁夏枸杞标准体系覆盖产地环境、种质种苗、种植栽培、生产过程控制、包装分级、加工和储藏运输等产前产中产后各环节，实现了规模化种植、良种化栽培、集约化经营、标准化管理。2017年，宁夏制定发布的《食品安全地方标准　枸杞》是全国唯一的枸杞食品安全地方标准；2018年，国家气候中心组织编制的《宁夏中宁枸杞国家气候标志评估报告》是我国第一个特色农产品国家气候标志；2019年，宁夏制定了《道地药材　宁夏枸杞》《中药材商品规格等级　枸杞子》和宁夏科技攻关课题专项成果《中医药－枸杞子》国际标准，进一步筑牢了宁夏枸杞作为唯一药用枸杞的功能定位。《日本药典》（2016年第17版）、《韩国药典》（2014年第11版）、《欧洲药典》（2016年）、《英国药典》（2017年）、美国草药典《枸杞子》（2019年）、加拿大《天然健康产品条例》等均对宁夏枸杞及其提取物予以规范明确。宁夏制定发布了《宁夏枸杞干果商品规格等级规范》（DB64/T1764—2020）和《枸杞干果中农药残留最大限量》（DBS64/005—2021）地方标准。

（四）科技支撑能力显著增强

宁夏大力开展科企科地、院企院地合作，紧紧围绕枸杞产业发展战略、代谢组学、功能产品和专用机械等内容联合攻关，夯实内外联动协同创新机制，拓展研究领域。宁夏设立2个院士工作站、14个枸杞产业人才高地工作站，建成了4个国家级研发平台、2个国家级枸杞种质资源圃、1个宁夏枸杞种源保护基地、3个自治区级良种繁育示范基地，科技研发能力不断提升，科技推广力度不断加大，成果转化利用能力不断增强。

宁夏成功研发试制枸杞移动采收平台样机，枸杞基因组学研究取得了重大突破，首创枸杞多糖分子精准切割技术。已探索完成枸杞全基因组测序和12条染色体的物理图谱组装，发现了茄科物种由草本向木本进化的证据，探明了宁夏枸杞的生物起源和传播路径，探明了枸杞抗性机理，建成宁夏枸杞700种代谢物数据库，首次检出对宁夏枸杞品质有重要影响的5种番茄碱。揭示了宁夏枸杞红素、枸杞糖肽、黑果枸杞花青素等枸杞功能因子在提高免疫力、预防心血管氧化损伤、预防前列腺疾病等方面的作用机制，形成了"基础研究 – 关键技术攻关 – 示范应用"的全产业链模式。宁夏枸杞功效物质作用机理研究取得突破性进展，探明了宁夏枸杞在抗阿尔茨海默病和血管生成抑制方面的特有功效及作用机制，发现了宁夏枸杞抗衰老功效的作用物质和作用靶点，科学解读了宁夏枸杞"坚筋骨"的传统功效，解析了枸杞清肝明目的分子生物学理论，发现了枸杞多糖抗抑郁、抗脑缺血损伤、保护神经元、调控肠道菌群等新功能。苏国辉院士团队、段金廒教授团队持续在枸杞功效物质研发和新产品开发上发力，研发延缓阿尔茨海默病的"颤宁片"新药获准澳门药监局注册，进入临床试验阶段。预防抑郁症、眼底黄斑变性、青少年近视医药品及功能产品取得新成效。

（五）精深加工能力走在全国前列

自治区发改委安排4000万元支持中宁县枸杞国家农村产业融合发展示范园建设，筹资400万元支持沙坡头区、中宁县实施产业融合发展示范村建设项目。自治区农业农村厅协调支持中宁县现代农业产业园通过中期评估，落实补贴资金3000万元。自治区财政厅协调安排2800万元支持枸杞企业新建、技改生产线42条，撬动企业投资3.4亿元，枸杞及其深加工产品达到十大类110余种。

宁夏枸杞食品、饮品、化妆品、保健品、特膳特医食品等精深加工产品达十大类90余种。通过科技赋能，宁夏枸杞产业在饮品生产线方面取得了显著进展，包括枸杞原浆、枸杞饮料等。宁夏企业研发了以枸杞为主要成分的药品，如枸杞益肾胶囊、杞蓉片、益虚宁片等，这些产品均被国家药监局批准为"药字号"产品。除了药品，还有杞圣胶囊、杞珍硒葆胶囊、杞珍参葆颗粒等保健品，这些产品进一步扩展了枸杞的应用范围。利用枸杞中的天然成分如多糖、黄酮、多肽等，开发出多个系列的枸杞化妆品，为护肤品增添了新的活力。枸杞糕点、枸杞饼干、枸杞挂面等以枸杞为原料的食品不仅美味，也具有健康功效。中宁县作为宁夏枸杞产业的核心产区，推出了枸杞口红、巧克力、面膜等精深加工产品，不仅丰富了枸杞的应用场景，也提升了枸杞产业的附加值。目前，宁夏枸杞鲜果加工转化率达到35%，干果、酒类、功能性食品和中药饮片等枸杞衍生制品达十大类60余种，12款特膳食品、4款保健产品批量生产，枸杞原浆产能达到1万吨以上，枸杞糖肽、护肝片等功能性食品已进入医院营养配餐渠道。

（六）品牌影响力享誉全国

2001年1月，宁夏枸杞核心品牌"中宁枸杞"原产地证明商标获批使用。2004年，"宁夏枸杞"获得国家地理标志产品保护。2006年11月，"中宁枸杞"被中国农产品品牌大会组委会评为"全国十佳农产品""十佳区域公用品牌"。2008年，"中宁枸杞"成为北京奥运会推荐产品。2018年、2019年全国优质农产品区域公用品牌中药材排行榜上，"宁夏枸杞"皆稳居第2位，仅次于东北人参。2020年，"宁夏枸杞"和"中宁枸杞"入选中欧地理标志第二批互认保护名单，"中宁枸杞"区域公用品牌价值达190.32亿元，获评2020年标杆品牌。2021年，"宁夏枸杞"地理标志商标获批，宁夏现代枸杞产业高质量发展进入新时代。

由中国品牌建设促进会联合新华社等部门共同举办的点赞"2022我喜爱的中国品牌"活动网络投票活动中，"中宁枸杞"区域品牌最终以1417535的总投票数，从全国千余个品牌中脱颖而出，荣获网络票选第1名。目前，中宁县拥有"宁夏红""早康""玺赞"等自主知名品牌75个、中国驰名商标3个、宁夏著名商标12个。"中宁枸杞"品牌价值达198.19亿元，农民人均来自枸杞产业的可支配收入达4000元。

促成宁夏智慧宫与福建正山堂合作研发枸杞红茶，闽宁合作"两片叶子"落地宁夏。北京同仁堂集团与宁夏枸杞牵手深度合作，厚生记枸杞功能饮品与广药集团、浙江烟草集团、中石化、中石油全面合作，枸杞新品类异军突起，赢得市场赞誉。沃福百瑞、厚生记、华宝三家枸杞企业入列国家级重点龙头企业。自治区党委宣传部、林草局、科技厅、市场监管厅、商务厅、工信厅及中卫市牵头，中宁县委、县政府、宁夏枸杞协会承办，成功举办第六届枸杞产业博览会，国际性、开放性展会形象逐步显现，采购签约金额15.8亿元，网络点击量突破10.5亿次。联合央视一套拍摄《山水间的家》枸杞专题节目，全网浏览量突破1.5亿次。宁夏枸杞冠名6辆高铁发往东南沿海，编纂发布《中国枸杞产业蓝皮书（2023）》。在广东、福建设立了宁夏枸杞品牌运营中心，新授权8家企业准用"宁夏枸杞"地理标志证明商标，授标企业达到29家，品牌集群逐步成形。贺兰县支持建成百瑞源殷红子熟枸杞庄园，作出"枸杞＋文旅"融合发展的新探索。

三、宁夏枸杞产业发展面临的问题

（一）枸杞种植规模优势逐渐弱化

随着规模化发展，宁夏枸杞种植成本开始上升，规模优势开始减弱。首先是人工成本的上升。枸杞采摘目前还主要是以人工采摘为主，枸杞机械化采摘技术没有取得突破性进展，采摘成本居高不下，采摘高峰时段劳动力短缺，进一步抬高人工成本，劳动用工组织难度进一步加大。其次是种植成本上升。由于枸杞主栽品种抗逆性减弱，枸杞种植、建园施肥、病虫害防控、中耕除草、修剪灌水投入成本攀高。同时，枸杞价格受市场影响大，波动幅度较大，加大了种植风险，导致种植枸杞比较效益下降，挫伤了茨农的种植积极性，农户挖茨毁园现象时有发生，种植基地面积严重缩减。最后，随着国家农用地"非粮化""非农化"政策越来越严格，种植枸杞的土地空间十分有限，实施基地化种植枸杞的土地减少，扩大基地建设存在硬性的土地约束。2023年自治区新种植枸杞1.2万亩、挖减6.7万亩，实际保有面积32.5万亩，较2022年减少5.5万亩。在严格执行耕地保护政策背景下，以及受品种退化、劳动力工价和农资价格上涨等因素影响，枸杞种植基地扩增困难，现有面积可能持续缩减。2023年，自治区基地规模已跌到甘肃、青海之后，位居第三。

（二）枸杞产业缺乏龙头企业带动

宁夏枸杞企业数量居全国首位，但大部分为中小微企业，龙头企业数目少、影响力小、带动能力弱。"宁夏枸杞""中宁枸杞"品牌使用准入门槛低、品牌管理不规范、品牌地位受到挑战；枸杞标准体系不完善，现代营销人才缺乏。自治区至今还没有一家以宁夏枸杞为原材料的中药企业和国家级枸杞产业园区，枸杞产业发展难以得到国家产业政策扶持。2023年枸杞产业招商引资落地项目25个，实际到位资金8.4亿元，较2022年9.5亿元减少1.1亿元，特别是自治区还没有引进一家在全国有较大影响力的标志性头部企业。没有引入社会资本，产业基金落地困难。

（三）枸杞产品存在低技术竞争现象

枸杞产品精深加工链条不长，产品技术含量不高，同质化现象严重，附加值低。枸杞功效物质的科学界定、提取以及现代中医药应用成果研发不足，高端产品种类少、产品单一。产品研发等高端专业人才缺乏，实用技能人才流失严重，科技创新能力不强等问题尚未有效解决。

（四）市场乱象对枸杞产业造成了负面影响

随着规模化生产，枸杞病虫害发生率提高，宁夏枸杞农药的施用量也在增加。茨农为了追求短期利益，也会增加农药施用量。目前，宁夏各类食品、药品的检测机构已达到34家，仅农产品的检测机构就多达31家，但枸杞质量检验检测依然存在耗时长、费用高、检验检测覆盖率低等问题。枸杞质量检验检测体系不健全，检测队伍散而小、安全风险监测与预警能力滞后、执法偏软的问题依然存在。市场流通环节枸杞产品特别是枸杞原浆质量监管有待加强，质量监管多部门协同整治和执法合力不足、力度不够，市场乱象冲击了枸杞产业的发展。

2024年9月1日，央视财经频道《经济信息联播》节目报道了多地不法商户使用焦亚硫酸钠甚至工业硫黄改善枸杞卖相的现象，引起了市场的担忧。健康食品加工过程中却使用有毒有害物质，反而会损害人的健康。

更危险的是，缺乏良好监管最终会导致"劣币驱逐良币"的市场。一些商户表示自己一开始坚持不放添加剂，但发现不加会亏钱，最终选择随波逐流。一些商户甚至毫不避讳销售硫黄枸杞的行为。问题曝光后，当地迅速表示成立调查组进行彻查，但如何建立长效机制，防止"一查就收，一放就乱"的现象才是解决问题的根本。

（五）枸杞产业同质化竞争愈加激烈

宁夏是枸杞原产地和道地产区，并逐渐向周边省区扩散。青海、新疆、甘肃等省区也将枸杞列为发展的重点产业，产业格局从宁夏一家独大演变为多省区竞争。宁夏周边省区地域辽阔，劳动力资源丰富，发展势头非常强劲。目前甘肃、青海的枸杞种植面积已经超过宁夏，宁夏成为枸杞种植第三大省。例如，2023 年，青海种植面积达 60 余万亩，甘肃种植面积达 70 余万亩，仅青海海西州就有 51.6 万亩，枸杞种植规模均超过宁夏。同时，宁夏枸杞在甘肃、青海的适应力强，果粒大，一年采摘 3 ~ 4 次，综合生产成本每亩比宁夏低 2000 元左右。

宁夏枸杞仍然具有品牌和科研的优势，全国 90% 以上的枸杞种苗在宁夏繁育，90% 以上的枸杞基础和应用研究在宁夏实施，拥有中国枸杞研究院、国家枸杞产品质量检验检测中心（宁夏）、香港标准及检定中心（STC）宁夏实验室等科研机构。宁夏枸杞含多种有益成分，在国内外具有较高的认可度，但面临的竞争也在不断增加。甘肃、青海发展枸杞所用的种植技术、种苗 90% 来源于宁夏培育出的枸杞，而这些枸杞在甘肃、青海适应性强，其生产的枸杞 80% 冠以"宁夏枸杞"之名在全国销售，这给宁夏打造"宁夏枸杞"品牌带来冲击。在枸杞产品精深加工方面，甘肃、青海产品与宁夏枸杞产品在种类、工艺等方面同质化情况严重。新疆精河县培育枸杞精深加工企业 13 家，枸杞产业占农业总产值的比重超过 35%；甘肃省白银市靖远县五台镇有"枸杞小镇"的称号，打造了"高原宏""陇原红"等品牌。青海大力推广富硒、有机枸杞，借助 2 个国家级现代农业产业园，发挥园区聚集效应，充分利用青藏高原的自然优势，主打"柴达木"有机枸杞品牌，在短时间内迅速取得国内外的一定市场份额。内蒙古、新疆等省区近几年枸杞产业发展势头也很强劲。周边省区枸杞产业的蓬勃发展态势给宁夏现代枸杞产业发展带来了巨大压力。①

---

① 本节数据均来源于《中国现代枸杞产业高质量发展报告（2024）》《农小蜂：2023年中国枸杞产业数据分析简报》《农小蜂：2024年中国枸杞出口现状分析报告》。

（六）枸杞产业链发展不足，产业融合发展不够

宁夏枸杞产品中，枸杞产业干果直接销售占比达65%，枸杞加工品占比过低，且现有枸杞加工也停留在食品、饮品方面，功能性食品、保健品、化妆品研发能力不强。

宁夏枸杞的品牌优势还没有转化为市场优势和价格优势。产业融合发展不够。枸杞产业与地域文化、乡村旅游、休闲农业、餐饮娱乐、生态康养、仓储物流、电子商务等融合度不够，枸杞田园综合体、枸杞文旅小镇、枸杞农家乐打造滞后。

第三节　牛奶产业发展的现状与问题

一、自治区对牛奶产业发展的支持

自治区政府非常重视牛奶产业的发展，建立了省级领导包抓牛奶产业的机制，推动牛奶产业规模化、标准化、品牌化发展，在财政、金融、资源、人才、宣传、科技等方面全方位予以支持。中共宁夏回族自治区第十三次代表大会将牛奶产业确定为重点发展的"六优"产业之一。自治区政府通过强化统筹协调、优化产业政策、加强产销对接、深化金融扶持、实施节本增效、加强监督预警等手段推动牛奶产业高质量发展。

在相关政策方面，自治区政府2008年就制定了《宁夏回族自治区奶产业发展条例》，从奶牛养殖到牛奶生产全链条，从生产过程到服务监督多维度推动牛奶产业高质量发展。2024年，自治区党委金融办制定《关于金融支持奶产业高质量发展实施意见》等文件，向牛奶产业加大资金倾斜力度，提升金融服务质效；政府办公厅印发《宁夏回族自治区促进牛奶产业稳定发展十五条政策措施》，推动生产、加工、销售、保障"四端"发力稳定牛奶产业发展。相关地方市县也积极推动牛奶产业发展。银川市出台了《关于促进银川市牛奶产业稳定发展若干政策措施》，从调整养殖规模、提升优质牧草供给、培育优质奶牛种群等10个方面推动牛奶产业高质量发展。

吴忠市利通区政府办公室印发《利通区2024年生鲜乳喷粉补贴项目实施方案》，灵武市制定《灵武市促进奶产业平稳健康发展政策措施（试行）》。

二、宁夏牛奶产业发展的现状

（一）牛奶产业的基本情况

2019—2023年，自治区奶牛存栏由43.7万头增至91.96万头，增加了近50万头，增长110.4%，增量占同期全国的53.4%，年均增速20.4%，增速连续5年位居全国第一。2019—2023年，银川市奶牛存栏由12.9万头增至31.8万头，增加了18.9万头，增长146.5%，年均增速25.3%。

2019—2023年，宁夏生鲜乳产量由183.4万吨增至430.6万吨，增加了247.2万吨，增长134.79%，年均增速23.79%，居全国第4位；人均生鲜乳产量达到590.7公斤，位居全国第一。同时期，银川市生鲜乳产量由56.9万吨增至152.5万吨，增加了95.6万吨，增长168.01%，年均增速27.95%。2024年4月，银川市10家乳企生鲜乳日加工量突破6000吨，"奶牛养殖场+鲜奶加工方舱"新发展模式正在试生产，预计全年全市生鲜乳产量约达140万吨，全产业链产值将超300亿元。

宁夏是业界公认的"黄金奶源带"优质奶源生产基地，是伊利、蒙牛等高端乳制品的主要原料基地，生鲜乳连续12年抽检合格率100%。理化指标监测结果显示，生鲜乳中蛋白质均值为3.30g/100g，高出国家标准17.9%，高出欧盟标准13.8%；脂肪均值为3.9g/100g，高出国家标准25.8%，高出欧盟标准11.4%；非脂乳固体9.03g/100g，高出国家标准11.5%；体细胞数低于20万/毫升，高出国家标准50%，高于欧盟标准。对奶鲜味有贡献的谷氨酸、酪氨酸含量分别为914mg/100g、136mg/100g，分别高出全国代表值43.03%、19.3%。

（二）养殖水平实现了从规模化养殖向标准化生产的转变

标准化生产。近年来，银川市聚焦品种良种化、养殖设施化、生产规范化、粪污无害化、防疫制度化、管理智能化，通过外引内培，建有"品种优、技术优、管理优、品质优、价格优"的标准化奶牛养殖场116家，规模养殖场（存栏200头以上）114家，规模化率达99%以上，高于全国平均水平30个百分点，其中存栏1000头以上规模养殖场99家，占比85.3%。现有白土岗、月牙湖、宁夏农垦贺兰山奶业集团（平吉堡）和中地生态牧场（贺兰）4个2万头以上的养殖基地，大力推广良种繁育、高效繁殖、精准饲喂、智能管理等先进技术，规模养殖场奶牛良种化率、机械化挤奶率、青贮饲喂率、粪污处理设施设备配套率均达到100%。2022年建成国家级畜禽养殖标准化示范场4家、自治区级13家。

智能化管理。聚焦智能化设施装备和数字化管理平台应用，着力打造5G牧场，提升奶牛生产管理智能化水平。银川转盘式挤奶台装配率实现100%，其中玖加玖牧业有限公司引进的国内第一台GEA32位转盘挤奶机器人运行更高效、快捷，大幅减少人工投入，节本增效。牧场大幅使用"电子耳标"、"智能项圈"和自动上料、饲喂、清扫、喷淋等智能化设备，构建数智牧场平台，完成数据自动采集、信息自动分析、预警定向发送等功能，能及时精准掌握奶牛的周期生产性能和疾病防控，实现牧场智能化管理。

（三）加工方式实现了从初级乳制品加工向精深加工的转变

乳制品加工。银川市现有乳制品加工企业10家，主要分布在西夏区和灵武市，预计生鲜乳日加工能力达到6000吨。蒙牛乳业宁夏工厂作为当前全球单体最大液体奶工厂，首创乳业流程化系统全数智化覆盖，全面投产后可实现"三个一百"，即100人创造100万吨年产量、100亿元年产值，将进一步提升银川市乳制品加工水平和能力。

多元化产品。奶牛养殖处于价值链低端，是长期困扰奶产业发展的瓶颈。近几年，银川市将精深加工作为奶产业高质量发展的金钥匙，积极推进奶产业从单一、低附加值的初加工向系列化的精深加工转变。蒙牛4500吨高端乳制品加工项目落户灵武，建成后将成为全球最大的乳制品单体加工厂之一。亿美乳业700吨稀奶油、燕麦奶精深加工项目加快推进。金河塞尚乳业300吨厚乳、稀奶油等特色乳制品加工提升改造项目建成投产。蒙牛集团使用灵武奶源生产的特仑苏、纯甄、妙可蓝牛奶多以及奶粉、冰淇淋等系列明星品牌畅销全国。引进宁夏富杨 1.3 万吨乳制品生产加工、亿美乳制品深加工、中粮饲料年产 18 万吨饲料、艺虹环保包装等延链补链项目，积极发展奶油、奶酪、奶茶粉、燕麦奶等高端奶产品，推动奶产业全链条健康发展。

高端化品牌。聚焦北纬 38° 上下的"黄金奶源带"，利用高端牛奶的天然牧场，加快推动从高端奶源供给到高端奶产品输出的转变。目前银川市乳制品加工初步形成了以龙头企业蒙牛为引领，金河、北方乳业等银字号企业为基础的高端奶产业发展新格局。蒙牛特仑苏、金河酸奶等畅销国内外高附加值的高端奶制品占总加工能力的 80% 以上，宁夏牛奶的市场占有率和消费者认可度进一步提高。

三、宁夏牛奶产业发展面临的问题

目前中国乳品的消费处于阶段性饱和状态，受长期疫情对消费水平的影响，以及新生人口减少等影响，消费端需求减弱，阶段性原奶过剩，供应端需求端失衡。在这种大环境下，宁夏牛奶产业发展压力增大。

（一）牛奶产业面临资金链断裂困境，相关保险产品发展滞后

目前宁夏牛奶产业相关企业融资极为不易。新建养殖场基础设施投入大，养殖用地、基础设施等不能抵押贷款，常常以赊欠形式解决养殖需求物料（包括饲料、饲草、兽药、酸碱液等），造成养殖成本增加。融资较难、融资较贵依然是制约牛奶产业发展的瓶颈。2023 年以来，奶牛养殖行业遭遇了上下游两头双重挤压。一头是饲草料价格大幅上涨，增长了 26% 左右；另一头是需求端低迷，导致原奶价格下行。宁夏 300 多家奶牛养殖企业，1/3 亏损，1/3 保平，1/3 微利。2024 年以来，虽然部分饲草料价格有所回落，但总体仍处于高位运行，奶价同比下降 10% 左右。由于鲜奶销售受阻，一些乳品加工企业不得不将鲜奶喷粉，产生了不少额外加工费用。市场行情变化导致奶牛养殖企业收益减少，成本增加，流动资金非常紧张。因奶牛养殖企业整体行业下行，70% 的公司处于亏损或是没有盈利的状态，银行出于防范信贷风险的原因不敢给奶牛养殖企业贷款，甚至出现抽贷、

断贷等雪上加霜举措，加剧了奶牛养殖企业融资困境。奶牛养殖企业面临八九月青贮收购季节，如果融资问题不能得到及时解决，一批奶牛养殖企业将陷入资金链断裂困境，面临企业倒闭压力。此外，牛奶产业相关保险产品发展滞后，加剧了产业发展的波动风险。当前，宁夏办理农业保险的相关保险公司在奶牛养殖保险方面存在着奶牛保险赔付率低、赔付金额低、赔付疾病面窄等问题。以平吉堡第六奶牛场为例，2022年1月1日至2022年10月31日通过某保险公司牛保险报案头数共计103头，其中赔付52头，赔付率仅为50.5%，未理赔51头，金额共计51万元；奶牛账面原值约为3万元/头，但实际赔付金额仅为1万元/头；赔付仅限四类疾病造成的死亡，赔付范围有限。

（二）精细化养殖水平不高，牛奶产业科技创新不足

宁夏奶牛生产整体水平较高，但与牛奶产业发达地区奶牛单产10吨以上相比，仍然有较大的提升空间。部分奶牛场仍然存在重视硬件投入、忽视精准化管理和疫病规范化防治等问题，牛群淘汰率普遍较高，牛群自繁增长较慢，依靠外购维持产能成为常态。奶牛良种繁育技术仍存在"卡脖子"问题。奶牛品种改良、高效繁殖、性控冻精等技术虽有突破性进展，但奶牛良种繁育平台搭建尚不健全，技术仍主要依赖国外。新检测技术研究与应用有待加强。饲草料资源开发评价与高效利用、兽医实验室检测、DHI检测等方面工作仍存在短板。产学研合作水平有待提升。与科研院所合作程度仍需加深，奶业全产业链科技体系、人才体系建设仍存在短板。奶业循环发展科技仍存在短板。农业社会化服务、设施农业建设、粪污处理等方面仍存在不足。

（三）宁夏牛奶本地品牌影响力削弱，本土奶企发展受到挤压

当前宁夏牛奶行业已经逐渐形成了以蒙牛、伊利、新希望和光明乳业四家外来企业为主，北方乳业、金河乳业等地方性企业为辅的市场格局。随着夏进乳业被新希望集团收购合并，作为"黄金奶源带"的宁夏却没有一家本土奶制品龙头企业。虽然蒙牛、伊利等龙头企业对奶业上游产业链起到了带动和指导作用，帮助宁夏奶牛养殖企业实现了快速发展，但这种

模式也使上游奶牛养殖企业形成了对龙头企业的较强依赖，并在一定程度上挤压了本土中小型奶企的生存空间。而本地牛奶企业产品结构同质化严重，乳制品主要以液态奶为主，奶粉、奶酪、稀奶油等精深加工产品占比较低、附加值不高，不能满足消费者对乳制品的需求变化。年轻消费者更偏好于冰淇淋、奶茶、奶酪等新产品，而传统奶企业的新产品开发缓慢，传统的加工技术和手段不足，生产线革新费用高。

（四）土地和水资源等要素受限，环保压力较大

奶牛养殖对土地资源高度依赖，不仅需要利用土地兴建牛舍、消纳粪污，还需要土地种植饲草。2019—2023年，宁夏奶牛养殖规模增速较快，奶牛养殖对圈舍面积要求高，受禁养区、限养区、环保等因素的影响，土地承载能力不足。由于粮食保障功能和耕地非粮化政策要求，苜蓿种植面积受限，青贮玉米、燕麦草等优质粗饲料种植量不足，加上生产技术落后，需要从区外采购，饲草保障压力较大，饲草供给缺口大。例如，按照宁夏奶产业结构优化调整总体目标，到2025年利通区奶牛存栏达到35万头，青贮、青干草需求分别在185.5万吨、42万吨以上。但利通区耕地面积仅为46万亩，每年需落实粮食种植面积25万亩以上，有限的饲草种植面积导致青贮、青干草自给率分别仅为68%、14%左右，需要大规模外购饲草，这也导致了奶牛养殖成本的增高。按照1头成母牛配套3亩饲草耕地的承载要求，宁夏目前的水土资源满足90万头存栏量的承载力乏力。另外，粪污处理压力大。经测算，利通区24万头奶牛约产生粪污416.1万吨。其中，液体粪污284.7万吨，固体粪污131.4万吨，现有的有机肥加工厂处理能力有限，规模养殖场在春秋两季粪肥集中还田之外的时间，粪污堆放、储存、处理压力较大，环境承载能力堪忧，环保压力较大。

（五）牛奶产业发展人才紧缺，技术支撑体系薄弱，服务体系不健全

随着养殖场规模化发展，人员紧缺问题日显突出。一方面，专业技术人员紧缺。主要是缺少解决设备故障的工程师类专业技术人员、有经验的兽医和营养师、拥有创新理念和乐于开拓市场的高素质管理人才。以银川市养殖企业为例，繁育、兽医、资料员、质检员等关键岗位专业技术人员急缺，中高端管理人才十分紧缺，人才梯队培养跟不上，远不能满足奶产业快速发展需要。以存栏2000头的某牧场为例，在场职工50余人，其中繁育人员4人（大专学历1人，中专学历3人）、兽医人员5人（大专学历2人，中专学历3人）、资料员2人（均为高中学历）、质检员1人（初中学历），中专及以下学历占比80%以上。目前利通区专职兽医技术人员只有230多名，专职配种人员260多名，据测算，未来5年利通区奶产业的技术用工缺口将超过1000人。另一方面，普通员工招工难。由于牧场的地理位置、工作环境、工作条件、生活环境等因素的制约，年轻人不愿来、来了留不住，即便是在提供免费吃住、工资待遇从优的条件下，招工也很难满足生产需要。奶牛养殖业是技术密集型产业，优质牧草种植、加工、青贮制作、饲料贮备、发情配种、产犊、饲养管理、挤奶、牛奶加工和销售都需要技术支持。目前，技术服务部门服务半径过大，难以顾及全面，造成奶牛营养代谢病和乳腺炎发病率高，生产效率难以有效提高。此外，奶牛养殖业投资大，生产周期长，受市场波动影响大，加之疫病、自然风险，需要金融提供资金支持与风险分担。

（六）未真正建立起利益共享、风险共担的利益联结和分配机制

宁夏奶业产业化的主要形式是"公司＋农户"，乳品企业和奶农之间基本处于买卖关系或简单契约关系，有的甚至没有契约，未形成相互依托的利益共同体。一旦出现市场波动或其他风险，就可能出现违约问题，如随意拒收原料奶、拖欠奶农资金、降低奶价等，农民的利益得不到根本的保护。生鲜乳购销缺乏合理、科学、规范的定价机制，生鲜乳收购合同在收购价格方面对乳品企业的制约不强，乳企处于主导地位，养殖企业较为被动。在行业遇到风险时，存在个别乳企将风险通过压低收购价格的方式来化解，从而导致养殖企业对生鲜乳销售市场的担忧。特别是2023年以来，受市场因素影响，蒙牛公司每月限量收购（停站）生鲜乳2～4天，每天约限购200吨，1—3月总限奶量1.97万吨。蒙牛平均奶价3.78元/公斤，散奶平均价格2.46元/公斤，差价1.32元/公斤。4月更是常态化开展限购，限量标准为3月中旬实际收购量的12%，多余生鲜乳由养殖企业自行处置（交售亿美、富杨、鑫牧养殖专业合作社等企业），处置单价为2.5元/公斤左右，平均每公斤损失1.2元左右。

第四节　肉牛产业发展的现状与问题

2016年、2020年习近平总书记视察宁夏时指出，宁夏农业条件得天独厚，要着力发展以优质牛羊肉等为主要产品的现代畜牧业，把特色农产品做成全国最好、全世界最好是完全可能的。自治区党委和政府认真贯彻落实习近平总书记视察宁夏重要讲话精神，中共宁夏回族自治区第十三次代表大会安排部署，落实"大抓发展、抓大发展、抓高质量发展"，将牛肉确定为"六特"产业之一，育龙头、强加工、树品牌、促销售，推动宁夏牛肉产业链条升级。

一、自治区对肉牛产业发展的支持

肉牛产业是宁夏重点发展的产业。政府出台《宁夏回族自治区促进牛奶产业稳定发展十五条政策措施》《宁夏回族自治区推进肉牛产业转型升级促农增收十二条政策措施》《2024年自治区肉牛产业项目总体方案》等文件，推动各地统筹发展、资金衔接、信贷支持、节本增效，促进肉牛产业发展、养殖户收入提升。各市县区积极配合，中卫市制定15条措施支持肉牛产业发展，涉及补助资金3323.3万元，其中510.3万元为中卫市出资；同心县出台《同心县2024年肉牛产业转型升级促农增收项目实施方案》，投资197万元支持饲草中心、家庭牧场的建设；永宁县出台《永宁县2024年推进肉牛产业转型升级促农增收十二条措施》，支持肉牛产业的提质增效。

"十四五"期间，宁夏政府坚持"优质＋高端"双轮驱动，进一步调优种养结构、调大经营规模、调强加工能力、调长产业链条，推进布局区域化、生产标准化、经营规模化、发展产业化，着力构建现代肉牛产业体系、生产体系、经营体系。计划到2025年，肉牛饲养量达到260万头，良种化率90%以上，规模化养殖比重55%；提升区域公用品牌核心竞争力，培育知名品牌5个以上；培育年产值10亿元以上农业产业化龙头企业8家，屠宰加工业产值225亿元，肉牛屠宰加工率达到46%，努力实现肉牛产业全产业链产值600亿元的目标，把宁夏打造为高端肉牛生产基地，让宁夏的肉牛产业更"牛劲"。[①]

二、宁夏肉牛产业发展现状

（一）产业布局持续优化

依托区域资源禀赋和产业发展基础，优化布局、分区推进，着力打造中南部优质肉牛繁育基地和引黄灌区优质肉牛育肥基地。中南部主产区（原州区、彭阳县、隆德县、泾源县、西吉县、海原县、同心县、红寺堡区），加大基础母牛扩群增量，优化饲草种植结构，大力推广"家家种草、户户养牛、自繁自育、适度规模"的生产方式，持续扩大养殖规模，巩固提升繁育基地建设水平。中南部8县（区）肉牛饲养量142.2万头，占自治区的63%，其中：存栏96.5万头，占自治区的65%；牛肉产量7.4万吨，占自治区的60%。在引黄灌区主产区（平罗县、贺兰县、永宁县、灵武市、利通区、青铜峡市、沙坡头区、中宁县），围绕闽宁、白土岗、扁担沟、太阳梁等规模化集约化养殖基地建设，加快发展肉牛规模化标准化育肥，持续提高集约化水平。肉牛饲养量82.3万头，占自治区的37%；出栏35.7万头，占自治区的40%；牛肉产量5.1万吨，占自治区的40%。

（二）产业集中度提高

近年来，宁夏聚焦打造高端肉牛生产基地，坚持统筹规划、分区推进，高质量建设六盘山肉牛产业集群，着力打造中南部优质肉牛繁育基地和引黄灌区优质肉牛育肥基地。培育壮大养殖企业、合作社、家庭牧场等经营主体，稳步推进肉牛养殖出户入场（园），提升规模化标准化养殖水平。自

---

① 宁夏商务厅招商引资局：《牛肉产业》，宁夏回族自治区商务厅网站，https：//dofcom. nx.gov.cn/tznx/zdcytj_65995/rncy_66002/202206/t20220615_3571875.html。

治区培育家庭牧场6770个、规模养殖场813个、千头养殖示范村300个，规模化养殖比例达到50%。采取内培外引，加大龙头企业培育，提高精深加工水平，延长产业链、提升价值链。自治区25个屠宰加工厂（点）、18个精深分割加工中心屠宰加工肉牛7.43万头，占出栏量的16.2%。截至2023年底，自治区肉牛饲养量224.5万头，居全国第19位。其中，存栏152.6万头，同比增长6.7%；出栏45.8万头，同比增长15.5%；牛肉产量12.5万吨，同比增长15.6%，占自治区肉类总产量的34.2%，人均牛肉产量17.2公斤，居全国第6位。肉牛产业的发展带动农民人均养牛收入达到2400元，占经营性收入的37%，实现了从家庭副业到增收主业的历史性转变，已成为中南部巩固拓展脱贫攻坚成果同乡村振兴有效衔接的支柱产业。

（三）优质良种繁育体系健全

良种繁育体系作为肉牛产业的核心是培育现代牛种的基本组织形式，包括保种、育种和制种三个基本环节。建立层次分明、结构合理、布局优化的肉牛良种繁育体系，为提高肉牛良种供应能力、加快农村经济发展和养殖户增收提供良种保障。

自治区按照"优质＋高端"良种繁育技术路线，加强良种繁育基地建设，全面开展西门塔尔牛品种改良和安格斯牛选育，建立了区、市、县、乡四级良种繁育技术推广体系，培育种业龙头企业，提升良种繁育能力。建设肉牛冷配改良站（点）420个，年推广优质肉牛冻精60万支以上，改良肉牛30万头以上，肉牛良种化率达到87%。组建3万头安格斯母牛繁育群和3000头核心繁育群，以西门塔尔、安格斯牛为主体的良种母牛存栏比例达到75%，已成为全国重要的优质肉牛繁育基地。支持中国（宁夏）良种牛繁育中心建设研发培训基地、种质资源库，持续推进基础母牛扩群提质，自治区母牛存栏72.5万头，占存栏的47.5%，肉牛良种化率达到89%。

（四）服务体系不断完善

围绕产业高质量发展，健全畜牧兽医技术推广服务体系，加大社会化服务体系建设，提升技术支撑能力。自治区现有畜牧技术推广人员1168名，其中区级43人、市级60人、县级512人、乡级543人。兽医社会化服务组织 153 个，从业人员 1523 人；畜牧社会化服务组织 63 个，从业人员 263 人；牛人工授精技术人员 657 人。成立国家肉牛改良中心固原试验示范站、西海固高端牛产业研究院，柔性引进国家肉牛牦牛产业技术体系专家团队 4 个，系统开展关键技术研究与示范。实施高素质农民、新型职业农民等培训，年培训经营管理型、专业生产型、技能服务型高素质农民 1000 人以上，充分发挥技术推广体系、社会化服务体系协同作用和乡土人才的传帮带作用，为产业发展提供人才、智力、技术支撑。

三、宁夏肉牛产业面临的主要问题

（一）养殖成本面临上升压力

宁夏当前肉牛养殖仍然以农户小规模分散养殖为主，组织化程度低。2022 年，宁夏肉牛养殖场（户）共有 17.6 万户，平均养殖肉牛 13 头。其中，存栏肉牛 10 头以下养殖户 14.2 万个，占总数的 80.7%。中南部肉牛主产区 8 县（区）肉牛养殖场（户）共有 14.3 万户，占自治区养殖户总数的 81.3%，平均养殖肉牛 10 头。其中，年出栏 50 头以上养殖场（户）肉牛出栏数占肉牛出栏总数的 21.52%，比全国平均水平低 13.3 个百分点。大部分养殖户"小、散、弱"，设施设备不配套，机械化水平低，先进实用技术推广难度大，综合生产能力和养殖效益不高。养殖环境差、养殖技术落后，导致犊牛成活率低；冻精推广力度不足，因此养殖户只能用低质公牛配种，致使犊牛生长速度慢、育肥周期长；肉牛养殖成本高，扩大养殖规模的意愿难以实现。

根据《农小蜂：2024 年中国肉牛生产及成本收益分析报告》，2020—2022 年，全国散养肉牛平均成本增长约 8.6%，其中物质与服务费用增长贡献了总成本增幅的 93.6%。仔畜费在物质与服务费用中占比约 69.9%，其上涨主要受能繁殖的母畜数量减少影响，近年来犊牛价格大体呈波动上涨趋势。饲料包含精饲料、青粗饲料，其中精饲料费占饲料费的比重超过 80%，受原料玉米与豆粕价格上涨影响，饲料费有所上涨。人工成本主要是家庭用工折价。

（二）产业链短、附加值低

宁夏肉牛产业链前端的现代化的精饲料加工，后端的屠宰加工、冷链运输等环节较为缺乏，质量追溯体系不健全。大部分企业规模小，行业管理不规范，生产、加工、销售等环节衔接不紧密，加工能力弱，转化率低，产品附加值低。屠宰、加工行业严重缺乏有规模、有市场、有影响的企业的有效推动，自治区屠宰加工企业产能利用率仅为22%，对宁夏肉牛产业带动能力有限，屠宰加工行业的规模和加工能力与国内国际先进水平相比均有明显差距。

宁夏牛肉品质优良、营养丰富、风味独特，很受市场欢迎，但品牌培育起步晚，缺少在全国具有较大影响力的知名品牌。全国已发布肉牛地理标志品牌62个、名特优新农产品44个，宁夏仅各占2个。2019年宁夏发布了"六盘山牛肉"区域公用品牌，经过多年的推介打造，还没有形成鲜明的品牌特点和形象，未能达到应有的影响力。"泾源黄牛肉""固原黄牛"两个区域公用品牌知名度不高，"夏华肥牛""泾河源"等企业品牌仅在一定区域内具有影响力，品牌竞争力不强。受资金、市场营销、产品开发等因素制约，企业与全国性大型连锁商超、知名餐饮企业没有建立稳定可靠的合作关系，普遍存在定向销售、订单销售、线上销售数量较少，销售渠道单一等问题，产品品质优势没有转化为经济效益优势。"宁夏六盘山牛肉"有品牌无销路、有品质无溢价的窘境改观不大，无龙头企业牵引。各县区公用品牌的使用者缺乏对品牌资产的自觉维护和管理，营销手段较为落后，品牌推广还处在较低的水平，未能形成一体化营销体系，导致品牌知晓度和知名度还不高。

宁夏牛肉产业面临国内其他省份的激烈竞争。以牛肉产量排名，2023年内蒙古、河北、新疆、山东、黑龙江五省（自治区）牛肉产量分别为77.84万吨、59.38万吨、58.38万吨、58.23万吨、55.24万吨，均超过50万吨，排在前5位，而宁夏牛肉产量为14.42万吨，排在第18位。[①]云南、河

---

① 数据来源：国家统计局年度数据。

南、安徽、吉林等省都在推动现代肉牛产业体系的高质量发展。云南建立了"小规模、大群体"的家庭式标准化牛舍，河南开展了国家级肉牛基础母牛扩群提质项目，安徽和吉林实施"秸秆变肉"计划，推动肉牛产业的高质量发展。

国外肉牛产业竞争也在增加。我国牛肉产量受到土地资源、水资源和气候条件等多种因素的限制，产量较低，难以满足国内的需求，因此我国常年从国外进口牛肉，进口量约为30%，主要进口国为巴西、阿根廷、乌拉圭等。近年来，国外牛肉价格不断走低。根据海关总署的进出口数据，2023年6月，我国进口牛肉23万吨，价格约为3.9万元/吨；2023年12月，进口牛肉24万吨，价格约为3.5万元/吨；2024年6月，进口牛肉21万吨，价格约为3.3万元/吨。

（三）土地及饲料资源约束趋紧

受土地性质、山地较多等因素影响，可用于发展规模养殖的土地资源不足。饲草料供需矛盾日益突出。随着养殖规模不断扩大，饲草供给总量不平衡、季节不平衡、结构不平衡问题日益突出。饲草资源短缺成为肉牛养殖的瓶颈。一些规模养殖企业和大型养殖场每年有50%以上的饲草料需要外购，饲草价格不断上涨，导致肉牛养殖成本增加，利润空间缩小，养殖风险加大。截至目前，没有一家全能型饲料精深加工企业，大部分养殖户购买饲草后自行加工配制，饲料配方不科学、不合理。

（四）肉牛育种缺乏有效顶层设计，没有长效育种机制

宁夏肉牛业发展的关键是品种改良。在宁夏地区肉牛养殖工程中存在盲目性，致使出现外来品种使用混乱、血统混杂等一系列问题，缺乏具有地域标识元素、自主知识产权的当家肉牛品种。多年来，肉牛行业严格按照自治区"优质＋优质"肉牛品种改良和"两纯一优"技术路线发展。大多数散养户已经接受了西门塔尔肉牛品种，并把其作为生产架子牛的主导品种。然而，当地新品种的培育仍没有明确的改良和育种方向，也没有具有自主知识产权的优势肉牛品种。龙头公司、合作社、家庭农场等新型经营主体带动的组织化程度较低，良种选育环节缺乏科学化管理。肉牛

产业各环节之间缺乏连接，种业与行业信息不通；缺乏群体遗传改良基础性工作投入，育种群规模小，性能测定制度不完善，选育力度不足，种群遗传进展缓慢；缺乏有效的育种组织，不利于数据信息流通、种牛价值评估及官方正式公布评估结果平台的形成；缺乏肉产品（制品）的质量评价机制。

（五）社会化服务体系不完善

随着养殖规模持续增加，技术支撑、疫病防控等服务能力亟须提升。肉牛产业涉及农户范围广、数量大，自治区县乡两级技术推广服务和防疫技术人员仅有2183人，加之社会化服务体系建设尚处于起步阶段，服务机制不完善、服务覆盖面小，技术人员服务能力、服务质量不能满足产业快速发展需求。新技术、新设备、新工艺推广应用比例不高，精准化、精细化、信息化等综合配套技术推广应用滞后。肉牛跨区域调运频繁，中小养殖户防疫设施简陋、生物安全管理水平低，牛结节性皮肤病等外来病传入风险不断增加，炭疽、口蹄疫、布病等动物疫病多发、频发，疫病防控面临诸多突出问题，重大动物疫病防控压力大。

第五节　滩羊产业发展的现状与问题

滩羊是在独特自然条件下培育的优秀地方绵羊品种，古时就被列为宁夏四大最著名物产之一，属国家二级保护品种。宁夏有着独特的自然资源，滩羊产业发展具有一定的先发优势。宁夏作为"中国滩羊之乡"，已成为国家农产品地理标志示范样板，入选国家百强农产品区域公用品牌和全国商标富农案例，成为我国重要农业物质文化遗产和高端羊肉的代表品牌，也是带动当地农民致富奔小康的支柱产业。

一、自治区对滩羊产业发展的支持

滩羊产业是宁夏"六特"重点发展产业、建设黄河流域生态保护和高质量发展先行区重点产业。宁夏建立省级领导包抓机制，成立产业专班，制定了产业高质量发展规划和实施方案，出台了财政扶持、用地用水、金融保险、科技支撑、人才培育等一系列优惠政策，推动产业高端化、绿色化、智能化、融合化发展，做强"盐池滩羊"品牌，加快推进滩羊产业高质量发展。

党中央、国务院高度重视产业发展，印发了《关于促进畜牧业高质量发展的意见》；农业农村部先后印发了《推进肉牛肉羊生产发展五年行动方案》《全国畜禽遗传改良计划》等政策，从良种繁育推广、强化疾病防控、发展规模养殖、开发饲料资源和促进产业化经营等方面，加强政策扶持，提高牛羊肉生产能力。2020年以来，宁夏回族自治区党委和政府研究制定出台了《自治区九大重点产业高质量发展实施方案》《支持九大重点产业加快发展若干财政措施（暂行）》《宁夏回族自治区动物活体抵押贷款服务指引》等一系列政策。中共宁夏回族自治区第十三次代表大会将滩羊产业列为农业"六特"产业之一，召开专题推进会，助推产业快速发展。但面对诸多挑战，要确保产业持续稳定健康发展，需要在用地用水等要素保障方面加大扶持力度，进一步出台金融扶持产业的相关政策举措。

近年来，当地政府不断完善扶持政策，加强全产业链构建，完善和夯实产业发展基础条件，使滩羊产业成为推进县域经济发展和促进农民增收的重要产业，为结构优化调整和高质量发展提供了重要的产业基础。为认真贯彻习近平总书记关于"三农"工作的重要论述和视察宁夏重要讲话精神，按照中共宁夏回族自治区第十三次代表大会的部署安排，深入实施特色农业提质计划。按照"一个产业、一个专班、一个方案、一套政策、一抓到底"的工作机制，强化顶层设计，落实目标任务，建立工作台账，对标对表，压茬推进，滩羊产业实现量质双增。

宁夏将积极开展滩羊基因鉴定技术研究和特色优质滩羊肉生产技术示范，建立完善产品分类分级标准和管理办法，创新滩羊产品质量控制、溯源管理技术，为实行滩羊优质优价提供可靠技术支撑。支持加工企业与养殖基地、专业合作社、家庭牧场实行滩羊订单养殖，完善品种认定管理办法和产品溯源体系，推进优质化标准养殖，加强中高端市场开拓力度，着力构建优质优价生产营销体系。

二、宁夏滩羊产业发展现状

2023年，自治区滩羊饲养量达1221万只，羊肉产量11.1万吨，占自治区肉类总产量的33.2%；人均羊肉占有量15.9公斤，是全国平均水平的4.3倍，位居全国第五。宁夏盐池县是"盐池滩羊"核心产区和国家级种质资源保护区，被誉为"中国滩羊之乡"。"盐池滩羊"累计获国字号荣誉30余项，品牌价值达106.82亿元，全产业链产值达80.1亿元，滩羊养殖收入占农民人均可支配收入的50%以上，对群众增收贡献率达80%，已成为推动全县特色优势产业高质量发展的重要保障和强力支撑。

（一）完整的产业体系逐步形成

宁夏滩羊过去的产业体系不完善，从育种、养殖到生产销售都是小而散的。但是近年来，宁夏滩羊产业整合相关资源，形成了多产业融合发展新态势，也由此构建了由繁育饲养、屠宰加工、运输销售等环节构成的现代化产业体系。

1. 产业发展速度较快

从与全国及主要省区的羊生产横向对比来看，宁夏滩羊产业发展速度较快。根据国家统计局数据，2023年底，全国羊存栏量达32232.58万只，同比下降1.21%；羊肉产量531.26万吨，同比增长1.28%；羊绒产量17589.45吨，同比增长20.1%。根据《宁夏回族自治区2023年国民经济和社会发展统计公报》和统计局数据，2023年底，自治区羊存栏量达720.54万只，同比增长1.4%；羊肉产量15.11万吨，同比增长21.1%。当前，宁夏滩羊饲养量达1221万只，其中存栏量596万只，出栏量625万只，占自治区肉类产量约1/3，规模化养殖速度加快。

从宁夏滩羊及改良羊只的纵向对比来看，2010—2022年，自治区滩羊及改良羊饲养量由898.8万只增加到1412.8万只，增加了514万只，增长了57.2%，年均增长3.84%。其中，"十三五"期间，饲养量年均增长2.6%。2020年以来，自治区大力推进滩羊产业高质量发展，在政策带动和市场拉动下，滩羊及改良羊饲养量年均增长7.6%，是"十三五"平均增速的2.9倍。

2. 不断细化和延伸加工生产环节

根据不同加工方法将滩羊羊肉制品分为冷冻分割肉、冷鲜分割肉和熟食制品三大类，并在此基础上积极推动高附加值产品的开发，如精品分割肉、调理肉制品、低温肉制品。同时利用现代生产技术工业化生产具有地区特色、民族特点的方便类、速冻类、休闲类食品，如羊杂碎、手抓羊肉等，从而多方面、多维度地打造与升级"盐池滩羊"品牌形象。

滩羊产业不断延长产业链，发展深加工和附加值高的产品，进一步增强了产业竞争力。宁夏滩羊不断加强精深加工产品开发，提高滩羊肉精深加工水平。扶持龙头企业针对中高端羊肉消费人群在京津冀、长三角、珠三角等一二线城市建立冷链配送体系、直销窗口和餐饮体验店，加强与麦德龙、绿地和华润万家等知名连锁超市，京东、盒马鲜生、山姆和天猫精品店等电商平台，餐饮（酒店）协会和大型团餐等渠道合作，推广"互联网+"、体验消费、私人订制等营销新模式，延长产业链，促进品牌优势向产区优势、生产优势、市场优势转化，让滩羊产业更"洋气"。宁夏滩羊产业发展通过自有牧场养殖、肉品加工厂、冷链配送、餐饮研发、电商直播销售等一体化供应链综合体，实现了从养殖到销售的全程控制，确保了产品的品质和品牌的信誉。

3. 进一步完善营销体系建设

规划建设中国穆斯林国际商贸城盐池滩羊肉展示销售区，升级盐池国际滩羊交易中心，在"滩羊小镇"的基础上建设滩羊系列产品展示博览中心。在巩固存量市场的基础上，努力开拓增量市场，在北上广深等经济发达城市增设一批直营店、品牌店、餐饮体验店。对已经成长起来的具有一定规模的独立自主品牌，提供"盐池滩羊"地理标志证明商标，如产品门牌标志、统一装修设计、统一产品包装等予以统一销售。同时，扶持有能力的企业配备冷链配送设施，建立冷链滩羊肉配送体系，积极开拓宁夏附近的滩羊肉市场。除此之外，加快滩羊产业与互联网经济的融合发展，借助产品推介会、展销会、直播带货等途径进行产销对接，持续开拓市场销售途径。

4. 全方位多业态实现产业融合发展

智能化养殖设备的推广提升了养殖效率和管理水平。宁夏加大先进工艺、先进设备、先进技术引进示范和推广应用力度，全面提高滩羊规模化、标准化、绿色化、机械化和信息化养殖水平。预计到2025年底，新建标准化示范场105个，标准化养殖技术普及率达到90%，繁殖成活率达到120%，养殖综合效益提高20%。

以全国高端羊肉生产基地宁夏标准化滩羊养殖、加工、销售等基地为依托，围绕滩羊美食、农事体验、休闲观光等大力发展特色休闲农业、生态乡村旅游；进一步打造休闲农庄、农家乐和滩羊文化美食产业园等，高质量发展滩羊产业与其他产业深度融合，加快滩羊产业多途径、全方位发展。

（二）优质高效生产体系逐步完善

近年来，宁夏坚持创新思路，细化完善措施，强化技术支撑，着力从先进工艺和设施设备引进应用、规范管理措施落实、优质滩羊肉生产等方面持续提升滩羊产业标准化生产水平。

1. 促进草畜产业的发展

草畜平衡是滩羊产业优质高效发展的重要基础，也是养殖环节必不可少的前提。为了提高养殖标准，要促进饲草基地建设，促进种养结合。目前，宁夏饲草种植面积807万亩，各类饲草产量1053万吨。滩羊核心区种植饲草273.9万亩，其中青贮玉米21.1万亩、苜蓿201.3万亩、一年生牧草51.5万亩；生产优质饲草140.1万吨，其中玉米青贮92.9万吨、苜蓿干草27.7万吨、青干草19.5万吨。此外，还有可利用农作物秸秆59.9万吨、柠条15万吨及杂草60万吨。全面推广饲草适时收获及玉米青贮、柠条揉丝、苜蓿制粒等加工调制技术，为滩羊产业高质量发展提供了饲草保障。

2. 推进良种繁育建设

现代科技的进步也为滩羊产业的发展注入了新的动力。一是育种技术持续提升,新品种不断育成。这些新品种特性明显、生产力水平较高、适应性强,在提高滩羊生产水平和产品品质上发挥了积极作用。二是良种繁育体系逐步完善。宁夏不断加强滩羊繁育基地建设,持续推进特色优势农业新品种选育专项实施,加强滩羊本品种选育和新品系选育,加强良种推广,加快优质滩羊扩繁和提纯复壮,加快建设"核心群、选育群、扩繁群"三级良种繁育体系和选、育、推一体化生产体系,推动良种繁育基地建设,培育壮大繁育龙头企业,年选育推广优质种羊1万只以上。

宁夏现有7家良种繁育场,分别是盐池滩羊选育场、红寺堡天源公司、朔牧滩羊繁育公司、中卫山羊选育场、中牧亿林公司、灵武力德牧原公司、正荣肉羊繁育公司。上述企业联合区内优质产、学、研力量进行新技术应用探索。其中入选国家肉羊核心育种场2家、国家级保种场3家。开展滩羊生物育种等新技术研究示范,建立裘肉兼用、多胎基因编辑滩羊新品系群1917只,生产性能高于亲本50%以上。其中,裘肉两用品类达到312只,生产性能高于亲本50%以上,繁殖率达到163%,繁育多胎品系205只,双羔率达70%,达到了国内先进水平。特别是在提高养殖标准方面,宁夏政府对基础母羊给予资金补助,逐渐培育滩羊基础母羊二级繁育基地,建立起完善的滩羊产业三级繁育体系。依照滩羊示范村育种要求,积极开展滩羊选种选配,优化整群品种,确保头年培育滩羊纯种率达到90%以上,从第二年开始滩羊纯种率达到100%。

3.不断提升标准化生产技术水平

按照"品种良种化、生产规模化、养殖设施化、管理规范化、防疫制度化、粪污处理无害化、信息数据化"要求,积极组织规模养殖场开展标准化建设和改造,已有47家规模养殖场通过国家和自治区验收,发挥了良好的示范引导作用。

推广优质高效生产技术示范,建立完善标准化养殖和产品质量标准体系。通过组织实施节本增效科技示范、优质滩羊肉生产、柠条等非常规饲草开发利用等技术示范,加强了滩羊基因(SNP)鉴定等关键技术研究攻关,有效提升了滩羊标准化生产技术水平。见表4-1。

表4-1 滩羊生产技术指标

技术指标	宁夏		重点省（区）			国外引进品种	
	滩羊	滩羊改良	内蒙古		山东	杜泊	萨福克
			农区舍	牧区			
日增重（克）	175	260	260	180	164	270	290
羔羊断奶日龄（日）	73	80	50	90	90	80	80
6月龄出栏体重（公斤）	35	42.5	45	40	42	50.7	55.3
屠宰率（%）	48	50.5	49	46	49	53.7	54.1
产羔率（%）	116	140	180	105	266	135.2	149.4
羔羊成活率（%）	94.5	85	85	95	75	90	90
繁殖母羊比例（%）	68	65	80	70	75	80	80
繁殖母羊饲养成本（元/日·只）	2.5	2.5~3.0	2.5	1.2	3	3.5	3.5
育肥羊饲养成本（元/日·只）	2.9	3.0	3.0	3.0	3.0	4	4

从滩羊养殖生产过程出发，结合宁夏现实情况，制定了27项（现行18项）宁夏滩羊产业标准，通过标准化生产技术，逐步建立食品安全全程追溯系统，确保滩羊在养殖、生产加工、运输销售等全过程中产品质量可查询、可监控（见表4-2）。目前，滩羊"两年三产"普及率达到75%以上，繁殖成活率110%；二毛羔羊出栏活重达到18公斤，核心群串子花型裘皮比例达到55%以上，7~8月龄出栏羊胴体重达到18~20公斤。

表4-2 宁夏滩羊产业标准

序号	标准名称	标准编号
1	《滩羊》	GB/T2033—2008
2	《中卫山羊》	GB/T3823—2008
3	《羔羊早期补饲技术规程》	DB64/T1619—2019

序号	标准名称	标准编号
4	《滩羊纯度 PCR-mtDNA 鉴定技术操作规程》	DB64/T1638-2019
5	《羊良种繁育场管理技术规范》	DB64/T1473-2017
6	《肉羊全混合日粮（TMR）调制饲喂技术规范》	DB64/T1476-2017
7	《舍饲滩羊高频繁殖饲养管理技术规程》	DB64/T1480-2017
8	《盐池滩羊肉生产技术规程》	DB64/T1232-2016
9	《"盐池滩羊"商品羊判定及胴体分级》	DB64/T1084-2015
10	《柠条饲料加工调制技术规程》	DB64/T1013-2014
11	《滩羊舍饲技术规程》	DB64/T845-2013
12	《羔羊育肥技术规程》	DB64/T846-2013
13	《苜蓿收获加工技术规程》	DB64/T938-2013
14	《舍饲滩羊母羊饲养管理技术规程》	DB64/T939-2013
15	《标准化羊场建设规范》	DB64/T749-2012
16	《宁夏滩羊二毛皮制品》	DB64/T687-2011
17	《青贮饲料调制与质量评定技术规范》	DB64/T577-2010
18	《秸秆加工调制技术规范》	DB64/T578-2010

（三）着力拓展产业化经营体系

2015年之前，宁夏滩羊的经营体系非常不健全，养殖户各自销售，没有统一的价格体系和经营体系，基本以线下销售为主，也没有引进精细分割等技术，销售基本以白条羊为主，滩羊的价格无法达到农户的预期。随着高端消费市场的需求日益增长，宁夏近年来把开拓销售中高端市场作为发展方向，线上线下双管齐下。推行滩羊产加销"六统一"模式（统一品种、统一技术、统一收购、统一品牌、统一饲料、统一销售），提高了标准化生产水平，促进了滩羊肉优质优价体系建设。

1. 提升龙头企业带动能力

一方面，宁夏组建盐池滩羊产业集团，并经由政府出面牵头与宁夏盐池县鑫海食品有限公司、上海西鲜记电子商务公司等46家企业成立滩羊产业联合体，充分发挥滩羊集团在融资、担保、协调贷款方面的作用，每年为产业链企业协调融资5000万元左右，累计融资额达5亿元以上，为产业的发展注入了新活力、新动能。培育农业产业化龙头企业14家（国家级2家、区级12家），其中产加销一体化企业9家、养殖及种羊繁育企业2家、皮毛加工企业3家；屠宰加工设计能力314.5万只。培育"宁鑫"等企业商标32个，开发滩羊肉系列产品84种、二毛裘皮系列产品22种、滩羊毛系列产品26种，形成了较完整的滩羊产业链加工体系。另一方面，提升产业组织化水平。盐池县成立以县、乡、村为主的三级产业协会103家，县级有1家，乡镇有8家，村级有94家，实行"县统乡、乡统村、村统组、组统户"，协会发挥在行业管理、服务、沟通等方面的作用，统一商标使用管理和价格指导，不断提高产业的组织化水平与管理水平。

推进社会化服务。依托盐池县奋林农畜交易中心和宁夏丰牧盐池滩羊产业科技服务公司建设滩羊社会化综合服务试验站2个，开展滩羊溯源服务、订单销售、饲草料配送及技术培训，服务散养农户6000户，对农户发展优质高效养殖发挥了良好的带动作用。

2. 强化区域公用品牌建设

宁夏致力打造"盐池滩羊"区域公用品牌，取得显著成效，已成为我国高端羊肉的代表品牌。2005年，盐池滩羊被列入国家畜禽遗传资源保护品种，同年成功注册"盐池滩羊"产地证明商标。"盐池滩羊"品牌先后入选全国商标富农案例、精准扶贫优秀案例和首批全国名特优新农产品目录，被评为国家农产品地理标志示范样板、国家重要农业物质文化遗产和中国农产品区域公用品牌"最佳市场表现品牌"，位列"中国区域农业品牌影响力排行榜"畜牧类第一。同时，积极推进"盐池滩羊"品牌商业化应用，已授权66家企业使用"盐池滩羊"商标、48家企业使用地理标志证明商标。"盐池滩羊"的品牌价值已达到128.13亿元，全产业链产值达80.1亿元。

3. 加强高端市场开拓

把开拓滩羊肉中高端市场作为主攻方向，建立规范化的盐池滩羊屠宰专区和销售专区，推动滩羊肉分级定价、优质优价。通过线下实体店和网购等方式，形成了"企业直销店＋品牌专卖店＋零售店＋超市专柜＋网络电商"的销售模式，在26个省区开设销售门店226家，产品进入全国大中城市的153家连锁超市、262家餐饮企业。宁夏盐池县鑫海食品有限公司生产的皇品滩羊、至尊滩羊等精细分割羊排年均销售2吨，每公斤售价分别达到385元和303元。宁鑫生态牧场推出私人订制羊，年销售量2600只，每只平均售价2680元，高于区内羊肉售价（出厂均价每公斤55元，零售价每公斤72元）。

三、宁夏滩羊产业发展的主要问题

全面审视宁夏滩羊产业发展现状，尽管有一些可喜变化和长足的进步，但随着多元化市场需求、消费结构升级、盈利空间压缩等新形势新变化，宁夏滩羊产业还存在一些瓶颈制约和短板不足亟须突破加强。

（一）产业体系存在的问题

1. 利益联结机制不健全

滩羊产业链较短且难以管理，长途发货费用较高，农户很难打开外地市场销路，大多选择在出栏时就卖给经销商。出栏过程中，养殖户缺少议价定价的自主权，只能被动接受活羊出栏价格。滩羊长成以后，养殖户与企业进行对接，签订合同价格都是按保底价格，利润空间不足，整个产业链的利益环节互通机制不完善，养殖户收益受市场价格波动影响大，其资金链周转依赖于羊周转交易，承担了较大市场风险，一定程度上影响养殖户生产积极性。

龙头企业规模普遍较小，市场开拓能力不强，利益联结机制不健全，加工企业与养殖园区（户）缺乏有机联系，产业协会对产业发展的推动作用有限，制约了养殖场（户）持续增收和滩羊产业现代化发展。盐池县现有的5家屠宰加工企业，每年最高屠宰加工量为204.5万只，实际屠宰加工46.35万只，仅占设计的22.7%。其中，初加工30.22万只，占65.2%；精细化分割加工16.13万只，占34.8%。18家品牌销售企业销售32万只，占

69%。鑫海公司作为盐池滩羊品牌销售的主要龙头企业，对中高端市场年加工销售仅1.5万只。同心县、红寺堡区、海原县等主要通过中介和贩运户组织收购，生产、收购、加工、销售的良性机制还不完善。

2. 滩羊保种补偿机制不完善

滩羊的味道鲜美、皮毛厚实都依托于其品种纯正。但近年来，农户为追求短期利益，引进繁殖力强的小尾寒羊与滩羊杂交，造成了品种退化等问题。宁夏黑滩羊全身覆盖黑色波浪形羊毛，其肉胆固醇含量低，营养丰富，肉质鲜美，尤以羔羊肉为佳；成年黑滩羊皮质轻软，色泽黑亮，是制作裘皮的上品。黑滩羊在宁夏已有100多年的饲养史，但如今面临着种群数量减少，品种退化的威胁。20世纪70年代，黑滩羊饲养量还在8000只以上，到现在存栏量仅剩415只。[①]

虽然宁夏现有7家良种繁育场，但是核心群选育体系建设还是滞后，选育水平较低，繁育补偿机制不健全，导致保种群体规模偏小、供种水平不高等问题较为突出，难以满足滩羊本品种选育和提纯复壮要求。同时，受滩羊舍饲成本大幅增加和市场价格波动等因素影响，种羊选育成本较高，补偿标准较低，影响了种羊场选育积极性。

3. 标准化优质化生产技术创新和应用不到位

总体上看，自治区滩羊产业规模化、标准化养殖水平还不够高，仍以农户小规模分散养殖为主。自治区现有养殖场（户）20.1万个，年出栏100只以下养殖户达18.2万个，占养殖场（户）总数的90.5%。散养农户存在组织化程度较低、先进实用技术推广普及难度大、生产效率不高、对接市场能力弱、抵御行情波动的能力相对有限等问题，机械设备配套率仅38%左右，青贮饲料加工调制率35%；物联网技术、信息化管理应用滞后；部分中小规模养殖场（户）经营管理理念落后，片面追求增重效果和出栏体重，对养殖周期精准控制、日粮科学配制、青贮饲料加工调制、全混合日粮饲喂等优质化生产技术应用积极性不高，制约了滩羊肉品质提升。

---

① 《百年宁夏黑滩羊的困局与新局》，《宁夏日报》2023年1月5日。

（二）生产体系存在的问题

1. 资源环境约束不断收紧

近年来，滩羊养殖生产受到饲草供给、区域性、季节性、自然灾害等多方面影响，发展空间有所受限。从饲草供给来看，自2020年起，玉米、青贮玉米、苜蓿等大宗饲草料价格持续上涨，养殖成本不断增加。据调查，2022年6月底，玉米价格2.90元/公斤，同比下跌0.68%；豆粕价格4.5元/公斤，同比上涨19.5%；国产苜蓿价格2650~2980元/吨，同比涨幅13%；稻秸麦秸价格1000~1100元/吨，同比上涨约37.5%；柠条粉价格1200元/吨，同比上涨约14.2%。饲料成本的上升直接导致养殖户的收益下降。从土地供应看，受土地性质、山地较多、供水困难等因素影响，自治区可用于发展规模养殖的土地资源已显不足，尤其是在肉牛、奶牛交错地区，滩羊养殖由于比较效益不高和资源约束等因素影响，在结构调整中优势不足，发展空间受到压缩。

中部干旱带干旱少雨，降水量不足200毫米，灌溉条件也十分有限。实施禁牧封育后，全面实行滩羊舍饲圈养，饲草供给区域性、季节性、结构性不平衡的问题依然存在。由于资源约束和比较效益不高等因素的影响，滩羊养殖在结构调整中的优势不足，特别是在肉牛、奶牛交错地区的结构调整中处于劣势；发展空间受到压缩。

2. 精深加工能力不足

长期以来，宁夏滩羊停留在传统养殖阶段，大多数养殖场和农户以外销活羊、白条羊胴体为主，即使进行产品加工也大多维持在分割包装初加工层面，延伸到熟食、功能食品、特色食品的精深加工比例有限，产品附加值没有得到充分挖掘，成为制约宁夏滩羊产业高质量发展的关键因素。自治区现有羊只屠宰加工企业26家，年屠宰加工设计总量为580万只，每个屠宰加工企业平均产能22.3万只，实际屠宰量平均不到6.5万只，产能利用率为28.9%，精深加工和中高端市场营销羊只不到80万只，比例仅为13%，年出栏羊只约一半以活体形式外销，产值流失9亿元以上。羔羊肉是滩羊肉的精品，每年繁育的滩羊约40%以羔羊胴体出售，精深加工尚处于空白状态。

（三）经营体系存在的问题

1. 市场开拓进展缓慢，销售渠道单一

在销售方式上，受限于销售渠道狭窄、终端市场较远等因素，宁夏羊肉产品大多数停留在线下销售阶段。线下主要依托的还是传统经营方式，农户通过经销商销售，经销商大多数依靠线下的店铺、摊档来售卖，缺乏拓展更多的线下销售渠道。线上销售、定向销售、私人订单销售模式刚刚起步，大部分仍然停留在传统平台，如天猫、京东等。事实上这两年直播行业发展迅速，作为一个快消类产品，滩羊在传统电商平台的宣传效果比较死板，不能生动地讲解宁夏滩羊的优势和特点，也无法让消费者更直观地感受饲养环境、生产环节。线上应开发更多的直播形式或者视频私人定制形式。2021年滩羊肉区外销售量1.4万吨，占羊肉总产量的12.2%。其中企业网店、电商平台等线上销售0.53万吨，专营门店和连锁超市在40多个大中城市线下销售0.88万吨。在销售对象上，还没有完全进入高端市场、主流市场，特别是与一些全国性连锁商超的合作较少，仅靠加工企业在沿海发达地区建立的直销窗口、专营门店销售，其数量较少、成本较高、影响力弱，难以形成市场规模优势。

2. 滩羊肉优质优价体系还不健全

近年来，围绕消费者需求制定了产品质量标准、营养价值参考标准，但滩羊肉优质品质特征挖掘不够，产品质量追溯体系建设相对滞后，滩羊认证、滩羊肉标识规范使用和质量监管不完善，加工销售企业抱团合作和整体发展意识不强，中高端市场差异化营销能力整体偏弱。特别是每年外源引进育肥羊近200万只，品种比较杂，对滩羊肉品质提升及其品牌培育带来较大冲击。目前，只有盐池县建立了优质优价体系，实行订单生产、胴体分级分类。据调查，2021年订单保价加工优质滩羊仅60万只，占出栏量的45%，胴体价格高于改良羊4~6元/公斤，只均收益97元，但还是比改良羊低16元/只；分级订购、私人定制高端滩羊仅仅6万只，占出栏量的4.5%，只均价格2200元以上、收益320元，比改良羊高207元/只。滩羊核

心区其他县（区）品牌培育和产业链构建相对滞后，分类分级加工营销刚刚起步，滩羊育肥羊出栏价格与改良羊基本持平。其他县（区）尚未建立滩羊优质优价体系，品牌培育和产业链构建也相对滞后，滩羊肉生产未实现优质优价。

第六节 冷凉蔬菜产业发展的现状与问题

我国地域广阔，各地气候条件差别明显，形成了六大优势蔬菜种植区域，呈现栽培品种互补、上市档期不同、区域协调发展的格局，有效缓解了淡季蔬菜供求矛盾，为保障全国蔬菜均衡供应发挥了重要作用。

近年来，我国冷凉地区蔬菜生产发展迅速。黄土高原夏秋冷凉蔬菜优势区域包括7个省（区），分布在陕西、甘肃、宁夏、青海、西藏、山西及河北北部地区。宁夏全境处于黄土高原地带，海拔在1000米以上，生产的蔬菜均为夏秋冷凉蔬菜，是农业农村部确定的黄土高原夏秋冷凉蔬菜生产优势区和冬季设施农业生产优势区。近年来，宁夏坚持"冬菜北上、夏菜南下"战略，形成了设施蔬菜、露地蔬菜、供港蔬菜、硒甜瓜四大产业格局，形成了设施蔬菜、露地瓜菜四季生产、周年供应、产销两旺的良好态势。主要产品为洋葱、萝卜、胡萝卜、花椰菜、大白菜、芹菜、莴笋、结球甘蓝、生菜等喜凉蔬菜，以及茄果类、豆类、瓜类、硒甜瓜等喜温瓜菜，集中在7—9月上市。70%的产品销往周边及南方省区，供港蔬菜成为高品质蔬菜的代表，宁夏蔬菜在全国的影响力逐年提升。

一、自治区对冷凉蔬菜产业发展的支持

习近平总书记两次视察宁夏，对冷凉蔬菜产业给予了高度评价。冷凉蔬菜产业是自治区政府确定的"菜篮子"工程重要组成部分，遍布宁夏5个市22个县（市、区），也是自治区农业"六特"产业之一，是宁夏巩固拓展脱贫攻坚成果与乡村振兴有效衔接的支柱产业。自治区政府紧紧把握建设黄河流域生态保护和高质量发展先行区、国家农业绿色发展先行区契机，

大力推进区域协同发展，以粤港澳大湾区、长三角经济带、京津冀都市圈为主要目标市场，以绿色有机为引领，坚持高端、高品质生产理念，全面推广绿色高效技术，突出抓好全程质量控制和社会化服务，推进标准化生产，补齐产业链短板，唱响"宁字号"品牌，创新利益联结机制，推动产业全环节升级，全力打造产品优质、市场高端、效益突出的冷凉蔬菜产业，把宁夏建设成为具有全国竞争力的高品质蔬菜生产优势区。

根据宁夏经济发展的总体规划，明确不同发展阶段的产业发展目标。近期目标是到2027年，自治区冷凉蔬菜生产规模稳步扩大，产业布局更加合理，产品结构进一步优化，产业深度融合发展，经营管理水平持续提升，绿色生产水平明显提高，"三高两好"发展新局面基本形成，冷凉蔬菜产业高质量发展迈上新台阶。产业效益高。到2025年，自治区冷凉蔬菜播种面积达到350万亩，总产量达750万吨以上，综合产值达500亿元，2027年规模产值与2025年保持一致。生产效率高。蔬菜集约化育苗自给率提高到90%，高质高效生产技术集成应用率达到85%以上，设施蔬菜、露地蔬菜和硒甜瓜的机械化应用率分别达到50%以上，设施装备水平明显提升，科技支撑能力显著增强。经营管理水平高。龙头企业、新型经营主体实力明显增强，农民参与全产业链经营更加紧密。培育蔬菜新型经营主体，建设产业联合体和社会化服务站，农业社会化综合服务覆盖率达到30%以上。产品质量好。高品质蔬菜产品供给数量大幅提升，有效满足个性化、多样化、高品质的消费需求，加大绿色、有机、地理标志认证力度。主栽蔬菜优良品种覆盖率达100%，冷凉蔬菜产品质量安全例行监测总体合格率稳定在98.5%以上。绿色发展方式好。自治区冷凉蔬菜高效节水灌溉覆盖率达80%以上，化肥、农药施用量减少10%以上。

自治区政府依据引黄灌区、中部干旱带和南部山区三大分区，结合产业基础、社会经济发展水平、生态保护、水土资源等条件，构建"引黄灌区引领带动、中部干旱带保护发展、南部山区重点提升"三区协同推进的发展格局，重点推进引黄灌区设施蔬菜和供港蔬菜优势区、中部干旱带硒甜瓜和黄花菜优势区、南部山区和引黄灌区露地蔬菜优势区建设。引黄灌区——引领带动区：立足产业基础和资源优势，积极发展设施蔬菜，稳步发展供港蔬菜和露地蔬菜，调优产品结构，培育壮大蔬菜种业，延伸冷凉蔬菜产业链，提升产品附加值，引领带动自治区冷凉蔬菜产业高质量发展。一是优化品种结构，大力发展以番茄、辣椒、黄瓜等为主的茄果类设施蔬菜，稳步发展以菜心、芹菜、韭菜、甘蓝、西蓝花为主的外销露地蔬菜，打造供港蔬菜和宁夏番茄产业集群。二是做强蔬菜种业，推进科企深度融合，打造国家级蔬菜制种大县，提高区域性冷凉蔬菜良种繁育基地建设水平，构建商业化育繁推现代蔬菜种业体系。三是发展蔬菜加工，推进预制菜、净菜、脱水、酱菜、冷冻锁鲜等蔬菜初加工，培育金凤区、贺兰县、惠农区蔬菜加工强县（区）。四是拓展蔬菜多种功能，在城市周边建设一批蔬菜休闲农业园区，大力发展数字农业、观光农业、创意农业，拓展冷凉蔬菜业态和功能，带动产业融合发展。中部干旱带——保护发展区：突出生态保护和水土保持，加快转变生产方式，全面推广旱作节水技术和模式，有序推进压砂地生态修复。重点发展硒甜瓜、黄花菜、菜用马铃薯等优势产业，发展红葱、小茴香等地方特色产品。一是发展生态农业，充分利用生态技术和保护性耕作方法，探索压砂地生态修复保护新模式，推广轮作休耕、控水控肥等技术措施，推进硒甜瓜产业可持续发展。二是推进标准化生产，打造硒甜瓜、黄花菜绿色标准化生产核心区，推广高效节水、统防统治、机械化采收等标准化、绿色化生产技术。三是强化加工与品牌建设，丰富硒甜瓜果汁、果醋，黄花菜粉、面膜、保健食品等加工产品类型，提高初加工与精深加工水平，推进沙坡头区、红寺堡区、盐池县加工强县建设；加强中卫硒甜瓜、盐池黄花菜等知名品牌建设，全面提升品牌影响力。南部山区——重点提升区：充分发挥夏季冷凉气候资源优势，以露地蔬菜为主，重点发展绿色有机蔬菜，全力打造集生产、加工、销售和服务于一体的全产业链发展模式，实现露地蔬菜产业质量效益提升。一是打造特色产业片区，以菜心、西芹、娃娃菜、辣椒、菜用马铃薯等为主导，建设原州区和隆德县娃娃菜、西蓝花，西吉县芹菜、菜用马铃薯，彭阳县辣椒等特色产区。二是推行标准化生产，全面推广集约化育苗、机械化移栽、高效节水灌溉、植保飞防等高质高效生产技术，全面提升绿色生产水平。三是培育龙头企业和服务组织，发展壮大冷凉蔬菜规模以上龙头企业和生产型、经营型、服务型主体，提升原州区净菜、西吉县芹菜汁、彭阳县制干辣椒加工能力，提高产品附加值，增强自身发展和带动农户能力。四是完善市场流通体系，加大区域性市场、田头市场提升改造力度，多渠道开展产销对接，打造"六盘山冷凉蔬菜"区域公用品牌。

"十三五"以来，自治区将冷凉蔬菜产业确定为"1+4"主导产业，形成了设施蔬菜、露地蔬菜、硒甜瓜三大产业格局，品种以番茄、辣椒、菜心、黄花菜、芹菜、西蓝花、大白菜、大葱、结球甘蓝、韭菜、西瓜、甜瓜为主。同时，自治区坚持"冬菜北上、夏菜南下"战略，产品70%销往周边及南方省区，供港蔬菜成为高品质蔬菜的代表，"硒甜瓜"享誉全国。冷凉蔬菜产业已成为自治区发展现代农业的重要载体和促进农民脱贫致富的支柱产业之一。

宁夏冷凉蔬菜产业的长足进步，离不开政府出台政策的大力支持。2020年6月习近平总书记赴宁夏视察时，肯定了宁夏冷凉蔬菜在全国蔬菜市场上的地位，并鼓励宁夏大力发展冷凉蔬菜产业。自"十一五"以来，宁夏回族自治区先后出台了《宁夏百万亩设施农业发展建设规划》《宁夏中部干旱带及南部山区设施农业发展建设规划》《宁夏农业特色优势产业发展规划（2008—2012年）》《设施农业效益倍增计划》《加快推进农业特色优势产业发展若干政策意见实施细则》《宁夏蔬菜产业发展"十三五"规划》《关于创新财政支农方式加快发展农业特色优势产业的意见》《宁夏回族自治区农业农村现代化发展"十四五"规划》等一系列政策，构建起宁夏冷凉蔬菜产业政策体系，整合各级财政支农、扶贫、农业建设、科技专项等资金，扩大"以奖代补"资金额度，围绕冷凉蔬菜中的设施农业、示范基地、产业发展、人才培养、品牌建设、农业保险等方面给予支持，带动了社会资本投入冷凉蔬菜产业当中，共同将冷凉蔬菜打造成为宁夏优势特色产业。中共宁夏回族自治区第十三次代表大会将冷凉蔬菜确定为自治区"六特"产业之一，相继制定印发了《宁夏回族自治区冷凉蔬菜产业高质量发展规划（2022—2027年）》《加强"三大体系"建设　推进冷凉蔬菜产业高质量发展实施方案（2023—2027年）》等政策文件，进一步加大了对冷凉蔬菜产业的支持力度，特别是近年来宁夏政府对农业方面的财政支持逐年加大（见表4-3）。

表4-3　2020—2023年宁夏财政支持农业情况

年份	财政支农总资金（万元）	支持种植业资金（万元）	支持蔬菜产业资金（万元）
2020	477000	24729	8890
2021	486000	120702	7471
2022	556000	164344	6690
2023	589000	146936	12600

数据来源：宁夏农业农村厅统计。

二、宁夏冷凉蔬菜产业的发展现状

（一）生产稳定向好发展

规模效益稳步提升。2023年，宁夏瓜菜播种总面积316.9万亩，同比增加6%，其中：设施蔬菜（日光温室、大中拱棚、小拱棚）64.2万亩，露地蔬菜186万亩（供港蔬菜74.3万亩、露地春夏菜及秋菜101.7万亩、黄花菜10万亩）。总产量765.8万吨，其中：蔬菜554万吨，硒甜瓜211.8万吨。由于比较效益相对较高，冷凉蔬菜产业成为各市县区调整结构和产业脱贫的重点产业。

种植种类日益多样。蔬菜种植种类由过去的10多种发展到20多种，包括番茄、辣椒、菜心、芥蓝、芹菜、韭菜、西蓝花、甘蓝、大白菜、黄瓜、茄子、西葫芦、白菜花、娃娃菜、萝卜、胡萝卜、黄花菜、西瓜、甜瓜等品种。播种面积超过8万亩的主导品种有11个，其中菜心46.2万亩、番茄19.6万亩、辣椒15.2万亩、芹菜14.6万亩、芥蓝12万亩、大葱10万亩、结球甘蓝9.9万亩、西蓝花9.5万亩、大白菜9.5万亩、黄花菜9.1万亩、西瓜88.9万亩。

区域布局不断优化。形成了引黄灌区设施蔬菜、供港蔬菜生产优势区，六盘山区和引黄灌区冷凉蔬菜优势区，中部干旱带硒甜瓜、黄花菜生产优势区。常年种植蔬菜20多种，截至2022年，生产面积超过5万亩的有13种；总面积10万亩以上的县有10个，建成规模化基地779个。其中沙坡头区56.55万亩、永宁县22.97万亩、青铜峡22.11万亩、原州区22.1万亩、贺兰县21.65万亩、中宁县18.83万亩、平罗县16.27万亩、西吉县15万亩、海原县12.43万亩、同心县11.6万亩。

设施装备水平不断提高。大力推广全框架组装式宁夏三代节能日光温室、模块化组装式日光温室与大跨度拱棚标准化建造，新型设施结构、墙体蓄热保温设施、双模骨架大棚等推广面积不断扩大；起垄覆膜机、移栽机、精量播种机、喷杆式喷雾机、果实分选机等机械广泛应用，设施蔬菜、露地蔬菜、硒甜瓜机械化应用率分别达到28%、40%、30%；无人植保机、北斗定位耕整地、设施环境智能监测管理、数字化育苗管理系统等新技术在生产中不断应用。露地蔬菜主推蔬菜集约化育苗、宽垄稀植、测土配方施肥与水肥一体化、绿色防控、机械化耕作5项技术，减少化肥用量20%以上，减少农药使用量20%以上，亩均产量提高10%以上。推广使用新型设施结构、卷帘机、保温被等新型覆盖材料，应用率达100%。露地蔬菜推广膜下滴灌17.5万亩，配套无人植保机、喷杆式喷雾机、北斗定位耕整地等机械，西芹每亩节约人工200~300元。

（二）营销体系基本建立

宁夏作为全国优质蔬菜产区之一，通过开拓市场、实行订单生产、直供直销等模式，推动冷凉蔬菜提质扩规。自2016年起，宁夏采取"走出去、请进来"营销策略，组织新型经营主体考察粤港澳大湾区、长三角经济带农产品批发市场、连锁超市及新零售企业，了解市场需求，对接销售渠道，迄今已连续9年成功举办"全国知名蔬菜销售商走进宁夏"活动，全国重点蔬菜批发市场、知名销售商参加了活动，签订多项基地共建、产销协议。通过以市场倒逼品牌、以品牌倒逼品质、以品质倒逼品质的方式，促进自治区蔬菜产业发展。通过打造"基地观摩＋直播带货""大会推荐＋产销对接""线下活动＋线上直销"等销售推广形式，加快宁夏蔬菜"走出去"。鑫茂祥、华裕瀚鑫等多家区内涉农企业参加"宁夏品质中国行（上海站）"活动，并与上海农产品批发中心、深圳茂雄集团等国内知名蔬菜商签署产销直供合作协议。通过持续的产销对接，与全国大型批发市场建立了长期稳定的合作关系，引进了100多家大型企业，在宁夏开展订单生产、自建基地、合作经营，形成了东南部市场与宁夏生产基地的紧密对接。开拓了市场，稳定了销售渠道；引进了品种，适应了市场需求；引进了标准，提高了商品化生产水平，转变了宁夏本土经营主体的发展观念和生产模式。到2021年底，共打造高标准蔬菜基地779个，认定粤港澳大湾区"菜篮子"基地21个，香港渔农署授予"信誉农场"基地9个，建设上海市市外蔬菜主供应基地21个，培育有机认证基地28个、绿色认证基地34个。拓宽了百果园、盒马鲜生、叮咚买菜等新零售渠道，宁夏菜在粤港澳大湾区、长三角经济带的市场销售份额逐年提升，知名度不断提高。

流通体系不断完善。自治区建有大型蔬菜批发市场5个、蔬菜集贸市场46个、田头马路市场35个，培育蔬菜流通企业和合作企业309家，建设区外蔬菜外销窗口9个、硒砂瓜经销网点33个。建有蔬菜冷藏保鲜库598个，建设面积27.4万平方米，储藏能力44.7万吨；拥有冷藏运输车辆1000辆，实现专业化、社会化冷链运输，36小时可运至粤港澳大湾区。价格监测有效指导生产，连续10年监测自治区冷凉蔬菜产地价格，掌握产地批发价周期性变化，年际、季节间波动规律明显。以主栽作物番茄为例，2014—2021年，番茄产地平均价格3月最高，8月最低，8—10月逐步回升，3月达到波峰，4月开始回落，8月达到波谷。依据价格监测结果，指导生产经营主体合理安排茬口，错峰上市。

品牌影响力不断提升。区、市、县、乡、基地五级农产品质量安全检测体系基本形成，冷凉蔬菜从田间到舌尖全链条质量控制和全程质量追溯体系逐步建立。2021年自治区冷凉蔬菜产品质量安全例行监测合格率达到98.5%。"两品一标"蔬菜产品达134个，其中绿色食品34个、有机食品2个、农产品地理标志17个。"宁夏菜心""盐池黄花菜""中卫硒砂瓜""彭阳辣椒""西吉西芹""六盘山冷凉蔬菜"等区域公用品牌逐步唱响。"宁夏菜"成为香港市民的"首选菜",宁夏生产的"上海青"油菜被上海市民冠名"宁夏上海青",热销上海,宁夏蔬菜在区外高端市场知名度、影响力和占有率日益提升。"宁夏菜"在全国市场影响力不断提高,宁夏成为全国优质高品质蔬菜产区之一。

(三)产业化水平稳步提高

标准化生产全面建立。截至2021年底,培育集约化育苗企业208家、年生产种苗17亿株,全面提高了蔬菜集约化育苗覆盖率和新品种推广速度;自治区建成规模化标准化蔬菜生产基地779个,其中设施蔬菜基地377个、露地蔬菜基地396个、蔬菜制繁种基地6个,有效提高了蔬菜标准化生产水平。加工流通体系初步建立,培育冷凉蔬菜加工经营企业24个,总产值2.5亿元,主要产品有脱水蔬菜、蔬菜汁、番茄酱、辣椒酱、腌制菜等。产品销往广东、山东等国内市场及美国、德国、日本、韩国等国际市场,有效促进了自治区冷凉蔬菜初加工及精深加工的发展。

专业化服务初见成效。培育蔬菜生产和流通服务主体569个,培育蔬菜农机、植保、育苗、农资等专业化服务主体238个。提供产前、产中、产后全程服务的蔬菜社会化综合服务站86个,服务站规模达到35万亩,设施蔬菜、露地蔬菜、硒甜瓜亩节本增效分别达到286元、156元、110元。配套产业日趋完善,冷凉蔬菜产业的发展带动生产资料供应、产品运输、包装、餐饮、劳务等相关产业发展,一二三产业融合发展不断深入,产业链条逐步完善。仅供港蔬菜带动自治区相关产业发展产生的总产值达到6.7亿元,其中泡沫箱产值1.67亿元、制冰产值0.3亿元、冷链运输产值4.73亿元。

(四)科技支撑能力逐步增强

在设施蔬菜发展的过程中,宁夏不断引进培育推广优良品种,加强科技创新,解决了许多生产中的难题。例如,针对土壤连作障碍及病虫害发生严重、产量降低、品质下降等问题,宁夏主推节能二代日光温室标准化建造、集约化育苗、秸秆生物反应堆、滴灌水肥一体化、设施农业物联网、设施农业机械化、绿色防控、椰糠无土栽培等技术。实现露地蔬菜化肥用量、农药用量均减少20%以上，亩均产提高10%以上。供港蔬菜大力推广全产业链标准化经营模式，提升了冷凉蔬菜产业生产技术水平。

人才队伍进一步优化。自治区建立了涵盖作物栽培、植物保护、土壤肥料、农业机械等多个专业的"区、市、县、乡"四级农技推广体系；搭建了设施农业人才高地，引进全国知名蔬菜专家，委派区内技术骨干及经营主体负责人赴山东、河南、上海等发达省份学习、考察，组建了科研、推广、生产经营主体相结合的产学研用良种繁育体系、蔬菜产业专家团队。目前，自治区蔬菜产业技术人员共有285人，其中高级职称127人、占44.6%，培养新型经营主体带头人350人、蔬菜产业营销人才460人，服务能力不断提升。

（五）产业效益日益凸显

经济效益增加。2021年冷凉蔬菜一产总产值175亿元，其中设施蔬菜52.6亿元、露地蔬菜85.6亿元、硒甜瓜36.8亿元。冷凉蔬菜生产类型不同，投入成本与效益差异较大。根据近三年瓜菜产量、价格和收益，扣除土地租金、生产资料投入和人工成本等，日光温室亩净收益3800～19000元（亩均成本11200元），大中拱棚亩净收益1800～6800元（亩均成本8200元），露地蔬菜亩净收益1620～4320元（亩均成本5380元），供港蔬菜亩净收益2490～5490元（亩均成本8549～12471元），黄花菜亩净收益6500元（亩均成本3500元），硒砂瓜亩净收益1000元（亩均成本700～900元），地膜瓜亩净收益1700元（亩均成本1500元）。

社会效益突出。蔬菜产业带动了种子、农药、肥料、农膜等生产资料及工业产品的销售，带动了冷藏、运输业、宾馆住宿、餐饮等服务业的发展，加工配套形成产业链的延伸，解决农村剩余劳动力就业。据测算，自治区蔬菜种植环节约吸纳80万个农村劳动力，蔬菜产前产后服务约创造20万个就业岗位，解决农村剩余劳动力，带动制冰、泡沫箱制造、商业物流和休闲农业等相关产业发展。

生态效益明显。冷凉蔬菜可在大自然低温环境中生长，减少温室、加热等能源消耗，节能降耗；冷凉蔬菜生长周期短，抗病虫害能力强，减少了化肥、农药等投入，有益于环境保护和生态平衡。通过加大绿色技术集成创新，强化耕地质量保护力度，大力推广高效节水灌溉，全面推行清洁生产，使自治区冷凉蔬菜产业绿色发展能力不断增强，实现了生态保护与冷凉蔬菜产业高质量发展有机统一，为建设黄河流域生态安全保护和高质量发展先行区提供了重要支撑。

三、宁夏冷凉蔬菜产业高质量发展存在的问题

（一）现代化产业体系基础有待加强

宁夏冷凉蔬菜产业精深加工不足，转化增值能力弱。蔬菜产品多以鲜活产品销售为主，加工产品少，产业链短，增值空间小。自治区现有冷凉蔬菜种植企业187家，合作社289个，家庭农场58个，农产品加工企业数量在5000家以上，蔬菜加工企业仅24家。蔬菜加工企业数量少、产品种类少、加工档次低、产业链短，加工产值仅占农产品加工总产值的2.1%，加工率不足5%。技术装备落后，人才不足，缺乏科技含量高、附加值高的产品。加工企业数量少，缺乏龙头企业带动，品牌效应薄弱。冷凉蔬菜产品分级包装率不足20%，运输成本占总成本的20%左右，产业链存在薄弱环节，各环节衔接不紧密，信息服务滞后，冷链体系不完善。

（二）生产质效有待提高

宁夏蔬菜生产专业化程度相对较低。大部分基地种植种类多，单品规模小，缺乏"一村一品、一乡一业"的特色作物，难以形成规模效益。目前，仅有越夏番茄、西吉西芹、彭阳辣椒、盐池黄花菜及供港蔬菜种植相对集中，特色鲜明，其他大部分县（区）缺乏统筹规划，没有主导产业。同种作物种植品种多，以种植面积最大的番茄为例，种植品种多达57个，同品种种植规模小，缺乏长期稳定的供应能力，没有形成具有影响力的规模优势。种植品种与市场需求不匹配。国内大型农产品批发市场对蔬菜品种、品相要求不同，供货时间和供货能力要求相对持续稳定，宁夏种植品种集中度不高，供应时间短，难以满足市场需求。

在保障粮食安全和黄河流域生态保护的形势下，冷凉蔬菜生产用地、

用水难问题日益突出。自治区分配蔬菜产业用水量占农业总用水量的11%左右，远不能满足蔬菜产业用水需求。随着蔬菜种植规模扩大和黄河分配宁夏用水量逐年降低，水资源供需矛盾日益加剧。随着城镇化速度的加快，自治区农村人口不断向城镇转移，冷凉蔬菜生产主力军以老人和妇女为主，平均年龄在55岁以上，接受新事物、新技术能力弱，90%以上乡镇缺乏专业技术人员，劳动力年龄老化、技能不高的结构性矛盾更加突出。

（三）经营水平有待提升

全国农业结构调整，蔬菜面积产量不断增加，全国蔬菜总体供大于求，价格波动剧烈，外销压力加大。宁夏蔬菜以外销为主，市场渠道是制约产业发展的主要因素。宁夏距离东南部市场远，运输距离长，营销人才极度匮乏，龙头企业和新型经营主体少，市场信息不畅，缺乏稳定的销售渠道。

全国蔬菜农产品地理标志品牌共有498个，宁夏仅有17个，占3.4%；自治区瓜菜品牌较多，但认证的品牌少，叫得响、影响大、知名度高的品牌更少，除"宁夏菜心""盐池黄花菜"等特色品牌市场认知度较高外，其他瓜菜品牌在全国影响力较低。

第五章

宁夏"六优"产业发展的现状与问题

第一节 文化旅游产业发展的现状与问题

一、自治区对文化旅游产业发展的支持

宁夏是全国第二个全域旅游示范省区,自治区政府以全域旅游建设为抓手,积极推动文旅产业发展。2017年,自治区政府制定了《宁夏回族自治区"十三五"全域旅游发展规划》,提出构建"一核两带三廊七板块"宁夏全域旅游空间局和助推乡村旅游发展的"六小工程"。2021年,在《宁夏回族自治区文化和旅游发展"十四五"规划》中提出构建"一核两带三片区"的规划。近年来,宁夏推出了一系列政策推动文化旅游产业,制定《宁夏回族自治区推动公共文化服务高质量发展实施意见》《"宁夏二十一景"创新升级工程三年行动方案(2023—2025年)》等文件推动文化旅游业的发展。

2022年,宁夏提出未来五年每年统筹7.6亿元支持文旅产业发展,创新实施文化惠民工程,高水平打造国家全域旅游示范区。2023年,自治区政府启动"消费需求促进年"活动,投入财政资金近3亿元,举办了宁夏美食文化节等活动700余次,推动文化旅游产业基础设施建设,提出2023—

2025年实施"宁夏二十一景"创新升级工程。自治区在2024年继续推动文旅产业发展，提升宁夏文旅品质，融入西部地区联游市场、全国旅游大市场。银川市统筹推进"6954"工作计划，其中"6"是指"6个千"，即分别达成文化惠民演出、全民公益培训、优秀文艺节目、文旅志愿者、文旅宣传视频、文旅促消费活动的1000场（个）目标；"9"是指"9个百"，即达成新型公共文化空间、文旅业态新场景、旅游拍照打卡点、文旅行业文明诚信服务点、文旅骨干人才、文化旅游项目、文化创意产品和特色旅游商品、旅游营销活动、覆盖旅游客源城市的100项的目标；"5"是指"5个十"，即达成文化地标、优秀剧目、文旅街区、精品旅游线路、区域营销中心的10项的目标；"4"是指"4个一"，即绘制一张智慧文旅地图，包括"1+N"，打造1套夜游产品体系，新编1部银川文旅讲解词，打造1个知名党建品牌等内容。

二、宁夏文化旅游产业发展现状

宁夏全面贯彻落实党中央、国务院和自治区党委、政府决策部署，抢抓文化旅游列入自治区"六新六特六优"产业的有利契机，锚定高质量发展目标，突出融合发展主线，推动自治区文化和旅游产业迈上了新台阶。

（一）文艺精品创作再创新辉煌

坚持以人民为中心创作导向，把提高创作质量作为文艺作品生命线，推动文化建设成果惠及于民、服务于民，丰富群众精神世界、增强群众精神力量。一是繁荣文艺精品创作。紧扣"讴歌党、讴歌祖国、讴歌人民、讴歌英雄"精神内核，厚植宁夏本土文化符号，持续加大现实题材创作力度，打造了一批代表宁夏艺术水准、展现宁夏文化底蕴、在全国有一定知名度的精品佳作。首部数字秦腔戏曲电影《花儿声声》入选第四届、第五届中国戏曲电影展"优秀戏曲电影"名单。舞蹈《你好，小号手》等4部作品入围第十九届群星奖全国决赛，广场舞《塞上儿女心向党》斩获国家群众文化艺术政府最高奖"群星奖"。二是激发文艺创作活力。深化国有文艺院团改革，组织区属国有文艺院团按照"一团一策"全面落实改革任务。

出台《宁夏回族自治区旅游演艺项目补助资金管理暂行办法》，推动特色文旅演艺项目创新发展。加强与中央音乐学院等国家级院团合作力度，实施宁夏音乐歌曲联合创作推广工作。组织各类主体申报国家艺术基金资助项目183项，对《家是黄河宁夏川》等21部舞台艺术作品给予经费扶持，进一步夯实自治区文艺创作基础。三是发挥文化浸润效用。丰富提升"文化大篷车"品牌时代内涵和服务形式，整合提升"文艺轻骑兵""送戏下乡"等文化惠民平台，围绕学习宣传贯彻党的二十大精神和宁夏回族自治区第十三次代表大会精神，实施进农村、进社区、进企业、进校园、进商圈、进军营等"六进"活动，开展"送戏下乡"惠民演出1600场、群众文化活动1800场，将党的创新理论送入田间地头，引导群众听党话、感党恩、跟党走。

（二）公共服务体系实现新提升

坚持以人民为中心的发展思想，深入实施文化惠民工程，发挥公共文化服务平台教育引导群众、凝聚思想共识、促进民族团结重要作用，不断增强人民群众文化获得感、幸福感。一是夯实公共文化服务基础。制定《宁夏回族自治区公共文化服务保障条例》，出台《宁夏回族自治区推动公共文化服务高质量发展实施意见》，进一步完善公共文化服务政策保障体系。开展乡镇综合文化站服务效能综合评估，优化提升公共文化服务设施利用效率。下达公共文化服务体系建设资金5504万元、"三馆一站"免费开放专项补助资金2092万元，推动各地提高公共文化服务设施与产品供给均等化、标准化。二是提高公共文化服务水平。新改建乡镇综合文化站5个，扶持城乡文化示范点100个，建设"城市书房"20个、"城市阅读岛"10个，覆盖城乡、优质高效的公共文化服务体系更加完善。创新发展国家公共文化服务体系示范区，总结推广"城市阅读岛""一元剧场"等经验做法，银川市、石嘴山市顺利通过国家复核验收，广覆盖、高效能、惠于民的公共文化服务体系进一步健全。三是完善数字文化服务体系。实施智慧图书馆体系和公共文化云建设项目，完成各级图书馆、文化馆基础数字资源和支撑平台，公共数字文化供给能力有效提升。以智慧博物馆建设为载体，推出一批线上数字体验产品和公共文化"沉浸式""互动式"服务项目。制作《去宁夏，解锁宝藏世界》融媒体产品，配合央视拍摄《长城之歌》，利用数字化载体讲好文物故事、讲好宁夏故事。

（三）文化遗产保护得到新加强

精准提炼展示宁夏黄河文化和中华文化的精神标识和时代价值，推动中华优秀传统文化融入生活、服务人民、造福社会。一是提升文化遗产保护利用水平。出台《宁夏黄河流域文物保护专项规划》《宁夏回族自治区级文化生态区保护建设管理暂行办法》等政策文件，推动文化保护利用向科学化、制度化、规范化迈进。积极参与"中华文明探源工程""考古中国"重大考古项目，持续开展水洞沟遗址、苏峪口西夏窑址等考古发掘工作和中宁石空寺石窟危岩体加固等石窟寺保护项目。实施明长城红果子段（二期）修缮等33个文物保护项目。完成第二批革命文物名录征集调查。出台《宁夏回族自治区关于推进博物馆改革发展的实施意见》，23家博物馆享受国家、自治区免费开放资金补助，占自治区免费开放博物馆总数的48.9%，《历史红流——陕甘宁边区盐池县革命文物特展》入选"2022年度弘扬传统文化培育社会主义核心价值观"主题展览精品项目，《千年固原·丝路华章》被评为新时代博物馆百大陈列展览精品，《宁夏地区革命文物的保存管理和保护利用调查研究》被评为全国文化遗产十佳图书。二是统筹推进国家文化公园建设。32个建设项目纳入"十四五"时期文化遗产保护利用工程中央预算内投资项目库，实施项目19个，争取中央预算内投资3.72亿元。出台《长城国家文化公园（宁夏段）建设保护规划》，召开国家文化公园建设推进会，制定年度工作要点和重点项目清单，建立协调、督导、考核机制，形成上下联动、整体推进工作合力。三是加快构建非遗保护利用体系。创评自治区级文化生态保护区5个，评定第六批自治区级非遗代表性传承人129名。举办"非遗过大年·文化进万家"视频直播活动，59部宁夏非遗短片在文旅部平台展播。加快推进非遗产业化进程，实施"对话非遗工坊"项目、"美丽工坊"残疾妇女就业增收项目，促成15家自治区级非遗工坊与文旅企业达成长期合作，巴鸟麻编入选文旅部非遗工坊典型案例。

（四）精准营销宣传展示新宁夏

秉持"营销宁夏"理念，充分发挥文化旅游可视、可亲、可感、可触特点，用文旅"小窗口"展示宁夏新变化，用宁夏"小窗口"展示中国大变化。一是展示宁夏形象。充分发挥文化旅游在讲好宁夏故事、展示宁夏形象等方面的重要作用，将宁夏西海固"苦瘠甲天下"的脱贫致富奇迹、"千沙滩"到"金沙滩"的沧桑巨变、贺兰山东麓葡萄酒"当惊世界殊"的奋斗历程等作为核心元素，与自治区相关部门加强合作，共用一个品牌、共推一个 IP、共树一个形象，通过线上线下平台，充分展示宁夏的自然风光、特色风物、厚重文化和新时期宁夏人民奋发进取的崭新风貌，宁夏品牌影响力越来越大。二是强化品牌带动。深入开展"宁夏文旅大篷车"十城营销、"当惊世界殊"宁夏红酒旅游海外推广等系列活动，聚力提升宁夏文旅品牌知名度。联合各市县区开展"两晒一促"大型文旅推介活动，创新推广"一市一品牌""一县一节庆"特色品牌活动，充分调动各地参与旅游、推动旅游、发展旅游积极性，奏响旅游协作发展"大合唱"。联手宁夏广播电视台开通宁夏文旅频道，打造宁夏文旅宣传推广新阵地。成功举办"2022丝绸之路旅游推广季暨丝绸之路旅游城市发展国际论坛"等系列活动，面向海内外展示星星故乡、红酒休闲等宁夏特色资源。指导自治区102家 A 级旅游景区积极参与宁夏"崇军行动－畅游神奇宁夏"活动，在全国率先推出1名军人可带2名家属免景区首道门票优惠举措。三是加强宣传推广。依托上海、北京等10个重点客源城市多媒体终端，全面宣传展示宁夏，覆盖人群9.75亿人次。联合文旅部中外交流中心、央视 CGTN，在北京冬奥会前夕推出《冰雪中国》宁夏破冰之旅专题节目，直播和短视频海外平台观看阅读量突破1亿次。成功举办"宁夏与韩国旅游企业交流合作座谈会"，筹备开展"韩国文旅企业宁夏行"系列活动。创新实施"云秀宁夏"海外推广项目，全面展示宁夏乡村振兴、生态环保等发展成果及特色文旅资源，累计曝光量1000余万次，宁夏脸书（Facebook）传播力指数全国排名第二，点赞互动量全国排名第三，视频平台传播力指数位居全国第七。

（五）产业融合赋能增添新动力

顺应文旅消费提质转型升级新趋势，推动产业融合不断提高、结构比例不断优化、富民效用不断凸显、消费链条不断延长。2023年，自治区累计接待国内游客7004.11万人次，实现旅游收入651.45亿元，较2022年同期分别增长80.4%、114.1%，[①] 总体好于全国平均水平。一是突出带动引领挖潜力。以打造贺兰山东麓世界级葡萄酒旅游目的地为重点，谋划储备各类项目139个，对接争取项目38个，预算总投资29.4亿元，贺兰山东麓葡萄酒文化旅游廊道等2个项目列入自治区重大基础设施项目清单，牵头制定《关于打造贺兰山东麓世界级葡萄酒旅游目的地的实施意见（征求意见稿）》，推动文化旅游与葡萄酒产业赋能增效、深度融合，带动沿线市县区要素聚集、错位布局，提升区域发展整体水平。二是聚焦乡村旅游提动能。坚持把乡村旅游作为推动全域旅游发展、促进乡村振兴的重要抓手，整合3000万元资金，实施"百村千画·乡村美化工程""百村千碗·乡村美食工程"等乡村旅游助力乡村振兴六大示范工程，挖掘乡村历史文化内涵、打造休闲美食体验、开发精品旅游线路、发展"后备箱经济"、助推农村环境综合整治，14条线路入选国家级"乡村四时好风光"精品线路，7个村入选全国乡村旅游重点村（镇），西吉县龙王坝村和大武口区龙泉村被推送参加联合国世界旅游组织"最佳旅游乡村"遴选。三是深化融合发展添活力。举办第二届中国（宁夏）国际葡萄酒文化旅游节，培育葡萄酒酒庄类、枸杞类旅游景区16家，超过50%的葡萄酒是游客在酒庄直接购买的。突出数字赋能优势，出台《宁夏回族自治区深化"互联网＋旅游"推动旅游业高质量发展实施意见》，发布"神奇宁夏·星星故乡"文旅品牌标识。围绕"吃住行游购娱"，打造全流程贯通延伸消费服务体系，优化产业结构、增强产业动能、放大产业价值，新评定国家4A级旅游景区2家，自治区级旅游度假区3家、休闲街区7个，大武口生态工业旅游休闲集聚区、百瑞源枸杞工业旅游示范基地被评为国家级工业旅游示范基地，沙坡头景区入选国内水路

---

① 宁夏回族自治区统计局、国家统计局宁夏调查总队：《宁夏回族自治区2023年国民经济和社会发展统计公报》。

旅游客运精品航线试点。

三、宁夏文化旅游产业发展存在的问题

相对于全国其他地区，宁夏文化和旅游产业融合工作起步较早、力度很大，但在实践中也暴露出一些问题，主要表现在以下四个方面。

（一）文旅产业融合深度不足

一是旅游要素不够完善。旅游项目同质化问题比较突出，与多元化、个性化的市场需求不匹配。部分景区景点体验式项目少，旅游要素还不够完善，消费带动性较低，留不住人，一日游旅客占比高。比如，海原县打造的关桥梨花小镇，有采、游、赏等项目，但缺吃、住的配套设施；天都山景区多年来只完成了道路、亭阁等基础设施建设，没有其他配套项目，缺乏吸引力。又如，中宁县"天湖"和沙坡头区"大漠边关"景区景色优美，但缺乏深度开发和品质提升；中宁县"天湖"资源独特，县上有开发意愿无开发资格，产权在农垦集团。二是文创产品研发创新还不够。围绕剪纸、刺绣、沙画等民间艺术研发的文创产品，不同程度存在文化内涵不够、创新力不强、规模化不够、竞争力不足的问题。如沙坡头区的非遗项目中卫滩羊地毯几乎无人知晓，且产品种类少、产量低，没有形成规模。部分文创产品研发销售的完整链条还没有形成，一些热销的旅游商品本地生产不了，本地生产的旅游商品又难以销售。如广受游客喜爱的沙漠毛绒骆驼玩偶，多数都在广东、江苏等地生产，而本地的如宁夏微元素文化传播有限公司生产的沙画、镶嵌石画等工艺品，很多都在全国和自治区大赛中获过奖，但因缺少销售平台和销售渠道，销量不好。三是文旅融合还不够。不少厚重的文化资源还停留在学术研究阶段。比如，沙坡头区、中宁县对"大麦地岩画""双龙山石窟""古长城"等文化遗产利用不够，缺乏与旅游产业的融合，没有开发和形成独特的文旅项目；海原县对红色文化、西夏文化的挖掘、开发、打造也仅在研究论证的初步阶段。

在产业融合方面，文化与旅游的融合尚处于探索阶段，旅游与工业融合处于起步阶段，乡村旅游规模小、缺乏特色，农业融合发展还不够深入，

与健康、体育、养生等产业融合发展缺乏特色带动项目。在要素配套方面，对本地特色餐饮挖掘培育不够，尚未形成连片特色和个性化较强的餐饮品牌。旅游住宿以中低端宾馆、酒店为主，高端、特色鲜明的酒店数量较少。对游购娱开发深度不够，休闲产品缺乏，特色旅游商品种类少，旅游产业附加值水平不高。在游客消费方面，游客消费增长缓慢，旅游项目同质化竞争激烈，消费带动性减弱，一日游游客占比高，过夜游客占比低。

（二）文旅产业融合机制不顺

一是缺乏优惠政策驱动。缺乏专业人才招录、文创产品研发、项目引进、景区品质提升等方面的奖补机制，优惠政策的倾斜和扶持力度还不够大，对企业和民间资金的吸引力还不强。二是工作融合机制不健全。2019年市、县（区）机构调整改革后，文化和旅游部门虽然在体制上进行了合并，但分管文化业务和分管旅游业务的人员仍习惯于从各自角度思考工作，融合机制体系还未真正建立起来，工作合力尚未形成。三是区域特色体现不明显。比如沙坡头区以沙坡头景区为核心，基本构建了比较完善的文旅产业体系，但中宁县和海原县在开发本土特色文旅产品、打造具有影响力的景区景点方面还做得不够，两县目前还没有国家4A级以上旅游景区。

（三）文旅产业服务水平同高质量发展要求还有差距

宁夏文旅产业服务水平存在以下不足。一是文旅产业从业人员对相关文化了解程度不够。旅游学校专业学生从事旅游产业的比例较低，人才错配现象比较严重。二是文旅产业智能化、便利化设施还有不足，缺乏为游客提供易得的导引与沉浸式体验。短期的、一次性的体验较多，对餐饮、住宿带动作用不强，吸引回头客能力不足。三是缺乏文旅融合发展的整体规划、统筹发展，各层级规划缺乏联动，表现在有些市有文化、旅游单项规划，但县（区）均没有文旅产业融合发展的规划，各景区各自为政，在宣传上存在割裂感。

（四）宣传营销缺乏多样性

一是宣传营销缺乏系统性。对市场的调研有待加强，对市场需求和游客的需要了解不深，缺乏针对性、系统性、长远性的宣传营销规划，宣传营销工作与全域旅游长远发展需要还不匹配。二是宣传营销缺乏协同性。县（区）在宣传营销上缺少合作，存在单打独斗现象，尤其中宁县、海原县在文旅产业宣传推介、文创产品营销以及与沙坡头区合作同步上想的办法、下的功夫不够。比如海原县非遗项目剪纸手工艺品制作精美、品质优良，但名气不大，销路比较窄。三是宣传营销缺乏多样性。宣传包装、推介手法单一，利用新兴媒体宣传推介不够。比如在举办各类赛事活动时，通过电视、网络、微信等平台扩大宣传推介力度不够，知晓度和影响力小。

第二节　现代物流产业发展的现状与问题

宁夏物流业得到党中央、国务院的高度重视，共同配送、冷链物流、供应链示范、商贸物流枢纽、多式联运等一系列重大工程持续推进，宁夏物流业在全国物流格局中的战略地位不断提升，产业发展跑出"加速度"。为深入了解宁夏物流业发展现状，准确研判宁夏物流业发展趋势，宁夏区委党校（宁夏行政学院）组织了调研团队，对宁夏地区的物流产业开展了多层次、全方位的调研。调研团队先后走访了新百连超超市有限公司、宁夏小任果业发展有限公司、宁夏华联综合超市有限公司、宁夏新百现代物流有限公司、宁夏新华物流、梦驼铃产业基地、河东机场物流中心、银川铁路南货运中心、银川四季鲜农产品物流园、宁夏现代物流协会、吴忠茂鑫通物流、中卫众力物流等20余家骨干物流企业，采用问卷、专家访谈、员工座谈、现场观摩、资料分析等多种调研方法，围绕"六新六特六优"相关特色产业，就物流产业发展状况、企业经营、人才需求、人才培养方案等各个方面与企业专家进行了深入研讨，了解了宁夏物流行业基本情况与人才需求趋势。

一、自治区对现代物流产业发展的支持

2022年，中共宁夏回族自治区第十三次代表大会将现代物流业确立为"六优"产业之一，建立了现代物流业包抓机制专班，以联席会议制度推动

落实各项政策，不断推动现代物流产业的提质增效，提高物流产业服务质量，推动物流服务社会经济的能力，出台了《现代物流业高质量发展实施方案（2022年—2027年）》，宁夏物流业进入高质量发展新阶段。发改委、商务厅、交通运输厅等各部门协同发力，为物流产业高质量发展做了大量的工作。具体来说，主要有以下七个方面的工作。

（一）抓专班，运行高效顺畅

切实履行好专班办公室职责，成功召开物流工作推进会。会议总结成绩，查摆问题，审议2023年工作要点、考核评分标准和自治区重点物流企业认定办法，并安排部署了2023年工作。在此基础上，充分调动各成员单位工作积极性，按月度调度各成员单位工作任务进展情况，按季度调度重点项目推进情况和物流发展情况，分析后报送省级包抓领导，目前已报送各类专报14期，有关报告多次获得省级领导批示认可，专班运行高效顺畅。

（二）抓政策，强化引导作用

政策引导是省级部门推动产业发展首要措施，各物流相关部门深植调查研究"基因"，全年先后两次"犁地式"调研自治区物流企业和重点项目，获取了行业发展最真实的情况。同时深入研究物流业发展规律，结合宁夏实际，联合财政厅、商务厅印发《宁夏回族自治区现代物流业发展专项资金管理办法》和申报指南，制定印发《宁夏回族自治区冷链物流高质量发展实施方案（2023—2027年）》，持续增加政策供给，优化宁夏物流业发展环境。

（三）抓企业，培育做大做强

擦亮A级物流企业招牌。2023年，新增A级物流企业21家，主动调整剔除9家企业（目前自治区共有A级物流企业64家），"一进一出"让A级物流企业意义更强。正在开展的第37批A级物流企业推荐中，预计新增6家以上。推荐的新百物流、宝众祥石化仓储等8家物流企业被评为商务部重点联系商贸物流企业。推荐西创运通、神聚农业等10家企业争取商务部供应链创新与应用示范企业。联合发改、财政、交通等部门评选出首批宁东铁路、港通物流等9家自治区重点物流企业。拟评选区级物流示范园区和标准化物流器具循环共用示范项目。

（四）抓项目，增强发展后劲

支持建设杞里香智能物流、宝众祥工业仓储、好又多城乡配送、中卫供销社苹果冷库等项目15个，完善了物流基础设施，有力支撑了产业发展。摸排并按季度调度宁东铁路电气化改造项目等49个年度重点项目。同时，提前摸排2024年拟支持项目，为2024年工作打下坚实的基础。

（五）抓活动，凝聚发展合力

圆满收官首届宁夏物流节，及时向包抓领导报送了物流节总结报告，得到批示肯定。顺势而谋，高质量举办了第二届宁夏物流节开幕式暨高质量发展高峰论坛、大宗物流与"六新"产业融合发展行动、农村寄递物流体系完善行动和政企学研座谈沙龙系列活动。成功举办第二届宁夏物流行业职业技能大赛，400余名选手参赛，提升了物流行业领域职业人才技能。培养了200余名物流职业技能人才，为行业发展"靶向送才"。配合交通运输厅开展了"最美货车司机"评选活动。若干活动获得业内一致认可，凝聚起物流发展的磅礴力量。

（六）抓安全，夯实发展根基

2023年先后两次开展物流领域安全生产培训，持续提升从业人员安全意识。紧抓安全生产"三管三必须"文件制定契机，反复协调将商务厅安全生产监督管理处安全生产职责限定为负责指导督促装卸及仓储安全生产管理工作，负责商贸物流安全监管工作（原职责为"对物流行业实施安全监督管理"）。深入落实自治区党委十三届四次、五次全会精神，印发《自治区商贸物流、装卸及仓储商贸服务业安全生产监管工作方案》，制定自治区物流领域生态环境保护工作方案，进一步明确了工作安排。坚守安全发展底线，累计派出80余人次对50家次物流企业和物流园区安全生产情况进行督导检查，全面排查整改各类隐患，营造安全发展环境。

（七）抓党建，提升干部素质

围绕"引领物流增质效 助推行业强发展"党建品牌，落实好"五通"工作法，以支部规范化建设为抓手，将党务工作与业务工作深度融合，同安排、同推进、同落实，充分发挥了党建工作强队伍、聚人心、转作风、促发展的作用。通过党建活动常态化、制度化、规范化，使党员时刻保持政治立场清醒坚定、先锋模范作用有力、廉洁自律秉公持正，树立了良好的"五型"机关形象。

二、宁夏物流业发展的现状

2023年，宁夏实现社会物流总额9966.73亿元，其中，农产品、进口货物、单位与居民物品物流总额分别完成735.13亿元、50.60亿元和29.87亿元，分别增长4.7%、3.8%和18.3%。快递业务收入19.32亿元，同比增长23.7%。自治区社会物流总费用863亿元，同比增长2.7%。社会物流总费用与GDP的比率为16.2%。自治区物流相关行业实现增加值480.66亿元，按不变价格计算，同比增长7.2%，占自治区GDP的9.0%，占自治区第三产业增加值的20.0%。自治区完成货运量54998.44万吨，同比增长13.1%。累计完成货运周转量为946.98亿吨公里，同比增长8.4%。[①] 物流业作为"六优"产业之一，已经取得了很好的发展成果，具体表现在以下五个方面。

（一）物流产业格局不断拓展

近年来，宁夏物流业逐步深度融入国内物流网络，向北融入二连浩特至北部湾物流大通道，向东融入能源与出海物流大通道，向南对接西部陆海新通道，向西接入陆桥物流大通道，产业发展格局不断拓展。

目前，自治区占地150亩以上物流园区60余个。银川市建成了多式联运型公铁物流园，零担货运型交通物流园，银古物流中心，商贸配送型新百物流园，望远商贸物流园，冷链物流型四季鲜、新世纪、海吉星、润恒城等农产品物流园，寄递物流型贺兰电商物流园。石嘴山市建成了口岸服务型惠农陆港物流中心、保税物流中心（B型），多式联运型富海物流园。吴忠市建成了多式联运型德昌铁路物流中心、冷链物流型鑫鲜农产品市场。

---

① 《2023年宁夏实现社会物流总额9966.73亿元》，宁夏回族自治区商务厅网站，https：//dofcom.nx.gov.cn/xwzx_274/swdt/202402/t20240229_4471629.html。

中卫市建成了综合服务型中国物流中卫物流园、冷链物流型四季鲜农产品市场。固原市建成了冷链物流型嘉泰农产品市场、商贸配送型味园商贸物流园。以 G6、G20、G70、G22 为骨架的"三环四纵六横"物流网络空间布局初步形成。

（二）物流产业规模不断壮大

截至目前，自治区现有社会化物流公司 3000 余家（不含区外在宁分公司及个体工商户），其中，运输型企业占 42%、仓储与配送型企业占 53%，传统仓储与配送型企业仍是宁夏物流主要业态。2022 年自治区社会物流总额 10230 亿元，首次突破万亿元大关；社会物流总费用与 GDP 的比率下降至 16.6%，降本增效成效明显。见图 5-1。2023 年，自治区社会物流总额 9966.73 亿元，比 2022 年下降 2.6%。物流业规模稳步扩大，已成为宁夏新的经济增长点。

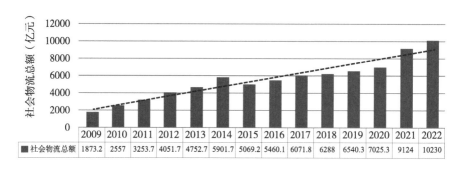

图 5-1　2009—2022 年宁夏社会物流总额

（三）物流业态加快提质扩容

近年来，宁夏冷链物流、城乡商贸配送、农村寄递物流等物流业态加快提质扩容，吴忠市茂鑫通冷藏运输有限公司连续 3 年入围中国冷链物流百强企业；新华百货现代物流有限公司标准化托盘示范项目有序推进，城乡三级商贸配送体系不断完善，农村寄递物流建制村服务覆盖率接近 95%。2022 年宁夏商贸物流企业组建了"宁夏共同配送联盟"，产业联盟化发展态势初步构建。大宗物流与"六新"产业，冷链物流与"六特"产业，寄递物流与电子商务、文化旅游产业加快融合，依托数字化物流技术、标准化物流技术及供应链优化，推动打造了多式联运、网络货运、共同配送、智能制造物流等新业态新模式。

2022年，银川市成功申建商贸服务型国家物流枢纽以及全国供应链创新与应用示范城市，新华物流、杞里香被商务部评为第二批全国供应链创新与应用示范企业。以"公转铁""散改集"为标志的多式联运全面推进，中卫天元锰业集团公司申报的国际多式联运示范工程、盐池县德昌铁路物流中心申报的公铁水多式联运示范工程被交通运输部评为全国第四批多式联运示范工程创建项目。

（四）骨干龙头企业逐步壮大

借助"六新六特六优"产业机遇，宁夏物流企业加强联合重组，2023年7月组建了宁夏物流集团，一大批优质骨干物流企业将在未来不断发展壮大。截至2023年9月，自治区已培育出 A 级物流企业64家，其中4A 级物流企业21家、3A 级40家、2A 级3家。其中，代表性企业主要有宁夏西创运通供应链有限公司、中国物流宁夏公司、港通物流、李旺实业、国药物流、然尔特实业、九鼎物流、新华百货现代物流。

宁夏积极引入中外运、中国物流、京东物流等一批知名第三方物流企业，物流市场主体呈现多元化，企业数量快速增长。城乡共同配送、"生鲜电商＋冷链宅配"、"中央厨房"等新业态新模式加快培育，智慧物流、自动分拣等新技术新装备加快推广，物流服务能力明显增强，物流业已成为宁夏发展现代供应链、推动经济社会高质量发展的重要支撑。邮政速递、顺丰、京东、韵达、申通、圆通等骨干快递物流企业普遍建设了信息化程度较高的物流分拨中心。冷链物流企业不断培育壮大，围绕宁夏特色农业，涌现出茂鑫通、鑫茂祥、众力冷链等一批在全国有影响力的冷链物流运输企业。平台型物流企业创新能力不断增强，以梦驼铃物流产业平台为代表的创新型物流数字化企业已形成一定集聚效应。

（五）物流人才需求体系进一步完善

近年来，现代物流业在我国经济社会中的重要性日益凸显，物流业逐渐由基础性产业上升为战略性、先导性产业。根据2022年物流行业人才需求分析报告，物流市场营销类、业务操作及客户服务等岗位合计占比超过65%，而行政大类岗位需求相对较少，表明2023年大多数物流企业将开拓市场及提高服务质量作为规划重点。此外，跨境电商、多式联运、物流信息化等新兴产业人才需求增量较大，表明当下物流企业正快速向数字化、全球化、多元化及服务一体化转型升级，而人才为其重要支撑要素。培养输送高素质技术技能型物流人才是推动宁夏现代物流业高质量发展、助力先行区建设与乡村振兴的重要保障。

在政策高位推动下宁夏物流产业规模不断扩大，物流专业人才需求规模也相应增长。仅新百现代物流、小任果业、新百连超、韵达快递、京东物流等几家骨干商贸物流、快递物流企业每年毕业季招聘物流专业学生就近百名。网络货运、多式联运、生鲜冷链配送、零担货运、物流园区等各物流业态对物流专业人才均有需求。除社会化物流企业之外，农业企业有农产品冷链加工、生鲜食品保鲜包装，工业企业有大宗货物采购、仓储、运输、车辆调度、厂内物资配送，商贸流通企业有快销品仓储、配送等物流相关岗位。根据近期猎聘网等招聘信息分析，宁夏物流行业人才需求规模超过300人，随着宁夏"六新六特六优"等重点产业加快发展，物流专业人才需求规模呈现增长态势。见表5-1、表5-2。

表5-1　宁夏物流行业重点招聘岗位情况

序号	物流招聘岗位	岗位要求	学历要求	薪资待遇（千元）
1	物流规划专员	负责省区快递、快运规划，包含场地、路由、线路等，对接分拣网点等业务方案，统筹输出方案	本科以上	10~20
2	仓储总监	根据商品特性及物流发展状况，协助建立RDC仓的管理体系，制定和完善各项仓库管理流程和制度，保障商品安全和按相应需求及时供应，降低库存，降低商品保管成本，提高公司商品使用效率，降低商品流转过程中的风险	本科以上	25~35

续表

序号	物流招聘岗位	岗位要求	学历要求	薪资待遇（千元）
3	区域物流经理	负责公司日常运营工作，对各项业务流程进行梳理和优化	本科以上	8~14
4	物流设备主管	负责全车间物流线设备管理，主要为运维、保养、维修数据统计分析、技改主导、设备体系文件搭建	本科以上	20~40
5	网络货运经理	负责数字货运产品及延伸增值金融产品的市场开拓与销售	大专以上	10~20
6	智能物流工程师	现场调试，配合售后服务部门为客户现场调试及改进设备，并对客户的相关人员进行操作培训	本科以上	10~18
7	订单物流主管	负责日常的订单承接，报予上级审批，完善合约手续，并将订单任务下达到相关部门，保证订单的及时性、准确性、完整性	大专以上	8~12
8	仓配供应链规划专员	进行仓储通用设备技术、规划设计标准等标准沉淀，对接总部重点项目落地实施及其他上级安排事项	本科以上	10~20
9	供应链销售顾问	负责公司运输、配送、仓储类业务开发，针对电商、快消、生鲜、家具、家电、新零售等类型客户进行产品推荐，达成业务合作	本科以上	8~14
10	仓储主管	负责仓储、配送的现场运营管理，包括收货、拣货、打包、配送、盘点、退货等操作	本科以上	10~14
11	采购主管	负责部门的采购工作，通过争取供应商资源以降低成本和提高周转；及时掌握行业及市场的发展变化趋势，采购适销对路且具备竞争力的商品	本科以上	8~14
12	物流大数据经理	负责项目实施过程管理及具体实施工作（需求调研、数据整合、测试、培训、上线等），完成项目过程中各类文档的编写、收集、整理及归档	本科以上	7~12

表5-2 物流岗位类型

岗位类型人才需求企业		物流专业岗位描述	物流通用岗位
农业企业（包括冷凉蔬菜、肉牛、滩羊、特色果蔬等产业）		农产品冷链设计、冷链仓储规划、冷链运输调度、冷链连锁经营	物流信息管理、物流成本核算与控制、物流统计、物流大数据分析、物流规划与设计、物流设备调试与管理、物流文员、物流策划
工业企业（包括化工、新型材料、装备制造等产业）		物资采购、仓储、产成品包装、车辆调度、发运、线边物流等管理	
物流企业	商贸物流型	日用品采购、仓储、分拣、合板，车辆调度、配载、配送等管理	
	寄递物流（快递）型	快件收寄、分拣、包装、发运、客服等管理	
	零担货运型	揽收、车辆调运、配载、发运、客服、代收货款等管理	
	多式联运型	揽收、车辆调运、配载、转运协调、发运、客服、货运代理等管理	
	物流园区型	园区规划与设计、园区管理、供应商管理、采购管理、交易管理、仓储管理	
	供应链型	采购管理、客户管理、车辆调运与配载、供应链管理、供应链设计	
	网络货运型	车辆调运、车辆监控、交易结算、营销等管理	
	物流金融型	质押监管、仓储管理、商品管理	

1. 高层次技术技能型人才需求逐步增大

宁夏新百现代物流、小任果蔬等商贸物流企业，韵达快递、京东物流、中通快递等寄递物流企业，富海物流、新华物流、港通物流等多式联运企业，九鼎物流通等网络货运企业，吴忠仪表、共享集团等装备制造企业，以及四季鲜、公铁物流园等物流园区加快自动化、智能化升级，大量人工作业正在被机械化、自动化、智能化设备替代，物流业技术技能人才需求更加旺盛，高层次技术技能人才开始出现短缺。根据调研，目前，物流企业对从业人员的物流规划能力需求占49%，统计与数据分析能力需求占58%，物流成本管理能力需求占42%，现场管理能力需求占51%（见图

5-2）。宁夏物流从业人员技术技能需求水平正在由熟练操作型向规划设计、现场管理、标准化作业、供应链一体化、物流策划、大数据统计分析、成本管理、智能管理等高层次跨越，既熟练掌握物流操作技能与业务流程，又具备规划设计能力、现场管理能力及数据统计分析能力的高层次技术技能人才出现紧缺现象。

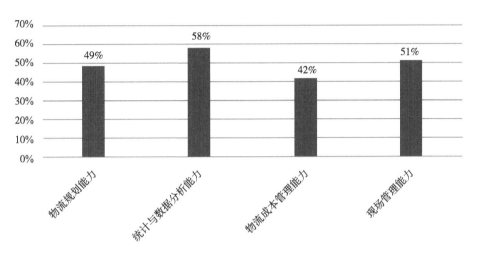

图5-2　宁夏物流企业新技能需求情况

2.物流新职业人才需求显现

近几年，宁夏传统物流业加快向现代物流业转型升级，农业领域的中央厨房、冷链低温分拣加工、冷链仓运配，工业领域的物流外包、公铁联运、智慧物流，第三方物流领域的网络货运、物流金融、标准化物流、供应链管理等新业态新模式逐渐兴起。多式联运货运代理、公铁联运调度、甩挂运输管理、网络货运统计与数据分析、冷链干线运输、"电商＋冷链宅配"、担保存货与质押监管、物流设备调试工程师、生产制造物流现场工程师、自动化分拣、无人仓管理、标准化托盘联运管理等新兴物流岗位出现，物流专业人才多元化特征逐渐显现。见表5-3。

表5-3　物流新业态岗位类型

企业类型		传统物流岗位	新业态新模式新产业	新兴物流岗位
农业企业		农产品常温仓储、加工、分拣、包装、配送	中央厨房、冷链加工、冷链物流	净菜加工、预制菜加工、冷链低温分拣与包装、冷链仓储与运输管理
工业企业		采购、仓储、配送、运输管理	物流外包、公铁联运、智慧物流	线边物流、现场管理、准时化供应
物流企业	商贸物流型	分拣、库存管理、配送、配载	托盘置换与联运、共同配送	标准化管理、智慧物流管理
	寄递物流型	收寄、分拣、发运、递送、客服	智慧快递、自动分拣	大数据统计与分析、质量管理、智能设备管理
	零担货运型	揽收、配载、发运、客服	智慧物流、代收货款	智能配载、大数据统计与分析、物流金融
	多式联运型	车辆配载、发运调度	公铁联运、多式联运货运代理	集装箱运输管理、供应链管理
	物流园区型	园区管理、仓储管理	"电商+交易平台"、智慧物流园区	供应链管理、智慧园区管理
	供应链型	采购、仓储与运输管理	供应链运营	供应链优化设计、供应链管理
	网络货运型	车货匹配、运输管理	智慧物流	车辆智能调度与监控、交易结算、物流大数据统计
	物流金融型	仓储管理、质押监管	担保存货、仓单质押	仓储智能监管、存货管理

3.物流复合型人才广受欢迎

结合2023年的物流企业现场面试情况和后期调研分析，物流业更为重视应聘者的实践能力、专业技能与综合素质。其中能敏锐观察市场行情、富有创新思维及有高效执行力的复合型人才成为物流企业首选。随着宁夏物流业向高端化、绿色化、智能化、融合化方向发展，从业人员跨岗位、综合职业能力要求越来越高，复合型技能需求不断提升。根据调研，85%

的调查者注重物流工作的表达与沟通能力，70%的调查者认为办公软件运用能力是物流工作的一项重要技能，39%的调查者认为物流工作需要应用文写作能力，26%的调查者认为需要掌握常用物流机械设备操作能力，16%的调查者希望掌握PS或视频软件操作能力（见图5-3）。另外，部分从业者认为物流工作中需要一定程度的英语水平、车辆配载能力、商业策划能力、合同制作能力及标书制作能力和物流单证处理能力。传统物流业低端劳动力形象正在改变，掌握物流基础理论知识和基本操作技能，具备较强的表达能力、写作能力、软件应用能力、商业策划能力的复合型"多面手"受到广泛欢迎。

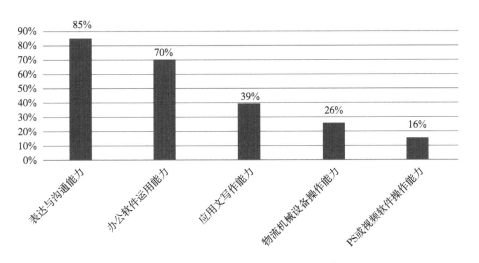

图5-3 宁夏物流企业复合型技能需求情况

三、宁夏物流业发展存在的问题

虽然物流产业发展取得了较好的成绩，各项管理工作也标准化、规范化高质量发展，但是距离对标发达地区的物流产业的发展水平要求还有较大的差距。当前宁夏的物价偏高，物流产业发展面临一系列的瓶颈。

（一）物流相关产业发展基础薄弱，物流成本较高

物流产业作为第三产业主要服务于一二产业。其他产业发展好，物流

产业就能取得较好的发展水平。当前受人口、产业总体发展状况的影响，物流产业发展缺乏其他产业的助力，同时受到规模效益难以实现的影响，物流成本较高。虽然宁夏物流产业有了长足进步，物流成本整体保持下降态势，2011—2018年，宁夏社会物流总费用与GDP的比率降低了13个百分点，但是与全国相比还有一定差距。2017年，宁夏社会物流总费用与GDP的比率比全国平均水平高4.3个百分点，这表明创造同样规模GDP，宁夏物流成本相对较高。

从宁夏社会物流总额占比情况变化数据看，工业品物流始终占总额的60%~75%，基本以煤炭、化工、原材料为主，附加值较低，意味着创造相同的GDP需要支付更多的物流成本。从物流成本构成的历史数据看，运输费用占比始终保持在80%左右，远高于全国33%的平均水平，主要是因为宁夏产业结构属于典型的"两头在外"，原料供应地远，销售市场也远，大宗物资大批量、长距离运输占比较多，且多采用费用较高的公路运输方式，导致运输费用居高不下。

第一产业方面，农产品及冷链物流成本居高不下，冷链物流存在较多问题。首先，冷链物流企业成本负担大。冷库、冷藏车辆初始投资大，维修更新折旧频度高。其次，金融服务不配套，企业获得贷款难，加重了物流企业的运营成本。最后，断链环节多，自治区冷链设施中冷库居多，运输、配送等环节相对薄弱，产地预冷严重缺乏，冷藏运输及配送过程缺乏监控，全程温控系统和质量溯源系统尚未得到广泛应用。

此外，物流产业制度性交易成本较高，主要体现在以下三个方面。首先，生产要素成本偏高，比较优势不足。物流业是劳动密集型产业，从历史角度看，宁夏劳动力成本尤其是工资成本上升较快；从区域角度看，宁夏劳动力成本高于西部地区的甘肃、陕西、新疆，甚至高于东部地区的山东，中部地区的河南、湖南等省份。其次，税收负担偏重，税收流失严重。物流企业普遍反映，"营改增"后，物流企业的实际税负上升，主要原因是抵扣不足。宁夏物流运输企业大多依靠社会车辆，这些个体运输户不能开具专用发票，大量费用如维修费、材料消耗、过路过桥费等，因无法取得票据而造成物流企业进项抵扣严重不足，间接提高了企业的物流成本。近几年，交通运输部积极尝试解决物流企业税收抵扣问题，推行无车承运人试点。宁夏的14家试点企业在座谈时明确表示试点工作是好的，但由于缺乏国家支持政策导致基本很难盈利，普遍亏本经营。中东部地区如江苏、安徽、湖北等省给予无车承运人企业较大的税收返还支持，大幅提高了企业盈利能力。这些企业纷纷到宁夏来开展业务，一方面加大了宁夏企业的竞争压力，另一方面吸引了不少宁夏企业注册外省区的无车承运人平台。据不完全估算，宁夏每年因此流失0.8亿~1.5亿元的税收。最后，金融体系不完善，企业融资成本偏高。物流企业一方面需要重资产投入，另一方面业务账期长（通常在60天以上）、垫付资金量大。由于多为中小企业，银行获贷难，企业融资成本高，年化利率已达15%~18%。资金的短缺和融资的困难极大地制约了物流企业做大做强。

从政策制定和管理的角度来看，要更好地发展物流产业，就必须和相关产业联系起来。要研究透彻物流发展规律，必须深入研究其他产业发展规律。这对物流工作提出了更高的要求，当前各个部门研究制定政策的能力和水平还需进一步提升。

宁夏空中丝路受空运产业基础薄弱、对周边市场客户的参与热情吸引力不高等因素的影响，推进速度慢、质效不及预期。随着周边成都、甘肃（武威）、西安等保税物流中心及航空物流的快速崛起，银川仅有的区位方面的优势越来越显得无足轻重（主要指三、四、五航权开放）；另外，陆路、空中通道受阻，宁夏的对外开放便失去了得力的抓手，围绕通道培育发展通道经济的想法便失去了强有力的支撑。这种发展空间被抑制的状况一旦固化，将使宁夏聚集发展资源的能力变得越来越弱，地区影响力、辐射力、经济发展的内生动力必然受到抑制，发展新的经济增长点的难度进一步加大。

（二）物流园区发展质量不高

物流园区是物流产业发展的重要方面，据不完全统计，自治区物流园区及物流市场有60家，从分布密度上看已经趋于饱和，当前宁夏的物流园区面临以下问题。

一是服务功能雷同，互补性差，普遍处于低端服务。基本上都是货运信息、车辆停放、司机住宿、货物仓储等较原始和单一的物流服务，同质、无序竞争现象严重，且商户零散分布在各个园区中，导致零担资源分散。

二是园区内仓储多以露天堆场、半开放型零担仓或老仓库、小仓库为主。其中有70%是简易仓，占地面积大，储存效率低，支持电商、流通加工、即时配送等有高附加值的高标仓紧缺。

三是园区管理水平不高，信息化水平较低，场内物流作业机械化程度低，人工装卸货成本高，成为末端物流配送成本居高不下的重要影响因素。全国商业流通环节的库存平均周期为5天，宁夏为9、15天，物流保管费用明显偏高。

四是物流企业规模小，与产业关联度不高。受经济发展水平的影响，宁夏现有物流企业整体规模较小，物流企业与现有产业关联度不高，市场细分初级化、专业化层次较低，无法专注为某一类特定产业和企业提供专业化、差异化服务。此外，大多数物流企业处于初级发展阶段，缺乏规范的运营服务制度，不能提供个性化的物流解决方案，同时也缺乏较高素质的物流管理服务人员和物流管理技术化手段。企业形象和声誉影响企业的业务量和服务质量，使其在市场竞争中处于末端，实现向较高层级发展目标迈进的步履艰难。受经济发展均衡程度低的影响，宁夏物流企业分布过于密集和过于稀疏的现象并存。一方面，过高的集中度使物流企业之间的竞争陷入"白热化"。这种状况恶化了物流企业的生存环境，导致其收入与成本倒挂，无法获取正常的行业利润，造血功能衰竭，内生发展能力严重退化，对区域经济发展固有的推动作用难以有效发挥。另一方面，"苦力型"物流发展格局，物流企业普遍缺乏高素质的相对稳定的职工队伍和经济资本的关注，使物流企业发展雪上加霜，规模化发展受到抑制。

（三）产业层次低，产品附加值不高

一方面，受经济发展水平的影响，宁夏运入货物量大于运出货物量，难以形成正常状况的"钟摆式"物流。这种状况下，物流企业不敢也不愿下本钱投资物流发展，人们便无法享受到便捷、高效、低成本的物流服务，从而形成恶性循环。另一方面，由于宁夏总体经济规模小，发展空间有限，对大的物流企业和高素质人才缺乏足够的吸引力，物流业在本就欠发达的市场中竞争基础处于劣势。产业结构决定了对外（自治区域外）贸易的产品结构，对外贸易的产品结构决定了物流的实物量和价值量，最终决定了宁夏物流这个行业的位置和高度。宁夏倚重倚能的工业结构决定了产业结构单一、产业丰厚度不足，尤其是先进制造业个头小、个数少，"群"辐射集聚效应差。单一的产业结构造成宁夏对外贸易总量中最终产品的贸易占比过大，零部件、原材料、中间品贸易占比过小。产品交换的低层次格局使企业的组织、管理方式变化周期长。一方面，由于缺乏行业龙头核心企业，在贸易品有众多企业的众多零部件互相组合才能形成最终产品的当下，我们的企业游走在产品供应链的不确定位置，影响了整个地区物流量的稳定性。另一方面，缺乏产业链的集群，形成不了供应链的紧密纽带和价值链的枢纽，对外贸易的层次和结构就不可能随着时代的脉搏有节奏地变化，货物贸易中的中间品所占的比重和服务贸易占贸易总量的比重没有明显的变化，进而影响到生产性物流、生产性服务业，产业链金融，各式各样的科研开发、研究设计等服务贸易的量。宁夏物流企业仍处于刚刚起步阶段，硬件技术设备落后、管理手段粗放是其显著特征，管理硬件设备和先进技术手段的缺失跟不上现代物流业发展的脚步，致使服务质量和水平难以赢得高端客户的青睐，严重影响了宁夏物流经济质的提升。

（四）物流人才供需不匹配

由于物流的宽领域、广覆盖特征，物流业从业人员也广泛分布于各行各业，目前，宁夏物流行业从业人员主要来自两个方面。一是从传统仓库管理、物资管理、运输等业务转型而来。受历史因素影响，此类群体从业人员普遍文化程度低、专业技能水平低，运输、装卸搬运等体力劳动成为社会对物流业的"标签"。近年来，传统物流作业趋向机械化、信息化，该类群体人员就业面临较严峻挑战。二是具有较高学历与技能的高职与本科大学生群体。此类群体是物流业新生代从业人员，普遍接受过系统的物流专业教育与职业技能培训，学习能力较强、创新能力较强、专业基础扎实、职业发展空间大，是宁夏物流产业高质量发展的主要力量，宁夏高校物流管理专业将承担更加重大的使命和责任。

总体来看，经过十余年高速发展，宁夏物流业队伍得到明显优化，学历层次、文化水平大幅度提升，信息化、自动化、智能化正在深刻改变宁夏物流业传统形象。宁夏物流业从业队伍进入更新换代新阶段，一大批低端工作岗位正在被自动化智能化设备取代，具有高职大专以上学历的专业化人才广泛就职于物流行业，成为宁夏物流行业的骨干力量，部分大学本科学历物流专业学生在工作岗位上展现了较强的专业素养。很多高职大专与本科物流人才成为物流企业的基层、中层管理人员，专业化、高学历、高技能成为宁夏物流行业从业人员的新定位，但是从高校人才供给侧考察，宁夏高校物流管理专业人才培养仍存在一些突出问题。

1. 高层次物流专业人才供给不足

现阶段，宁夏物流管理专业人才供给仅局限于中职、高职、应用型本科、普通本科四种类型，尚无职业本科物流管理专业。宁夏工商职业技术学院、宁夏职业技术学院、宁夏交通学校、银川职业技术学院等高职、中职院校开设了职业教育物流管理专业，为自治区各类物流企业提供了技术技能型人才供给。宁夏大学、北方民族大学与宁夏大学新华学院则提供了研究型、工程型人才供给。其中，宁夏工商职业技术学院与宁夏职业技术学院两所高职院校每年各招生80人左右，应用型本科目前仅有宁夏大学新华学院每年招生65人左右。宁夏大学、北方民族大学两所普通本科院校每年分别招生约35人、80人。整体来看，宁夏物流管理专业在高层次技术技能型人才供给方面存在明显不足，加快职业本科物流管理专业建设对进一步完善人才供给体系具有重要意义。

高职院校为宁夏各类物流企业提供了有力的人才供给保障。当前，物流企业面对当下时局与变局，正不断进行创新发展和数字化转型，这都离不开优秀技术技能型人才的支撑与供给。在此背景下，本科层次物流专业学生供给明显不足。根据过往经验，宁夏大学等本科院校物流管理专业每年的毕业学生以区外生源地学生居多，毕业后选择在宁夏本地物流企业就业的人数相对较少，造成区内本科物流专业学生外流现象较为突出，扩大宁夏当地本科物流管理人才供给规模保障高层次人才供给具有积极意义。

宁夏物流行业在系统规划设计、物流装备制造、智能物流系统开发等高端专业领域发展不足，仍以集成应用为主要业务，物流装备制造、物流信息系统开发、物流规划设计等物流配套服务供应商大多在东部发达省市，理论研究与设计开发型物流专业人才难有用武之地，以应用型、创新型、复合型为主要特征的高技能人才成为物流行业新力量。

2. 现行教育机制与人才需求存在差距

职业教育的特点是紧随企业的用人需求和用人时间，物流企业用工集中在下半年，因此物流专业人才培养大多采用"2+1"的模式，即2年学校教育、1年企业实践。这种模式有利于培养学生的实践技能，但是学生在校学习的时间过短，会影响学生的专业理论学习。本科物流管理专业学生虽然在学校的学习时间长，理论较扎实，但是人才培养与岗位需求存在偏差，学生在学校缺乏有效的实习实践经历，专业知识、专业技能无法快速转化为工作实战能力，无法满足企业的岗位需求，也与企业"理实一体"的复合型人才需求不符。职业本科物流专业设置能够有效弥补中高职与本科教育的不足。一方面，将高职专科实践性技能培养水平进一步提升，借鉴普通本科理论教学体系，增强学生理论水平，为应用型技术创新打好基础。另一方面，立足于企业岗位工作实践，以技术技能积累、传承、提升、创新为主要目标，培养高层次工匠型人才。

3. 通用能力不强成为高职物流学生共性问题

由于整体教育水平和经济发展水平等客观原因，高职学生普遍通用能力不强，存在共性短板，外语水平普遍都不高，人际关系沟通与写作能力、数据分析能力较差，跨专业、跨岗位工作适应能力偏低。随着宁夏物流业多元化、高端化、外向型发展步伐日趋加快，物流工作岗位对从业人员的物流英语、公文写作、市场调查、统计分析等通用性、基础性技能要求越来越高。当前，很多物流企业建立了岗前培训机制，物流专业技能可以结合企业经营实际在短时间内培训学习获得，但是，相对专业技能，通用性技能往往学习时间较长，通过长时间积累方能达到一定水平，因此，很多企业更加看重从业人员通用技能水平。职业本科现代物流管理专业能够在职业技术技能培养基础上，加强通用技能培养，通过相对较长的在校学习时间，不断夯实通用技能与专业技能的基础，培养基础扎实、专业精深的高端技术人才。

第三节　现代金融产业发展的现状与问题

针对宁夏产业不大不强的问题，中共宁夏回族自治区第十三次代表大会报告提出，要实施产业振兴战略，实施新型工业强区、特色农业提质、现代服务业扩容、数字赋能"四大计划"，聚力打造"六新六特六优"产业。

金融是现代经济的血脉，中国特色现代金融体系是中国式现代化的重要组成部分，是经济高质量发展的关键因素。作为经济体系中的一个子系统，金融体系是由金融机构、金融市场、金融工具以及一系列显性或者隐性规章制度安排构成的复杂系统。由于社会经济发展过程中的不确定性，金融体系千差万别，并且也都在发生持续的变化，但其所担负的基本功能是不变的，即跨期配置资源，可以分解为支付结算、集聚资源和分割股份、在时间和空间上转移资源、风险管理、提供信息、处理激励问题六类子功能。

一、自治区对金融业发展的支持

（一）积极鼓励金融创新

宁夏政府出台了一系列政策措施来支持金融业的改革和创新。例如，鼓励和支持金融机构加大对民营企业、小微企业和"三农"等领域的支持力度，推动绿色金融发展，以及支持金融机构加强内部管理和风险防控等。

这些政策为金融机构提供了更多的发展空间和机遇,有助于提升金融服务的效率和水平。

鼓励金融机构运用大数据技术整合提取信息、刻画用户特征,通过识别客户信用状况,进行差异化定价,对用户需求进行预测,开展精准营销及个性化推荐,拓展获客来源;针对小微企业"短、小、频、急"的融资特点,引导金融机构不断丰富金融产品,利用金融科技全流程在线、自动审批、自主支用的特点,缩短了对民营和小微企业贷款的响应时间,提高了小微企业申贷便利度和获贷速度;运用大数据风控系统,不断丰富数据的维度和边界,获取更为全面的风险信息,提升数据的可信度。

(二)不断优化金融环境

宁夏积极引导保险创新,提升保险服务实体经济的效能,经济"减震器"和社会"稳定器"的功能进一步凸显。重点领域险种稳步发展,首创针对建档立卡贫困户的"扶贫保"专项产品,增强贫困人口抗风险能力。农业保险继续快速发展,实现了城乡居民大病保险自治区覆盖,医疗责任险全面推进,安全生产责任险、环境污染责任保险等业务相继试点推广。2016年,宁夏共计承保作物691.22万亩、畜禽188.13万头(只),提供风险保障68.03亿元,占农林牧渔业总产值的13.78%。2021年商业健康保险一站式结算取得突破,实现商业保险与社会医疗保险的无缝对接。城市定制型商业保险规范发展,为居民提供稳定、专业、规范的定制医疗保险服务。首单新材料保险落地,为1家企业提供1.4亿元的新材料质量、责任综合风险保障。车险综合改革全面实施,累计让利超过16亿元。关税保险试点持续推进,担保税款超过1.3亿元人民币,提高了货物通关效率。2022年,宁夏农业保险为42万户次农业生产提供378亿元风险保障,赔付8亿元,其中种植险承保各类作物2542万亩,养殖业承保各类牲畜823万头(只)。大病保险覆盖自治区495万城乡居民,为45万人次报销医疗费用20亿元。继续开办城市定制型商业医疗保险,更好满足人民群众多层次、多元化的医疗和健康服务需求。落地个人养老金业务,推动构建养老保障体系的"三大支柱"。

宁夏注重优化金融生态环境,加强社会信用体系建设,提高金融市场的透明度和公平性。政府加强金融监管，维护金融稳定，防范金融风险，为金融业的稳健发展提供了有力保障。总的来说，宁夏政府出台一系列政策措施支持金融业的发展，涵盖金融改革、金融市场多元化、金融生态环境优化等方面。这些政策的实施将有助于推动宁夏金融业的稳健发展。

二、宁夏金融发展现状

宁夏金融业的发展得到了多方面的政策支持，这些政策旨在推动金融业的稳健发展，服务实体经济，支持民营经济、小微企业和"三农"等领域，推动绿色金融的发展。

（一）金融业不断发展壮大

1. 金融业规模不断扩大

金融业具有明显的集聚效应，其增加值是反映地区金融业价值创造能力的重要指标。金融业增加值[①]是金融业从事金融中介服务及相关金融附属活动新创造的价值，是一定时期内金融业生产经营活动最终成果的反映。从纵向比较来看，宁夏金融业从2010年以来进入了快速发展的阶段，2010年宁夏金融业增加值为88.25亿元，2023年达到358.40亿元。从绝对值来看，宁夏的金融总量在全国并不算高，但是相对规模更能反映一个地区的金融发展速度，宁夏金融业增加值占比由2010年的5.61%上升到2023年的6.74%。从表5-4可以看出，金融业已成为宁夏经济发展的支柱产业，[②]而增加值占比的逐步上升意味着金融对经济增长的贡献率波动上升。

表5-4　宁夏金融业增加值

年份	全国GDP（亿元）	金融增加值（亿元）	占比（%）
2010	1571.68	88.25	5.61
2011	1931.83	119.26	6.17
2012	2131.00	147.11	6.90

① 金融业增加值（收入法）= 劳动者报酬 + 固定资产折旧 + 生产税净额 + 营业盈余
② 当一个产业的增加值占 GDP 比重达 5% 以上，就会被称为支柱性产业。

续表

年份	全国GDP（亿元）	金融增加值（亿元）	占比（%）
2014	2473.94	199.04	8.05
2015	2579.38	217.89	8.45
2016	2781.39	239.79	8.62
2018	3510.21	285.87	8.14
2020	3956.34	143.69	3.63
2021	4522.31	331.41	7.33
2022	5069.57	352.17	6.95
2023	5314.95	358.40	6.74

数据来源：根据2010—2023年宁夏统计年鉴数据计算所得。

从存贷款总量上看，宁夏的金融总量增长稳健有力。数据显示，截至2023年底，自治区人民币存款余额达到9329.49亿元，同比增长10.2%，全年新增人民币存款864.18亿元。同时，通过强化政策引领、完善银企对接联动机制等措施，稳步扩大信贷投放规模，2023年底人民币贷款余额达到9695.89亿元，同比增长9.1%，全年新增人民币贷款810.53亿元，创有统计以来的最好水平。这表明宁夏的金融机构在信贷投放方面表现出较强的活力，为自治区经济发展提供了有力的支持。宁夏民营企业贷款余额持续增长，截至2024年3月底，自治区民营企业贷款余额为3733.94亿元，同比增长5.59%。这表明宁夏在支持民营企业发展方面取得了积极成效。融资担保在保余额增加，宁夏在支持小微企业和"三农"主体发展方面也取得了显著进展。截至2024年3月底，自治区小微企业、"三农"主体融资担保在保余额达到204.29亿元，同比增长20%，增速连续3年保持两位数增长，创近5年来新高。信贷结构不断优化，中长期贷款余额占比持续上升，与实体经济资金需求更加匹配。消费贷款和工业贷款增势较好，个人住房消费贷款余额和非住房类消费贷款余额同比增长均超过10%，为扩大内需和促进消费升级提供了支持。同时，宁夏工业贷款余额也保持稳定增长，为自治区重大项目的投资、建设提供了有效资金支持。企业融资服务平台建设提速。宁夏积极建设企业融资服务平台，为民营企业和小微企业提供更加便捷的融资服务。目前，宁夏企业融资服务平台已入驻金融机构66家，上线金融产品服务159款，累计服务企业2.4万余户，有效解决融资需求达73.55亿元。

2.金融结构不断优化

金融发展是不同金融机构、金融市场发展的集中体现，银行业的发展反映了储蓄向投资转化的效率，资本市场的发展是对银行资源转移方式的一种有效补充，而保险市场的发展为投资者提供了有效的、多样化的风险管理方式。

宁夏还积极引进和培育金融机构，推动金融市场的多元化发展。政府鼓励和支持境内外各类金融机构在宁夏设立总部机构或分支机构，以及数据中心、营运中心、研发中心等后援服务中心。同时，宁夏还大力培育发展新型金融业态，如互联网金融、金融科技等，为金融业的创新发展提供了有力支持。金融机构聚焦自治区现代化产业发展，紧盯重点项目建设，积极扩大信贷投放，助力全面推进乡村振兴，提升绿色、科创和先进制造业的金融服务质效，对重点领域、薄弱环节的支持力度明显加大。

由于历史和现实原因，银行业一直在我国金融体系中占据着主要地位，其重要性不言而喻，宁夏作为间接融资占主导地位的区域，银行业取得了长足的发展，银行业金融机构平稳发展。银行机构数量、从业人员大幅增长。2022年底，宁夏银行业金融机构网点由2010年的1095个上升至1415个；[①] 宁夏银行业从业人员由2010年的18690人上升至2022年的24184人，增长29.39%；宁夏银行业金融机构资产由2010年的3362亿元增长至2022年的11733亿元。宁夏地方法人银行机构由2010年的25家增长到2022年的106家。从2010年以来宁夏年末本外币存贷款总量上看，宁夏银行业本外币存款从2010年的2586.66亿元增长至2022年的8484.87亿元，本外币贷款从2010年的2419.89亿元增长至2022年的8969.70亿元。2022年宁夏小型农村

---

① 不包括国家开发银行和政策性银行、大型商业银行、股份制银行等金融机构总部数据。

金融机构达到386家，新型农村金融机构快速发展到158家，邮政储蓄营业网点的机构达到193个，成为服务"三农"的重要力量。

2010年，宁夏证券业经营机构有南京证券1家分公司、16家证券营业部。2022年底，宁夏共有证券分支机构55家，其中证券分公司15家、证券营业部40家，期货分公司5家、期货营业部1家，基金代销机构49家。2022年，宁夏证券经营机构营业收入4.4亿元，实现净利润1.3亿元。2022年底，存续私募基金管理人42家，备案私募基金116只，私募基金规模达到214亿元，同比增长11.7%。

保险业各项业务发展加快，经济补偿和民生保障功能增强，重点领域和关键环节改革深入推进，服务经济社会发展效能持续提升。2022年底，宁夏共有保险法人公司1家，财产保险省级分公司12家，同比增加1家，人身保险省级分公司13家，省级以下分支机构452家。保险业资产总额681亿元，同比增长10.9%。保险从业人员达到3万人，其中保险公司在职员工6194人。2022年，宁夏保险业实现保费收入216亿元，同比增长2.2%，较上年加快2.0个百分点。其中，财产险保费收入71亿元，同比增长8.4%；人身险保费收入145亿元，同比减少0.5%。保险业赔付支出72亿元，同比下降1.2%。其中，财产险赔付支出43亿元，同比下降5.8%；人身险赔付支出29亿元，同比增长6.5%。①

（二）金融支持实体经济发展的能力不断增强

1. 综合融资成本不断降低

宁夏不断降低企业融资成本，综合融资成本稳步下降。截至2024年2月底，自治区企业贷款加权平均利率为4%，同比下降0.22个百分点。其中，小微企业贷款加权平均利率为4.06%，同比下降0.39个百分点。此外，政府性融资担保机构年化担保费率也持续下降，从2019年的2.5%左右下降至0.94%，有力降低了企业融资担保成本。这些举措为宁夏经济高质量发展提供了有力支持。

---

① 数据来源：《中国区域金融运行报告（2023）》。

2.金融扶贫能力增强

2012年以来，宁夏启动了中南部山区百万贫困人口扶贫攻坚工程，以解决温饱、脱贫致富为目标，逐步形成了专项扶贫、行业扶贫、社会扶贫有机结合、互为支撑的三位一体"大扶贫"格局。金融机构不断创新产品与服务方式，增加对贫困地区的信贷投放，有效提升了农村服务便利化水平，形成了金融服务深度和广度"双向扩大"，产品创新、部门合作、网点布局"多面提升"的特色金融扶贫模式取得了积极成效。一是实施贫困村"千村信贷"：发展组合贷款模式，提升资金倍增效应。以贫困村村级资金互助社为平台，以互助社社员为服务对象，实行贫困村村级资金互助社与农村信用联社两个法人主体联手，互助资金与信贷资金两个金融产品捆绑模式发放"千村信贷·互助资金"贷款。二是发展金融助善：依托"黄河善谷"，助推慈善园区和特困群体发展创业。宁夏依托黄河文明，围绕主要贫困地区，打造了6大慈善园区，其中4个集中在六盘山集中连片特困县（区）。金融机构持续向4大慈善园区投放贷款。三是力促合作共创：多部门合作，发挥财政资金杠杆撬动作用。宁夏启动妇女创业小额担保贷款项目，带动特困家庭脱贫致富，切实发挥了妇女在发展生产、带动致富方面的积极作用。四是加强产品创新：创新抵押担保方式，盘活土地林地等资源资产价值。及时跟进和试点推动六盘山片区农村土地承包经营权和林权抵押贷款业务，取得明显成效。同心县土地承包经营权反担保贷款[①]已全部覆盖同心县扬黄灌区37个行政村，惠及农户8542户。泾源县作为林权抵押贷款业务试点县之一，积极开展林权抵押贷款实践。五是延伸服务半径：夯实金融服务基础条件，打造金融服务硬环境。围绕提升金融服务效率、拓宽农村金融服务广度和深度的主要方向，积极增设农村金融服务网点，有序布放自助终端设备。

---

① 指农户将土地承包经营权入股加入土地承包经营权流转合作社，土地承包经营权流转合作社为农户贷款进行担保，农户用入股的土地承包经营权向土地承包经营权流转合作社进行反担保的贷款模式。

3. 形成金融支持脱贫攻坚与乡村振兴有效衔接的"固原模式"

近年来，宁夏聚焦金融支持脱贫攻坚与乡村振兴的有效衔接，大力开展农村普惠金融综合服务点建设，探索形成了"政府主导、人行推动、银行参与、村委支持"的金融服务乡村振兴"固原模式"。其经验可以总结为以下几点。

聚焦金融为民，推动规范发展。加强制度建设，推动出台《固原市金融扶贫示范村建设方案》等文件，进一步明确农村普惠金融综合服务点"八有十具备"建设标准，即有办公场地、办公设备、办公经费、规章制度、业务流程、服务人员、服务台账、宣传资料，具备融资服务平台、小额取现、转账汇款、信息查询、便民缴费、保费收缴、网上购物、农产品销售、金融知识宣传、金融风险防范功能；健全工作机制，成立农村普惠金融综合服务点建设领导小组，建立联络员会议和催办督办制度，及时研究解决服务站建设过程中存在的问题。明确农村普惠金融综合服务点建设各方的职责，市、县（区）政府实施整体规划、政策引导和激励奖惩，涉农银行全面负责服务站工作人员业务指导培训及资金清算。统一建设标准。将农村普惠金融综合服务点统一规划建设在行政村村部，指导涉农银行制定"六统一"标准，逐级推动农村普惠金融综合服务点规范化、标准化建设。选聘综合素质高、服务意识强、工作时间稳定的村会计、村文书及村委班子成员群体，担任服务站业务人员，确保高效稳定运行。

丰富业务功能，着力提质增效。拓展电商服务。积极对接电商平台，逐步形成"服务站＋农民合作社＋电商＋龙头企业＋网店"的服务模式，进一步缩短农产品交易时空距离，有效增加农民收入。开展授信服务。结合整村授信政策，充分发挥行政村人缘地缘血缘优势，高效、准确收集农户信贷需求，及时开展信用初评，高质量提供贷款信用、还款、查询等服务，解决农村金融服务信息不对称、贷款难等问题。加强宣传服务。联合涉农银行、保险公司、公安机关，精心打造"金融知识讲习堂""金融夜校"，大力开展支付结算、金融理财、防范非法集资等知识宣讲，不断增强农民群众金融素养，防范农村地区各类金融风险。

加大补偿激励,激活发展动力。政府部门给予资金激励,建立健全利益补偿机制,将农村普惠金融综合服务点建设运行经费纳入年度财政预算,同时对涉农银行给予资金补助;金融管理部门给予政策激励,人民银行固原市中支对农村普惠金融综合服务点建设成效显著的涉农银行,在再贷款等方面给予政策支持;涉农银行给予补贴激励,根据评级结果,对业务量达标的农村普惠金融综合服务点,按照每人每月300~1000元标准给予保底服务费补贴,同时根据业务类型给予每笔0.5元或1元的业务补贴。

4. 增强中小微企业融资能力

宁夏金融机构坚持"金融为民"理念,以问题为导向,综合施策,多措并举,着力疏通小微企业融资梗阻,缓解小微企业融资难、融资贵,小微企业信贷呈现出"量增、面扩、价降"的态势。

第一,通过金融科技和金融制度创新,解决中小微企业融资难问题。推动金融科技发展,解决了中小微企业面临的精准服务、快速响应、风险控制等问题;聚焦金融业务创新,破解小微企业融资抵押困境,联合宁夏财政厅制定政府采购合同线上信用融资管理暂行办法,成功实现政府采购平台与应收账款融资服务平台系统对接,深入推动应收账款融资扩面增量。宁夏相关金融机构对接政府采购供应商并与企业达成融资意向,引导金融机构积极探索扩大养殖活体、存货、仓单等动产质押业务,拓宽民营和小微企业融资渠道,引导金融机构创新推出了无还本续贷及循环贷款产品,支持正常经营的小微企业资金周转无缝衔接。

第二,聚焦三维合力增信,缓释小微企业融资风险。加强与相关部门协调联动,支持宁夏工信厅建立中小企业信用信息库,对宁夏中小企业的工商、税务、涉诉、行政处罚等信用信息进行归集、整理,并设置企业查询、分类、行业排序、风险预警以及政策信息发布等功能。目前归集了宁夏28万余户企业的信息;引导金融机构用好工业企业风险补偿金、纾困基金等,发挥政府基金的增信、风险分担及撬动作用。以2019年为例,宁夏15家合作银行运用工业企业风险补偿金累计发放贷款201.9亿元;帮助企业转贷17.3亿元,节约转贷成本800余万元;引导金融机构建立以"纳税信用"换"银行信用"的银税合作机制，有效缓解银企信息不对称问题。宁夏税务局与金融机构签署合作协议，为纳税守信中小微企业发放信用贷款。

第三，聚焦金融政策宣传，促进小微企业融资精准对接。引导金融机构聚焦科技、装备制造、现代服务等领域的民营和小微企业，分批开展精准对接，营造小微企业金融服务氛围；指导金融机构制定了区域民营企业目标客户名单，组成营销小组，以主动拜访、一户一策等方式走访企业并开展现场调研，深入了解企业的实际需求，为企业当前经营发展中存在的问题提出实质性建议，贴身打造金融服务方案，并对重点客户的需求，持续跟踪提供支持和服务；坚持问题导向，组织银企面对面座谈。鼓励金融机构主要从金融知识及政策的解读、信贷产品介绍等方面与企业开展交流，了解企业诉求，制订融资方案。

三、宁夏发展现代金融存在的问题

（一）金融生态有待进一步完善

从金融机构上看，一些具有创新性质的金融主体，如金融租赁、民营银行、消费金融、财务公司、信托投资公司、第三方支付机构等刚刚起步或尚处于空白阶段，无法迅速跟上各类经济主体的投融资需要。以融资租赁为例，其是在以物为载体特征的传统租赁基础上，融合以资金融通为特征的金融行为的产物，具有融资和融物的双重职能。作为与实体经济紧密结合的新型金融服务业态，融资租赁已经成为我国现代服务业的新兴领域和重要组成部分，其业务模式填补了银行融资、股权融资、民间借贷三种主流商业融资方式的空隙，且业务本身的风险要明显低于信用贷款和民间借贷，有利于支持中小企业的创立和发展，稳定地区金融环境，对推动地区经济发展和产业转型升级有着积极的作用，尤其对解决企业转型、转产过程中对大型机械设备的需求发挥着重要作用（如医疗设备、农机机械、工程机械、计算机及通信设备的租赁业务），但宁夏金融租赁公司只有一家，①潜在需求与实际供给之间存在较大差距。再如财务公司②能为成员企业提供存贷款、财务顾问、票据承兑及贴现等金融业务。金融业地方法人机构较少且尚无法人证券公司、信托公司。因此，法人金融机构强大的经济、金融辐射效应、资金沉淀效应都无法发挥。

（二）金融市场发育不够完善

中国特色金融发展之路以金融服务实体经济为根本宗旨，其要义在于资金融通，在资金流动中完成资源的优化配置。金融市场的健康发展要求确保资本有序进出，充分发挥其资源配置、风险定价、激励创新等作用。

金融市场的发展受实体经济发展水平的制约。宁夏实体经济发展相对薄弱，金融市场发展不够充分，利用交易市场的意识不强，已有的交易市场不够活跃。

在融资结构方面，宁夏直接融资比例不高，金融形式多样化不足，金融创新不强。宁夏正处在转方式、调结构的攻坚阶段，原有的资源型企业及高污染、高耗能企业需要转型升级或加大节能减排力度，新兴中小企业要迅速壮大；发展阶段不同、发展规模各异的企业面临不同的融资问题，必须靠金融产品创新解决转型升级问题。宁夏在资产证券化、科技金融、知识产权质押贷款、产业链金融等金融创新前沿方面尚未真正起步，中小企业私募债等发行量有限，近年来企业债、公司债发行有所增长，但与实际需求仍然存在较大差距。

对"绿色金融"等新政策了解不够，应用新型金融产品促进企业转型的能力不足。宁夏虽借鉴外省经验，推出了"政银保""政银担"等合作增信机制，以解决无抵押、无担保的科技型中小企业及部分"三农"企业获得贷款的问题，但实际推行中效果还未达到预期。

---

① 宁夏三实融资租赁有限公司。

② 财务公司又称金融公司，是为企业技术改造、新产品开发及产品销售提供金融服务，以中长期金融业务为主的非银行机构。我国的财务公司不是商业银行的附属机构，是隶属于大型集团的非银行金融机构。

第四节　健康养老产业发展的现状与问题

2024年4月，宁夏全域被列入全国基本养老服务综合平台试点地区，是全国第48个试点，是第8个全域成功申报的省级行政单位，是西北唯一入选省份。宁夏将康养产业作为重点发展的"六优"产业之一，大力支持康养产业的发展。

一、自治区对康养产业发展的支持

宁夏以政府引导、市场主导，产业联动、融合发展，开放带动、集聚发展，改革创新、优化环境为原则支持健康养老产业发展。以"人人享有基本养老服务"为目标，打出居家上门、社区养老、机构养老的"组合拳"，不断完善基本养老体系，加强业务技能培训，实行养老机构等级评定，提高养老服务水平。"十四五"以来，宁夏累计出台了促进相关产业发展的近20个政策方案和配套措施及40多个标准规范。宁夏政府办公厅印发了《宁夏回族自治区促进银发经济发展增进老年人福祉实施方案》《2024年全区基层医疗卫生机构医养结合服务能力提升示范项目实施方案》，举办了"乐享宁夏·颐养塞上"养老服务业博览会，争取了各项彩票公益金约1.53亿元和1199万元中央预算用于康养产业发展；银川市发布了《银川市加快健康养老产业发展实施方案（2022—2027年）》《银川市新建住宅小区配建养老服务设施建设移交与管理办法》《银川市基本养老服务清单》《银川市社区食堂（老年助餐点）建设运营管理办法》等制度，探索多元化养老模式；吴忠市悦祥养老服务中心推出了"医养结合""候鸟式"互动旅居养老特色服务。

二、宁夏康养产业高质量发展现状

（一）康养机构服务能力

截至2023年底，宁夏共有医疗卫生机构4863个。其中医院220个，包括公立医院71个、民营医院149个；基层医疗卫生机构4514个，包括乡镇卫生院205个、社区卫生医疗服务机构244个、门诊部或诊所等1923个、村卫生室2142个；专业公共卫生机构104个，包括疾病预防控制中心、卫生监督机构。总床位数43499张，卫生人员65731人（见图5-4）；养老机构137个，提供床位27611张。

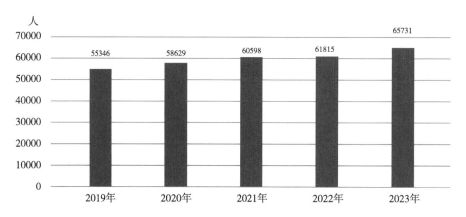

图5-4　2019年至2023年底自治区卫生技术人员人数

数据来源：《宁夏回族自治区2023年国民经济和社会发展统计公报》。

根据《宁夏日报》报道，截至2023年6月中旬，自治区共有医养结合机构35个，养老机构护理型床位1.17万张，到2025年养老机构护理型床位占比将达到60%，医疗卫生机构与养老机构、社区日间照料中心等签约医养结合服务274对。[①] 根据《银川市加快健康养老产业发展实施方案（2022—2027年）》，银川市注册登记的养老服务机构42家，其中9家已经暂停营运，养老床位10015张，城市社区养老服务中心229处，农村幸福院209处。

（二）康养产业规模

"十四五"以来，宁夏养老服务体系建设投入资金累计已达7.91亿元。2022年，宁夏卫生支出总费用为453.53亿元，其中政府支出147.78亿元，

---

① 《宁夏推动基本养老服务体系从"老有所养"到"老有颐养"》，《宁夏日报》2023年6月17日。

社会卫生支出为193.05亿元，个人现金卫生支出为112.70亿元，分别占比32.59%、42.57%、24.85%，卫生支出总费用占GDP的比重为8.95%，人均卫生支出费用为6229.83元。2023年全区总诊疗人次达5075.12万人次，其中医院诊疗2534.49万人次，乡镇和社区医疗机构诊疗人次增长较为明显。[①]截至2024年8月下旬，宁夏生活不能自理的特困人员集中供养率由2022年的44.5%提升至48%，护理型床位由41%提升至63.2%，服务机构和设施覆盖率由37%提升到87.5%，新建居住（小）区配建养老服务设施达标率由49.1%提升到84.3%。[②]

（三）康养产业经济效益

2023年，自治区人均医药费用183.50元，同比增长1.38%，其中医院门诊病人次均医药费同比增长3.82%、基层医疗机构门诊病人次均医药费同比增长5.93%；出院病人人均医药费用7525.40元，同比降低5.64%。[③]同时，宁夏健康养老产业服务类机构达到5892个，从业人数8.6万人，实现营业收入488.60亿元，同比增长12.20%。[④]

三、宁夏康养产业高质量发展中存在的问题

（一）产业发展基础薄弱，配套设施建设滞后

宁夏医疗资源分布不均衡，自治区优势医疗资源集中分布在市区，综合医院尤其是中、小型综合医院过多，专科医院相对不足，县及以上公立医院发展较快，但基层医疗卫生机构队伍不稳定，缺乏技术骨干，服务能力较弱。城乡间医疗资源配置不合理，农村医疗卫生资源相对短缺，与康养产业相关的医疗配套设施不完善。

（二）产业体系不健全，产业融合度不足

康养产业已经发展成为第三产业的重要组成部分，涉及各种服务行业，

---

① 数据来源：《2023年宁夏卫生健康统计公报》。
② 《宁夏探索老龄化时代康养产业之道》，《宁夏日报》2024年8月23日。
③ 数据来源：《2023年宁夏卫生健康统计公报》。
④ 《宁夏探索老龄化时代康养产业之道》，《宁夏日报》2024年8月23日。

并且与医疗设备的制造业也紧密相连，融合发展的程度完全可以代表服务业高质量发展的方向。一方面，当前自治区康养产业发展才是起步阶段，体系尚未建成，以单一产品居多，而且产业链深度不够，还处于低层次的发展状态。例如医药的研发、保健品的拓展、器械设备的制造、医疗康复理疗的服务及养老服务，都是单打独斗，没有有效衔接形成联动效应，更加突出的是缺乏康养产业发展的龙头企业。另一方面，自治区的健康产业与养老服务、体育运动、特色旅游、绿色食品、大数据分析等相关产业之间，融合力度严重不足，在一些地区医疗卫生、养老服务、社区康复等资源，还处于单一化、独立化的割裂状态。

（三）差异化发展不足，特色优势不明显

康养产业的发展较其他产业来说，要树立超前的理念意识、更加科学的规划设计、完善周到的服务体系。但目前自治区关于康养产业的职能部门，缺乏整体规划布局的政策抓手，导致市场上关于康养产业分类简单粗糙，缺乏开发创新意识，致使康养产品单一化、粗泛化，结构单一或者雷同，没有创造出真正在市场博弈过程中有价值的核心产品，远远没有满足受众群体的需求。对高层次养老需求方面调查研究不够，如老年疗养康复、老年理财产品、老年教育等方面，缺少针对性服务，没有建立满足老年人个性化需求、全方位服务的综合性机构。此外，自治区没有充分发挥自身特色优势，没有结合自治区特色产业发展，康养产业发展方向还不明确，没有突出重点产业发展，欠缺特色品牌。

（四）专业人才匮乏，高端人才紧缺

在康养产业领域，薪资待遇的限制十分严重，许多年轻人、有专业知识的相关人员和高学历的研发人员不愿从事康养服务行业，导致现有的从业人员基本素质不高、缺乏专业技能、高学历人才流失严重等问题出现。加之自治区2/3的老年人都处于待生病状态，许多没有自理能力和患病的老人需要针对性强的康复理疗服务，但是现在自治区综合性康养服务机构的服务水平不高，有待补足的短板还很多，特别是根据自治区相关政策，未来大力发展社区养老新模式，随之带来的是养老服务岗位需求量大增，从业人员和拥有专业技能的人员严重缺乏的现状，严重制约着自治区康养产业的高质量发展。

（五）政策落实力度有待提高，顶层制度设计有待完善

对国家康养产业的扶持政策理解不到位，没有将政策措施具体化，土地供应、资金补助、税费减免等方面的优惠政策难以真正落实到位，导致康养产业相关企业无法得到政策扶持。政府部门在卫生准入、民政扶持、医保定点、政策优惠等方面引导作用发挥不明显，从制定制度上缺乏顶层设计，特别是许多有关康养产业的企业还没有按照康养服务标准体系建立，有的企业准入标准满足不了现阶段老人的需求，导致康养服务产业的持续发展动力不足。

第五节　电子商务产业发展的现状与问题

一、自治区对电子商务产业发展的支持

政策体系构建加快。中共宁夏回族自治区第十三次代表大会将电子商务作为"六优"重点发展产业之一，出台了《加快电子商务产业高质量发展实施方案》等政策文件，全面夯实电商产业发展基础。宁夏回族自治区商务厅、财政厅共同制定《宁夏回族自治区鼓励电子商务产业发展若干政策》，进一步加快推进区内电子商务产业高质量发展，全面激发市场主体创新活力和内生动力，营造良好发展生态。上述政策文件主要从电子商务集群壮大发展、供应链打造、行业做大做强、创新融合发展、巩固提升农村电商成效五个方面提出了具有指导性和操作性的扶持政策。市县政府也积极推动电子商务产业发展。其中银川市商务局围绕构建"双循环"发展理念，大力推动跨境电商产业发展，为开放型经济高质量发展赋能。市县政府共落实跨境电商便利化政策措施31条，出台促进跨境电商发展政策措施51条，复制推广跨境电商综试区成熟经验做法和海外仓好经验好做法19条，组织、参与编制跨境电商和海外仓相关国家、行业、团体标注1条，落实国

家重大战略41条，着力优化跨境电商发展的政策环境。

（一）打造首批自治区级电子商务示范基地

自治区商务厅组织开展了自治区首批电子商务示范基地评选认定工作。入选首批自治区级电子商务示范基地认定名单的6家基地及企业为银川数字经济产业园（原iBi育成中心）、兴庆数字经济产业园、银川中关村创新创业科技园、宁浙电商创业园、石嘴山数字经济产业园电子商务示范基地、盐池县狮城宁好电商网批（西部）运营基地。

中共宁夏回族自治区第十三次代表大会提出深入实施现代服务业扩容计划，大力发展以电子商务为重点内容的"六优"产业。按照自治区"六优"产业战略部署，围绕促进电子商务高质量发展总体要求，明确电子商务集群壮大发展方向，通过评选培育一批自治区电子商务示范基地（园区），引导各地、各部门加强电商产业政策资源投入，强化电商主体培育支持力度，发挥示范基地产业集聚效能和示范带动效应，营造良好的产业发展环境。

商务厅立足电子商务连接线上线下、衔接供需两端、对接国内国外市场的重要定位，结合自治区重点产业发展需要，引导各地优化资源配置、整合支撑政策，培育壮大本土电商产业集聚区，激发各领域利用电商促进业态模式创新，助力电子商务高质量发展，为自治区经济社会发展注入新动能。

（二）带领培训电子商务人才

自治区商务厅为加快落实自治区推进"六优"产业发展工作部署，发展数字经济新模式新业态，培育本土直播电商人才，促进自治区电子商务人才队伍建设，厚植电子商务产业高质量发展基础，联合抖音公益在2023年9月开展了"乡村英才计划"培训活动，对各市县（区）商务主管部门负责电商工作人员、电商公共服务中心运营人员、有意发展电商业务的农村合作社负责人、农村电商服务站点负责人代表、重点电商企业运营人员及短视频制作人员、电商达人、电商创业人员等进行了培训。培训内容主要围绕抖音等电商平台，以个人进行短视频创作和电商直播，采取"直播课 +

录播课＋打榜活动"的形式。在培训期间表现优秀的个人，可获得不少于2个月的扶持，帮助培训创作者持续成长。

（三）首批自治区级数字商务企业助力电商高质量发展

自治区商务厅经过首批自治区级数字商务企业评选的层层选拔、严格评审，认定夏丝路风情、杞里香、新百连超、壹禾文化、宁矗源、神聚农业、华宝枸杞、昊帅粮油等8家企业为2023年自治区级数字商务企业。首批自治区级数字商务企业涵盖商品交易创新应用、数字化营销服务、数字内容创新应用等多种类型，进一步体现了宁夏商贸流通领域数字化创新的应用成效。

区内各商务主管部门将进一步研究完善相关配套政策措施，加强对认定的首批数字商务企业持续服务和动态管理，并采取多种形式对自治区首批数字商务企业典型经验做法进行宣传推广，加快推动宁夏商贸领域企业数字赋能，促进数字技术与实体经济深度融合，以新产业、新业态、新模式为商务高质量发展增添新动力，推动自治区数字商务应用发展再上新台阶。

（四）以电子商务巩固攻坚成果助力乡村振兴

宁夏回族自治区对年度推进农村电商提档升级、工作成效突出的市县（区）及积极主动、创新推进电商助力乡村振兴任务的重点帮扶县，按照因素分配法切块下达支持资金，支持县域电子商务发展。为提升县级电子商务公共服务中心功能，整合县域电商发展资源，促进农村电商新业态发展，要求向移民地区、重点帮扶地区统筹农村电子商务站点、村邮站、农资店等网点互补衔接，鼓励一点多能、错位发展，为农民提供就近消费服务。构建农村电商营销服务体系，支持各地借助电商渠道和网络优势，把农产品资源引流上线，促进电子商务平台向农村延伸，发展一批特色农产品销售和消费品下乡的专业化电商平台，促进各地名特优品、特色农产品和乡村旅游资源入驻电商平台。完善农村电商品牌推广应用体系，支持各示范县加强农产品品牌化建设，推进各类涉农电商主体开展"两品一标"认证，申请注册商标，创立自有农产品网货品牌，改造提升传统名优品牌，打造区域公用品牌。

二、宁夏电子商务产业发展的现状

（一）产业规模持续扩大

目前自治区建成大型、超大型数据中心14个，5G基站1.16万座，光纤宽带网络覆盖全行政村，网络基础进一步夯实，形成了以中卫市和银川市为基地的信息服务业协同发展格局。

根据宁夏商务厅电子商务与服务贸易处的报告，2018—2022年，宁夏网络交易额累计达到7264.99亿元，交易额大幅增加。2022年自治区网络交易额达到1734.1亿元，位居西北五省第二，网络零售交易额达到300.88亿元，同比增长8.52%，增速位居全国第三，并带动就业人数42.41万人。2023年，宁夏网络交易额为1965亿元，同比增长13.4%；网络零售额为345亿元，同比增长14.7%。截至2024年6月，自治区网商共14.7万家，带动就业42.94万人。[①]

据统计，宁夏回族自治区电子商务产业在各行业的应用覆盖面较为广泛。自治区有334家企业通过电商购买和销售产品，并在2022年实现了超过297亿元的销售额；特别是制造业以及批发和零售业，分别有100家及82家企业利用电商进行交易，制造业、批发和零售业在2022年的电子商务销售额分别为38.7亿元和88.4亿元（见表5-5）。

表5-5 2022年宁夏各行业电子商务交易情况

行业	有电子商务交易的企业数量（家）	有电子商务销售的企业数量（家）	有电子商务采购的企业数量（家）	电子商务销售额（万元）
采矿业	3	1	2	602531
制造业	100	87	28	387637
电力、热力、燃气及水生产和供应业	18	9	10	127441

---

① 《全区直播电商创新提升班开班》，《宁夏日报》2024年6月27日。

续表

行业	有电子商务交易的企业数量（家）	有电子商务销售的企业数量（家）	有电子商务采购的企业数量（家）	电子商务销售额（万元）
建筑业	5	3	3	630
批发和零售业	82	79	14	883527
交通运输、仓储和邮政业	15	15	1	808140
住宿和餐饮业	69	69	3	16176
信息传输、软件和信息技术服务业	11	11	5	54720
房地产业	11	9	5	12851
租赁和商务服务业	5	5	—	13652
科学研究和技术服务业	2	1	1	94
水利、环境和公共设施管理业	2	2	—	665
卫生和社会工作	2	2	—	37419
文化、体育和娱乐业	9	9	1	32416
总计	334	302	73	2977899

数据来源：《宁夏统计年鉴2023》。

（二）产业质量不断提高

宁夏电子商务主体不断壮大，平台优势逐渐凸显，实力不断增强。宁夏优品"云行"全国，枸杞、羊肉、乳制品、大枣等名优特产消费热度飙升。线上线下融合加深，智慧商圈、智慧门店、智慧景区等新场景不断涌现，生活服务与电商融合不断加深，新业态新模式涌现；阅彩城、金凤万达、怀远夜市等商圈、美食街发展直播电商新业态，促进传统商贸流通业加快模式创新、数字化升级。充分挖掘自治区产业资源，进一步释放电子商务和数字技术对不同产业的赋能效应，推动电子商务与工业、服务业融合发展，促进传统商贸零售企业、重点生产企业、生活服务企业等数字化升级，构建数字化供应链，实现线上线下一体化发展。农村电商质效双增。从2012年至2022年底，全国返乡入乡创业人员数量累计达到1220万人，

2022年全国农村网络零售额达2.17万亿元。积极发展农村电商新业态，提升农村电商公共服务体系，提升电商助力农产品上行效能。

（三）各市电子商务建设成效明显

1.银川市跨境电商综试区建设成效明显

银川积极探索跨境电商新模式，取得了良好成效。逐步完善中国（银川）跨境电商综试区公共服务平台功能，完成综保区海关综合监管中心场地建设及资质获批，在支持产业园区发展的基础上，不断壮大市场主体，激发跨境电商产业活力。一方面，通过外贸综合服务平台为中小微企业提供通关、物流、退税、结算、信保、展会、融资等进出口环节服务，优化传统外贸经营模式，降低中小企业贸易成本。另一方面，银川综保区开设进口商品线下体验店，扩大跨境新零售交易规模。跨境电商O2O展销店致力于打造"不出家门购全球"的购物新体验，实现"网购保税＋快速配送"业务模式，举办"2022全球好货FUN肆购"大众促消费活动，多措并举拓展企业销售渠道。累计到店人数约30294人次，完成订单5516单，累计实现销售额约191.29万元，跨境电商累计贸易额超过2亿元。截至2023年初，银川市累计培育跨境电商企业475家，较获批综试区前增加9倍。

在跨境电商物流体系方面，银川积极开通国际货运班列。银川综保区举行银川－布达佩斯国际货运班列首发仪式，标志着宁夏地区与欧洲内陆地区点对点班列实现零的突破，推进了西部陆海新通道建设；宁夏（银川）至伊朗（安扎利）"跨里海"国际货运班列由银川南站始发，从新疆霍尔果斯口岸出境，经哈萨克斯坦跨越里海到达伊朗安扎利港；银川综保区"一带一路"国际卡车班列开启常态化运营，为企业搭建起了面向"一带一路"沿线高效、便捷的物流通道。

2.石嘴山市农村电商跨境电商两手抓

创新营销方式，助力农民丰收。石嘴山市开展为期50天的"筑梦电商 乐享生活"全民电商节暨电商助农"双十工程"活动，整合线上线下资源，使电商产业升级和强化消费内循环起到引领作用，也为石嘴山乡村振兴、电商稳就业添上了浓墨重彩的一笔。全市128家企业积极参与，10家企业获奖，分别获得电商明星企业、网红打卡店以及网红达人奖项，获奖金额达到10万元。2023年9月石嘴山市通过举办直播带货盛宴——"开播吧，石嘴山"来提升直播销量、宣传展播石嘴山电商产业和培育助跑电商企业，助力石嘴山好物卖向全国。活动产品包括宁夏大米、粮油、石嘴山富硒特产、9.9元特价好物、无门槛优惠券、抽奖福利等，特邀本土流量与变现实力并存的知名带货主播，开辟、畅通线上销售渠道，推动石嘴山市的优质产品销售，助力农民丰产又丰收。

建设产业园区，拓展国际空间。石嘴山维塞数字经济产业园正式落户，将按照"一园三基地三中心一平台"的建设思路，以构建"中国（石嘴山）跨境电子商务综合试验区"为目标，建设"本地特色产业＋工业产品＋数字货运"的数字经济发展路线，以"一带一路"为契机，充分发挥西北工业产业聚集优势，打造西北跨境电商人才高地、总部高地、服务高地和创新高地。逐步形成"石嘴山－全国－海外"数字经济发展模式，通过数字经济的引领集聚效应，带动区域产业提升与循环发展，将产业园打造成西北重工业品出海跨境电商示范园区。

突出示范引领，夯实人才支撑。建设平罗县电子商务进农村示范县，重点实施县级电子商务公共服务中心、农特产品展示馆、塞上农夫体验馆、仓储物流配送中心、电商孵化中心、人才培训中心、农产品包装生产中心、电商快递物流园等项目，形成了"一园两馆五中心"的新发展格局。平罗县深入开展电商培训，打造人才"金名片"，建设平罗直播基地，升级10个电商直播间，打造集仓储、选品、直播、办公、会议于一体的综合性直播孵化基地，培育创业者把理论知识转化为创业创新的能力。

3. 中卫市开辟电商助农新路径

中卫市通过开展电子商务进农村综合示范项目工作，深入实施"苹果电商产业园"、"牛羊肉电商产业园"和"乡村直播中心建设项目"，开辟出一条电商助农的新路径。截至2022年底，中卫市线上农村产品销售额达42.69亿元，中宁县居全国农产品数字化百强县第50位。

中卫市电子商务产业在加大农产品"出村进城""引流上线"方面的作

用日益凸显。2022年以来，中卫市加大电商投入，助力乡村振兴，筹集项目资金1332万元，实施了中卫市电商产业园、乡村电商直播中心、电商与快递协同发展等建设补贴项目，利用"农户＋合作社＋企业"、"生鲜电商＋冷链宅配"、直播电商、短视频电商等新模式、新业态开展线上销售，利用邮政、中通、圆通等快递物流资源，建立区域品牌产品物流分拨体系，拓宽农产品外销渠道，提高农产品电商销售比例。通过"中卫市农特产品云上展销节"，60家销售枸杞、苹果、粮油、蔬菜、硒甜瓜等特色优质农产品企业进行了电商展示，并组织当地电商直播团队及电商达人通过抖音等平台进行线上直播带货，宣传中卫市特色农产品，树立农产品品牌。

中宁县充分发挥枸杞产业核心产区优势，积极调整产业、产能、产品"三大结构"，以提升枸杞产品质量和品牌综合效益为核心，打造研发、种植、加工、营销、文化、生态"六位一体"的现代化枸杞全产业链。依托电商产业园，培育多元化农村电商主体，形成电商主体梯队发展格局，累计孵化出园入驻企业89家，孵化成功率达到98.2%，培育出了玺赞、早康等优秀枸杞电商企业。同时积极探索借鉴先进的互联网思维，推动电商与传统产业融合发展，进行线上线下双向高效运营。

4. 吴忠市积极拓展新渠道实现电商产业新发展

吴忠市抢抓数字经济机遇，突出网络新渠道，实现电商产业新发展。突出以新媒体推介为窗口，推进线上线下融合发展。充分利用直播、自媒体等新兴媒体，积极引导发展直播带货、购物节等活动，线上线下同步推进。引导电商企业利用微信公众号、微信小程序、快手、抖音等平台推广销售农特产品，举办"双品网购节"、全民电商节、抖音挑战赛、商超惠购季、"吃在吴忠"乐享美食季等活动50多场次，邀请网红、电商达人及电商从业人员开展电商直播带货120多场次，采取特价、消费满减、打折、换购、抽奖、送红包等多种形式的促销手段，释放群众消费活力，营造良好消费环境，仅"双品网购节"期间，线上下单14.3万多单，实现销售额4000多万元。

坚持以网络推广为主体，着力打造电商品牌。积极宣传推介滩羊肉、葡萄酒、枸杞、圆枣、黄花菜、亚麻籽油、杂粮等特色产业、名优产品。如利通区打造了郭家桥、东塔寺葡萄，扁担沟、金银滩苹果，五里坡黑枸杞，黄沙窝西瓜，刘三朵八宝茶等网络农产品品牌；红寺堡区注册了"红漠"葡萄酒区域公共品牌，打造了兴茗萱、索米亚等10款网红品牌产品；青铜峡市全力培育"青铜峡农宝""农直通"等特色网络农产品品牌；同心县培育打造了同心圆枣、小杂粮、八宝茶、牛羊肉、胡麻油、中药材、枸杞等特色区网络农产品品牌。

支持骨干企业创新线上销售模式，拓展销售新平台。实施"互联网＋品牌农产品"行动，上线运行了贺兰山东麓葡萄酒吴忠产区京东馆、吴忠葡萄酒 AI 获客系统平台，实现葡萄酒线上销售。鼓励支持滩羊肉、牛奶、葡萄酒、枸杞、亚麻籽油、调味品、八宝茶等农特产品生产加工骨干企业积极搭建行业电商平台，开发京东、天猫、淘宝、拼多多等网上店铺销售产品。青铜峡市甘城子电商助农服务中心不间断地开展直播带货，线上下单、同城配送销售甘城子苹果、顺宝鸡蛋、葡萄酒等，提升优质农产品销售量，助力种养殖户增收。

5.固原市逐步推动电商产业再上新台阶

固原市把高质量发展电子商务产业作为推动特色产业发展和实现群众增收的重要举措，主动抢抓发展机遇，大力布局电商产业，全面支持行业发展，电商经营主体进一步壮大，电商服务能力明显增强，农村商品流通体系进一步完善，电子商务发展成效明显。

一是加快电商主体培育。积极推进电商产业平台建设，打造了固原市数字经济产业园、彭阳县数据产业园等电商示范基地，完成原州区电子商务公共服务运营中心建设，提升西吉县和彭阳县电子商务服务中心服务功能；培育了宁夏正杞红枸杞产业发展有限公司、宁夏源丰农牧业综合开发有限公司等优势电商企业43家、电商平台及小程序23个，在京东、淘宝、阿里巴巴、天猫等平台开设特产馆12个。在电商品牌培育方面，加大"原洲源味""云耕彭阳"等电商公用品牌培育，支持本地品牌产品与电商企业合作，全面推动电商品牌建设。

二是持续推进电商新业态新模式发展。集聚电商产业资源，打造电商直播示范基地3个，彭阳县农村电商公共服务运营中心被评选为自治区级电商直播示范基地。引导辖区各商贸零售、文化旅游等企业发展"直播电商+"，培育网红主播23个，积极发展网红经济。推广"电商企业+合作社（网点）+农户"模式，建立电商利益联结机制，拓展网络销路，创新电商运营模式。积极引导电商企业树立绿色发展理念，鼓励餐饮企业与寄递企业加强沟通协作，应用绿色环保材料。

三是提质增效助力乡村振兴。大力开展"数商兴农"，围绕固原特色产品，支持电商企业通过直播、短视频等形式为固原亚麻油、西吉马铃薯、隆德中药材、泾源黄牛肉、彭阳红梅杏等特色产业赋能，开展优质农特产品线上销售。举办了固原市网红直播带货助力乡村振兴大赛，评选出了"十大网红主播"和"十大精品网货"，助力优质农产品成为爆款网销品。

三、宁夏电子商务产业发展面临的问题

（一）电商产业体系发展不健全

电子商务发展的配套基础设施比较薄弱。宁夏很多地区由于交通基础设施落后、人口聚集度较低、资金较为缺乏等原因，使物流配送无法深入乡村。"最后一公里"的配送问题是宁夏农村地区电商不得不面对的难题，农民无论是在线上销售农副产品，还是进行网购都不得不到乡镇的代收点发货和取货。

除了配送问题外，冷链与储存问题也是制约农村电商的关键。大多数农产品，如灵武长枣和滩羊在销售中需要冷冻保存，而仓储基础设施的缺乏直接影响了这些农产品的保存和销售，使其无法长距离销售和长时间保存。

（二）产业融合不充分

宁夏电商产品以农产品为主，即使通过电商平台销售产品，许多农户由于缺乏足够的宣传经验，也难以培育知名品牌，需要政府加大助农宣传力度。例如，宁夏宁鑫源牛羊肉有限公司依托电子商务建立起了羊肉销售产业链，完成销售金额76万元，但其产品没有形成有辨识度的包装，因而

难以吸引长期客源。

宁夏农村地区缺乏农产品深加工产业链，且无法形成较为聚集的产业区。大部分县域销售的农产品都是初级产品，附加价值较低，难以给农户带来足够的利润。

（三）人才与资金匮乏

电商行业高速发展，新业态新模式的不断涌现，与其他产业的融合日益加深，需要复合型的人才。根据主营产业的特点，电子商务需要不同的专业人才，如电子商务、网络营销、美工设计、文案撰写等，而宁夏专业人才相对缺乏。一方面，目前宁夏各高校相关专业水平不高。另一方面，电商从业人员专业度不够，也缺乏专业指导。

宁夏电商发展的主要资金来源是政府财政与银行贷款，难以满足电子商务飞速发展的要求，尤其是农村电商获取资金更加困难，小微企业贷款融资门槛更高。民间资本对电商发展顾虑较多，投入资金较少，影响着农村电商的健康快速发展。

第六节　会展博览产业发展的现状与问题

会展是社会分工的产物，会展业的诞生和发展与人类经济活动相伴而生。据美国桑德拉·L.莫罗《会展艺术》一书介绍，早在2000多年前地中海东岸提尔城就举办过展销会。1851年，在英国伦敦举办的世界博览会揭开了现代世界性国际博览会的序幕。100多年前，巴拿马太平洋万国博览会开启了以商品展示交换为主要标志的世界性商品交易展会的新时代。在经济全球化时代，国际性展会如雨后春笋般蓬勃发展。改革开放以来，随着我国经济的崛起，在中国举办的国际性展会开始引人注目。有"世界第一展"美誉的中国进出口商品交易会再攀新高，中国国际进口博览会、中国国际消费品博览会及中国国际投资贸易洽谈会等国际性展会则成为展会"新锐"。布局大江南北、内容丰富多彩的展会，已成为推进国家战略、促进贸易投资、拉动社会消费、丰富居民生活的重要平台和连接生产与消费、供给与需求、国内与国际的重要桥梁。会展行业，作为国家综合经济实力和经济总体规模的一个重要反映，已经成为全球经济发展的重要驱动力。

一、自治区对会展博览业发展的支持

会展博览是促消费稳经济的重要抓手，也是提升服务业发展水平的重要途径，办好一场展会，对带活一条产业链、提升一座城市的价值具有重要的推动作用。宁夏积极发展会展业，将会展业列为"六优"产业之一，印发了《宁夏回族自治区会展博览产业发展专项资金管理办法》《关于促进会展博览产业发展政策措施》《宁夏出台支持"六新""六特""六优"产业高质量发展有关财政政策措施》等文件，推动培育品牌会展博览项目、产业主体、营商环境。宁夏商务厅等相关单位建立包抓机制，凝聚各方力量，推动会展博览产业升级，扩大交流合作促进会展博览业高质量发展。宁夏商务厅联合各部门推动会展博览产业重点活动，努力做好活动保障和方案落实，支持各县市发挥各自优势，推动会展博览产业发展。

各地级市共同发力多措并举促进会展产业蓬勃发展。各地积极培育和发展会展主体、会展基础设施建设与服务配套、特色品牌活动举办、会展博览"引进来"、会展业发展专项资金使用、"会展＋产业"融合发展、安全服务保障。宁夏具备发展会展博览产业的良好基础，银川市是自治区会展博览业的核心城市，具有相对完善的产业发展要素，为加快建设区域总部会展中心城市，银川研究制定了《银川市建设区域总部会展中心行动方案（2024—2027年）》，明确任务清单、重点活动清单、重点措施；石嘴山市具有"世界氰胺之都"的美誉，蔬菜育种技术研究世界一流；吴忠市"游在宁夏吃在吴忠"早茶文化特色鲜明，亚麻产业、奶产业发展优势突出，吴忠市政府制定《吴忠市会展博览产业发展规划（2023—2027）》支持会展博览产业发展；固原市冷凉蔬菜、肉牛、马铃薯产业基础优厚；中卫市坐拥贵在道地的"中宁枸杞"品牌及沙漠、星空、黄河集宿等一批得天独厚的文旅资源。

从政府领导层面，自治区对会展博览业发展的支持主要有以下方面。

（一）建立省级领导领衔与专班推进的工作机制

宁夏成立了以自治区省级领导包抓、宁夏商务厅为牵头单位和自治区各部门联动的会展博览产业发展包抓工作专班机制，全面统筹各方面资源，精准发力补短板，聚焦重点求突破，全力推进宁夏会展博览产业大发展、快发展。

（二）夯实基础性工作，不断完善会展博览产业政策支撑体系

认真履行省级领导包抓机制办公室职责，落实会展博览产业高质量发展实施方案、包抓工作机制专班联席会议制度，明确年度产值目标任务、具体措施和任务分工，建立按季度报送重点任务推进进展工作机制。下达专项资金1280万元，重点支持培育优化展览、鼓励会议论坛、壮大会展博览主体、促进会展交流合作等项目。研究出台了会展博览产业高质量发展标准体系、会展博览产业高质量发展考核细则，建立健全了产业发展绩效考核评估量化指标、考核机制。指导五个地级市结合地方发展定位，制定产业发展实施方案，建立产业发展包抓机制，明确产业发展目标和路径，进一步夯实了会展博览产业高质量发展基础性工作。此外，出台了《自治区商务厅　自治区财政厅关于促进会展博览产业发展政策措施》，正在修订《宁夏回族自治区会展博览产业发展专项资金管理办法》，围绕培育优化展览项目、鼓励会议论坛项目、培育会展博览主体、引导会展博览数智化升级、培育会展博览行业环境五大核心任务制定具体支持政策，促进宁夏会展博览产业短缺要素快速成长。

（三）强化服务保障，不断优化会展博览产业发展环境

各成员单位立足自身职能，聚焦重点任务分工，提升服务会展主体保障水平。规范行业管理，严格按照自治区党政机关申报会展活动有关规定，从冠名、主题、规模、安全等方面规范党政机关举办大型会展活动。健全保障机制，按照"1+37+8"系列文件要求，出台了《自治区重大活动公共安全风险评估工作实施细则（试行）（征求意见稿）》，完善应急、公安、消防、卫健等部门重大活动安全保障机制，提前谋划、紧盯重点、精准防控，确保重大会展活动安全。注重人才培养，探索建立"培训＋观摩＋研讨"会展博览产业发展培训模式，强化宁夏工商职业技术学院等院校会展策划与管理专业学科建设，发挥专任教师团队作用，培育校企共建会展产教融合实训基地，着力培养宁夏会展专业人才。强化知识产权保护，建立会展知识产权维权援助站，为展会活动提供驻场维权服务33次。优化政务服务，推进企业登记注册"全程网上办"，实现大型展会展前审批"一网通办"。

二、宁夏会展业的概况

近年来，宁夏各级领导以宽广的全球视野、超常规的推进措施，高起点、高标准、大力度发展会展博览产业。目前，以全方位全过程创新会展博览产业发展环境为支撑，以打造国家级国际性展会为引领，以具有宁夏核心竞争优势的产业为主要内容的宁夏会展博览产业新格局正在形成。2023年，全年会展博览展出面积76.2万平方米，实现产值54.6亿元，成功带动了各项会展相关产业的发展，会展经济的1∶9带动作用得到很好的发挥。

（一）重点展会

以中阿博览会和国际葡萄酒文化旅游博览会为代表的世界级的展会发展成果显著。两大国家级国际性展会的举办，使宁夏成为国内外会展博览产业的后起之秀。中国－阿拉伯国家博览会和中国（宁夏）国际葡萄酒文化旅游博览会两大国家级国际性展会的成功举办，提升了宁夏发展会展经济的自信。宁夏以会展带动招商、促销、旅游、交流、合作的"一展多元"会展经济产业链，有力地推动了宁夏会展经济可持续高质量发展。

1. 中国－阿拉伯国家博览会

对外开放是我国的基本国策。改革开放以来，从沿海沿边到西部内陆，中国各省市区都在挖掘各自的优势与世界对接，宁夏作为西部内陆小省区，始终把古丝绸之路重要节点，以及与"一带一路"沿线国家和地区的经贸合作作为开放重点和主攻方向。2009年，国务院批准在宁夏举办中阿经贸论坛。2012年在第三届中阿经贸论坛上，国家领导人提出向西开放是中国全方位对外开放的重大举措。宁夏抢抓国家向西开放的战略机遇，2013年中阿经贸论坛升级为中国－阿拉伯国家博览会，至今已连续举办五届，让宁夏成为"一带一路"沿线国家和地区"向东看"、内陆地区"向西开放"的交汇点，中阿博览会这一国家级国际性展会也成为中阿共建"一带一路"的重要平台，宁夏会展博览产业以国家战略的服务载体面向世界。

国内国际影响力大幅提升。前五届中阿博览会共有112个国家和地区、24位中外政要、318位中外部长级嘉宾、6000多家国内外企业参会参展。第六届中阿博览会，沙特将作为主宾国参加，沙特主权基金、沙特朱拜勒和延布皇家委员会等将围绕深化金融合作、园区国际合作、能源合作等方面进行推介，推动"一带一路"倡议同沙特"2030愿景"对接。中阿博览会在国际舞台的亮相，进一步推动中阿共建"一带一路"走深走实，使中阿博览会成为构筑中阿命运共同体的重要平台。中阿博览会机制化的举办，使宁夏与"一带一路"沿线国家的经贸往来日益密切，前五届中阿博览会累计签订各类合作项目1213个，涉及现代农业、高新技术和能源化工等多个领域。2013年以来，宁夏与"一带一路"沿线国家和地区进出口累计756.6亿元，占宁夏进出口总额的31.4%。2023年第一季度，宁夏与"一带一路"沿线国家进出口20.6亿元，同比增长29%。

按照第六届中阿博览会统一部署，自治区科技厅着力加强顶层设计，强化协调对接，突出内容精、层次高、对接准、成效实等特点，高水平筹办第五届中阿博览会技术转移与创新合作大会，促成了8项重点协议在大会期间签署，签约金额24亿元。同时，在科技部指导下，面向全国广泛征集，结合阿方需求精准筛选和国内外专家推荐评审，面向阿拉伯国家发布了生态环境保护、资源能源利用等领域300项先进适用技术，着力促进中阿科技合作交流走深走实。

中阿博览会的举办为各省区市和国内企业拓展与"一带一路"沿线国家的经贸合作搭建了有益平台。2015年以来，浙江、福建、江苏、重庆、河南等先后作为主题省联动办会，展示优势产业，扩大国际合作。以中阿博览会为纽带，宁夏与全国各地的合作更加紧密。第五届中阿博览会，宁夏签订投资类项目、贸易类项目和备忘录协议257个，投资总额1380.6亿元。第六届中阿博览会，主题省广东将组成大型经贸代表团参会参展，举办主题省形象展、特色商品展、"粤贸全国"经贸投资推介等系列活动，推动粤宁经贸交流合作取得新成果，共同打造对外经贸合作新亮点。

2. 中国（宁夏）国际葡萄酒文化旅游博览会

宁夏贺兰山东麓葡萄酒产区以其独特的自然资源被誉为"东方波尔多"。2016年、2020年习近平总书记两次视察宁夏时，都对宁夏葡萄酒产业充分肯定并寄予殷切期望。他指出，宁夏葡萄酒产业是中国葡萄酒产业发展的一个缩影，相信假以时日，十年、二十年，中国葡萄酒"当惊世界殊"。宁夏牢记习近平总书记的嘱托，充分挖掘宁夏葡萄酒产业发展优势，大力培育完善葡萄酒产业链和供应链，通过举办展会让中国葡萄酒站上世界舞台。2021年，在连续举办9届贺兰山东麓国际葡萄酒博览会的基础上，国家批准宁夏举办中国（宁夏）国际葡萄酒文化旅游博览会，至今已连续举办三届，这是我国首个以葡萄酒为主题的国家级、国际化综合性展会。宁夏会展博览产业发展再添主力军。

以中国（宁夏）国际葡萄酒文化旅游博览会为契机，宁夏葡萄酒实现了与全球的对话，搭建了中国葡萄酒走向世界的桥梁。2023年，世界最大规模的葡萄酒赛事——Decanter世界葡萄酒大赛中国赛区共有274款葡萄酒获得奖牌，参赛酒款获奖比例创历史新高，其中宁夏产区获得了40%的奖牌。中国（宁夏）国际葡萄酒文化旅游博览会的举办，使宁夏葡萄酒在疫情带来的不利外贸环境中实现了"出海"逆势增长。2020年葡萄酒出口值同比增长46.4%，实现了我国葡萄酒长期主要以进口为主到进出口并举的历史性转变，为我国葡萄酒国际化开辟了"新赛道"。2022年，宁夏葡萄酒出口增长率稳定在30%左右。

（二）其他展会

宁夏借助展会推动产业高质量发展，取得了不俗的成绩。2021年开始，在商务部大力支持下，国际肉类产业博览会在宁夏举办，以高质量供给引领和创造新需求，促进肉类产业产销对接和技术交流创新，对提高宁夏肉类品牌竞争力、促进产业创新发挥重要作用，推动宁夏滩羊、六盘山牛肉等品牌走向高端市场。2018年开始，宁夏每年都举办枸杞产业博览会。2023年第六届枸杞产业博览会吸引了俄罗斯、澳大利亚、英国、法国等12个国家特色产品参展，签约金额达到91.46亿元，采购签约金额达到15.8亿元。2023年第五届宁夏奶业大会在银川举办，不仅为国内奶牛养殖企业提供了了解、学习奶产业新技术、新理念的机会，也进一步提升了宁夏奶产业全产业链的竞争力。宁夏"云天大会"和"西部数谷"算力产业大会充分展示宁夏数字经济的独特优势和发展前景，促进数字经济要素集聚、融合、创新、落地，打响中卫市云天城市的品牌。清凉蔬菜产业发展洽谈会等推动了宁夏冷凉蔬菜在全国高端市场的知名度、影响力和占有率的提升。吴忠早茶美食文化节提振了宁夏餐饮业消费。宁夏国际车展和中国·银川国际汽车博览会等展会活动已成为各大汽车厂商展示品牌、发布新车的重要平台，拉动宁夏汽车市场消费。

当前宁夏会展产业已经形成五市会展多点开花的发展氛围。2022年以来，宁夏开展各类会展博览活动，实现展览面积110.1万平方米，产值约50亿元。银川市聚焦全产业链会展主题，举办和家网家博会和西北清洁能源技术与双碳峰会等展会活动；石嘴山市聚焦工业转型会展主题，围绕新型材料和新能源等产业集群，巩固升级石嘴山氰胺产业发展论坛和宁夏种业博览会等会展博览活动，建设"产业创新、生态转型"会展博览特色城市；吴忠市聚焦绿色发展会展主题，举办2023首届"宁货出塞·闽货西行"特色产品展暨产销对接会等会展博览活动，凸显"绿色发展、转型升级"会展博览特色城市；固原市围绕绿色食品产业和既有文化旅游产业基础，建设"红色固原、绿色发展"会展博览特色城市；中卫市聚焦数字经济会展主题，持续举办数字中卫、2023丝绸之路黄河文化旅游博览会等会展博览活动，建设数字经济会展博览特色城市。

三、宁夏会展产业面临的问题

尽管宁夏的会展产业发展取得了很好的成果，但是总体上存在与产业融合程度不高、国际会展业动力不足、内外部风险增大、会展产业外部的风险较大等方面的问题。

（一）产业联动融合有待提升

会展产业是在各产业有力支撑的基础上发展起来的产业，需要各个产业形成合力，才能蓬勃发展。当前宁夏发展会展产业起步晚、基础弱，在产业支撑、人才引进、基础设施建设等方面存在短板。

此外，当前会展产业与各行业的联动协调作用不强。会展业是外向型窗口产业，综合性强、产业关联度高、带动效应明显。当前宁夏积极发展会展产业与"六新""六特"产业的融合。会展与文化旅游、金融、新型材料、新能源等产业融合发展的潜力有待进一步提升。

（二）中阿博览会面临的问题

10多年来中阿博览会的召开取得了巨大的成就，但是仍然面临一系列挑战。从内部和外部两个方面来看，内部的挑战主要包括与中阿合作论坛的协调不足、保障措施缺失两个方面，外部挑战主要来自阿拉伯世界的一体化程度低和阿拉伯国家的参与度不足两个方面。

1. 内部挑战

近年来，中阿经贸合作机制有中阿合作论坛和中阿博览会，但二者并没有形成协作与互补，而是各自发挥作用。中阿论坛是国家层面的机制，具有绝对权威。中阿博览会是地方层级，协调力受到层级限制，经贸合作效果有待提升。中阿博览会目前在争取国家层面的外交资源，提高涉外资源嵌合度方面较为缺乏，在与中央层面机制有结构性、深层次和前瞻性的更加具体的互动上还有不足。

中阿博览会面临的重要问题是签约项目的后续落实和跟进问题，比如，中非论坛在2000年就设有专门的后续行动委员会，由中央各相关部委和北京市政府等36家成员单位组成。部分非洲国家也建立了后续行动委员会。中阿博览会上没有建设完善的后续行动机构，仍由主办方宁夏博览局跟进。此外，中阿经贸合作示范区也在建设和规划中，当前我国涉外博览会大部分都有一批地方经贸合作示范区，如宁波的中国 – 中东欧国家经贸合作示范区、青岛的中国 – 上海合作组织地方经贸合作示范区、湖南的中非经贸深度合作先行区。宁夏政府曾积极申请建设中国 – 海合会国家经贸合作示范区，但未获批，2011年在地方层面建设中阿经贸合作交流先行区，但该政策并未保持连续性。

2. 外部挑战

中阿博览会的发展面临一系列的内部挑战，同时也有来自外部的客观因素制约。首先，阿拉伯世界的一体化程度低，只是"想象中的整体"，阿拉伯国家一直以来都存在分裂和不团结，这种体制下很难对民生和发展问题有共同的有力举措。此外，阿拉伯地区经济一体化程度偏低，这也影响了中阿合作的进展、质量和广度。其次，阿拉伯国家的参与度不高，存在现实中的偏好。最后，阿拉伯地区组织的参与度不高。相比中国 – 东盟博览会东盟10国经贸主管部门的积极参与，中阿博览会的主办方中没有阿拉伯地区组织，阿拉伯地区重要的经济组织海合会也不在其中。

未来编

第六章

宁夏"六新"产业发展的机遇与路径

第一节　新型材料产业发展的机遇与路径

材料，是大自然馈赠的神奇礼物；科技发展，又赋予了材料更加绚丽多彩的新生命。一块不起眼的黝黑煤炭，经过层层加工转化，织成比发丝还要细数倍的纤维材料，成为防火防爆服的面料，成为飞机、高铁的部件；一块其貌不扬的硅铁，经过烈焰电光的锻造淬炼，成为承载庞大数字世界的芯片，成为吸收转换太阳能的电池板……随着科技日新月异，新型材料产业与信息技术等产业深度融合，以万千形态进入生活、以无所不在融入发展，成为基础性、先导性产业，成为制造业的重要支撑和产业链的关键环节，成为推动产业转型、工业发展的新的制高点。

宁夏是材料老城，也是产业新区，在"三线建设"时期，国家就迁建了一批重点材料企业落户宁夏，从昔日的高炉钢火、傻大粗黑到今天的"专精特新"、世界领先，宁夏新型材料产业在风雨历程中，积淀了丰厚的产业家底，迎来了迎风起飞的历史时刻。

一、新型材料产业发展的机遇

宁夏近年来积极推动产业转型升级，由单一产业向集群产业跨越，由初级生产向精深加工转变。锻造出光伏材料、锂电池材料、高性能纤维材料等一批特色优势产业链，形成了银川、石嘴山、宁东锂离子电池材料集群，吴忠、中卫、宁东基地特色精细化工材料产业集群，整体呈现主业突出、多元发展、集约协同的良好态势。

目前，银川、石嘴山市已形成光伏全产业链链条，中国"新硅都"初具规模；宁东高性能纤维材料产业实现上下游一体化推进，产业基地正加速形成；石嘴山、银川、宁东储能电池产业集群已见雏形，新型材料产业集群态势日益凸显。

（一）新一轮科技革命和产业革命为关键材料的大发展带来了机遇

全球新一轮科技革命和产业革命不断深入，为我国新材料产业注入了新动力。当前，国际领域正在经历一场更大范围、更深层次的新工业革命，信息技术、制造技术、能源技术、材料技术交叉融合、深度渗透、群体性突破、协同应用，新技术、新业态、新产业层出不穷；一批标志性通用技术（数字化制造、5G、大数据等）涌现并向各产业领域渗透。新材料与这些新技术、新业态、新产业高度融合，为产业发展提供了广阔的市场空间。随着全球高新技术产业快速发展和制造业不断升级，新材料的产品、技术、模式不断更新，应用领域不断拓展，市场需求旺盛，产业规模持续增长。全球新材料产业每年以10%以上的速度增长，已成为最具发展潜力的高技术产业之一，我国新材料产业每年增速在20%左右。随着新能源、新一代信息技术、航空航天产业崛起，新材料的应用市场进一步扩大。我国新材料自主创新步伐加快，为国产新材料推广应用、规模化生产和迭代升级带来机遇，关键材料的突破和国产化不仅填补了国内市场空白，而且部分进入全球供应链体系，极大地拓展了市场空间。科技与产业发展日新月异，新材料与5G、人工智能、智慧城市、新能源、生命健康等新兴产业的发展高度融合，创新步伐持续加快，推动了新材料产品的不断推陈出新和产业化进程，这为材料的大发展提供了难得的历史机遇。

（二）国家战略为新型材料产业的发展带来了机遇

国家战略需求和政策支持，市场空间广阔，这是中国新材料产业发展的重要机遇，也是促进新材料产业快速发展和壮大的重要动力。政府对于新材料产业的发展给予了积极支持，通过出台政策、提供资金支持和优惠税收等措施来推动行业发展。

《"十三五"国家战略性新兴产业发展规划》中就将新材料产业作为战略性新兴产业，并成立了国家新材料产业发展领导小组，《中国制造2025》《新材料产业发展指南》《中华人民共和国国民经济和社会发展第十四个五年规划和2035年远景目标纲要》等政策文件都将新材料产业作为发展的重点产业，实施了"重点新材料研发及应用"等重大工程，以先进基础材料、关键战略材料、前沿新材料等为重点发展方向，聚焦高端新材料。近年来，国务院办公厅先后出台《国务院办公厅关于促进碳纤维产业高质量发展的指导意见》《加快非粮生物基材料创新发展三年行动方案》等政策，推动新材料产业的发展。这些政策为企业创新提供了重要支持，并为新材料产业创造了良好的发展环境。

（三）低碳经济转型发展为新型材料产业发展创造了契机

国家节能减排政策推动传统产业向绿色、低碳方向转型升级，需要大量应用新材料来实现能源的高效利用和减少排放。这为新材料产业带来了巨大的市场机会，推动其发展壮大。传统产业转型升级离不开新材料的支撑，如轻量化材料、生物基材料、节能环保材料等。新材料自身发展也更加重视节能低碳发展，从材料的研发设计、生产应用到回收再利用都高度注重绿色化，不断突破材料品质、装备等方面的应用极限，带动产业高质量发展。新材料产业与"双碳"目标的结合成为新的增长热点，生物基材料、生物制造等非化石原料的材料和材料制备技术不断涌现，清洁可再生能源或化石能源的洁净利用等，有效推动了制造业的绿色转型。

新材料在能源储存、节能减排、可再生能源利用等方面具有巨大潜力，将迎来更多市场机会。

1. 节能减排需求的增加

随着节能减排意识的提高，市场对于具有优异节能性能和环保特性的新材料需求不断增加。新材料在节能减排领域具有巨大潜力，可以通过提高产品性能、降低能耗来实现节能效果，满足市场需求。我国提出的低碳经济要求降低能源消耗和减少温室气体排放，因此需要开发和应用具有优异节能性能的新材料。例如，轻量化材料可以降低交通工具的重量，提高燃油效率；在建筑领域，国家推动绿色建筑、节能建筑等相关政策，对于高效隔热材料、光伏材料等新材料有着巨大需求。

2. 可再生能源开发利用需求

可再生能源已成为全球范围内关注的热点领域。新材料在可再生能源设备制造、储存和传输等方面发挥着重要作用。随着可再生能源产业规模扩大和技术进步，对新材料的需求将持续增加。低碳经济推动可再生能源的发展和利用，而可再生能源设备（如太阳能电池板、风力涡轮机等）需要依赖先进的新材料来提高其效率和可靠性。比如，光伏电池需要高效转换太阳光为电能的光伏材料。

3. 新能源储存与传输需求

低碳经济中，大规模利用可再生能源需要解决储存和传输方面的问题。新型储能技术（如锂离子电池、超级电容器等）及高效传输材料（如超导体材料）对于实现可持续能源供应至关重要。

（四）创新体系的有力支撑为新型材料产业加装了引擎

随着科技的不断进步，新型材料领域涌现出许多创新技术和突破。例如，纳米材料、功能性复合材料、生物可降解材料等的发展，为新型材料的应用提供了更广阔的空间。

为大力推进新型材料产业新旧动能转换和创新驱动，宁夏以科技创新为引领，大力推进稀有金属特种材料国家重点实验室、宁夏光伏材料重点实验室、宁夏特种材料重点实验室等国家或自治区重点实验室，国家钽铌特种金属材料工程技术研究中心、宁夏动力与储能锂电池材料工程技术研究中心、宁夏太阳能电池工程技术研究中心等技术研发平台建设，引导区内科研院所与新型材料企业广泛开展产学研合作。有了高新技术的强力支持，宁夏新型材料产业育新机开新局，逐步迈上高质量发展快车道。

综上所述，国际产业发展、国家及自治区政策的实施、国家低碳经济的发展以及创新技术的发展等为新型材料产业的发展提供了多个机遇。这些机遇将促进新型材料产业快速发展，并为企业提供更多商机和发展空间。

二、新型材料产业发展的路径

按照自治区党委和政府要求，顺应全球新一轮科技革命和产业变革新趋势，进一步树立"材料先行"理念，以高质量发展为目标，以市场需求为导向，以特色园区为依托，以重大项目为牵引，以科技创新为动力，以延链强链为重点，转方式、调结构，提质量、增效益，构建产业体系、打造产业集群，推动产业高端化、绿色化、智能化、融合化发展，着力将新型材料产业打造成为自治区工业转型升级、新旧动能转换的支柱产业，为加快建设黄河流域生态保护和高质量发展先行区提供重要支撑。

（一）推动产业升级，提升创新能力

一是强化技术创新。坚持以企业为主体、以市场为导向，引导企业在技术创新上舍得花大钱、办大事，聚焦新型材料重点领域，围绕重大关键性、基础性和共性技术问题，既通过原始创新、集成创新的途径掌握一批关键核心技术，又通过借用外脑、协同创新的办法克服自身先天不足，努力走出一条以科技创新带动企业蝶变的发展路子。二是强化平台创新。用好东西部科技合作机制，支持区内企业与东部地区的高校、科研院所联合建设一批产学研基地，邀请院士专家到区内企业精准指导、落地转化科技成果。鼓励引导新型材料企业把研发机构、创新平台设立在宁夏，深化与区内各类创业创新载体合作，带动相关领域科技创新水平整体提升。三是强化模式创新。推动新型材料产业和现代服务业深度融合，全面促进5G技术和场景的规模化应用，推进产业智能化升级、数字化赋能。引导新型材料企业以专业化分工、服务外包、订单生产等方式，带动相关生产性服务业发展，培育一批服务型制造示范企业。

大力推动科研机构、科学家与产业发展的深入合作，以创新推动新型材料领域的发展，推动支持创新的体制机制，鼓励原始创新、源头创新，

打通制约集群产业升级的关键技术环节，抢占新型材料产业未来发展制高点。分批推进节能降碳改造，支持新型材料产业绿色化改造。

（二）强化集群内部互动，大力营造共生发展的产业生态

产业集群是在地理上集中的，在某特定领域相互联系的企业和机构形成的有机体。[①] 传统产业集群中内部企业和机构相互支持，形成了综合竞争力。政府要推动产业集群发展，致力于减少市场失灵、鼓励创新、促进区域发展等目标，强化相关机构服务与管理水平，改善基础设施与政策环境，促进集群内部要素和信息流动，强化集群成员的协同，推动产业集群与外部的互动水平。

目前，宁夏光伏产业链已经形成从多晶到单晶电池组件再到电站建设的产业链，将围绕产业配套，如石英坩埚、太阳能基板玻璃及专用设备制造等加大扶持力度，进一步提升产业链链条完整度。同时要积极拓展能源利用范围，如支持鼓励企业通过光伏发电，电解水制氢，然后再走绿氢耦合化工的产业链延伸道路，"以氢换煤"助力化工行业脱碳。加快引进和培育科技含量高、配套能力强的关联性企业，延伸完善新型材料产业链条，壮大新型材料产业集群规模。

一是着力招大。瞄准新型材料产业国内外500强企业、国有大型企业、行业领军企业，招引投资、规模、产出效益高的大项目、好项目，努力形成"引进一个、跟进一批、带动一片"的良好效果。二是注重延长。重点围绕新能源材料、高分子材料、精细化工材料等优势特色领域，建立产业链协同推进机制，大力引进和培育一批上下游衔接的链条企业、生产配套的专精特新企业、具有服务功能的平台企业，努力打造主导产业突出、链条完整、协作密切、融合发展的产业体系。三是突出选精。树立低能耗、低排放、高附加值、高端化的导向，突出"新、绿、优"，有选择地引进和培育一批科技含量高、自主品牌响，产业关联紧、市场竞争强、污染排放少、综合效益高的企业和项目，做到每个链条都有优势企业、每个企业

---

① 陈剑锋、唐振鹏：《国外产业集群研究综述》，《外国经济与管理》2002年第8期。

都有拳头产品。

（三）加强人才支撑与资金支持

新型材料产业是资金和技术密集型产业，人才与资金是产业发展的关键。要强化招才引智，引进新型材料领域的高端人才，为宁夏新型材料产业发展提供有力支撑。要留住人才，制定具有延续性、吸引力和竞争力的人才服务体系及优惠政策，提高宁夏新型材料产业人才的整体水平。要加强本土人才培养，推动新型材料相关院校、高等院校新型材料专业建设，鼓励企业建立新型材料教学实习与科研基地，支持新型材料相关的院校与企业加强合作交流、共同培育人才、强化协同创新。推动教学内容与时俱进，推动现代学徒制等人才培养模式改革，促进教育链、人才链、创新链、产业链有效衔接、融合发展。

加强政、银、企信息对接，充分发挥财政资金的激励和引导作用，积极吸引社会资本投入，进一步加大对新型材料产业发展的支持力度。通过财政、制造业转型升级基金，统筹支持符合条件的新型材料相关产业创新及发展工作。利用多层次的资本市场，加大对新型材料产业发展的融资支持，支持优势新型材料企业开展创新成果产业化及推广。鼓励金融机构按照风险可控和商业可持续原则，创新知识产权质押贷款等金融产品和服务。鼓励引导并支持天使投资人、创业投资基金、私募股权投资基金等促进新型材料产业发展。支持符合条件的新型材料企业在境内外上市、在全国中小企业股份转让系统挂牌、发行债券和并购重组。

（四）完善管理体系

宁夏应该根据自身资源禀赋和市场需求，合理规划和布局新型材料产业。可以通过引进先进技术和设备，建设研发中心和生产基地，培育一批具有竞争力的新型材料企业。一是优化区域布局。结合产业基础和优势，完善"一核五群"总体布局，实施差异化、特色化发展，指导各市县依托现有工业园区和产业集聚区，突出特色、找准定位、重点突破、完善配套，打造一批主业突出、特色鲜明、带动性强的新型材料"园中园""特色区"，推动形成优势互补、分工合作、协同发展的产业格局。"十四五"期间，宁夏聚焦新型材料重点领域,培育打造光伏材料、煤基烯烃下游材料、高性能纤维及复合材料、锂离子电池材料、铝镁合金材料、电子信息材料、氰胺化工材料等7条优势特色产业链,构建"一核五群"新型材料产业发展新格局。到"十四五"末,宁夏新型材料产业将实现产值2000亿元以上、年均增长20%,完成固定资产投资1500亿元以上、年均增速达到10%以上,将宁夏建设成为全国新型材料的"大工厂""大基地"。宁夏正凝心聚力打造银川、石嘴山光伏材料产业集群,宁东化工新材料产业集群,石嘴山、宁东锂离子电池材料产业集群,石嘴山、吴忠、宁东高性能金属材料产业集群,石嘴山、吴忠、中卫、宁东特色精细化工材料产业集群。二是细分领域规划。围绕光伏材料、高性能纤维材料、锂离子电池材料、电子信息材料、烯烃下游材料、铝镁合金材料等优势特色领域,分领域编制全产业链链条规划,制定推动产业链横向拓展、纵向拉伸的方案措施,构建连接上下游、协同左右链的产业生态。三是加强企业规划。按照总体规划和重点领域规划,把握产业发展规律,顺应行业发展趋势,指导隆基绿能、东方希望、天津中环、晶盛机电、百川锂电等龙头企业开展战略规划研究,编制全产业链发展及配套协作战略规划,调动引导上下游企业间、大中小企业间围绕核心项目发展配套产业。

统筹协调各地资源,协同推进新型材料产业发展。加快推动数字政务建设,建立政府、企业、社会等协同联动统一的新型材料数字化管理政务服务平台。积极引入区块链技术,推动在线政务建设形成认证审核试点示范。推动5G技术及新一代信息技术与政务工作的融合发展。开展新型材料产业链发展动态评估机制,摸清宁夏新型材料产业发展的痛点、难点、热点。根据新型材料产业发展规律,建立新型材料技术成熟度评价管理体系,动态跟踪重点新型材料发展水平。基本形成以"材料质量评价"为目标的材料产品质量评价体系和材料生产流程质量控制评价体系,能够以准确的材料性能质量评价体系和技术成熟度评价体系促进材料产业的高质量发展。定期梳理重点新型材料产品目录、重点新型材料企业目录、集聚区目录、颠覆性技术目录,加强政策评估,为政府对新型材料发展精准决策提供依据，为社会和企业发展提供指引。

第二节　清洁能源产业发展的机遇与路径

大力推进清洁能源产业发展，实现碳达峰碳中和，是满足人民日益增长的优美生态环境需要，推动区域高质量发展的内在要求。发挥宁夏资源禀赋，加快"绿能"替代"黑能"，实现产业变"绿"、经济增"绿"，以清洁能源产业高质量发展推进宁夏黄河流域生态保护和高质量发展先行区建设，意义十分重大。党的二十大报告强调加快发展方式绿色转型，为推动清洁能源发展与消纳，服务碳达峰碳中和指明了方向。

一、清洁能源产业发展的机遇

（一）国家战略为宁夏清洁能源产业发展带来的机遇

实现经济向净零碳转型是当前发展的迫切要求，是未来经济的必然趋势，也越来越成为世界各国的共识。围绕碳达峰碳中和的"双碳"目标，各国开启了新技术和新产业的竞赛。中国政府提出了"双碳"目标，2021年全国碳市场正式开市，对清洁能源等产业具有重要推动作用。碳达峰碳中和目标给石化企业的绿色低碳转型带来较大压力，但在转型过程中同时孕育着新的发展机会，包括发展新能源、新材料、新业态的机遇，推动化石能源主导的能源结构、产业结构和经济结构转向由清洁能源主导，为清洁能源产业带来新的机遇。清洁能源行业正外部性强，研发投入大，单位成本高，因此有必要加强清洁能源产业的政策倾向与补贴。

我国重视资源、生态、环境的发展，大力推动美丽中国建设。近年来，我国发布了《关于加快建立健全绿色低碳循环发展经济体系的指导意见》《2030年前碳达峰行动方案》等政策文件，推动能源体系绿色低碳转型（见表6-1）。

表6-1　2019—2022年我国国家层面清洁能源行业部分相关政策

时间	发布部门	政策名称	主要内容
2022年	中共中央办公厅 国务院办公厅	《乡村建设行动实施方案》	实施乡村清洁能源建设工程。巩固提升农村电力保障水平，推进城乡配电网建设，提高边远地区供电保障能力。发展太阳能、风能、水能、地热能、生物质能等清洁能源，在条件适宜地区探索建设多能互补的分布式低碳综合能源网络。按照先立后破、农民可承受、发展可持续的要求，稳妥有序推进北方农村地区清洁取暖，加强煤炭清洁化利用，推进散煤替代，逐步提高清洁能源在农村取暖用能中的比重
2022年	国家发展改革委 国家能源局	《关于完善能源绿色低碳转型体制机制和政策措施的意见》	引导工业企业开展清洁能源替代，降低单位产品碳排放，鼓励具备条件的企业率先形成低碳、零碳能源消费模式。鼓励建设绿色用能产业园区和企业，发展工业绿色微电网，支持在自有场所开发利用清洁低碳能源，建设分布式清洁能源和智慧能源系统，对余热余压余气等综合利用发电减免交叉补贴和系统备用费，完善支持自发自用分布式清洁能源发电的价格政策
2022年	国务院办公厅	《关于进一步盘活存量资产扩大有效投资的意见》	盘活存量资产回收资金拟投入新项目建设的，优先支持综合交通和物流枢纽、大型清洁能源基地、环境基础设施、"一老一小"等重点领域项目，重点支持"十四五"规划102项重大工程，优先投入在建项目或符合相关规划和生态环保要求、前期工作成熟的项目
2021年	国务院	《关于加快建立健全绿色低碳循环发展经济体系的指导意见》	增加农村清洁能源供应，推动农村发展生物质能。促进燃煤清洁高效开发转化利用，继续提升大容量、高参数、低污染煤电机组占煤电装机比例
2021年	中共中央 国务院	《关于完整准确全面贯彻新发展理念做好碳达峰碳中和工作的意见》	加快发展新能源和清洁能源车船，推广智能交通，推进铁路电气化改造，推动加氢站建设，促进船舶靠港使用岸电常态化

时间	发布部门	政策名称	主要内容
2020年	中共中央 国务院	《关于新时代推进西部大开发形成新格局的指导意见》	加强可再生能源开发利用，开展黄河梯级电站大型储能项目研究，培育一批清洁能源基地
2019年	中共中央 国务院	《交通强国建设纲要》	优化交通能源结构，推进新能源、清洁能源应用，促进公路货运节能减排，推动城市公共交通工具和城市物流配送车辆全部实现电动化、新能源化和清洁化

同时，多年来我国加快能源科技自主创新，在风电、光伏、特高压电网技术等方面取得重大突破，"互联网+"智慧能源、储能、综合能源服务等一大批能源新技术、新业态、新模式蓬勃兴起，能源生产等成本明显下降，为清洁能源规模化、高质量开发利用创造了条件。《智能光伏产业创新发展行动计划（2021—2025年）》提出推动绿色能源产业链及产业绿色化的目标。

国家发展改革委、国家能源局出台的《关于支持宁夏能源转型发展的实施方案》明确提出，支持宁夏加快构建以新能源为主体的新型电力系统，培育壮大新能源高端装备制造业，有序发展硅材料产业，支持宁夏探索新商业模式，大力发展可再生能源制氢、用户侧储能，建设"源网荷储"一体化和多能互补发展示范工程等。2020年，习近平总书记视察宁夏时赋予宁夏建设黄河流域生态保护和高质量发展先行区建设的时代使命。这些都为宁夏清洁能源产业创造了良好的发展环境。

从近年来出台的政策可以看出，我国力图通过推进风电、光伏发电项目建设，提升能源在供给侧可持续方面的稳定性。通过大力推进抽水蓄能同时发展新型蓄能的方式协调能源在时间维度上的平衡；通过"西电东送"等基础设施进行长距离大规模的输电方式，解决能源供需在空间上的失衡；通过分地区、分年度消纳责任权重配比及能源消费结构低碳化转型，促进清洁能源在需求侧的协同发展；从而逐步建立起高效、安全、可持续的能源供应体系。这也为我国清洁能源行业投资提供了良好的政策环境。国家相关政策的积极支持为新能源及相关产业的发展创造了有利条件，同时作为我国战略性新兴产业重点产品，新能源行业将会得到快速发展。

（二）市场消费需求加速增长，推动国内清洁能源生产能力提升

据统计数据显示，1949年，新中国成立之初，由于能源生产技术及装备水平低，国内能源生产总量仅有0.2亿吨标准煤，其中，原煤、原油及天然气产量分别为0.3亿吨、12.0万吨、0.1亿立方米，全国发电量更是仅有43.0亿千瓦时，行业市场能源供求关系紧张，且存在严重的能源结构性问题。随着国内经济的快速发展，2022年，我国生产总值增长至1210207.2亿元，市场能源消费需求不断增长，同时伴随着国内能源生产科学技术进步及设备生产力水平的显著增强，全国能源生产总量达53.92亿吨标准煤，国内能源产业实现跨越式增长。值得注意的是，自党的十八大以来，在国家系列政策推动作用下，我国打响污染防治攻坚战，社会生态系统保护和修复力度不断增强，传统产业绿色改造升级成为必然，国家能源消费结构优化进程加速推进，持续为我国清洁能源产业发展提供驱动力。

清洁能源重点在于其清洁性及经济适用性，国内清洁能源推广政策及支持力度的增强，为我国清洁能源应用市场拓展提供推动力。2015—2022年，我国煤炭、石油等高碳高污染能源市场消费比例不断下降，天然气、风电、水电、光电、核能、地热能、生物质能等绿色清洁能源市场消费比例持续攀升。2022年，国内能源消费总量达53.92亿吨标准煤，同比增长2.9%。其中，我国清洁能源消费量达13.97亿吨标准煤，同比增长4.51%；占全国能源消费总量比例达25.9%，较上年提升0.4个百分点。随着我国经济发展增速提升，国内工商业、居民生活电力能源需求不断提高，人们生态环保意识增强，在国家系列政策持续推动下，我国清洁能源消费市场进入加速发展阶段，国内能源消费结构不断优化。

二、清洁能源产业发展的路径

"十四五"是碳达峰的关键期、窗口期，也是清洁能源产业发展的机遇期、提速期。宁夏将按照中共宁夏回族自治区第十三次代表大会部署要求，立足能源资源禀赋和产业基础，打造以清洁能源为主的能源生产消费体系，以高水平建设国家新能源综合示范区为目标，以加快推进清洁能源产业一体化发展为路径，加大清洁能源项目资源开发，持续推进制造业锻长板补短板，助力建设黄河流域生态保护和高质量发展先行区。

（一）加快能源替代，加大对清洁能源宣传力度

一是加快清洁能源开发。坚持集中式与分布式开发相结合，立足各地资源条件，整合利用荒山荒地、采煤沉陷区、生态修复区、硒砂瓜退出地等土地资源，大力发展规模化光伏发电和风电场，探索光伏多样化开发模式，鼓励发展屋顶分布式光伏分散式风电，推动与生态治理、乡村振兴、休闲旅游等融合发展。二是加速氢能产业发展。统筹氢能"制储输用"全产业链，鼓励发展可再生能源制氢，拓展应用领域。发展以煤换氢、绿氢消碳，推动氢能技术发展和规模化应用。推动绿氢耦合煤化工示范。推进天然气管道掺氢等中试研究，启动产业化应用推广，探索建立天然气掺氢应用标准。探索氢能新型技术和商业模式研究，开展有机液体储氢、金属合金储氢、液氢储运、氢储能等试点。

加大对清洁能源的宣传力度，有助于推动能源替代，促进清洁能源的应用。要推动民众对清洁能源的深入认识与全面了解，促进消费结构向低碳绿色转变。要加强清洁能源产业从业人员和管理部门的培训，加强人才队伍建设，加快清洁能源的使用和推广。通过政策倾斜，激励社会加大清洁能源的使用比例，科学化、系统化推动清洁能源使用，推动美丽新宁夏建设。

（二）推动产业链延伸，建立产业体系

1. 以风、光为重点，推动资源优化开发

加快推进国家第一批大型风光基地项目建设投运，开工建设第二批国家大型光伏基地；开展"绿电园区"试点、整县屋顶分布式光伏、老旧风机"以大代小"试点等项目建设。持续优化能源结构，推进清洁能源技术进步和产业升级，加快发展光伏、风能、太阳能等清洁能源发电。推动能源高效管理和交易，发展分布式储能服务，实现储能设施混合配置、高效管理、友好并网。实施一批可再生能源发电 – 电解水制氢项目，试点利用丙烷脱氢和氯碱副产氢。整合区域内电力资源，探索多能互补耦合制氢，形成制备方式多样、利用途径多元、生产成本较低的绿氢制备产业体系。支持重点企业开展水煤气变换反应替代技术升级改造，重点在煤制甲醇、煤制油、煤制合成氨等煤化工产品生产过程中补入氢气，减少煤气化负荷和二氧化碳排放，释放产能和经济效益。

2. 延伸产业链条，做好产销一体化发展

宁夏绿色低碳清洁能源制造业发展迅速，产业链功能需要持续增强。一是补齐风光产业链。积极引进上游端风光设备组件、电池组件、耗材、辅材及配套设备等清洁能源制造业，以主机整装带动当地相关零部件产业。依托现有清洁能源装备制造业产业，积极推动绿氢全产业链、新能源汽车、高低压配电柜、变压器、交流电或直流电集中充电桩、智能微网等下游端产业发展，积极探索旧设备回收及再利用。二是拓展生物质能产业链。生物质能源的使用不仅为宁夏减污降碳、环境质量改善作出了积极贡献，而且为产业发展、人民增收贡献了智慧力量，助推宁夏零碳村镇项目建设。三是编制宁夏清洁能源消纳专项行动实施方案。不断完善清洁能源消纳的电力市场机制、保障机制和监管体系，积极拓展电力外送新通道，加快电力交易市场、碳交易市场、水权交易市场等交易市场化运行，以下游端绿电消纳推动清洁能源上游端产业发展。积极探索碳排查、碳认证、碳资产管理、碳足迹核算等服务，推动宁夏碳排放权改革，完善碳交易体系。四是加快清洁能源产学研融合发展。在宁东、银川、吴忠等地打造清洁能源生产、运行、监管、维护模拟技能培训基地或中心，常态化为清洁能源产业发展定向输出合格的专业技术人员。

（三）突出消纳利用，促进能源消费方式变革

一是促进并网消纳。完善清洁能源并网接入和发展运行管理，布局电源点及配套送出工程建设，支持优先就地就近并网消纳。加强煤电机组深度调峰改造，加快辅助服务市场建设，深化上网电价市场化改革，提升清洁能源电力消纳水平。二是建设储能体系。推广"新能源＋储能"示范应用，发展电池储能、储热、压缩空气、制氢等多种储能方式，加快建设抽水储能电站，为新能源发电拓展空间。三是创新运能模式。推行优先利用清洁能源的绿色消费模式，引导终端用户优先选用清洁能源电力，促进工业加快向低碳化、绿色化转型。实施电能替代，支持乡村、低密度用电企业和园区发展分布式"新能源发电＋储能设施＋微电网"，持续提升电力在能源终端的消费占比。

（四）推动项目建设，加大创新力度

1. 以规划为支撑，做好顶层规划设计

一是做好发展规划。加大与国家"十四五"规划对接力度，融入黄河"几"字湾大型清洁能源基地建设，加快制定和落实"十四五"可再生能源及装备制造、电力、光伏、氢能产业等专项规划，引领清洁能源产业可持续发展。依据国土空间规划，落实国土空间用途管制要求，优化清洁能源产业发展空间布局。二是优化产业布局。统筹布局、因地制宜发展清洁能源，规划建设一批百万千瓦级平价光伏和风电基地，打造光伏材料组件、风机制造和氢能核心区，加快形成较为完整的、有竞争力的清洁能源产业体系。重点发展以光伏组件、风机制造、氢能、储能及电池产业为重点的清洁能源产业集群。总体上以两大产业圈为主，其中北部以银川经济技术开发区、宁夏宁东能源化工基地开发区为核心，形成光伏、氢能产业圈；中南部依托宁夏吴忠金积工业园区、吴忠太阳山开发区、中卫市海兴开发区，形成光伏及风电装备制造配套产业圈；宁夏盐池工业园区依托2个千亿级大气田，发展清洁能源产业，打造自治区清洁能源枢纽中心。银川经济技术开发区以隆基绿能、隆基股份为龙头，加快光伏组件及配套产品的生产研发能力；宁夏宁东能源化工基地开发区以宁东光伏产业为核心，加快光伏发电、电解水制氢及储氢、煤化工补氢等全产业链氢能项目建设，解决氢能制储运和绿氢耦合煤化工产业化瓶颈问题，吴忠太阳山开发区、中卫市海兴开发区以中车株洲风电、华润电力、核汇能等央字头企业为龙头，加快风电整机装备制造全产业链建设，推进光伏结构件生产项目做大做强，支持嘉进盛环保节能科技等新能源企业扩大生产规模，延伸风电、光伏发电产业链，打造辐射西北地区风电、光伏发电、新能源装备制造及智能运维一体化基地。见表6-2。

表6-2　宁夏近期在清洁能源方向的发展规划

重点领域	重点方向	重点项目	重点发展园区
光伏组件及配套产业	培育壮大和引进清洁能源装备龙头企业，完善产业链条，形成产业集群	隆基光伏制造规模扩产、小牛自动化光机电一体化设备加工制造扩产等、宁夏同心（中核）清洁能源产业园项目	宁夏宁东能源化工基地开发区、银川经济技术开发区、苏银产业园、宁夏吴忠金积工业园区、宁夏同心工业园区、吴忠太阳山开发区
风电装备制造		金风、中车、GE 等风电主机制造项目等	银川经济技术开发区、宁夏吴忠金积工业园区、中卫市海兴开发区
氢能	培育发展氢能上下游企业，加快氢能产业项目建设	宁夏宝丰能源太阳能电解制氢储能及应用示范项目、国电投氢能综合利用示范项目、宁夏日盛高新产业股份公司氢能综合利用等项目、国能集团宁东可再生氢碳减排示范区项目、京能氢能制储加一体化项目	宁夏宁东能源化工基地开发区、石嘴山高新技术产业开发区、石嘴山经济技术开发区

2. 加大科技创新，拓宽产业领域

科技创新引领绿色低碳清洁能源产业高质量发展。一是加大清洁能源产业科技创新与攻关力度。重点推动煤电、煤制油、煤化工设备清洁改造，二氧化碳减排、固废资源化利用、深度节水、风光及生物质能配套设备改造，可再生能源制氢、储能项目、智能电网、能源互联网等关键技术攻关。二是构建新型电力系统。充分利用数字技术赋能形成多网融合，配电网为主导力量、电力交易为主导调度体系的新型电力系统，推动分布式、微电网和大电网融合发展，用户侧参与电力系统平衡。三是加快创新平台建设。围绕清洁能源产业链布局，与区内或国内科研院所合作共建一批国家级、自治区级、市县级重点实验室或试验基地或科技企业孵化器。推进科技中介机构提升服务能力和水平，支持建设一批企业技术创新联盟和公

共技术服务平台。四是数字赋能清洁能源产业智能化发展，提高全要素生产率。加大清洁能源智能运维科技和智能化平台建设。搭建排污权、碳排放权、用能权等资源能源管理与交易平台，提升清洁能源数字化服务水平。五是加大人才队伍培养和建设，形成研发－转化－应用－升级改造的多元人才培养体系。优化人才评价和奖励制度，激发人才干事创业活力。搭建人才交流平台，为政企、企业间、院地合作交流提供场所，发挥高端人才的智慧力量。六是加强国际合作。加强与国际清洁能源科技领先企业及专业技术人员的学习交流，突破技术壁垒，培育国际新能源科技合作基地。

第三节　装备制造产业发展的机遇与路径

一、装备制造产业发展的机遇

（一）国家政策支持为装备制造业发展提供坚实保障

近年来，国家出台了一系列政策措施，支持装备制造行业的发展。例如，《关于加快推进制造强国建设的指导意见》提出了加快培育新型制造业、打造全球高端装备供应商等重点举措。装备制造业是宁夏工业体系中的支柱产业，也是宁夏的"六新"产业之一，产业基础雄厚，发展潜力巨大，这些政策为宁夏装备制造行业高质量发展提供了有力的指导和保障。

（二）智能装备制造是装备制造业未来发展方向

随着我国人力成本上涨和人口老龄化的发展，下游市场对智能制造装备的需求不断增加，智能制造装备行业市场前景广阔，为宁夏高端装备制造业发展提供了重要战略机遇。近年来，宁夏聚焦高端装备制造业，积极开拓装备制造业的高端智能化发展路径，把高端装备制造业作为推动高质量发展和产业转型升级的重要抓手，按照市场主导、创新驱动、特色发展的工作思路，聚焦智能铸造、数控机床、精密轴承、仪器仪表、新能源装备等智能装备制造领域，推动装备制造业向高技术含量、高附加值方向发展，精心打造大国重器的宁夏品牌。

（三）算力优势加速装备制造业数字化转型

宁夏得天独厚的算力资源优势为其推动装备制造企业进行数字化、网络化、智能化改造注入了强劲动能。全国一体化算力网络国家枢纽节点宁夏枢纽，是8个国家算力枢纽节点之一，自2021年12月获批建设以来，在项目建设、招商引资、营商环境等各方面工作均取得了显著成效。随着宁夏枢纽迈入深化发展阶段，已逐步成为面向全国的算力保障基地，同时也是支撑宁夏经济社会发展的重要战略资源和公共基础设施，为宁夏装备制造业高质量发展和智能化数字化转型提供了坚实保障。

（四）"一带一路"国际合作带来新发展机遇

"一带一路"倡议提出以来，我国已经与30多个沿线国家签署产能合作协议，显著提升了我国制造业在全球产业链中的地位和影响力。宁夏主动融入和服务共建"一带一路"，全力打造丝绸之路经济带战略支点，不断扩大提升对外开放发展水平。借助中央赋予宁夏中阿博览会永久举办地的重要开放平台，宁夏已成功举办六届中阿博览会。"一带一路"建设为宁夏装备制造业的高质量发展提供了新机遇，加快了宁夏装备制造业"请进来"和"走出去"的步伐，不断推动宁夏装备制造业向高端制造转型并实现创新发展，为区域经济高质量发展注入新动能。

二、推进宁夏装备制造业高质量发展的路径

（一）提升开发区综合承载能力

提升开发区综合承载能力，保证要素供给，降低企业成本，才能充分发挥产业聚集效应，打造优势装备制造产业集群。针对产业发展层次低、要素成本过高和土地资源趋紧等问题，应从以下几个方面着手。

第一，推动产业结构转型升级。充分利用市场化手段淘汰落后产能，促进高质量用地，集中清理"僵尸企业"，提高产业效益和资源配置效率。做好传统产业升级改造，要加强传统产业技术革新和设备更新，提升价值创造能力。加速推进传统产业集群式发展，推动制造业高端化、智能化、绿色化发展，促进生产性服务业同装备制造业深度融合。坚持创新驱动引

领，加快完善科技创新体系，鼓励企业通过自主研发或技术并购等方式引进新技术，推动高附加值产品技术转型升级，不断培育壮大发展新动能。充分发挥市场在资源配置中的决定性作用，更好发挥政府作用，大力支持以"专精特新"为重点的中小企业发展，引导创新资源向科技型中小企业集聚。

第二，完善要素保障机制。深入企业了解企业存在的困难和问题，建立"一企一策"问题台账，制定解决方案明确解决时限。打造完备的生产要素体系和金融服务体系，为企业降本增效出谋划策。例如，积极对接专业人员，开展电力交易规则指导，帮助企业购电，降低用电成本。建立开发区银企对接、银保对接等信息交流机制，根据企业孵化期、加速期与成熟期不同发展阶段的资金需求，引导金融产品供给与企业需求精准对接。例如，建立金融服务超市，定期开展金融"赶集"活动及金融政策宣讲，不断加大金融扶持力度，为企业稳产提供保障。

第三，提高土地利用效率。大力推进开发区"亩均论英雄"改革，对开发区亩均综合效益定期进行评价，提高投资收益比率。要积极推行"标准地"供应制度，合理提出新建产业项目"标准地"的投资、能耗、环境、建设、亩均税收等控制性指标。完善"制度＋科技"监管模式，建立开发区建设用地批、供、用信息共享共管机制，加强对园区内土地批准、供应、用地、闲置等的全程监督，有效提升开发区监管水平。

（二）做好强链补链延链

目前，产业园区的竞争已从一般性的成本竞争转向效率的竞争和技术能力的竞争，园区发展已从"规模化园区"时代逐步走向"产业链园区"的时代。要打造高水平装备制造产业链，必须做到内外兼修，针对产业链招商力度不足、产业链韧性亟待提升、本土优质骨干企业较少等问题，需在以下几个方面着力。

第一，着力夯实产业链基础。注重顶层设计，产业发展规划需要在摸清本地产业家底，明晰产业优势、劣势的基础上，实现一链一图谱，明确招商路径，为本地产业链招商提供清晰的指引。创新产业链招商新方式。

根据本地产业发展情况、地理区位条件、法规政策环境等，因地制宜采用全产业链式招商、补链式招商、产业链与资金链融合招商、产业链与人才链融合招商、产业引导基金招商等多种方式招商，开展针对性的产业招商和培育工作，不断提升关键环节和核心配套的产业完整性，全面提升招商的质量和水平。提升本土化配套服务水平，重点依托共享集团、吴忠仪表、巨能机器人、天地奔牛等龙头企业，做好产业链强链，按照"储备一批、培育一批、提升一批"的原则，逐年筛选成长性好、专业化水平高、创新能力强、产品服务特色化明显的配套企业进行重点培养，建立单项冠军企业、隐形冠军企业、专精特新企业等分级培育库与升级库，实施分级培育、跟踪辅导、常态监测、动态管理，帮助企业纾难解困。

第二，大力发展生产性服务业。充分利用链主企业的渠道、品牌、数据、技术、系统集成等优势，促进上下游企业联动发展，以龙头企业带动配套企业发展。大力发展生产性服务业，推动配套企业由制造业向服务业拓展，引导装备制造业与生产性服务业融合发展。针对制造业，力推生产性服务业融入中高端生产，促进制造业产业升级；针对生产性服务业，要基于装备制造业体量和产业质量的差距，着力激发产业活力、加快生产服务类技术要素积累。聚焦优势资源，引导企业和社会资本投入，推动生产性服务业数字化和智能化发展，以实现向全球产业链和价值链的高端环节攀升。

第三，加大本土骨干企业培育力度。建立优质企业动态培育库，构建本土优质企业大数据筛选模型，实施动态培育，强化跟踪监测和状态预警，遴选优质企业进行孵化引进。从知识产权创造、技术改造、投融资对接、人才服务等方面给予精准扶持，根据初创期、成长期和成熟期企业的不同需求，量身定制"一企一策"服务包。对于初创期企业，重点工作在于助力企业降低创新成本；对于成长期企业，重点工作在于支持其提升运营管理能力；对于成熟期企业，重点工作在于支持其总部经济发展。营造适宜本土优质企业成长的营商环境，打造可预期的监管环境，给予行政许可容缺受理、优先办理等便利，实行"非接触式监管"等包容监管措施；完善企业服务机制，促进政策直达、解难帮困和精准指导；强化政策感知力度和执行落实，定期梳理推送市、区各类惠企政策。

（三）发挥科技创新的支撑作用

在制定创新激励政策过程中，既要考虑对创新行为的激励性，也要兼顾创新成果转化渠道的建设，针对不同生产类型、不同发展阶段、不同业务模式的企业，要采用不同创新激励举措。

第一，围绕产业链部署创新链。积极搭建各级各类创新服务平台，重点支持智能装备制造通用技术研发平台、测试验证实验室及市场推广服务平台等公共技术服务平台建设；完善技术人才平台、知识产权平台、企业孵化器等中介服务平台功能。夯实多元化资金链条，落实已出台惠企和创新资金政策，着力加强对高端装备制造业产业集群的支持力度，降低装备制造龙头企业、中小企业综合融资成本，充分利用政府政策资金的杠杆撬动作用，撬动社会资本聚集支持科技成果转化。加大技术引进开发力度，持续扩大工业自动化设备等重要设备、先进技术进口，降低进口关税和制度性成本，探索优化首台（套）重大工业自动化保险补偿和激励政策，将工业自动化领域核心环节和关键领域"卡脖子"设备作为技术创新清单，推动产业链上下游企业融通创新。

第二，大力推进创新价值转化。完善产学研深度融合的联结机制，引导头部企业当"盟主"，构建实质性产学研联盟，大力支持本地配套中小企业参加产学研联盟，面向企业需求设立科研项目和智慧化信息平台。加速推进科技成果转移转化，布局建设中试研发平台和技术转移机构等，推动中试基地专业化、高端化建设，提升科技中介机构全方位服务功能，加快科技成果转移转化示范基地建设。做强科技成果供给，着力提高科技成果价值发现能力，推广科技成果转化的多种有效模式，加快建设高素质科技经纪人队伍，探索搭建"原始创新、技术研发、成果转化、孵化产业化"全链条的成果转化体系。

第三，坚持企业的创新主体地位。优化公平竞争的市场机制，进一步修订和完善知识产权保护、侵权追责、惩罚惩戒等政策制度体系，构建行政、司法、仲裁、社会监督等纠纷化解多元机制。以企业关键核心技术需求为导向，推动政府搭台、企业参与、科研院所助力的科研模式，围绕装备制造行业共性技术、创新壁垒等领域进行重点攻关，将研发效率、生产率创新和生产活动效率指标作为认定高新技术企业和获得政府部门科技活动资金的重要评价标准，促进各类创新要素向高研发效率和高生产率企业集聚。完善产业链创新链利益分配机制，鼓励装备制造企业探索技术入股、持股等奖励方式，激发科研人员的创新活力。完善以企业为主体的产学研协同创新机制，优化企业推动科技成果转化的创新生态，构建以成果转化为导向的企业科技创新能力评价体系。

（四）补齐人才短板

从自治区装备制造业来看，人才约束是最大的发展瓶颈，既缺少具有生产经验的一线产业工业人员，也缺少高水平技术骨干和科研人员。要解决人才紧缺的问题，就必须保证人才来得了、用得起、留得下，针对招工困难、人才流失和缺乏配套规划等问题，需要从以下几个方面着力。

第一，全面推进装备制造业劳动力技能提升。鼓励企业开展岗位技能提升培训，聚焦工业自动化、智能制造等条件下新型技能普及与提升，推广订单式、套餐制培训模式。要完善行业技能培训共享平台，与区内外高校和科研院所协同打造装备制造业公共实训基地和产教融合基地，建立工业自动化专项培训计划与培训基金。推动生产型劳动力向生产与研发复合型劳动力转变，促进装备制造业劳动力投入研发、工业设计等服务型制造环节。优化区域人才奖励计划，结合装备制造业特点，在职称评审、奖补待遇方面给予优惠政策，支持企业壮大高水平工程师和高技能人才队伍，促进装备制造业劳动力结构全面升级。鼓励企业开展生产线智能化改造，在焊接、加工、搬运等环节开展智能化、自动化改造，实现"设备换芯、机器换人"，解决企业技术工人不足的问题。

第二，建设"工业互联网＋高端装备制造业"人才体系。要以高端装备制造产业发展需求为导向，在人才标准制定、数字教育模式改革、评价与激励机制、服务体系建设等方面，为企业引进培养"工业互联网＋先进制造业"复合型人才提供支持。具体而言，应以新工科建设为引领，支持宁夏高等院校积极建设"工业互联网＋"学科群，将软件工程、工业设计、装备制造、控制工程等多学科专业进行有机融合，提升人才供给能力。畅通高校、科研机构和企业间的人才流动与知识转移路径，打造高水平"双师型"专业师资队伍，进一步加强产教融合体系建设，以达成批量化"订单式"培养成效。

第三，强化宁夏装备制造业"走出去"的人才保障。培育高质量人才队伍，结合自治区"六新六特六优"战略，重点培养装备制造领域的科技创新人才，加速打造高端装备制造行业的技术专家队伍、高层次人才团队和创新创业团队，引育一批高水平学科带头人和创业带头人。强化人才队伍交流，每年选派一批园区企业负责或管理人才、专业技术骨干参加区内外企业管理人才素质提升培训、省际人才访学研修等项目。健全完善跨国经营管理复合型人才的培训体系，以重大项目资助、协同创新研发、创业扶持等为牵引，汇聚国际智能装备制造领域的优秀人才，为宁夏装备制造产业更好地"走出去"提供强大的人才保障。

（五）坚持传统产业和新兴产业"双驱动"

要辩证地处理传统装备制造业与高端制造业之间的关系。促进传统装备制造业改造升级，培育壮大高端装备制造业，不是为了作旧与新的区分，更不能为此打上落后与先进的标签，从而自缚发展的手脚。无论是升级传统还是培育新兴，应做到"老树发新芽，新枝育精华"。

第一，促进传统装备制造业改造升级。要着眼于产业自身的改造升级，宁夏传统装备制造业具有规模优势、配套优势和部分领域领先优势，应继续发挥传统装备制造产业的支柱作用，引导和支持企业用好政策性、开发性金融工具和设备更新改造专项再贷款、财政贴息等政策，加大设备更新和技术改造力度。淘汰落后产能，传统装备制造产业不能当成"低端产业"简单退出，要运用市场化法治化手段淘汰落后、低端、过剩产能。推动新一代信息技术与传统装备制造业深度融合，加快数字化转型，发展智能制造、绿色制造，提高产品质量水平，增加产业附加值。推动企业间资金回流问题有效化解，引导金融机构推动骨干龙头企业在本产业链内开展供应链金融服务模式，以服务方式创新推动产业链内资金回流的缓解和化解。

第二，培育壮大高端装备制造业。提高装备制造企业创新能力，支持企业与高等院校、科研机构合作，建设重点实验室、技术创新中心、工程研究中心等研发机构，支持相关企业围绕成果转化应用建设中试车间。加速技术迭代进度，支持企业对标行业高端，找准薄弱环节和发展短板，利用高新技术和先进适用技术改造提升传统产业，加大引进消化吸收力度，提高自主创新能力。提高产业集中度，鼓励企业通过兼并重组、资本运作、战略合作等方式整合产业资源，加快在关键环节和中高端领域布局。着力培育优质产品品牌，建立企业品牌孵化机制，精准实施品牌建设帮扶措施，推行"企业主体、政府引导、市场主导"的品牌建设运行机制，打造一批竞争力强、价值性高的企业和品牌。

第四节　数字信息产业发展的机遇与路径

一、宁夏数字信息产业发展的机遇

"十四五"时期是宁夏转变发展方式、优化经济结构、转换增长动能的关键时期，面临新一轮产业变革和数字丝绸之路建设的重大战略机遇，加快发展数字信息产业是深化供给侧结构性改革的关键之举，是加速经济变革、质量变革、效率变革和动力变革的助推器，是构筑新优势、培育新动能、引领新发展的主战场。宁夏需抓住数字变革带来的战略机遇，充分利用自身适合新一代绿色数字信息产业建设发展的有利条件，加快自治区数字经济发展，深化供给侧结构性改革，推进产业结构转型升级，探索出一条富有地域特色的高质量发展新路子。

（一）新时代数字信息产业迎来重要的发展机遇期

党的十八大以来，数字信息产业高质量发展受到党中央、国务院高度重视。从国际看，各国发展的重心已逐步从关注土地、人力等传统生产要素为主转向以数字、技术等新型生产要素为主，而以云计算和大数据等为基础的数字技术正在推动不同产业之间的融合创新，催生出数字经济新的商业模式、培育新的增长点，颠覆过去的增长模式，是各国实现经济复苏的关键抓手。从国内看，沿海各地竞相将发展数字经济作为掌握未来竞争主动权、增强核心竞争力的头号工程，中西部地区也在大力推进传统产业数字化转型，全国新一轮竞争格局正在加速形成。从宁夏看，作为内陆地区首个开放型经济试验区，宁夏在中国对外开放中的信息前沿窗口作用显现，"一带一路"、新一轮西部大开发战略以及"东数西算"工程的实施为宁夏经济社会数字化转型发展提供了难得的契机，数字宁夏建设成为高水平保护、高质量发展的重要手段。宁夏历来是中国西部重要的能源化工省区，以金属冶炼、精细化工、农副产品加工等为主导产业，在产业结构和发展质量上，受到倚重倚能、高污染、发展质量不高、亩均效益低等问题的长期困扰。近年来宁夏积极开展产业转型升级，在加速提升传统产业与做优做强特色产业品牌的基础上着力培育新兴产业，结合自身先天自然环境优势，大力支持新能源、新材料、数字信息产业等战略性新兴产业集群发展，完善创新发展保障机制。宁夏借助现有的产业基础，电价、地价等方面的相对优势，吸引大量数字信息产业落户宁夏，数字信息产业发展趋势向好。

产业数字化转型为传统产业降本增效提供了有力抓手，尤其是后疫情时期原材料价格上升、电价上涨及人力成本增加造成工业利润空间缩小、国际市场需求收缩效应向内传导及房地产等产业复苏放缓等挑战，产业数字化转型已成为企业修炼"内功"的主要途径。宁夏产业数字化已涵盖了智慧农业、智能制造、智能交通、智慧物流等不同应用场景，在推动区域高质量发展过程中发挥了重要作用。随着产业数字化转型升级的不断推进，数字产业化发展程度明显不足，产业缺口仍然较大，为产业数字化转型发展提供数字技术的产品和服务等方面仍有待提升。这也意味着电子信息制造业、软件和信息技术服务业、信息通信业等数字产业化主体发展空间广阔。

（二）宁夏数字经济发展成效初显带来了重要契机

党的十八大以来，宁夏坚持以新发展理念引领发展，积极主动融入新发展格局，产业升级加速，产业数字化、数字产业化和治理数智化持续推进，数字经济呈现快速发展态势，为推动数字经济与实体经济深度融合发展奠定了坚实基础，也为数字信息产业高质量发展提供了重要战略机遇。

数字基础设施日臻完善。通信网络服务水平持续提升，截至"十三五"末，自治区光缆线路总长度达26.9万公里，较"十二五"末增长了140%，中卫与北京、上海等一线重要城市间的省际出口宽带达到4490Gbps，区内与北京、太原、西安的1000G出口线路进入实际应用阶段。IPv6应用全面普及，数字基础设施全面支持IPv6，IPv6基础服务能力全面提升。移动网络基础设施覆盖率持续提升，4G、5G基站达到3.45万个和0.33万个，2G、3G基站逐步清退。城乡网络基础设施建设协同发展，区内主城区等重点区域完成5G网络覆盖，农村区域中行政村和建档立卡贫困村也已完成光纤、4G网络覆盖，自治区100M及以上宽带用户数量占比达到97.3%，互联网普及率趋于100%。全国一体化算力网络国家枢纽节点宁夏枢纽和国家（中卫）新型互联网交换中心顺利落户，中卫的西部云基地数据中心基础设施能力持续提升，近30万台服务器已上线，能源使用效率（PUE）最低达到1.1，在西部地区处于领先位置。

数字政府体系初步建立。数字政府建设提速，一体化模式基本形成，电子政务网络平台顺利搭建，实现覆盖自治区的政府服务"一张网"，自治区284个单位969项应用体系得到统一规划部署，数据资源共享使用效率大幅提升，交换共享体系基本形成，完成国家、自治区、地市三级数据纵向流动，政务数据资源目录超过3500项。一体化公共服务平台投入应用，实现了信用信息、公共资源交易、项目在线审批、企业登记注册等功能全覆盖，"互联网＋政务服务"融合程度加深，"我的宁夏"App在自治区普及率超过70%，目前已实现1314件事项可以在手机上办理、3683件事项在手机上可查询，宁夏一体化政务服务能力在西北地区处于领先水平。数字治理能力持续提升，在医疗、教育、水电、交通等公共民生领域不断推动数字化、智能化改革，打造示范性数字化应用场景。

数字经济融合稳步推进。产业数字化转型不断加速。农业数字化转型持续推行，农业物联网应用普及率提升，农业物联网示范工程不断推进，区内17个县（区）打造农业物联网应用示范区域，贺兰、中宁、青铜峡被列入国家"互联网＋"农产品出村进城试点县，大力开展农村电商服务，15个县（区）被列为国家电子商务进农村综合示范县。工业数字化转型持续推进，"互联网＋先进制造业"深度融合，在企业提质增效方面发挥明显作用，打造一批制造业数字化转型示范企业，累计建设智能工厂26个、数字化车间48个、工业互联网平台40多个，规模以上企业数字化研发设计工具普及率和关键工序数控化率分别达到55%和50%，产业数字化水平不断提升。服务业数字化转型加速，建成中国（银川）跨境电子商务综合试验区，为宁夏大力发展跨境电商提供了重要平台，27家国家4A级以上旅游景区与宁夏智慧文旅公共服务平台连接，进一步提升了景区一体化管理能力和治理水平。数字产业化规模不断扩大，电子信息制造业与软件和信息技术服务业发展势头良好，"十三五"期间年均增速均超过20%，数字信息产业在自治区经济总量中的占比不断增加。

数字社会建设初见成效。数字化治理与教育、医疗等公共服务领域融合程度不断加深，国家"互联网＋教育""互联网＋医疗健康"示范区成效显著。78家"互联网＋医疗健康"企业在自治区成功落户，推动医疗健康事业发展，数字医疗服务水平不断提升，电子健康档案、电子病历等数据库建设有序推进，五级远程医疗服务体系初步建成，接入医疗服务机构380余家。数字校园成效明显，八个县（区）被列为"互联网＋教育"示范区，实现了4300多个课堂在线互动，"教育云"平台在中小学实现全覆盖，为推动教育资源公平合理分配提供了新的有效途径。数字技术在社保、就业、文化、养老等领域的应用程度不断加深，线上线下深度融合，公共服务精度和质量均显著提高。智慧城市建设进入新阶段，银川市和石嘴山市被列入国家智慧城市建设试点区域。

（三）不断优化的政策环境奠定了坚实基础

立足黄河流域生态保护和高质量发展先行区建设的总体目标，结合各区域禀赋，宁夏拟定了《宁夏回族自治区数字经济发展"十四五"规划》、"1244+N"行动计划等关于数字经济发展的制度政策，力争2023年数字信息产业产值达到850亿元，数字经济占GDP比重达到36%左右。

统筹规划数字经济发展战略，提出"一带一核一节点多区联动"的发展目标（见图6-1）。打造沿黄流域数字经济高质量发展示范带。立足黄河流域生态保护和高质量发展先行区建设，各区域结合自身禀赋优势，基于空间布局、产业结构和政策目标大力推动数字经济发展。通过发展数字经济促进社会经济结构转型和优化升级，强化生态保护治理和高质量发展双重目标下的各区域间的协调联动。建设数字经济创新总部核心。充分发挥银川作为省会的核心聚集作用，推动产业数字化和数字产业化协调发展。利用银川的区域引领功能，加快高精尖企业聚集，引进在国际国内具有广泛影响力的数字经济企业，培育高层次、强带动效应的本地数字经济企业。鼓励传统产业数字化转型，重点推动具有一定基础和比较优势的新型材料、清洁能源、装备制造、数字信息、现代化工、轻工纺织等"六新"产业的数字化、智能化转型，打造产业数字化转型样板。建设全国一体化算力网络国家枢纽节点。利用国家"东数西算"工程全面启动的重要契机，依托中卫"西部硅谷"的基础设施优势，高质量打造全国一体化算力网络国家枢纽节点。加快国家（中卫）新型互联网交换中心建设，使宁夏成为互联网"一带一路"建设中的关键节点，为工业互联网发展提供有力保障。加快建设集约化、绿色化的数据中心集群，发挥"西部硅谷"的产业聚集效应，提高能源使用效率，强化区域算力调度水平，提升服务能力，扩大市场规模。培育数字经济特色联动区。统筹各地市区域资源禀赋特点，扬长避短，主动融入数字经济发展格局。以银川、中卫为双轮驱动，加速推动石嘴山、吴忠、固原的数字经济联动发展。打造石嘴山数字制造联动区，基于石嘴山市在新材料、装备制造、冶金、电石化工等工业领域的基础性优势，持续推动产业数字化转型，促进企业降本增效，实现区域高质量发展。打造吴忠数字农业生产联动区，基于葡萄酒、牛奶、肉牛等优势农业产业，推进智慧农业建设，建设农业物联网技术应用示范区。打造固原数字生态保护联动区，结合宁夏南部水源涵养区的生态目标，以数字化手段推进生态环境保护工作。

图6-1 "一带一核一节点多区联动"发展目标

明确未来宁夏数字经济发展主要着力四个重点任务。第一，加快产业数字化转型。推动制造业数字化转型升级，推进智能制造，加快数字技术与企业研发设计、生产制造、经营管理等关键环节的深度融合；发展工业互联网，完善工业互联网标识解析二级节点和标识解析服务体系，打造高质量工业互联网平台；探索虚拟产业园建设，推动产业范式由地理空间集中型向虚拟平台集聚型发展。推动农业数字化转型升级，促进数字技术与农业生产全过程的深度融合，实现农业生产数字化、农业经营数字化、农业管理服务数字化。推动服务业数字化转型升级，继续促进数字技术与生产性服务业、生活性服务业的深度融合，培育壮大服务业新业态新模式。第二，促进数字产业化创新发展。宁夏以打造西部电子信息产业高地为战略目标，着力释放国家（中卫）新型互联网交换中心和全国一体化算力网络国家枢纽节点的基础性优势，大力发展大数据和云计算产业，推动数字技术应用开发。"1244+N"行动计划中明确提出，要着力推进数字产业化，全面升级信息网络基础设施，打造数据中心集群发展模式，做大做强电子信息制造业、软件与信息服务业，探索人工智能计算中心、人工智能产业服务平台的建设和应用。第三，加强数字经济开放合作。宁夏结合自身数字经济禀赋优势，培育发展双循环型数字经济发展模式，积极响应国家区域协调发展战略。畅通数字经济区内循环路径，打通地市间资源要素流动机制，开发数字经济"区内飞地"模式，实现宁夏数字经济"区内循环"。促进区域数字经济合作发展，加快推进"东数西算"工程，强化与内蒙古、甘肃的差异化算力合作，促进闽宁数字经济深度合作，着力开展与京津冀、长三角、粤港澳、成渝等区域的务实合作，开发"区外飞地"合作机制。扩大数字经济国际交流合作，充分融入"一带一路"倡议和"网上丝绸之路"战略，促进中阿国家博览会数字化转型，强化数字经济领域开放合作。第四，提升数字经济治理水平。加快推动数字政府中的监管体系、治理体系向数字经济领域开展适应性变革，为进一步释放数字经济发展动能保驾护航。创新数字经济监管模式，结合数字经济发展规律，不断完善数字经济法律法规体系建设，创新数字经济监管机制。完善数字协同治理体系，创建基于信息互通的政企合作共治机制，出台守信联合激励政策，实施失信联合惩戒措施。打造数据安全监管平台，充分发挥区域算力和大数据优势，开发智能监察、风险评估等数字经济监管技术，强化数字经济治理能力。

二、加快宁夏数字信息产业高质量发展的路径

加快宁夏数字信息产业高质量发展可以从强化产业基础、延链补链强链、挖掘大数据价值、提升核心竞争力和补足人才短板等方面着力。

（一）强化产业发展基础，提高政府保障能力

高标准推进项目建设，强力推动全国一体化算力网络国家枢纽节点建

设，支持国家（中卫）新型互联网交换中心高效运营，打造"信息技术应用创新"基地，壮大光伏产业链，培育集成电路产业链，发展"宁夏造"服务器产品，扩大电子专用材料规模。建立招商企业目录和项目库，明确时间表、牵头人、路线图，围绕产业主导产品及其上下游产品专项招商。瞄准电子信息产业核心基础零部件、基础软件等领域短板弱项，实施揭榜攻关项目；支持北斗时空位置服务云平台运行，加快推进北斗应用产业化；支持创建企业技术中心、工程技术研究中心等创新平台建设；加强校企学研合作、东西部人才交流，加快宁夏现代数字信息产业学院建设。加快建设数据要素市场。整合数据资源，实现数据要素高效流通。推进政府部门数据资源的汇聚，整合人口、企业、信用、电子证照等基本数据资源，基于政府数据资源的统一归口管理，建立数据共享开放的端口和服务机制，盘活政府部门数据库，助推数据要素市场建设；搭建数据资源要素流动交易中心，构建基于各区域的分级数据交易体系，打造区域中心化的数据要素流动交易平台；完善数据要素交易平台标准和监管体系，动态完善交易平台的功能，促进数据交易平台规范发展。优化数字信息产业制度供给。适度超前部署数字基础设施建设。加强对自治区数字信息产业发展的统筹协调，及时解决跨区域、跨领域的重大问题；完善组织协调机制，在政策、市场、监管、保障等方面加强部门联动，推动重大政策、重点工程落地；分行业选树数字化转型、智能制造标杆企业，重点围绕智能化制造、网络化协同、个性化定制、服务化延伸、数字化管理等方向，培育支持可复制可推广的典型案例；全面开展企业两化水平、智能制造能力评估评价，建立完整的地区、园区、行业、企业数字化水平评价图谱，创建国家工业互联网示范区，大力推动建设"闽宁数字信息产业小镇"，聚合自治区工业互联网产业联盟、工业互联网平台应用创新推广中心等优势资源，深化工业互联网对外交流与合作。提升政府管理专业化水平。建立适应数字信息产业发展需求的专业化政府管理体系，构建监测预警、政务服务、信息披露、大数据征信、社会评价等环节共建共享共治的完整体系与互动机制，推动政府管理精准化与智能化。通过对行业领域的划分来制定相应的扶持优惠政策与负面清单政策；打造"数字孪生政府"，提升政府工作人员的数字化信息素养与业务能力水平，吸纳行业精英参与共治决策。

（二）加快推进数字信息产业链延链补链强链

加快培育行业头部企业。重点打造几家起步较早，创新力、带动力强的数字信息企业，培育全国有一定知名度、影响力、市场占有率的宁夏数字信息企业。实施产业链招商引资。提高招商引资针对性，以拉长数字信息产业链为目的，围绕当前产业链上下游招商，通过上下游企业紧密衔接耦合发展，形成产业"1+1＞2"的聚合力，降低企业对外部市场的高度依赖。通过延链补链强链，提高产业链整体科技水平和安全水平，增强产业链核心竞争力，逐步实现产业集群式发展。紧盯重点领域、重点企业开展招商引资活动。线上线下相结合，重点联系接洽数字信息产业国内外500强企业、国有大型企业、行业领军企业等，力争新招引落地一批投资量大、技术领先的好项目、大项目。在用地、用电、用能、用水、资金等方面给予大力支持，用好项目补齐产业链短板。加大对宁夏本土数字信息产业相关企业扶持力度，打造可持续的产业生态。紧盯重点项目建设。加快中科超算、中电算力项目建设，推动中国电子信创、软件开源社区等生态体系建设，打造"信息技术应用创新"基地。力争部署超算服务器过万台，推动中国电子PKS信创、OpenDAO软件开源社区等生态体系建设，打造"信息技术应用创新"基地。扩大中欣晶圆、储芯、九天科技产能，培育集成电路产业链。争取长虹华鲲振宇制造项目落地，打造"宁夏造"服务器产品。推动鑫晶盛工业蓝宝石、海力电子纳微孔电极箔等重点项目建设，扩大电子专用材料规模。

（三）充分挖掘和发挥大数据技术应用价值

夯实工业互联网基础性支撑。推进工业互联网平台安全应用标准化，找准关键工业消费场景，结合5G技术增设工业互联网平台的安全检测功能，针对安全隐患形成工业消费场景的数字化和标准化解决方案。加速消费市场的数字化转型。强化互联网领域大数据技术应用，促进制造业数据、劳动力等全要素与消费市场的双向互联，推进消费市场全产业链上下游高度协同，加速实现消费市场的数字化转型。加速推进"六新"产业智能化转型，以数字信息技术赋能"六优"产业发展。重点将数字技术融入"六新"产业实践过程中，有效破解"卡脖子"技术瓶颈。通过数字信息技术助力打造高水平国家全域旅游示范区，建设区域物流枢纽、医养康养胜地，推动跨境电商综合试验区创新发展，发挥数字信息产业在现代服务业高质量发展中的支撑作用。构建多层次消费服务供给系统。引入社会资本，支持包括医疗、教育、文娱等数字化的消费服务发展，鼓励更多社会力量参与构建多层次消费服务供给系统。推出云货架和云橱窗，打造"线上为线下引流、线下为线上服务"的新型闭环消费模式。充分发挥数据优势，提高数字化综合服务水平，促使下沉市场由商品消费向"服务＋商品"型消费转变。以数字信息技术赋能乡村振兴。完善农业信息网络，搭建农业信息资源数据库，深入挖掘农业数据潜能，为政府决策提供数据服务；创建农业技术网络推广体系，为提升农民生产效率和拓宽农村消费市场奠定基础；建立涉农生产领域的专家决策支持系统，利用现有数据库资源进行市场情况分析，制定调控决策方案，推进农村消费市场可持续发展。助推农业数字化智能化转型。借助多样化互联网零售平台，拓宽农产品销售渠道，有效解决产品滞销问题。充分发挥数字信息产业在公共服务领域的基础作用，提高数字信息技术惠民水平。推动政务信息化共建共用，强化政务数据共享和业务协同，提升政务服务标准化、规范化、便利化水平；深化"互联网＋社会服务"，提高公共服务资源数字化供给和网络化服务水平，提升服务资源配置效率和共享水平；加快推动信息无障碍建设，运用数字技术为弱势群体生活、就业、学习等增加便利；统筹推进智慧城市和数字乡村融合发展，加快智能设施和公共服务向乡村延伸覆盖，形成以城带乡、共建共享的数字城乡融合发展格局。维护市场有序透明与公平竞争，对垄断等弊端进行有效规制，强化算法应用技术备案，从技术层面与应用层面对"平台垄断"进行规制；保护数据安全与保护消费者隐私并行，以保障公民的基本权益和福利作为数字信息产业的基石。

（四）提升数字信息产业核心竞争力

培育数字信息产业关键技术领域的龙头企业，带动工业软件和数据挖掘分析技术相关产业的快速发展。在新型基础设施方面，用好国家"东数西算"工程及《全国一体化算力网络国家枢纽节点宁夏枢纽建设方案》，抓住国家扩大内需重大战略机遇期，积极布局新型基础设施投入，提升新型基础设施领域投入效率。在数字信息产业和实体经济融合方面，深化规上企业数字化转型，引导鼓励中小企业数字化转型，为中小企业数字化转型提供更多可选择的低成本解决方案，提升中小企业数字化转型积极性。利用数字信息产业梯度转移原理，引进一批、培育一批在集成电路、新型显示、通信设备、智能硬件等数字技术重点领域的产业。在政策设计上，对数字硬件研发和生产、数字内容和软件平台建设实行分类支持，不断提升筛选、支持、考核的科学性、合理性。加大数字信息产业投资力度，加强对企业研发、市场应用测试的政策支持。着力完善下游应用商业生态。加大对内容、软件的孵化和支持力度，加强内容、软件的知识产权保护，提升数字信息产业的核心竞争力。

（五）积极培育引进数字信息产业人才

加快培养引进中高层次人才。大力支持数字信息企业面向海内外招才引智，加强本土数字信息产业人才的培养与创新团队建设，多渠道聚集产业发展人才。适当调整人才管理机制，避免高薪引进的创新或技术人才"水土不服"，避免内部培养的优秀人才流失。引进人才以适用为最高标准，以实际能力、贡献为标准，更加重视用情、用事业留人，解决好人才的后顾之忧，为人才发挥更大作用提供平台。深化产教对接、校企合作，加快宁夏电子信息现代产业学院运营，鼓励高校加强相关学科建设和专业设置，培养更多信息化、数字化专业人才。提高宁夏职业教育对数字信息产业人才的精准培养。切实提高宁夏职业院校学生的职业技能，不断优化职业院校专业设置，切实提高学生解决实际问题的能力。拓展数字信息产业人才政策的覆盖面，让更多的不同层次的数字信息产业人才能够享受到政策红利，搭建各行各业人才的流转通道和平台，引导高校和电子信息产业之间更好做到人才的供需平衡。

第五节　现代化工产业发展的机遇与路径

在当前及今后很长一段时期内，自治区应努力提升现代煤化工、石油化工、电石深加工基础能力和产业链现代化水平，大力发展化工新材料及精细化工，着力做优产业布局、做大产业规模、做高产业能级、做强产业竞争力，壮大一批具有强大竞争力的企业集团和产业集群，形成一批化工产业示范区和优势特色化工园区，奋力打造现代化工产业基地，力争实现自治区现代化工产业总量规模稳步增长、产业结构不断优化、创新能力持续提升、绿色发展深入推进、数字化转型全面推广，企业发展质量进一步提升，产业基础能力和产业链现代化水平明显提高，从而为自治区实现工业强区提供重要支撑，确保现代化工产业的高质量发展取得长足进步。

一、现代化工产业的发展机遇

当前，随着政府职能部门对现代化工产业的支持力度和优惠措施不断加大，自治区现代化工产业也迎来了难得的发展机遇。立足现有产业基础，自治区现代化工应坚持需求牵引，聚焦现代煤化工、石油化工、电石深加工、化工新材料及精细化工等重点领域，以优质项目为载体，坚持建新改旧、内联外引、补短板锻长板，全面提升产业基础能力和产业链现代化水平，着力打造煤制油、煤制烯烃、氨纶、氰胺等标志性和成长性产业链，形成上游原料互为补充、协调发展，下游产品互为耦合、融合发展的产业格局。

（一）现代煤化工产业迎来难得的发展机遇

具体来说，自治区煤化工产业应立足现有煤制油、煤制烯烃等现代煤化工产业基础优势，结合新增煤制乙二醇等现代煤化工产业示范工程，突出创新驱动发展，聚焦产业链延伸，深入开展产业技术升级示范，加快推进关联产业融合发展，重点打造煤制油、煤制烯烃、煤制乙二醇产业链和高端产业集群。打造世界一流的国家级现代煤化工产业基地。

1.煤制油产业链

加快提升煤制油工艺技术和装备水平,大力推动主副产品增值利用。延伸 α-烯烃产业链,重点发展 α-烯烃分离、聚烯烃弹性体、聚 α-烯烃、烷基苯、α-烯烃磺酸钠等高端产品;延伸油蜡产业链,重点发展费托蜡、润滑油基础油、高端润滑油、特种蜡等高端产品。鼓励企业积极开发高碳醇、洗涤剂醇、增塑剂醇、甲基丙烯酸甲酯、溶剂油、黏度指数改进剂、油相材料等国内缺口大、附加值高、竞争力强的高端化学品,如表6-3所示。

表6-3 煤制油产业链主要产品和重点项目

产业链	主要产品	重点项目	培育壮大	延伸布局
α-烯烃产业链	α-烯烃分离、聚 α-烯烃(PAO)、聚烯烃弹性体(POE)、烷基苯、α-烯烃磺酸钠(AOS)等	国能宁煤20万吨/年 α-烯烃分离项目	α-烯烃等	聚 α-烯烃、高碳醇、聚烯烃弹性体、烷基苯、α-烯烃磺酸钠等
油蜡产业链	费托蜡、润滑油基础油 SHC、基础油 GTL、高端润滑油、特种蜡、改性蜡等	国能宁煤20万吨/年费托蜡、15万吨/年 GTL 润滑油基础油、12万吨/年特种蜡项目	高端溶剂油、高端润滑油等	黏度指数改进剂、高熔点蜡等

2.煤制烯烃产业链

依托产业基础优势,促进煤制烯烃产业向高端化、多元化、材料化方向发展,重点发展高附加值的专用料牌号聚乙烯、聚丙烯,延伸发展丙烯腈、丙烯酸、乙烯-醋酸乙烯共聚物、乙丙橡胶、苯酚等产品。鼓励企业积极开发茂金属聚乙烯、抗冲/无规共聚聚丙烯等高端聚烯烃、聚苯醚、高吸水性树脂、热塑性聚氨酯弹性体、热塑性聚烯烃弹性体、热塑性聚酯弹性体等高端产品,如表6-4所示。

表6-4 煤制烯烃产业链主要产品和重点项目

产业链	主要产品	重点项目	培育壮大	延伸布局
烯烃基础产业链	聚乙烯、聚丙烯等	国能宁煤MTP升级改造、宝丰能源50万吨/年煤制烯烃、50万吨/年C2-C5综合利用制烯烃、宝丰第二套50万吨煤制烯烃项目	线型低密度聚烯烃、低密度聚乙烯、高密度聚乙烯等	/
聚烯烃树脂产业链	苯乙烯、聚苯乙烯、丙烯腈、丙烯酸、甲基丙烯酸甲酯等有机原料，乙烯-醋酸乙烯共聚物（EVA）、超高分子量聚乙烯（UHMWPE）、茂金属聚乙烯、抗冲/无规共聚聚丙烯等高端聚烯烃，聚甲醛（POM）、丙烯腈-丁二烯-苯乙烯三元共聚物（ABS）、共聚聚酯（PETG）等工程塑料，高吸水性树脂、环氧树脂等高性能树脂等	国能宁煤6万吨/年聚甲醛、10万吨EVA项目，宝丰20万吨/年苯乙烯及苯乙烯（EPS）、13万吨/年丙烯腈、50万吨/年ABS项目，百川科技20万吨/年甲基丙烯酸及甲基丙烯酸甲酯项目，宝丰能源25万吨/年EVA装置	高端聚烯烃、乙烯-醋酸乙烯共聚物、苯乙烯、聚苯乙烯、聚甲醛等	甲基丙烯酸及聚甲基丙烯酸甲酯、超高分子量聚乙烯、茂金属聚乙烯、抗冲/无规共聚聚丙烯等高端聚烯烃、高吸水性树脂、酚醛树脂、环氧树脂等
特种橡胶产业链	三元乙丙橡胶（EPDM）、热塑性聚氨酯弹性体（TPU）、热塑性聚烯烃弹性体（TPO）、热塑性聚酯弹性体（TPEE）、特种橡胶及弹性体等	睿高新材料30万吨/年改性胶乳项目	特种橡胶及弹性体等	三元乙丙橡胶、热塑性聚氨酯弹性体、热塑性聚烯烃弹性体、热塑性聚酯弹性体等

3. 煤制乙二醇产业链

推动煤制乙二醇建链延链，构建乙二醇深加工、碳酸二甲酯和草酸二甲酯多联产、多元化产业链和产业集群，重点向碳酸二甲酯和草酸二甲酯等下游有机化工原料、化工中间体、电子化学品、可降解塑料等方向发展，实现资源高效利用。鼓励企业积极开发涤纶长丝、涤纶短丝、PET瓶片、聚酯切片等高附加值产品，如表6-5所示。

表6-5 煤制乙二醇产业链主要产品和重点项目

产业链	主要产品	重点项目	培育壮大	延伸布局
乙二醇下游深加工产业链	乙二醇醚高端燃料添加剂、纺织添加剂、制冷剂、乙二醛、乙醛酸、聚对苯二甲酸乙二醇酯（PET）、UPR树脂、咪唑等	鲲鹏清洁能源10万吨/年乙二醇醚高端燃料添加剂项目	乙二醇醚高端燃料添加剂等	乙二醛、乙醛酸、聚对苯二甲酸乙二醇酯、UPR树脂等
碳酸二甲酯产业链	电子级碳酸二甲酯（DMC）、碳酸甲乙酯（EMC）、碳酸二乙酯（DEC）等电解液原料、聚碳酸酯（PC）、涂料及溶剂等	鲲鹏清洁能源20万吨/年碳酸二甲酯（DMC）项目、10万吨/年电子级碳酸甲乙酯（EMC）及碳酸二乙酯（DEC）项目	电子级碳酸二甲酯、碳酸甲乙酯等	碳酸二乙酯等电解液原料、聚碳酸酯、涂料及溶剂等
草酸二甲酯（DMO）产业链	电子级草酸、草酸盐、医药中间体、农药中间体、乙醇酸甲酯、可降解塑料聚乙醇酸（PGA）、乙醇酸、甘氨酸等	鲲鹏清洁能源20万吨/年DMO制草酸、10万吨/年可降解塑料聚乙醇酸（PGA）项目	电子级草酸、可降解塑料聚乙醇酸等	草酸盐、乙醇酸、甘氨酸等

（二）石油化工产业迎来难得的发展机遇

自治区有序推进石化企业"降油增化"，稳步发展天然气化工，构建分工合理、优势互补的产业协作体系，打造宁东基地与太阳山开发区，以及盐池工业园区煤油气一体化产业基地和国内氦气产业基地。到2027年，自治区石油化工产业产值力争达到900亿元。

1. 石油加工产业链

立足现有炼化企业产能，拓宽原料种类和来源，提升装置开工率。加快产品结构调整，推进炼化企业"降油增化"，增加异构化油、烷基化油加工能力，提高高标号汽油和航油比例，提升液化气产量为下游产业提供配套。依托炼厂副产液化气和油气伴生气中C3和C4资源发展丙烯和异丁烯系列产品，如表6-6所示。

表6-6　石油加工产业链主要产品和重点项目

产业链	主要产品	规划项目	培育壮大	延伸布局
炼化深加工产业链	汽油、柴油、航油等基础产品和白油、溶剂油、润滑油、长链二元酸、改性沥青等高附加值产品等	中石油宁夏石化重油催化裂化降烯烃改造项目	高档白油	高档溶剂油、高档润滑油
C4深加工产业链	烷基化油、异辛烷、异丁烷、异丁烯、1-丁烯、异戊烯醇、乙二醇叔丁基醚、丁基橡胶、顺酐、聚丁烯-1等	中石油宁夏石化15万吨烷基化装置项目	烷基化油、异丁烷、异戊烯醇	聚丁烯-1、顺酐法BDO、丁基橡胶、乙二醇叔丁基醚
丙烯深加工产业链	聚丙烯纤维、丙烯腈、环氧丙烷、腈纶、聚醚多元醇、聚氨酯及弹性体等	/	/	环氧乙烷、聚醚多元醇、聚氨酯及弹性体、聚丙烯纤维、丙烯腈、腈纶

2. 天然气加工产业链

发挥盐池天然气资源优势，提高气田资源就地加工转化率，适度扩大天然气液化规模，打造区域天然气供应枢纽、天然气储气调峰基地和国内氦气产业基地。根据国家产业政策，适时适度发展天然气化工，推进天然气化工和煤化工耦合，提升碳氢元素利用率，如表6-7所示。

表6-7　天然气加工产业链主要产品和重点项目

产业链	主要产品	规划项目	培育壮大	延伸布局
天然气液化产业链	LNG、重烃、氦气、LPG、轻油等	深燃众源年产40万吨LNG、30万方高纯氦气产业化项目，天利丰40万吨LNG联产100万方高纯氦气项目，新珂源100万方LNG项目	液化天然气、氦气	/
天然气加工产业链	氢气、一氧化碳、高纯氢、合成氨、尿素、甲醇、乙醇、醋酸、乙腈、双乙烯酮、乙酰乙酸甲（乙）酯等	汉唐科技50万吨甲醇制乙醇产业链一体化项目，苏沪新材料9.8万吨/年醋酸衍生产品项目二期、三期［4万吨双乙烯酮、3万吨乙酰乙酸甲（乙）酯］	高纯氢、乙醇、醋酸、乙烯、双乙烯酮	乙腈、羟基乙腈、乙酰乙酸甲（乙）酯

（三）电石深加工产业迎来难得的发展机遇

立足现有电石产能优势，引导企业加快高档氨纶、高端树脂、氰胺下游产业发展方向，形成上下游协作配套、关联度高的产业集群，不断巩固"氰胺之都"优势，逐步打造百万吨级"中国氨纶谷"。

1. 氨纶产业链

依托区内及周边地区电石产业发展基础，加快构建电石 – 乙炔 –1,4– 丁二醇 – 聚四氢呋喃 – 聚丁二醇 – 氨纶产业链。积极开展新技术、新工艺示范应用，拓展顺酐法、丙烯法制 1,4– 丁二醇，配套二苯基甲烷二异氰酸酯等精制提纯，提升基础原料保障，打通上下游全产业链，延伸发展高性能、差别化和功能化的高档氨纶及其制品，如表 6-8 所示。

表 6-8　氨纶产业链主要产品和重点项目

产业链	主要产品	重点项目	培育壮大	延伸布局
氨纶产业链	1,4– 丁二醇（BDO）、聚四氢呋喃（PTMEG）、二苯基甲烷二异氰酸酯（MDI）、氨纶、甲苯二异氰酸酯（TDI）等	乾洋循环化 30 万吨 BDO 及衍生物新材料建设项目、滨河永泰平罗滨河 30 万吨 / 年 BDO 一体化项目、泰和新材年产 80000 吨绿色差别化氨纶智能制造及 PTMEG 原料项目、晓星 36 万吨 / 年氨纶及配套原料项目、五恒氨纶及生物可降解材料上游配套项目、万华 30 万吨 / 年 MDI 分离项目	1,4– 丁二醇（BDO）、聚四氢呋喃（PTMEG）、二苯基甲烷二异氰酸酯（MDI）、绿色氨纶	高性能、差别化和功能化的高档氨纶

2. 特种树脂产业链

围绕电石、乙炔、特种树脂、含氟树脂、可降解塑料等产业链，重点发展 PVC 糊树脂、氯化聚氯乙烯、氯偏二氯乙烯和氯乙烯、聚乙烯醇缩丁醛等特种树脂，聚氟乙烯、聚偏氟乙烯、聚四氟乙烯等含氟树脂，聚己二酸 / 对苯二甲酸丁二酯、聚丁二酸丁二醇酯等可降解塑料，延伸发展具有高耐磨性、高阻燃性的高性能树脂材料，如表 6-9 所示。

表6-9　特种树脂产业链主要产品和重点项目

产业链	主要产品	重点项目	培育壮大	延伸布局
特种树脂产业链	PVC、PVC 糊树脂、聚乙烯醇缩丁醛（PVB）、聚对苯二甲酸丁二醇酯（PBT）等	宁夏金昱元化工集团股份有限公司16万吨离子膜烧碱、20万吨高性能 PVC 树脂改造升级项目；中石化宁夏能化1.8万吨/年 PVB 树脂及膜、6万吨/年 PBT 树脂、6万吨/年 VAE、12万吨/年 EVA、2万吨/年 TPVA 项目	PVC 糊树脂、氯化聚氯乙烯、氯偏二氯乙烯和氯乙烯等	高耐磨性、高阻燃性特种树脂
含氟树脂产业链	聚氟乙烯（PVF）、聚偏氟乙烯（PVDF）、聚四氟乙烯（PTFE）	宁夏氟峰新材料科技有限公司年产10万吨 R152a、3万吨 PVDF、1万吨 F46项目，宁夏天霖新材料科技有限公司年产32500吨含氟新材料及电池级氟化锂项目	聚氟乙烯（PVF）、聚偏氟乙烯（PVDF）、聚四氟乙烯（PTFE）等	乙烯－四氟乙烯共聚物（ETFE）、聚全氟乙烯等
可降解塑料产业链	聚己二酸/对苯二甲酸丁二酯（PBAT）、聚丁二酸丁二醇酯（PBS）等	冠能新材料 NMP、PBT、PBAT、PTMEG 等高分子材料、生物可降解材料及上游配套产业链项目	聚己二酸/对苯二甲酸丁二酯（PBAT）、聚丁二酸丁二醇酯（PBS）等	聚乙烯醇缩丁醛等

3. 氰胺产业链

依托氰胺化工基础优势，加快构建电石－石灰氮－单氰胺/双氰胺－盐酸胍、硝酸胍等有机胍－医药/农药产业链。不断丰富咪唑烷、氰基乙酯等医药中间体，以及啶虫脒、肌酸、硫脲等农药中间体产品种类，鼓励企业积极开发纺织固色剂、废水处理剂、鸟嘌呤、叶酸、无水肌酸、一水肌酸和盐酸二甲双胍等高附加值产品，推动产业链向医药、农药终端发展，如表6-10所示。

表6-10 氰胺产业链主要产品和重点项目

产业链	主要产品	重点项目	培育壮大	延伸布局
氰胺产业链	单氰胺、双氰胺、硝酸胍、盐酸胍、肌酸、盐酸二甲双胍、硫脲、咪唑烷、啶虫脒、噻虫嗪、印染助剂、土壤改良剂、交联剂、阻燃材料、水处理剂、电子产品等	鹏盛化工单氰胺胍盐类精细化工产业链延伸项目、锦华化工电石氰胺衍生产品循环经济产业链二期项目、祥美化工建设年产2万吨单氰胺（二期）技改项目、嘉峰化工3万吨单氰胺技改用项目、贝利特2-氯-5-氯甲基噻唑及羟基嘧啶系列产品项目	肌酸、胍盐、咪唑烷、啶虫脒等	肌酸系列保健产品、胍盐系列医药产品

（四）化工新材料及精细化工产业迎来难得的发展机遇

以市场需求为导向，瞄准未来发展方向，依托现有产业基础，坚持精细化、高端化、循环化、绿色化发展原则，着力打造高档化学纤维、氟硅材料、氯系精细化工、高端电子化学品等化工新材料及精细化工产业体系。

1. 高档化学纤维产业链

聚焦产业链关键环节，重点引进己二胺、己二酸、己二腈等原料配套，打造己二胺/月桂二酸-聚酰胺制品、己二胺/己二腈-尼龙66-高档尼龙-合成纤维产业链；扩大氯化亚砜、间苯二胺等现有产品产能规模，培育芳纶绝缘纸、芳纶长纤维等芳纶织物及制品，形成间/对苯二甲酰氯-氯化亚砜-间（对）苯二甲酸-芳纶聚合单体-间（对）位芳纶纤维-复合纤维材料产业链。鼓励引导企业积极发展耐高温尼龙、聚苯硫醚纤维、碳纤维及其热塑性复合材料等高端前沿产品，如表6-11所示。

表6-11 高档化学纤维产业链主要产品和重点项目

产业链	主要产品	重点项目	培育壮大	延伸布局
合成纤维产业链	己二腈、己二胺、月桂二酸、尼龙66、尼龙6、尼龙612，尼龙1212	宁夏恒力生物新材料有限公司7万吨/年生物基长碳链二元酸、7万吨/年长碳链聚酰胺新材料项目、瑞鼎二氨基甲苯硫酸盐及高性能纤维单体中间体项目，同泰纺织高性能纤维油剂项目，铂泰1万吨己二腈项目，泰丰铂尊20万吨己二腈及40万吨尼龙66新材料项目	月桂二酸、聚酰胺、尼龙66等	己二腈、特种尼龙等

产业链	主要产品	重点项目	培育壮大	延伸布局
复合纤维产业链	氯化亚砜、间/对苯二甲酰氯、间/对苯二胺、对位芳纶、聚丙烯腈纤维、（PAN）碳纤维等	丰华生物8000吨/年芳纶聚合单体（间/对苯二甲酰氯）项目及60000吨氯化亚砜医药中间体、聚醚酮项目，宁夏信广和新材料科技有限公司高品质芳纶原料项目，宁夏瑞鼎科技有限公司高性能特种纤维PBO单体项目，晓星碳纤维（宁夏）有限公司PAN基高性能碳纤维项目，泰和1.2万吨防护用对位芳纶、3万吨绿色智能化对位芳纶项目	氯化亚砜、间/对苯二甲酰氯、对位芳纶、间位芳纶、纺织助剂、聚芳醚砜、芳纶纤维及芳纶制品	聚醚酮、碳纤维、聚苯硫醚纤维等

2. 氟硅材料产业链

培育壮大硅基材料产业集群，重点发展有机硅单体、硅氧烷中间体、硅烷偶联剂、硅橡胶、硅树脂等中下游产业，逐步开发纳米二氧化硅等有机硅系列产品下游深加工，拓展玻璃纤维、电子通信等行业应用领域。培育壮大氟材料产业集群，加强与清洁能源产业耦合，重点发展六氟磷酸锂-锂电池电解液等含氟精细化学品，延伸氟橡胶、含氟制冷剂、含氟气体等各种功能性含氟材料，如表6-12所示。

表6-12　氟硅材料产业链主要产品和重点项目

产业链	主要产品	重点项目	培育壮大	延伸布局
有机硅材料产业链	有机硅单体、硅氧烷中间体、硅橡胶、硅烷偶联剂、纳米二氧化硅、硅树脂等	宁夏鹏义新材料科技有限公司年产58000吨硅烷偶联剂项目，宁夏福泰材料科技有限公司年产87000吨硅基、纳米材料项目等	有机硅单体、硅氧烷中间体、硅烷偶联剂、硅橡胶、硅树脂	纳米二氧化硅等有机硅下游深加工
氟材料产业链	六氟磷酸锂、氟橡胶、氟树脂等	宝丰电池材料产业链示范项目、鹏程锂电池电解液项目（$LiPF_6$）	六氟磷酸锂、含氟精细化学品	氟橡胶、含氟制冷剂、含氟气体

3.氯系精细化工产业链

提升氯碱化工产业配套能力，扩大ADC发泡剂、戊二醛等优势产品规模。延伸发展氯化苯、氯乙酸、氯化石蜡、氯化聚合物、甲烷氯化物、对硝基氯苯、氯甲基甲（乙）酯等氯系精细化工中间体及环保型农药、杀菌剂、染料产品。探索开发高性能、专用化、绿色化和高附加值的氯系精细化学品，如表6–13所示。

表6–13　氯系精细化工产业链主要产品和重点项目

产业链	主要产品	重点项目	培育壮大	延伸布局
氯系精细化工产业链	液氯、氯气、氯化苯、光气、氯化石蜡、氯化亚砜、氯乙酸、三氯化铝，多菌灵、甲基硫菌灵、苯菌灵等杀菌剂，环嗪酮、吡唑系列、嘧啶系列除草剂，2–氨基–4–乙酰氨基苯甲醚、3–氨基–4–甲氧基乙酰苯胺等染料	荆洪生物年产6万吨戊二醛产业链延伸配套项目，思科达生物年产8600吨精细化工中间体项目，新安科技光气合成安全技术提升改造项目，蓝丰精细化工5万吨/年光气及光气化产品项目，伟创药业精细化学品项目，顺邦达高端硫化剂及药物中间体项目，新化合成香料产品、含膦新材料及甲酰化产品项目	氯化石蜡、氯化亚砜、多菌灵、2–氨基–4–乙酰氨基苯甲醚、3–氨基–4–甲氧基乙酰苯胺	环保型农药、杀菌剂、染料产品

4.高端电子化学品产业链

紧抓清洁能源、数字信息产业快速发展机遇，重点构建光引发剂、光敏剂、光增感剂等光刻胶产业链，电子级氨水、双氧水、氢氟酸等高纯试剂及5N级以上的氢气、氦气、硅烷等电子特种气体产业链，液晶及有机发光半导体材料、偏光片材料等新型显示材料产业链，磷酸铁锂、磷酸锰铁锂电池前驱体、隔膜材料、导电剂和电解液等储能材料产业链。鼓励企业积极发展光刻胶关键原材料、超高纯化学试剂、先进半导体材料和新型显示材料、新型锂盐等高端电子化学品，如表6–14所示。

表6-14　高端电子化学品产业链主要产品和重点项目

产业链	主要产品	重点项目	培育壮大	延伸布局
光刻胶产业链	光引发剂、光敏剂等	沃凯珑新材料受阻胺光稳定剂（HALS）系列产品产业化项目	光增感剂、高分子助剂	PCB光刻胶、LCD光刻胶及半导体光刻胶等
高纯试剂及特种气体产业链	电子级双氧水、氨水、硫酸、磷酸、氢氟酸等	宁夏中汇化工有限公司高纯及电子产品试剂、醋酸钠、氨水及溶剂回收项目，平罗县凯迪化工有限公司10万吨/年电子级硫酸项目	电子级氨水、双氧水、氢氟酸、5N及以上的氢气、氦气、硅烷等高纯试剂及特种气体	电子级磷酸、半导体级磷酸、硫酸等超高纯化学试剂
新型显示材料产业链	液晶单体、中间体等	中星显示600吨/年屏幕显示材料及功能定制产品项目	LCD、OLED材料、聚乙烯醇（PVA）偏光片材料	柔性与印刷电子材料、大规模柔性复合光子晶体、高光效LED材料、交流LED关键材料等
储能电池电子材料产业链	磷酸铁锂、磷酸锰铁锂电池前驱体、电解液、隔膜材料等	海基新能源锂离子电池项目、知临科技锂电池材料前驱体项目、睿源石油锂电池电解质项目、惟远锂电池高性能材料一体化项目	锰酸锂、镍酸锂、磷酸锰铁锂、N-甲基吡咯烷酮（NMP）锂电池导电剂浆料溶剂	陶瓷涂层隔膜、耐高压隔膜等高安全性隔膜、高性能湿法隔膜以及薄层化、功能化、新型涂覆体系、新型锂盐、新型溶剂

（五）产业融合迎来难得的发展机遇

推动现代煤化工、石油化工、电石深加工、化工新材料及精细化工等现代化工产业内部渗透融合，构建分工合理、优势互补的产业协作体系；鼓励现代化工与清洁能源、轻工纺织等"六新"产业之间交叉融合，探寻跨界融合下的现代化工产业发展新引擎，构建循环经济产业链和产业集群。

1.促进产业内渗透融合

推动焦炉气综合利用、炼化副产氢气耦合利用，实施焦炉气制甲醇项目。充分利用现代煤化工过程中副产品高浓度二氧化碳，试点开展二氧化碳捕集发酵制取丁二酸、绿氢合成氨耦合制尿素、加氢制取甲醇等应用示范及综合利用。探索开展煤炭和原油联合加工，进行烯烃和芳烃等化学品的耦合生产，积极开发引进甲醇石脑油耦合制烯烃、甲醇甲苯耦合制对二甲苯等技术并进行工业示范。充分发挥现有氯碱化工生产经验，利用化工企业高浓含盐废水或结晶盐生产离子膜烧碱，鼓励发展盐化石化一体化、盐化煤化一体化项目。

2. 鼓励产业间交叉融合

推进现代化工与清洁能源融合发展，加快实施一批可再生能源发电－电解水制氢工程，鼓励煤化工企业高效洁净转化低阶煤提供氢源，试点利用丙烷脱氢和氯碱副产氢，形成制备方式多样、利用途径多元、生产成本较低的绿氢绿氨制备体系，推动煤化工生产灰氢转绿、以氨载氢、绿氢消碳。推进现代化工与轻工纺织融合发展，构建"1,4-丁二醇－氨纶、聚酰胺－高档尼龙、间/对苯二甲酰氯－芳纶"产业链，推动纺织原料多元化，重构纺织服装产业链；延伸"草酸二甲酯－聚乙醇酸、1,4-丁二醇－对苯二甲酸丁二酯/聚丁二酸丁二醇酯－轻工制品"产业链，推动可降解塑料产业纵深发展。

（六）传统化工提质增效迎来难得的发展机遇

深入开展行业对标管理，重点抓好具有发展潜力的传统化工企业填平补齐、挖潜改造，提高基础原料配套能力。推动电石和烧碱、焦炭－煤焦油、合成氨－尿素等行业，进一步降低能耗、水耗和污染物排放，提升能效水平和资源综合利用水平。

1. 电石和烧碱

坚持严控总量、整合优势、淘汰落后的原则，新建和扩建电石项目严格落实产能和能耗指标置换，禁止新建和扩建烧碱（废盐综合利用的离子膜烧碱装置除外）项目。通过兼并重组、产业合作等方式，推动电石产能由商品电石企业向电石深加工企业集中，推广绿色智能安全生产及电石炉尾气、电石渣综合利用技术，不断提高电石就地转化率及资源综合利用率。加强前沿技术开发应用，推动离子膜法烧碱装置进行膜极距离子膜电解槽、多效蒸发等改造升级，实施副产氢气高值利用，探索氯碱－氢能－绿电自用新模式。

2. 焦炭－煤焦油

严格落实《宁夏回族自治区能耗双控产业结构调整指导目录（试行）》，

禁止新建和扩建炼焦（含兰炭）项目，淘汰炭化室高度小于6.0米顶装焦炉、炭化室高度小于5.5米捣固焦炉、100万吨/年以下焦化项目，淘汰未配套干熄焦装置的焦炉。发挥焦炉煤气富氢特性，推进焦炉煤气与煤化工、冶金、石化等行业的深度融合，推广焦炉煤气制LNG，脱硫废液提盐、制酸等高效资源化利用技术。进一步加大余热余能的回收利用，推广应用干熄焦、上升管余热回收、烟道气余热回收等先进适用技术，实施焦化系统多余热耦合优化。加强煤焦油深加工先进技术的研发和应用，推广中低温煤焦油轻质馏分油提酚，高温煤焦油组分分离、催化加氢改质制化学品、中间相沥青、碳基材料等先进技术。

3. 合成氨 – 尿素

加强产业政策约束，新建和扩建合成氨项目实施产能、能耗减量置换（工业副产物综合利用制合成氨项目除外）。加快现有合成氨/尿素装置改造升级，优化合成氨原料结构，鼓励开展绿氢制绿氨工业化示范应用，降低合成氨生产过程碳排放；推广应用高效节能设备，鼓励空分空压机及增压机、合成气压缩机等在有富裕蒸汽的情况下采用蒸汽透平驱动，提高能源利用效率；加强余热余压利用，采用废锅或半废锅流程回收高温煤气余热替代全激冷流程煤气降温技术，提升煤气化装置热效率。

二、现代化工产业的发展路径

应当指出，自治区现代化工产业应重点通过实施产业布局优化行动、产业创新提升行动、数字赋能提质行动、减污降碳增效行动以及骨干企业培育行动等具体行动和路径，切实有效地推动现代化工产业实现高质量发展。

（一）加强政策实施与产业布局能力

首先，随着国际、国内经济环境的不断变化，当前宁夏在专题会议、现场调研、调度工作推进等方面仍需进一步加强加密，以不断适应瞬息万变的市场环境。其次，更具针对性地结合市场情况来部署相关工作任务的能力也有待进一步提升。再次，如何实现现代化工产业成员单位信息共享和互换也是当前亟须解决的突出问题之一。最后，当前宁夏现代化工产业链供应链台账的建立仍需进一步完善，存在现代化工重点企业、主要产品产供现状调查、主要化工原料生产能力、主要产品区内外销售情况不全面等问题，因此，要进一步建立并不断完善现代化工产业链供应链台账，为推进产业基础高级化、产业链现代化打好基础。

近年来，宁夏回族自治区严格按照工信部等六部门印发的《关于"十四五"推动石化化工行业高质量发展的指导意见》以及《宁夏回族自治区化工行业高质量发展"十四五"规划》的总体要求，综合统筹自治区资源要素，立足产业技术升级和延链补链强链，围绕培育新的经济增长点，进一步优化调整现代化工产业布局。

首先，进一步加强现代化工产业核心区建设。以宁东基地为现代化工产业核心区，立足现代煤化工产业链优势，构建煤制油、煤制烯烃、煤制乙二醇、氨纶、特种树脂、高档化学纤维、高端电子化学品等优势产业集群，推动产业链、供应链、创新链、价值链与全国及重点区域全方位对接、深层次融合，努力打造世界一流的现代煤化工产业示范区。

其次，深入打造南北两翼特色化工产业带。坚决落实《黄河保护法》和建设黄河流域生态保护和高质量发展先行区的总体要求，按照《宁夏回族自治区化工行业高质量发展"十四五"规划》布局，着力打造以太阳山开发区、青铜峡工业园区、盐池工业园区及中卫工业园区为南翼，以石嘴山经开区及平罗工业园区为北翼的特色化工产业带，推动区域产业差异化、协同化发展。南翼聚焦产业链延链补链，重点发展石油化工、精细化工等产业。北翼依托电石深加工产业基础，着力发展高档化学纤维、氰胺化工、精细化工等产业。

最后，持续优化调整化工企业布局。规范化工园区（集中区）发展，综合考虑资源供给、环境容量、产业基础等因素，引导鼓励化工园区外的企业实施搬迁入园。严格执行危险化学品"禁限控"目录，把企业入园进区与调整产业结构、推进技术进步结合起来，要求入园企业提升装备水平，实现技术水平、产品档次、安全管理措施同步升级。鼓励骨干企业通过投资、并购、重组等方式，淘汰资金、技术实力不足或环保要求不达标的企业。

（二）培育骨干企业增强产业后劲

应实施优质企业梯度培育计划，以"链主"企业、专精特新企业、制造业行业领先示范企业（产品）等为基础，分层打造企业群体，分类促进企业发展提升，不断提升产业链供应链稳定性和竞争力。

首先，强化"链主"企业培育。围绕现代煤化工、石油化工、电石深加工、化工新材料及精细化工等产业，实施"一企一策""一事一议"，集中政策优势、产业资源，积极培育具有生态主导力、国际竞争力的"链主"企业。支持"链主"企业在区外布局研发设计中心，优化生产网络和供应链体系，有效对接和利用国际国内资源，招引建设强链补链延链项目，引进、重组、改造上下游配套企业。对标世界一流企业，加快推进新一代信息技术和制造业融合发展，加强质量品牌建设，参与国际技术规范、标准制定，提高中高端产品供给能力。

其次，加速壮大专精特新中小企业。围绕"链主"企业，培育发展一批以产业强基、绿色制造、智能制造等为重点，拥有产业链核心技术的专精特新企业，支持专注于细分市场、具有一定创新能力、竞争能力强、成长性好的企业成长为专精特新"小巨人"企业。开展"隐形冠军"培育提升工作，鼓励企业争创制造业行业领先示范企业（产品）。推进落实科技强区行动，进一步支持科技型企业快速发展，持续培育瞪羚企业。大力实施中小企业成长工程，健全中小微企业服务体系，建立金融对接服务平台，逐步完善各类金融产品，帮助中小企业解决融资难题。

最后，推进大中小企业融通发展。充分发挥大企业大集团以点带面凝聚效应，构建"龙头＋特色"的现代化工产业体系。鼓励大企业建立开放式产业创新平台，畅通创新能力对接转化渠道，实现大中小企业创新能力共享、创新成果转化和品牌协同。发挥龙头骨干企业对供应链的引领带动作用，支持上中下游企业在生产制造、示范应用、市场开拓等方面开展合作，在材料供应、部件配套、产品制造、售后服务等关键环节加强协同。

鼓励大企业为中小企业提供一揽子的信息支持，包括上游产品供给、下游产品需求、产品质量及流程标准，提高全链条生产效率。

（三）推动产业创新提升与数字化提质行动

自治区人民政府应充分发挥现代化工产业创新主体作用，加快协同创新体系建设，推动层次对接路演，助力产业链创新链精准对接、深度融合，实现增长动力由要素驱动向创新驱动转变。

第一，健全协同创新机制。强化企业创新主体地位，引导创新要素向企业聚集，围绕现代煤化工、电石深加工等重点产业积极创建各类科技创新平台，聚焦化工新材料、精细化工等重点领域培育建立新型研发机构，提高企业自主创新能力。推动行业龙头骨干企业联合产业链上下游企业、高校院所、检验检测机构等共同组建各种创新联合体，联合行业内企业、协会、园区等组建统一的现代化工产业创新联盟，通过政产学研用联动，推动关键共性技术研究和产业化应用示范。

第二，加强关键核心技术攻关。当前及今后一段时期，着力突破一批现代化工领域"卡脖子"关键技术，实现产品高价值、多品种、系列化发展。实施产业重大技术难题"揭榜挂帅"，鼓励和支持企业积极承担一批国家和自治区重大科技项目。重点推进煤制油产品质量提升技术，先进煤气化、煤制烯烃、新兴催化剂、连续化及绿色化生产等产业化技术的研发应用。推动氢能产业关键技术攻关，探索二氧化碳低成本捕集利用与封存新技术，实施重大节能降碳技术示范工程。持续推动宁东煤化工中试基地等中试熟化平台发展，支持企业通过转让、许可、技术入股等方式，引进和应用各类先进科技成果及关键核心设备。

宁夏现代化工产业应持续加快推进数字化基础设施建设，实施工业互联网赋能，以智能改造为引领，重点推广设备全生命周期管理及智能运维、安全生产监测与控制一体化集成等应用场景。

首先，强化工业互联网赋能。积极开展数字园区建设，打造集成安全、环保、安防、能源管控、应急救援和公共服务等一体化大数据分析决策平台，争创工信部智慧园区（5G应用）试点。支持企业开展"5G+工业互联网"建设的内外网改造升级，加快5G、大数据、人工智能等新一代信息技术与现代化工产业融合。依托宁夏化工行业工业互联网赋能平台，鼓励现代化工细分行业龙头企业、第三方机构等牵头打造特色专业型工业互联网平台，持续推进中小化工企业"上云"。

其次，提升数字集成管控能力。强化企业生产经营全过程一体化管控，深化制造执行系统、企业资源计划等工业软件在研发设计、生产控制、运营管理等环节的应用，加强各层级信息系统的集成互联，提高企业内部数据流通效率和资源共享水平。鼓励企业建立自动化、数字化、智能化的生产运营新模式，实现控制系统智能化、设备物联化、业务系统网络化、销售采购电商化、大数据可视化。加快先进信息技术推广普及，重点推进重大危险源风险管控与应急一体化系统、危化品存储运输监控系统、先进过程控制系统（APC）、智能控制系统（Robust-IC）在化工企业中的应用。

最后，开展智能制造试点示范。鼓励企业加快流程设备、动力设备、储运设备、检测设备数字化改造，打造若干可推广可复制的智能制造优秀场景。加快先进成熟智能智造场景应用，推动化工企业关键岗位、设备、生产线、车间实施"设备换芯""生产换线""机器换人"，建设一批高标准数字化车间。围绕设计、生产、管理、服务等全流程，鼓励化工企业广泛应用大数据、云计算、AI等新技术，在资源配置、工艺优化、过程控制、产业链管理、节能减排等方面进行智能化改造，实现车间设备互联互通、生产过程实时调度、物料自动配送，产品信息实现可追溯，建设具有示范引领效应的智能工厂。

（四）实施减污降碳增效行动

要严格落实能源消费总量和强度双控、碳排放强度控制要求，大力推广绿色制造，实施节能降碳专项改造，积极探索二氧化碳产业化路径，构建绿色化工发展体系，努力形成产业可持续发展的良好局面。

第一，构建绿色化工发展体系。积极构建全生命周期绿色制造体系，鼓励企业采用等温变换、节能蒸馏、微通道自动化等绿色工艺技术，重点发展绿色氨纶、高档化学纤维、高端电子化学品等绿色产品；支持企业建设绿色工厂，推广应用先进适用的清洁生产工艺技术和高效节能设备，提升能源资源利用效率；推动化工园区（集中区）绿色化发展，统筹供水、供电、供热、工业气体等公用工程和污水收集处理、危险废物处置等基础设施建设，补全完善园区内产业的绿色链条，促进企业间资源循环和能源梯级利用。

第二，实施节能降碳专项改造。分类推动煤制甲醇、煤制烯烃、煤制乙二醇、电石、合成氨等重点领域项目提效达标，对重点领域能效已经达到或超过标杆水平的继续挖掘潜力，推广复制技改升级成功经验，引领高质量发展；处于标杆水平和基准水平之间的，引导企业开展改造升级，向标杆水平迈进；低于标杆水平的，强制企业限期改造升级，不具备改造升级潜力或未按期完成改造升级的，列入落后产能，关闭退出。

第三，探索二氧化碳产业化路径。统筹产业发展与二氧化碳减排，依托宁夏低碳减排工程技术研究中心等低碳创新平台，开展碳捕集、利用与封存和二氧化碳储能技术研究。加强与长庆油田对接合作，积极推进宁东基地百万吨级 CCUS 示范项目。稳步扩大二氧化碳资源化利用产业规模，加快建设二氧化碳捕集提纯项目，积极探索二氧化碳高值化利用，试点建设二氧化碳捕集发酵制取丁二酸、二氧化碳加氢制甲醇、二氧化碳重整制合成气、绿氢合成氨耦合制尿素、二氧化碳微藻转化等装置。

第六节　轻工纺织产业发展的机遇与路径

一、宁夏轻工纺织产业发展的机遇

深入分析研判今后一个时期国内经济发展形势，自治区轻工纺织产业将迎来重大发展机遇。

（一）国家扩大消费战略将为产业壮大发展提供强大市场需求

党的二十大报告指出，要着力扩大内需，增强消费对经济发展的基础性作用。2022年，全国消费支出对经济增长的贡献率已经超过60%。随着

《关于进一步释放消费潜力促进消费持续恢复的意见》等促进消费政策的逐步显效，围绕吃、穿、用、医和休闲娱乐等的消费需求必将快速释放，并呈现持续增长态势。轻工纺织产业作为重要的消费品生产产业，消费增长创造的巨大市场需求，必将为产业发展壮大提供广阔空间。

（二）数字化智能化转型将为产业高质量发展增添新的动能

国家和自治区陆续出台推进工业转型发展的政策文件，提出一系列支持工业智能化改造、数字化转型的支持措施，为产业实现高质量发展明确了路径、增添了动能。轻工纺织产业借助5G、大数据、工业互联网、云计算、人工智能等新一代信息技术，加快推进产业数字化、网络化、智能化改造，必将大幅降低生产成本、提高产品质量、提升经济效益，加快实现高质量发展。

二、推动宁夏轻工纺织产业发展的路径

（一）推动产业聚集，提升产业链抗风险能力

1.承接产业转移突出全产业链发展

以错位发展的思路，强化产业链招商，持续强链、延链、补链，通过以商招商形成完整的产业链体系。充分利用中银绒业与新澳羊绒合作成功的积极影响，聚焦江苏、浙江等长三角地区，主动引进优质关联项目和战略合作伙伴，延伸布局服装、家纺、高端面料等产业链中下游项目。发挥宁东原料基地优势，拓展发展氨纶、芳纶、锦纶等纺织类别，着力构建多元布局、多链并行的现代纺织产业格局，依托浙江新澳、山东亚琦纺织、浙江爵派尔、江苏宜兴舜昌等落地企业，对接优质有实力的意向投资人，着力引进合作伙伴，力促达成合作，盘活现有纺织企业；利用闲置资产，主动对接杉杉、康赛妮、江西嘉盛等大企业，布局服装、家纺、高端面料等产业链中下游项目。

企业作为市场主体，应充分发挥自己的行业引领作用和朋友圈优势，通过拓展业务、招引合作伙伴等方式，吸引行业上下游企业来投资，延长、丰富产业链，降低企业成本，增加企业自身及产业链抗风险能力，企业之

间、本地企业与其他基地企业之间，通过建立合法合规的联合协会、商会、技术联盟、创意设计联盟、企校联合、论坛峰会等各类企业自发组织，加强行业内部发展科技交流、信息交流、人才交流。

2. 提高企业在产业发展中的参与度

在经济社会发展中，政府是看得见的手，市场是看不见的手，而企业是市场主体，政府和市场合作互补可以实现帕累托最优。在宁夏现代纺织产业的布局中，已有部分国内领先的代表性企业落地，具有长远的发展眼光和一定的市场占有率。从发展的角度来看，政府对于区域经济社会的发展目标和企业需要实现效益的目标一致。因此，政府部门在制定产业规划、产业政策的过程中，应当考虑产业发展的实际和现有企业的现状和发展需求，充分征求企业的意见，保障产业政策制定出来以后，能够落地执行，解决困扰企业发展的实际问题，同时探索邀请企业高精尖人才、行业协会领军人才参与到行业推进和管理中来，建立共建、共管、共治的管理机制，推进产业及产业链高质量发展。

（二）完善产业基础环境，提高产业发展水平

1. 完善产业园区基础设施

结合园区现状及未来发展趋势，完善公共道路、绿化用地、污水处理厂、天然气分户等各项基础设施建设，全面提升园区承载能力和吸引力，全力保障企业污水排放、蒸汽使用等需求，为企业发展提供强有力的硬件支撑。根据企业生产情况、原辅材料、生产工艺、废水排放指标，对各企业排放指标进行单独的测算和综合评估。通过测算和综合评估企业的排放指标对现在运营的纺织园区污水处理厂进行提标改造，增加污水日处理能力，为现代纺织行业今后的发展留存提升空间。对相关的闲置厂房进行摸排和梳理，确定厂房的产权，对属于政府的厂房加以修缮，达到企业可以直接携设备进厂生产的标准。针对招商引资企业购买或者租用现有企业闲置厂房的，对厂房的改造费用进行补贴，降低企业的维修成本，对可建设项目的土地进行梳理，尽早制定产业规划，开展土地前期征收平整等手续，加快项目落地建设。

2. 完善产业发展扶持政策

针对宁夏现代纺织产业现状，有的放矢，制定产业扶持政策，具体覆盖产业基金的设立和兑现、企业上市的奖励、现代纺织产业人才引进、厂房租赁购买、新设备的购置、关键技术的突破与创新等方面。降低企业经营成本，适当地降低政策门槛，扶持规模以下企业做大做强，突出政策的引领带动作用，激发市场主体创新创造活力。注重政策的上下衔接和资源要素保障，在政策制定方面要突出保障企业生产发展所需的生产要素，在给予企业优惠的基础上，也要给予一定的机会助力企业发展。加强对产业链招商的"链主"企业的奖补力度，对能够通过自身产业延伸产业链招引上下游企业的"链主"企业予以一定的支持，鼓励企业引进与自身业务相关的企业，逐步形成产业链条完整、抗风险能力强的创新链、人才链、产业链、资金链相互融合的产业集群。

3. 搭建产业国际合作平台

紧抓"一带一路"、向西开放、中国制造2025、"两区"建设等机遇，大力推进对内对外开放。鼓励企业加强与国际国内先进纺织地区的交流与合作，建立全方位、多层次、宽领域、高水平的开放型经济新格局。加强与国际羊绒驼绒制造商协会（CCMI）、国际毛纺织组织（IWTO）等世界性行业协会、团体和知名羊绒企业的联系，组织企业参加各类展会，集中推介招商会等活动，寻求更多的合作机会，逐步搭建国际合作平台，提升产业国际影响力。

（三）构建低碳产业体系，推动产业绿色发展

1. 优化产业用能结构

政府有关部门要将碳排放量最高的纺织工业纳入中长期发展规划中，重视工业生产与低碳技术的融合，建设行业绿色制造体系。正确科学地综合评估当地工业的碳排放指标，科学合理地上报指标，以备今后工业及其他产业的发展，充分依托宁东能源化工基地氨纶、芳纶原料优势，对接引进高端绿色化纤纺织项目。探索引进废旧纺织品回收再利用行业企业，对废旧纺织品实现回收提取再利用，构建循环发展格局。通过发展智能制造、

互联网协同制造减少纺织制造业生产和消费过程中的资源消耗与污染排放。

2. 推动产业绿色转型

企业要及时作出调整，加强与自治区有关部门的对接，将绿色发展纳入企业的战略体系、生产体系、创新体系和价值体系中，从原材料、研发、制造、产品、销售全面实施绿色转型，加强对低碳环保原料（天然纤维和再生环保纤维技术）的开发利用。注重整个生产流程的低碳绿色化改造，积极进行科技创新，研发新技术、新工艺，调整能源使用结构，使用节能设备和技术等，开展数字化转型和智能化升级，快速应对市场变化，提高企业内部工作效率。

3. 适当参与碳交易

为了加快经济向低碳绿色转型升级，国内碳交易市场于2021年7月启动，全国碳市场由配额市场（强制市场）和CCER市场（自愿市场）组成，推动碳排放配额的交易。企业通过对碳市场情况进行分析，比如评估碳排放情况，根据配额盈缺预测及对碳产品价格的判断，对交易市场进行把握。根据企业减排成本与碳排放权价格比较，碳价低于自身减排成本时，进行购买；高于自身减排成本时，通过企业减排技术自减。企业间开展减排合作，减排技术落后的企业学习先进企业，从而获得先进减排技术、提升自身竞争力；作为交换，减排技术先进企业则可以获得落后企业的碳减排量，即通过技术换碳资产。上下游企业之间也可以通过联合减排来进行合作。

（四）做好保障措施，切实解决企业困难

1. 提高政府管理水平

第一，要加强组织协调。自治区轻工纺织产业包抓机制负责统筹协调，自治区工信厅结合行业发展牵头抓总，各市、县（区）和园区管委会具体抓好组织实施。自治区、市、县（区）三级要结合实际认真制定实施方案，按年度抓好落实推进，并积极宣传发展成效，推广典型经验做法，凝聚发展合力，确保任务有效落实，目标圆满完成。

第二，要强化政策引导。认真落实现有各项产业政策和支持政策，优化完善在创新发展、能耗控制、平台搭建、品牌建设、主题活动等方面的政策措施，提高产业发展支持政策的精准性。引导金融机构创新金融服务和产品，定期开展"银企对接"，加大对项目建设、技术改造、科技创新等的支持力度。鼓励有条件的市县配套设立产业发展专项资金。加大对宁夏轻工纺织产业的宣传力度，加深本地群众对纺织产业的了解，利用群众参与度高的活动，通过线上和线下的方式，多渠道宣传纺织企业。定期邀请社会各界对纺织企业进行观摩。面向社区、街道、学校、社会团体等，采取自愿的方式，既开阔参与者的眼界，又提高企业的知晓率。完善园区配套设施。在现代纺织产业园内，通过开设托育中心、午托中心、儿童乐园等机构设施，解决孩子无人照看的问题，和当地中小学校实行有效联动，实现纺织工人的孩子在学校午餐和午休，解决好女工的后顾之忧，使之全身心地投入到工作中。完善育才、引才、留才、用才政策体系，引导优秀纺织技能人才向现代纺织产业集聚，成立招工用工专班，联合各企业一起前往甘肃等周边地区招工，切实解决用工难的问题。完善工人住房保障体系和工人子女入学教育等基础保障体系，让务工人员安心上班，顺心生活。

第三，要营造良好营商环境。加强产品质量安全风险监测，加大线上线下质量监督抽查力度，严厉打击制假售假行为。依法加强反垄断、反不正当竞争监管。加强知识产权保护力度，优化市场化、法治化营商环境。充分发挥消费者协会的作用，营造放心消费环境。新的征程上，宁夏轻工纺织产业将以黄河流域生态保护和高质量发展先行区建设为时代使命，以"四大改造"为抓手，找到突破口、发力点，一件一件盯着干，一项一项向前推，围绕增品种、提品质、创品牌"三品"行动，在加快动能转换、促进产业升级、激发企业活力、推动绿色发展、打造优质载体、扩大对外开放上持续发力，不断推进宁夏轻工纺织产业高质量发展。

2. 夯实人才基础，解决企业用工难题

为了让当前纺织企业存在的用工难问题得到有效解决，学校、企业及政府等相关主体应当共同发力，既要转变用工观念，也要改善用工环境，同时还要不断对用工方式进行创新，在用工政策方面给予一定的倾斜，从而打造良好的用工环境，营造良好的用工氛围，政府也需要充分发挥自身的宣教作用。

鼓励企业和普通高校、职业院校（含技工院校）、科研机构建立实训基地、人才孵化基地等联合培养模式，培育造就一批创新企业家、先进制造技术人才和先进基础工艺人才。加大劳动力职业技能培训力度，采取积极措施缓解"用工荒"，满足产业升级和转型发展需要。持续开展"大国工匠"等高技能人才推荐活动，支持举办行业性创新创业大赛，加大对创意设计优秀人才和团队的表彰和宣传力度。

基础教育学校应当转变教育理念，特别是要做到因材施教，鼓励学生和家长树立正确的择业观和人生观。教师也应当善于挖掘学生的长处和优点，注意对学生自信心的培养。普教系统应当积极与企业建立联系，可以带领学生参观企业，进而帮助学生树立劳动光荣的价值理念，培育学生精益求精和爱岗敬业的工匠精神。职业学校要当好培养者。进一步整合现有职业技术教育资源，政府牵头，行业、企业和学校围绕"招生即招工、入校即入厂、校企联合培养"的现代学徒制试点，探索校企一体化招生招工方案，构建校企协同育人机制。针对现代学徒制建立相应的政府补贴机制，促进生产实践和课堂教学的相互对接。开展校企联合培训。建议政府引导开设亚麻、纺织等课程，将企业车间作为学生实训基地，强化校企合作。

纺织企业应当努力增强自身的综合实力，要持续提升自身的信息化与智能化水平，积极推进机器替代人工。企业是非常重要的用工主体，应当严格按照法律规定用工，不断优化自身的用工环境，将职业规划和企业福利以及薪酬待遇和企业文化等作为重要抓手，持续提升自身的竞争力，塑造良好的企业形象，这样才能达到招贤引才的目的。另外还要不断对用工制度进行改革，逐步建立起股份合作社的用工平台，从聘用制转变为合作制。

3.用活金融服务力量，减轻企业发展负担

政府部门要积极对接自治区股权交易中心，推动优质现代纺织中小企业上市，帮助企业拓展融资渠道，解决资金难题。设立羊绒产业发展基金，撬动社会资本参与，聚焦全产业链发展短板和龙头企业需求，通过市场化

运营方式精准投放资金，借助浙江新澳等企业总部资源信誉，结合灵武现代纺织产业经营现状、发展潜力进行跨地区、多主体担保贷款，有效缓解企业生产经营流动资金短缺压力。加强融资领域监督检查。加强对民间小额贷款公司和互联网金融公司的监管力度，建立健全法律体系，最大限度地减少套路贷、利息虚高等事件的发生，充分发挥小额贷款公司对民营企业融资的补偿作用，互联网金融还需加强监管力度，切实构建群众放心的融资环境。及时为企业提供公益性服务。为企业提供法律援助和金融知识、企业管理知识培训，提高企业风险处置能力和法律知识，帮助企业建立健全内部管理制度和财务制度，着重知识产权和创新成果的保护，普及多渠道融资方式方法，提高优质融资机构甄别能力。

银行业金融机构对于短暂困难的企业应当做到不压贷、不断贷、不抽贷，而且可以面向中小微企业采取一定的临时性展期和延期还本付息等措施，这样就可以有效调动民营企业的积极性，促进小微企业的发展。相关部门应当牵头成立具有较强贡献力，并且市场认可度比较高的评估机构，各个银行应当以合作的方式引入知识产权评估和中介公司，借助这些公司对知识产权的价值进行客观合理的评判，这样就能实现对风险的有效防范，而且也应当充分利用本地区的知识产权质押体系，打通包括保险公司和担保机构，以及评估机构和政府部门等在内的知识产权质押链条。银行应当为科创企业和传统企业提供多种服务方案。比如，服务传统企业，商业银行的交叉和审查应当重视企业有形资产的生产和流通，可以根据财报及此前的业绩对企业进行分析。对服务科创企业则是需要充分关注其无形资产，主要是对企业今后的发展前景进行分析。

（五）加大科技创新力度，提升企业管理水平

1. 夯实科技创新基石

牵头成立新型技术和材料研发机构，组建创新联合体，由领军企业牵头，联合科研机构、高校及产业链上下游企业、金融机构等共同参与，进行创新链、资本链和产业链融合的尝试。工业园区尽可能强化与科研机构院校合作，建立现代纺织产业研究院，积极鼓励大专院校、纺织创意企业

设立科研机构、成果转移中心、博士站等，对其在用地、税收、审批等方面给予优惠。建立科技创新专项资金，加大奖励力度。开展区域协同发展，探索在全国科技前沿地区建立飞地产业园、智库中心、产业研究中心，以发达地区为载体，推动双方企业共同参与科技创新，以带动本地企业发展。坚持招商引资和招才引智并重，鼓励和吸引各类人才来宁夏创新创业，不断夯实产业创新发展的基础。

2. 提高企业双创能力

企业需要自主加大科技创新力度和科研经费投入力度，积极开展新技术、新产品研发，牵头或参与制定国际标准、国家标准和行业标准，形成独立自主的质量管理体系，增强行业话语权，提升企业竞争力。建设智能化车间，紧盯纺织产业智能制造技术、设备、标准成果，在工艺设备改造升级中及时引入智能制造成果，发展客户管理系统、智能设计研发系统、人体数据采集系统等智能系统，从羊绒水洗、分梳、纺纱、染色、成衣等全产业链各环节开展技术攻关，推动现代纺织产业加工从粗放向精细转变、产品从初级向高端转变，全面增强产业核心竞争力。适当购买企业发明专利使用期限，不断学习先进科技。

3. 提升企业管理水平

组织现代纺织企业家与大学合作进行 EMBA 培训工作，提升纺织行业企业家综合素质。使企业由传统管理模式向现代管理模式转变，同时加大企业管理人才的培训，引进职业经理，提高发展行业管理水平。企业主动提升管理水平的软实力，尤其是中小微企业，更应从自身入手，从先进管理经验的学习、管理人员的招纳培训入手，跳出家庭式管理模式，启用专业人才，摆脱小作坊加工的模式，由传统管理模式向现代管理模式转变。完善企业的内部管理制度，企业的规范化发展离不开制度的规范，赏罚分明，以制度化规范内部员工的行为准则。优化企业内部组织机构，合理设置相关部门，建设高效率的运行机制，提升企业业务流程效率。

第七章

宁夏"六特"产业发展的机遇与路径

第一节 葡萄酒产业发展的机遇与路径

一、宁夏葡萄酒产业发展的机遇

2013年以来，中国成为世界最大的红葡萄酒消费国，[①] 中国葡萄酒产业广阔的市场为宁夏葡萄酒产业发展提供了坚实的支撑。宁夏具有发展葡萄酒产业的突出优势，习近平总书记多次视察贺兰山东麓的葡萄酒产业，并给予了高度评价。近年来，国家一系列顶层设计对宁夏贺兰山东麓葡萄酒产业发展给予了强有力的政策支持，大力支持了贺兰山东麓葡萄酒产区的发展。

（一）科技赋能产业发展

近年来，宁夏建立了酿酒葡萄脱毒种苗三级繁育技术体系、葡萄酒技术标准体系，先后制定41项技术标准，集成推广浅清沟、斜上架、深施肥、统防统治及高效节水灌溉等一批关键技术，创建酿酒葡萄栽培"宁夏模式"；创建1个自治区级农业高新技术产业示范区、2个自治区农业科技示

---

① 让－玛丽·卡德拜：《葡萄酒经济学》，社会科学文献出版社2019年版，第57页。

范展示区，组建了4个自治区重点实验室，35家酒庄（企业）获评自治区科技型中小企业和农业高新技术企业。宁夏已经开展的本土酵母酿酒性能研究，实现了中国本土葡萄酒酵母"从0到1"的突破。酿酒葡萄病虫害信息化监测预警技术应用，对酿酒葡萄病虫害发生趋势进行准确预报。实施产区布局区域化、标准化项目，对产区按照土壤气候类型进行划分，匹配相应栽培酿造技术，已形成宁夏葡萄酒产区区域化标准指南。目前，贺兰山东麓一些酒庄已建立了智慧葡萄园数据中心平台，通过传感设备实时收集数据，展现葡萄园的全貌。酒庄可通过农资数据库、气候数据库、虫害数据库，实现原料生产全程可追溯、病虫害防控提前预警。一些酒庄企业应用了全球领先的 SAP 资源管理系统，可实现物料自动转序，质量指标实时监控预警，引进生产过程溯源系统设备，以自动识别技术与企业现有信息系统集成，通过产品唯一身份标识信息，实现生产端到市场端信息可追溯。一些酒庄应用了智慧葡萄园管理系统，系统结合多光谱无人机遥感、智能气象站和土壤水势监测系统，为酒庄提供全方位的葡萄园管理支持。智慧葡萄园管理系统帮助企业降低商业化运作成本，让使用现代化农业技术的酒庄都能精确掌握自己葡萄园的风土，选择最合适的方式酿造属于贺兰山东麓的葡萄酒。

目前，葡萄酒产业科技研发仍在推进，为了解决葡萄酒风味单一、风格不稳定等问题，宁夏正在开发"混酿葡萄酒物质 & 感官预测系统"。为了解决产区橡木桶使用成本高问题，正在研发基于仿生原理的橡木替代材料和陈酿装备。科技赋能产业发展为贺兰山东麓葡萄酒产业发展提供了重要机遇，随着科技创新不断发展，科技越来越广泛地植入葡萄酒产业，葡萄酒产业日益呈现智慧发展。

（二）合作交流推动产业发展

葡萄酒产业已日益发展成为宁夏对话世界的语言、世界感知宁夏的紫色纽带。作为国际葡萄酒产业的新兴产区，贺兰山东麓葡萄酒产业发展逐步迈向国际化道路，通过加强国际交流合作不断借鉴"葡萄酒旧世界"与"葡萄酒新世界"发展经验，促进产区葡萄酒产业发展。宁夏回族自治区人民政府与中法文化艺术研究中心、北京大学等机构共同成立中法葡萄酒学院，法国在品种引进、技术合作、人才培养等多方面与宁夏的合作日渐加强。近期，农业农村部代表中国政府通过中国驻法国使馆正式向国际葡萄与葡萄酒组织（OIV）提交了加入申请书。OIV 是国际上最权威的葡萄酒生产国政府间国际组织，在国际葡萄酒界有着广泛而深远的影响力。宁夏葡萄酒产业发展从起步之日起就与 OIV 紧密联系，自 2012 年成为 OIV 省级观察员以来，已连续多次组团参加世界葡萄酒大会，向世界推介中国贺兰山东麓葡萄酒产区。多年来，宁夏在农业农村部的支持下，积极推进中国加入 OIV，通过与国际性组织的交流与互动，深化对外开放合作。目前，申请书已进入实质性收集各成员国意见阶段，在 2024 年 11 月举办的 OIV 成立 100 周年庆典大会上，中国正式成为其第 51 个成员国。中国加入 OIV 有利于国产葡萄酒国际地位与认可度的持续提升，有利于推动中国葡萄酒"走出去"，有更多机会与葡萄酒优势产区在市场衔接、标准并轨、品牌宣传、产品出口、赛事活动、技术引进、人才培育等方面开展交流合作。宁夏将积极抓住中国加入 OIV 的机遇，主动牵头、主动参与，坚持国际标准与宁夏特色统筹兼顾，加快推进 OIV 技术标准梳理，全面对标完善产区各项标准。同时，加快推动贺兰山东麓产区加入全球葡萄酒旅游组织（GWTO），推动银川市加入 OIV 国际葡萄与葡萄酒城市联盟，进一步深化国际合作交流，努力探索一条和而不同的中国葡萄酒产业开放发展之路。宁夏以国家葡萄及葡萄酒开放发展综合试验区建设为总抓手，坚持"引进来"与"走出去"双轮驱动，努力将宁夏葡萄酒产业打造成为代表中国向世界展示葡萄酒文化魅力、产业实力、发展活力的开放窗口。

二、葡萄酒产业发展的路径

（一）多措并举破解资源约束

贺兰山东麓产区葡萄酒产业发展必须走高质量发展道路，科学处理好产业发展与生态修复保护之间的关系。各级政府在推进百万亩酿酒葡萄种植基地建设的同时，要稳妥处理好产业发展所需的土地与水资源等问题。

一是要加强土地用量和分布的合理规划。宁夏回族自治区政府应妥善协调葡萄种植地与耕地、葡萄种植地与草原、葡萄种植地与城市规划用地之间的关系，通过逐步开垦适宜酿酒葡萄种植土地，对现有砂石地逐步改造等措施，稳步扩大种植面积。同时，政府财政应逐步健全完善"以奖代补、先建后补"模式，加快支持老龄园、低品质园改造提升。通过对老龄园、低品质园的科学改造，适度增施有机肥、补齐缺株、改变葡萄种植架型、实施水肥一体化供给的配套技术措施，将老龄园、低品质园改造提升为高标准优质葡萄园，全面提高葡萄园整体管理水平，提高产量和质量，提高现有产区种植效率。二是鼓励企业广泛采用高效节水设施。通过高效节水设施降低水资源利用，适度缓解用水困境。同时，宁夏回族自治区政府可从制度设计上科学规划自治区各地区、各产业生产生活用水。贺兰山东麓产区现有的60万亩葡萄园每年可吸收二氧化碳300万吨。随着酿酒葡萄种植面积的扩大，其对黄河滩区治理、加快生态恢复、实现碳达峰碳中和的生态效益更为可观。宁夏回族自治区政府应充分考虑葡萄酒产业不与人争粮、不与粮争地、水资源高效利用等特点，可从产业结构调整、产业优化升级角度出发，适度协调贺兰山东麓葡萄酒产业发展用水数量，确保产业发展所需水量。

（二）不断夯实人力资源基础

葡萄酒产业的发展，离不开有精湛技术和对葡萄酒产业饱含热爱的优秀人才。法国的葡萄酒酿酒师既是技术人才，也是艺术家，他们是法国葡萄酒产业享誉世界的一个原因。宁夏葡萄酒产业有良好的发展前景，对葡萄酒产业专业人才的需求也将增加。

在人才培养方面，应当具有长远的眼光，积极传播葡萄酒文化，吸引热爱葡萄酒产业的人才；葡萄酒产业是一个绿色可持续、高附加值产业，具有持久的生命力和深厚的文化底蕴，要注重引导从业人员正确认识产业发展前景，坚定选择葡萄酒产业的理念；注重职业远景规划，将葡萄酒产业人才实现社会价值和个人价值统一起来。在培养模式上，要促进人才培养与职业发展的需要紧密衔接，加强企业导师在人才培养上的作用，培养好应用型、创新型人才；要推动本地人才国际化培养模式，立足贺兰山东麓风土特点与产业发展实际，加强与葡萄酒产业发展成熟的国家开展合作，推进具有国际视野的高水平人才培养。在人才引进方面，要注重对先进理念、技术、管理模式的吸收与创新，吸引高层次人才推动高质量发展。此外，还要重视熟练产业工人的培养，促进产业健康发展。

（三）加强产业技术研发

宁夏贺兰山东麓葡萄酒产业高质量发展离不开坚实的技术支撑，产区可充分引进技术结合产区风土特点消化吸收再创新，同时应加快自主创新步伐。

其一，要扩大国际交流，引进先进技术、先进标准，以开放推动葡萄酒产业高质量发展。其二，根据产区自身特点，推动适合本地区的葡萄品种、葡萄酒风味和酿造技术的自主研发，推动理论、产业与科研协同发展的研发体系，重点推进基础领域和关键技术的研发攻关，促进成果转化，不断拓展市场的广度深度。其三，促进全产业链技术研发，扩大精深加工比例，推动产业高端化。其四，针对贺兰山东麓产区地理气候特点，加大节水灌溉、水肥一体、黄河泥沙资源利用等关键技术的研发，提高引黄灌溉水资源综合利用效率，统筹资源利用与生态建设，充分发挥葡萄园防风固沙、蓄水保水的生态作用，推进废水废渣产业内循环利用，构建荒漠生态农业新产业，探索产业生态友好型发展模式。

（四）拓宽企业融资渠道

宁夏回族自治区政府与贺兰山东麓酒庄应积极采取多种途径破解产业发展融资困境。第一，酒庄可加强与商业银行合作拓展融资渠道，加强双方沟通，推动符合产业发展与社会需要的创新，加快推进葡萄酒原酒、瓶装酒评估标准体系和定价机制建设，探索土地流转经营权抵押贷款、抵押形式、抵押额度与期限，缓解酒庄贷款难、贷款贵、贷款期限短等难题。第二，推动酒庄利用资本市场融资的体制机制改革，使符合条件的葡萄酒企业能够在私募、风投、新三板、创业板、主板等资本市场进行股权融资，拓展企业融资渠道。第三，通过期货市场金融创新拓展融资渠道，通过期货交易缩短酒庄周转时间，加速资金回笼。相关部门和企业应充分了解期货交易知识，学习发达地区和国外先进经验，探索建立自主交易平台，拓展融资渠道。

（五）完善市场营销体系

宁夏回族自治区政府与贺兰山东麓酒庄应积极构建多元市场营销体系，让产区葡萄酒从"种得好"、"酿得好"到"卖得好"，不断提高市场占有率。第一，借助国家平台提高国际市场竞争力。充分利用"一带一路""宁夏－欧洲（布达佩斯）中欧国际货运班列"等平台与通道，加大海关对葡萄酒出口政策、信息和技术咨询的服务力度，简化葡萄酒通关流程，促进贺兰山东麓葡萄酒出口。第二，用好外交渠道变奖牌优势为品牌优势。近年来，贺兰山东麓产区在国际葡萄酒顶级赛事中已拿到上千项大奖，国际影响力快速提升。宁夏各级政府可进一步广泛宣传推介宁夏葡萄酒，形成贺兰山东麓葡萄酒强大的产区品牌效应。持续办好中国（宁夏）国际葡萄酒文化旅游博览会，充分利用多种外事资源，助力贺兰山东麓葡萄酒"走出去"。第三，利用多种媒介，积极融入国内统一大市场。由政府部门牵头成立宁夏贺兰山东麓葡萄酒营销集团，借助全国地理标志产品区域品牌、中欧地理标志协定产品等优势，形成宁夏贺兰山东麓葡萄酒统一销售体系。以产区品牌宣传为重点，集中在多种媒体投放产区品牌广告，塑造贺兰山东麓葡萄酒品牌形象，形成"政府集中宣传—企业发展受益—产区品牌持续发展"的良性循环。2024年初，宁夏贺兰山东麓葡萄酒产业园区管委会与支付宝公司签订战略合作协议，管委会鼓励贺兰山东麓酒庄通过与支付宝公司合作，充分发挥各自资源优势，在品牌建设、产品销售、文化旅游等多领域开展合作，实现"卖品质好酒"的目标。第四，宁夏回族自治区政府可通过先建后补或财政奖补方式，支持打造产区葡萄酒离境销售中心，在区外、境外适当建设仓储物流配送中心，打通葡萄酒销售"最后一公里"。第五，贺兰山东麓酒庄可广泛开设葡萄酒知识普及课堂、制作传播葡萄酒宣传短片，提升广大消费者的葡萄酒认知度，培育宁夏本土葡萄酒爱好者和消费者，让每一位宁夏人都成为贺兰山东麓葡萄酒的热心推广者。

同时，酒庄应顺应线上消费趋势积极培育自己的主播，通过主播在酒窖、酒庄、葡萄园等场景做实景直播销售，让消费者更直观地了解葡萄酒的品质，体验葡萄酒文化。

（六）促进葡萄酒产业与文旅产业深度融合发展

第一，宁夏要借鉴国外先进经验，推动葡萄酒产业与文旅产业深度融合发展。目前，宁夏文旅厅确定了10条葡萄酒特色旅游线路，融入了贺兰山东麓的历史人文、自然风光特点，要不断做优做精，提升酒旅融合品质。具体可借鉴法国等发达国家葡萄酒产区文旅融合的成功经验，从"硬件"和"软件"上不断提升贺兰山东麓文旅融合品质。就"硬件"而言，需进一步完善道路交通设施、酒庄基础设施，打造高品质的宾馆餐厅，让国内外游客可以愉悦地领略自然风光、品尝葡萄美酒。当前，自助行日益成为旅游新时尚，政府可顺势而为，鼓励投资者在产区打造房车营地、帐篷营地、自驾营地。就"软件"而言，需进一步提升文旅推广能力，出版多语种的贺兰山东麓旅游手册，详细介绍贺兰山东麓各酒庄的特点、道路交通信息、餐饮住宿情况等，让国内外游客可以一册在手走遍产区。同时，需加大线上线下多渠道、多视角的国内外宣传推介，向国内外游客充分展现贺兰山东麓的葡萄园风光和葡萄酒品质，旅游景点的自然风光与悠久历史，充分彰显贺兰山东麓的史前文明、黄河文明、农耕文明、葡萄酒文化、移民文化等，以更多元的文化内涵吸引国内外游客。第二，促进葡萄酒文化与中华优秀传统文化深度融合。利用诸如"贺兰山下果园成，塞北江南旧有名"等具有贺兰山元素的古诗词，展现贺兰山东麓"塞上江南"的历史与魅力，鼓励酒庄在建筑设计、酒标设计等方面充分彰显中华优秀传统文化，如中式酒庄造型、国画式酒标等，推动贺兰山东麓葡萄酒以中国独特的形象在世界葡萄酒舞台上绽放光彩，让"中国葡萄酒，当惊世界殊"。

第二节 枸杞产业发展的机遇与路径

一、宁夏枸杞产业发展的机遇

（一）国内健康食品需求日益增长

随着中国经济的不断发展，人民基本需求在消费中占比不断降低。1978年改革开放起始之年，中国的恩格尔系数为63.9%，2000年中国的恩格尔系数下降到42.2%，2023年下降到29.8%。中国人民的需求结构逐渐多元化，美好生活需求日益增长，食品方面从"吃得饱""吃得好"进一步向"吃得健康"转变。中国人口老龄化日益明显，老年人口占比提高。2023年，中国60岁以上人口接近2.97亿人，占全国总人口的21.1%，人们对保健养生的意识不断增强。疫情的冲击使人们认识到健康是最大的财富，年轻人对健康的重视不断增强。这些因素推动国内消费市场对健康食品的需求不断增长。

枸杞中含有多种有益成分，具有滋阴补肾、益精明目、抗氧化、抗疲劳等功效，枸杞叶有降血糖和提高记忆力等作用，是很好的药食同源的健康食品。我国是枸杞的发源地，是全球第一大生产国。如今，枸杞不再是中老年人的专属。2023年全国枸杞种植总面积达183万亩，宁夏中宁枸杞品牌价值突破200亿元。[①]

（二）出口市场稳步增长

中国的"神奇浆果"枸杞逐渐被国外接受，出口量不断增长。枸杞被编入美国草药药典（American Herbal Pharmacopoeia，AHP）《枸杞子》分册。国外网友还开发出燕麦配枸杞、沙拉拌枸杞、枸杞曲奇等吃法，以及枸杞面膜、面霜等用法。在美国市场上，一磅枸杞的售价达到了20美元。疫情

---

① 数据来源：《中国现代枸杞产业高质量发展报告（2024）》《农小蜂：2023年中国枸杞产业数据分析简报》。

期间，中国大陆枸杞出口屡创新高。2020年出口额达1.09亿美元，是人参的1.3倍。2023年，枸杞出口量达1.4万吨，同比增长21.2%，出口额达0.93亿美元。2024年1—5月，宁夏出口枸杞价值0.89亿元，同比增长16.54%，出口增长速度迅猛。[①] 近年来，宁夏检验检疫局正在积极协调美国确定检验标准，推进国际标准制定工作，解决枸杞出口被随意性规定拒之门外的问题。相信国际标准的确定将促进枸杞产品的出口量。

二、宁夏枸杞产业发展的路径

要推动宁夏枸杞产业高质量发展，必须稳基地、扩规模，提产量、增效益，以区域公用品牌引领企业品牌集群壮大，推动现代枸杞全产业链高质量发展。

（一）坚持"基地稳杞"，推动扩产增效

近年来，在严格执行耕地"非农化""非粮化"政策的大背景下，自治区枸杞基地面积总体上迟滞不前，每年虽有新增，但挖减情况较为普遍，未来几年新增基地难度较大。宁夏枸杞种植面积和产量方面已落后甘肃、青海，枸杞产业发展形势严峻。

一是要实施产地保护，稳定种植面积。各主产市、县（区）要按照中央和相关部委有关文件精神，将划归为林地、园地的枸杞基地落地上图加强保护，对占用一般耕地的枸杞基地要根据相关政策尽可能地保留下来，对占用基本农田的枸杞基地也要有序退出，不能"一刀切"，退出的基地要有新增土地弥补。对现有中宁、沙坡头、海原、同心、红寺堡等枸杞种植基地进行"建档立卡"，实行产地保护，尤其要遏制这些主栽县（区）大面积挖减枸杞的趋势，巩固来之不易的成绩。同时，支持更新改造现有老旧基地，提升种植效益。

二是利用各类适宜土地，扩大种植规模。高效配置各类土地资源，支

---

① 数据来源：《农小蜂：2024年中国枸杞出口分析报告》；《倾听企业呼声，共绘枸杞出口新愿景》，银川海关网站，http://gec.customs.gov.cn/yinchuan_customs/531979/531980/5979340/index.html。

持在荒山荒地、盐碱地、未利用地、其他园地上新建标准化基地。要研究出台政策，支持在腾退压砂地、荒山荒地、盐碱地、未利用地、其他园地上新增枸杞种植面积。枸杞主产市、县（区）在编制国土空间规划过程中，为枸杞种植、加工、物流、展销等预留用地空间，落地上图，为后续发展奠定基础。要加大在撂荒地、盐碱地上栽植果用和叶用枸杞的种植方法研究力度。对枸杞基地水利基础设施建设、用水指标、高效节水灌溉等方面予以支持，尽力保障枸杞种植用水需求。

三是推广绿色丰产技术，提高种植效益。要加快新品种、新装备的推广应用，推广一批优新品种、打造一批科技助杞增收示范点、培训一批技术能手、认证一批优质示范基地，全面推广"良种＋良方"配套栽培技术，打造"百千万"绿色丰产示范点，力争示范点单产提升10%，辐射带动种植端提质、增效、降成本，提振信心，坚决防止大规模挖减枸杞。

（二）坚持"龙头强杞"，提高精深加工能力

一是培育壮大龙头企业。持续推进"育龙计划"和"小升规行动"，在生产线技改和扩增项目上加大扶持力度，确保纳入"小升规"企业培育库的枸杞企业尽早实现升规。落实企业上市挂牌奖补政策，抢抓注册制契机，指导扶持企业上市融资。发挥政府产业引导基金撬动作用，助力枸杞企业在加工、仓储、物流、销售等方面全链条升级。

二是扩大招商引资范围。要让宁夏枸杞走向世界舞台，办好枸杞博览会，积极组织枸杞企业参加各类展会、推介会，精准推介宁夏枸杞，扩大宁夏枸杞的知名度。在发达地区开展招商引资活动，重点引进药品、保健品、调味茶、功能性食品等加工企业来宁发展，实现延链补链强链，为宁夏枸杞产业升级注入新的活力与动力。

三是提升园区建设水平。支持枸杞核心产区中宁县推进国家现代农业（枸杞）产业园、国家中宁枸杞产业（林业）示范园区、中宁枸杞产业高新技术示范园区等国家级和自治区级产业园区建设，提升园区软硬件建设水平，吸引区内外大中型企业入园，发挥资源聚集优势，引进更多枸杞精深加工项目，以精深加工集群化发展推进现代枸杞产业转型升级。

（三）坚持"科技兴杞"，提升科技创新能力

一是聚焦核心技术攻关。核心技术是讨不来、买不来的。充分发挥中国枸杞研究院作用，全力研发新功能产品和创新药物，加强功能性枸杞原浆特医食品开发。支持在枸杞抗抑郁、抗阿尔茨海默病、神经保护与修复、保肝明目、提高免疫力、强筋健骨等方面加强产品研发。

二是促进科技成果转化。研制成果必须转化才能成为现实的生产力。集中力量组织实施一批示范带动性强、覆盖面大、培育企业作用突出的重大成果转化项目，加速高新技术对全产业链的嫁接升级。开展科技成果专项推介和精准对接活动，加快引进和转化一批优秀科技成果，把成果转化为现实的生产力。

三是加强创新平台建设。推动自治区枸杞产业农业科技园区建设，培育打造一批实力强劲的高新技术企业，使之成为宁夏现代枸杞产业高质量发展核心载体。要优化布局创新平台，加强枸杞产业基础研究的顶层设计，强化产业科技创新领军人才和优秀青年人才培养，打造一支素质过硬的枸杞产业人才队伍。

（四）坚持"质量保杞"，严把枸杞质量安全底线

一是强化标准推广应用。修订完善与现代枸杞产业高质量发展相适应的技术标准体系，按种苗繁育、种植栽培、水肥管理、设施制干、分级加工等类别收集整理，形成通俗易懂实用的生产技术操作手册，使广大从业者准确掌握系列配套技术，增强标准意识、质量意识，提升标准化生产技术应用水平。加快制定枸杞精深加工产品的产品标准，从法律层面督促生产经营主体严格执行标准，确保产品质量安全。

二是推进绿色防控体系建设。加大绿色防控技术应用，提高监测测报覆盖率，实现枸杞病虫害绿色防控全覆盖，确保统防统治率达到100%。不断健全枸杞产品检验检测体系，坚持做到"五必检"，即产地环境必检、种植基地必检、制干环节必检、产品出厂必检、入市销售必检。

（五）坚持"品牌立杞"，提高宁夏枸杞品牌影响力

一是加强品牌保护。要规范区域品牌的使用与管理，要尽快让"宁夏枸杞""中宁枸杞"地理标志证明商标许可范围内的枸杞以及区内生产的其他枸杞产品实现全程可溯源。鼓励更多企业利用现代科学技术对种植、生产、制干、运储、加工、流通等全过程进行溯源，保护宁夏枸杞区域品牌。

二是讲好品牌故事。深入挖掘枸杞种植地的地域文化，包括历史背景、传统文化、民俗风情等，将枸杞产业与地域文化相结合，形成具有地方特色的枸杞文化品牌。要深入挖掘关于枸杞的历史、传说等，搜集有关宁夏枸杞种植、采摘、加工等环节的故事，讲好每一个"老字号""原字号"枸杞企业的故事，增加产品的情感价值和文化内涵，提高消费者对品牌的认同感。

三是创新宣传推介方式。通过各种途径向社会各界宣传宁夏枸杞，提高宁夏枸杞的知名度。制作生动有趣的枸杞科普内容、实用方法等，培养消费者的枸杞消费习惯。举办枸杞文化活动，提高消费者对宁夏枸杞的满意度。

（六）延伸产业链条促发展

出版发行《中国枸杞产业蓝皮书（2024）》，举办第二届枸杞文创设计大赛。推动国家级中宁枸杞市场和中宁县枸杞小镇取得实质性进展。指导支持华宝枸杞健康体验馆、百瑞源殷红子熟枸杞庄园、全通枸杞酒庄＋养生体验馆、东永固村乡村旅游点等提升服务水平。丰富"枸杞＋文旅"旅游产品供给，新增2～3条旅游线路，争取枸杞4A级文化旅游景区落地。

第三节 牛奶产业发展的机遇与路径

一、宁夏牛奶产业发展的机遇

民以食为天，牛奶产业等新食品产业是最具成长性的刚需产业，贯通三产、市场巨大、带动力强。当前，我国已进入"大食物观"时代，奶制

品等需求越来越大，可以预测，未来一个时期我国乳制品特别是高端产品总体处于供不应求状态。牛奶的营养价值非常丰富，除了蛋白质和钙离子以外，其中还含有丰富的乳糖、维生素D、磷脂、铜离子、铁离子等矿物质。适量喝牛奶可以有效增加身体内钙离子含量，可以增加骨骼的强度，能够预防小儿佝偻病，还可以改善骨质疏松的现象，能够降低胆固醇的含量，还可以美容养颜，促进消化，保护胃黏膜，防止胃酸对于胃黏膜的刺激。党中央提出加快构建以国内大循环为主体、国内国际双循环相互促进的新发展格局，为银川高端乳制品走向全国提供了千载难逢的历史机遇。

党中央和国务院高度重视奶业振兴，提出实施奶业振兴行动、做大做强民族奶业，出台一系列政策举措支持奶产业高质量发展。2018年国务院办公厅出台《关于推进奶业振兴保障乳品质量安全的意见》，农业农村部等9部委联合出台了《关于进一步促进奶业振兴的若干意见》，自治区成功申报了国家级奶牛产业集群项目，银川市及各县（市）区相继出台了支持奶源基地建设、良种繁育、粪污资源化利用、贷款贴息等多项具体政策，这对做大做强奶产业带来了新的重大政策机遇。

二、宁夏牛奶产业发展的路径

（一）多方合力解决企业资金难题，完善牛奶产业相关保险产品

面对当前牛奶产业发展困境，政府、企业、金融机构等各方积极协调配合，共渡产业发展难关。增加奶业发展专项基金，用于良种引进与推广、畜牧科技推广、防疫补助、养殖小区基础设施建设，龙头企业技术改造贷款贴息等。推动牛奶产业相关企业建立信用机制，与银行对接，确保不抽贷不断贷，保障资金链不出现断裂；鼓励银行逐步推广"活体质押""购牛贷"等金融产品，拓宽企业融资渠道。积极协调金融机构为牛奶产业相关企业提供中长期低息或贴息贷款，充分利用支农支小再贷款为中小奶企提供优惠利率贷款，缓解相关企业现金流压力。政府出台稳定收奶专项补贴，提高青贮收储补贴，增加苜蓿青贮生产补贴，缓解牛奶产业两头挤压困境。不断完善牛奶产业相关保险产品。逐步改善目前对保险公司的直接补贴方

式,建议将财政补贴直补给奶牛企业而非保险公司。积极鼓励区内保险公司持续优化赔付模式,提高赔付水平,解决奶牛保险赔付率低、赔付金额低的问题。鼓励区内保险公司积极创新与奶牛养殖相关的保险产品,不断拓展保险范围,逐步解决奶牛保险赔付病种少、赔付面窄的问题。逐步探索开展生鲜乳价格保险试点。扩大养殖保险覆盖面,推广"政策保险 + 商业保险"模式,创新开展畜产品价格指数保险。

(二)提升精细化养殖水平,破解牛奶产业科技短板

促进牛奶产业发展,要不断推动奶牛品种优化,提高牛奶品质与单位产量;要大力引进良种,加快良种繁育,降低繁育成本,健全奶牛系谱档案;推动产业链优化,加快动物防疫冷链建设,优化服务与监督水平。

开展新技术研究与应用。建设奶牛科技创新中心,开展饲草料资源开发评价与高效利用,推动兽医实验室检测、DHI 检测工作。健全完善自治区奶牛生产性能测定体系、数据采集体系和品种登记体系建设,为奶业高质量发展奠定数据基础。推广奶牛数字化应用技术,依托自治区物联网项目、国家奶业生产能力提升整县推进项目、国家现代农业产业园项目,推动数字智慧牧场、5G 示范牧场和奶产业大数据平台建设。加强奶业产学研合作。开展奶牛高产高效技术集成研究与示范应用,提高优质饲草质量,改善奶牛健康,提升生鲜乳品质,加快推进奶业转型升级,推动奶业高质量发展。

加强与科研院所合作,对标国内外先进技术和管理标准,加大奶牛良种繁育、粪污资源化利用等关键技术研究及成果转化。依托宁夏大学奶业现代产业学院,通过实训基地建设、人才技能认证等方式,大力培养奶产业高层次人才,加快补齐从业人员养殖技能和经营管理短板。

补齐奶业循环发展科技短板。加强优质牧草引进推广,种植技术指导、农机联合作业等农业社会化服务,探索一年两茬种植模式,形成养殖企业稳定可靠的饲草料供应体系,实现种养一体化协调发展。开展智能牧草工厂建设,使用无土栽培水培系统,采用室内多层立体种植,在有限的空间实现产量最大化。在牧场就地处理粪污、就地生产有机肥,产品由粪污处

理企业自行销售。加快大型粪污资源化利用项目建设，有效提高生态养殖基地粪污资源化利用水平。

（三）打造宁夏牛奶区域品牌，扶持和培育本土奶制品龙头企业

全力扶持和培育以宁夏农垦乳业股份有限公司等为代表的本土牛奶企业，让本土企业在整个宁夏牛奶产业链上获取一定的话语权和主动性，稳步增强宁夏牛奶企业的市场份额和竞争力。做好区域品牌发展的长期战略规划。政府搭建平台，积极邀请世界奶业领域的知名机构及专家，对宁夏牛奶产业链进行深度梳理、挖掘、整合利用，对区域品牌进行科学的顶层设计，扶持培育本土龙头企业，推动区域品牌形成规模效应和集聚效应。完善牛奶产业区域品牌管理体系。对宁夏牛奶产业的品质、特色及优势进行深入挖掘分析，做好品牌定位。突出强调北纬38度水土光热、丰富的苜蓿草饲料、科技发展对于牛奶品质的决定性意义，强调习近平总书记对于宁夏牛奶品质的肯定性赞誉，强化宁夏牛奶在关键指标上优于欧洲牛奶标准的特点，以此突出宁夏"世界黄金奶源带"的独特优势。从区域品牌名称、品牌标识、品牌包装、品牌吉祥物、品牌口号等进行全方位优化、长远性谋划，提升宁夏牛奶产业区域品牌的知名度、美誉度和忠诚度。对全产业链进行标准化管理。建立完善的质量追溯体系，实现从饲草种植到奶牛养殖、从生产到营销和流通的全产业链标准化管理。创新宁夏奶产业区域品牌营销策略，走区域乳品行业一二三产业融合发展之路。构建系统完善的区域公共品牌营销体系，放大品牌传播的效果。草场、养殖场、卖场都可以作为牛奶产业区域品牌推广的场所；线上与线下结合来推广牛奶产业区域品牌；通过乡村游、研学游等形式来推广牛奶产业区域品牌。中小型乳品企业通过上游种植、养殖、牧场的建设，开展第一产业的观光旅游，让消费群体对乳品的源头有更多的了解；在第二产业加工环节，开展工厂参观，让消费者了解乳品是如何生产的，并且可以让消费者能够现场体验到各类乳品，提高消费者的鉴别能力；在第三产业销售环节，可以通过各类服务形式，比如送奶到家、新鲜奶吧现场销售、直播电商、平台电商、社区团购等新形式，满足消费者的多元化需求。强化各市场主体的品牌意

识。建立完善宁夏牛奶产业区域品牌建设的服务和监管体系建设，设置公共品牌培育资金，强化财政投入力度。充分发挥好牛奶产业龙头企业、专业合作社、养殖大户的作用，积极提升牛奶产业的品质，打造并维护好宁夏奶产业的区域品牌。

（四）科学规划保障要素供给，提升种养结合一体化水平

牛奶产业的规模扩张应以水土资源承载力为前提与保证。牛奶的生产过程所必需的用地，如建设养殖小区、圈舍、饲料加工与贮藏等用地，应当被视为农业用地，适用相关支持政策。在农业基础设施建设、综合开发等项目中，对牛奶产业进行重点倾斜和扶持。做好粗饲料供给和粪污消纳工作，促进产业链绿色发展，实现资源合理利用、环境生态友好的农业发展模式。建立健全种养结合绿色发展循环体系，科学统筹粪污资源用地，实现奶牛场粪污资源化利用、近零排放、种养循环的绿色发展模式。比如宁夏农垦乳业公司可供消纳的土地大幅减少，需要协调流转部分土地用于粪污消纳和土壤改良。

加快调整种植业结构，增加饲料作物种植，逐步形成粮食作物、经济作物、饲料作物并存的种植业结构，建立优质的牧草生产基地，改善目前饲草料供应状况和奶牛营养供应不均衡的现状，提高奶牛饲料中优质牧草的比重。

（五）破解乳制品企业高端人才匮乏难题，加快建立社会化的技术服务体系

积极落实自治区出台的有关政策意见。相关部门紧紧围绕企业人才引进、重点领域人才培养机制、人才服务保障机制等方面，因地制宜地制定具体实施办法，精准推进政策落实。鼓励乳制品企业加强高职院校人才对接培养计划，健全校企人才对接模式。提高工资和福利待遇，完善人才职业规划机制。相关部门积极适应奶畜产业化的要求，转变观念，创新机制，逐步建设一批前站后场，具有"品种改良、技术服务、疫病防治、生资供应、畜产品购销、技术培训"等功能，面向千家万户的科技型产业服务实体；积极发展各类专业协会，鼓励和支持畜牧兽医技术人员兴办或领办民营服务组织，建立比较完善的、以科技和市场信息为重点的社会化综合服务网络。加强畜产品市场体系建设。立足本地实际，有计划地建设一些规模较大、功能配套、辐射力强的畜产品专业批发市场，带动奶业发展。

（六）完善利益联结和定价机制，创建乳品产业联盟，充分发挥奶协的作用

完善公平合理、科学规范的乳制品加工企业和养殖户的利益联结和定价机制。成立辖区生鲜乳购销公司，针对蒙牛、伊利停站限购，奶牛养殖场生鲜乳无法交售的问题，自主联系外省市乳制品加工企业，洽谈临时合作协议，确保辖区内所产的生鲜乳有处可交，生鲜乳交售价格有所保障。在政府和相关职能部门的帮助下，成立宁夏地区乳品产业联盟，建立定期交流机制，实现联盟成员间信息共享、资源共享，引导联盟打破区域界限，加强区域合作，实现产业统筹布局和协调发展。在各个乳制品企业之间搭建交流平台，每年举行乳品行业管理和技术交流研讨会，各个企业之间取长补短，生产技术人员相互学习交流经验。发挥奶业协会的引导作用，其职能是代表牧场主向政府反映意见，帮助政府制定奶业方面的有关政策和行业规范并负责组织实施，负责协调牧场主与加工企业的关系，预测市场前景，指导牧场生产经营，参与奶业科研开发。在生产、加工、销售各个环节中的有关技术服务、技术培训均由各专业化协会或相关的社会化服务组织按要求提供有偿服务。同时，以牧场主持股合作组成乳品加工企业为主的生产、加工、销售为一体的产业化经营模式。

第四节 肉牛产业发展的机遇与路径

一、宁夏肉牛产业发展的机遇

2020年6月，习近平总书记视察宁夏时，赋予宁夏"建设黄河流域生态保护和高质量发展先行区"的时代责任，给予宁夏发展难得的历史机遇。农业农村部等与宁夏共建国家农业绿色发展先行区、国家现代草牧业示范区，给予宁夏特色产业发展更大的支持。"十四五"时期，国家在良繁体系建设、基础母牛提质扩量、优势饲草生产、畜禽粪污资源化利用、现代农业产业园区建设、优势特色产业集群建设等方面出台多项政策，为加快肉牛产业高质量发展提供了有力的政策支持。

牛肉具有高蛋白、低脂肪、低胆固醇的特点，属于优质蛋白来源，并且牛肉口感独特，深受消费者喜爱。据研究，当人均 GDP 超过 1500 美元时，牛肉消费需求将逐步增加。2021 年，我国人均 GDP 达到 1.2 万美元，但人均牛肉消费量仅 5.3 公斤，是世界平均水平的 1/2，发达国家的 1/6，牛肉消费需求有很大的增长空间。随着中国经济增长，我国牛肉消费将由区域性消费转向全国性消费、由季节性消费转向常年性消费，牛肉需求逐步增长。2024 年上半年中国牛肉生产与进口量均有上升。根据国家统计局和海关总署的数据，2024 年上半年全国肉牛出栏 2140 万头，同比增长 50 万头，牛肉产量 328 万吨，增长 3.9%，活牛价格有所下降。牛肉进口 144 万吨，环比增长 17%，总价值 488.4 亿元人民币，环比增长 7.1%。牛肉消费超过 30% 来自进口。中国肉牛产业的市场广阔，国家不断推动肉牛养殖业的提质升级，推动农牧业新型基础设施建设，为宁夏肉牛产业的发展提供了有利条件。

二、宁夏肉牛产业发展的路径

（一）适度规模养殖，提质增效

宁夏肉牛产业小规模分散养殖情况普遍，组织化程度低，适度发展规模养殖，有利于肉牛产业提质增效。政府应当鼓励养殖户适度扩大规模，合理将闲置土地改造为养殖用地，支持散养农户入场入园，提高养殖的规模化、集约化、标准化、信息化与精细化管理水平，推动肉牛养殖示范村、示范镇建设。要统筹肉牛养殖与环境生态，提升肉牛产业链发展质量，坚持分区推进，梯次培育养殖加工基地。中南部地区重点推行"种养结合、自繁自育、适度规模"生产经营方式，着力发展生态养殖。要推进数字化管理，改进肉牛养殖全产业链管理方式。为农村散养牛肉养殖户提供专业的技术支持，提高养殖户专业技术水平与疫病防护意识，降低信息门槛，通过科学手段降低肉牛生产周期，提高牛肉产量和肉质。

（二）延链增值，推动肉牛产业高端化

宁夏肉牛产业面临产业链短的问题，要重视延链补链，提高产业链协同性，聚焦产业链提质升级，推进肉牛养殖、经营、销售各环节质量提升。协调产业链各环节，发展订单式生产，形成一体化经营模式。提高屠宰加工水平，建立专业化屠宰加工厂，提高牛肉精深加工水平，推动牛肉产品高端化，建设高标准现代肉牛精深加工产业园。要探索多样化的营销方式，提升品牌影响力和流通效率。以龙头企业带动产业发展，带动自治区肉牛屠宰加工率达到40%以上，精深加工比例达到20%以上，实现区内价值最大化。推动肉牛产业与休闲旅游、电子商务等产业的深度融合，拓展新业态，提升产业发展水平。

加强品牌管理与宣传推介，推动个性化定制、产品包装水平提升，严格管控产品质量，提升"六盘牛肉"知名度和美誉度，打造宁夏牛肉高端化形象。健全产品质量追溯体系，提升宁夏牛肉的市场形象，提高分级加工、分割包装和熟食产品比重，研发高品质、高附加值产品，完善冷链配送体系，做大做强宁夏肉牛产业。

遵循绿色发展理念，促进养殖规模和资源环境承载相匹配，畅通种养循环链，推进肉牛养殖和环境保护协调发展。一是加大种植结构调整，鼓励龙头企业、规模养殖场、专业合作社和种养大户通过土地流转自种、托管和订单收购等方式，在优先满足粮食和食用农产品生产的基础上，集中连片种植优质饲草，扩大青储玉米、高产优质苜蓿和一年生饲草等优质饲草种植面积，推广"青储玉米+饲用小黑麦"一年两茬高效种植模式，提高优质饲草保障能力。二是按照"就地消纳、综合利用"的原则，以养殖集中区为重点，支持规模养殖、第三方处理机构等建设粪污集中收贮加工点，采取粪肥还田、制取沼气、生产有机肥等方式进行资源化利用，推广堆肥发酵、有机肥生产等粪污综合利用技术和"粪污集中收集处理 – 社会化服务 – 还田利用"模式，实现为养而种、种养结合、绿色循环发展。三

是畅通还田利用渠道，研究出台支持还田利用的政策措施，养殖户增施有机肥、降低化肥使用量，支持社会化服务组织开展有机肥专业化生产、机械化施用有机肥等服务。明确还田利用标准规范，鼓励畜禽粪污全量还田利用。打造有机肥替代化肥核心示范区，增强其示范带动效果。

（三）强化要素保障，培育发展新动能

要充分整合利用闲置土地，简化土地审批流程，保障土地要素供给。推动草畜耦合的科学布局，推动饲料种植技术、精准化管控技术提高，保障优质粗饲料、优质清储饲料供给。推动饲料加工技术提高，通过发酵、酶贮等技术提高饲料的耐储存能力，提高对农林副产品、废弃物的饲料化利用技术，根据不同生长阶段的需要采用不同的饲料配比，提高精细化养殖水平。密切关注价格波动较大的饲料价格走势，在低价期适当囤积易储存的饲料，保障适当的饲料营养价值和价格比。

提高养殖管理水平，根据牛群的生长阶段进行分圈饲养，保障饲养环境的卫生标准，制订合理的疫苗接种计划，保持合理的消杀频度，定时进行全面消杀，降低疫病风险。

对于资金不足与风险问题，政府可以牵头设立肉牛产业发展基金，引导金融机构和社会资本投资肉牛产业，降低肉牛产业链各环节融资成本。设立肉牛产业发展风险补偿基金，完善保险机制，鼓励多种担保形式，降低养殖风险。

（四）强化本土品种培育，加速良种繁育体系建设

良种繁育是肉牛产业发展的根本。宁夏缺乏本土优势品种，要加强科研攻关力度，推动适合本土资源与气候条件的肉牛品种繁育，做好品种登记与改良，推动完善品种评价机制，加强校企合作，培育科研与技术服务队伍，促进各种科技力量协作，建立育种共享平台。要推动优质种牛胚胎、冻精生产，建设良种肉牛人工授精改良站，加大冷冻精液人工授精改良力度，配套人工授精器械设备，杜绝土种公牛的野交乱配。加强技术服务与培训，提高养殖户科学养殖意识，建立标准化保种场和育种场，完善品种培育体系。要将优良品种引进工作与本土优势品种培育工作结合起来，

自治区层面要给予政策、资金和项目支持，建立长效机制，加快品种培育工作。

第五节　滩羊产业发展的机遇与路径

一、宁夏滩羊产业发展的机遇

随着我国农业产业结构的不断调整和优化，特色畜牧业的发展成为推动农村经济的重要途径。宁夏滩羊作为我国著名的绵羊品种，具有重要的经济价值和研究意义。国家重视畜牧业发展，提出加快转型升级建设现代畜牧业。近年来，在树立"大食物观"要求下，为加快构建现代畜禽养殖、动物防疫和加工流通体系，不断增强畜牧业质量效益和竞争力，国家相关部门出台了一系列扶持畜牧业发展的政策措施。我国"十四五"规划提出，全面加快农业农村现代化，推进粮经饲统筹、农林牧渔协调，优化种植业结构，大力发展现代畜牧业，促进水产生态健康养殖。

（一）消费需求稳步增长

随着居民对食物多元化、品质化、营养化和功能化的消费需求，羊肉消费已进入消费结构升级阶段，消费需求稳步增长。从国内供需来看，2020年全国羊肉消费量达到528万吨，羊肉总产量达492万吨，市场净缺口达36万吨，人均羊肉消费量达3.77公斤，仅为世界平均水平的1/2，羊肉市场仍具有较大空间，供需缺口逐年扩大；从进口贸易来看，2019年我国进口羊肉近40万吨，2020年受新冠疫情影响下降到36万吨，2021年羊肉进口增至41万吨。据农业农村部市场预警专家委员会发布的《中国农业展望报告（2021—2030）》，未来10年，我国羊肉产量将达到579万吨，年均增长1.9%；消费量将达到630万吨，年均增长2.1%；进口量达到51万吨，年均增长4.8%。未来受羊肉市场价格和其他肉类产品价格影响，消费增速会有所放缓，且羊肉市场供应仍以国内羊肉生产为主，进口依赖程度不大。

（二）羊肉价格高位运行

滩羊产业因受养殖成本逐年增加、小规模养殖户逐步退出、市场消费增长等综合因素影响，羊肉产品供需将持续呈现紧平衡状态，羊肉价格将高位运行，但价格剧烈波动或再次冲高的可能性较小。同时，随着生态环境保护和现代化养殖模式的升级，规模化发展养殖准入门槛增高，人工、饲草料、水电、防疫、管理等养殖成本刚性上涨。2021年以来，养殖成本增长15%～20%，出栏价格下降13.2%，养殖效益将进一步被压缩。利润点更多来源于高效养殖生产、节本增效、团队管理、市场化运营等方面的自我革新，产业发展将进入更加成熟的精耕细作阶段。

（三）优特产品趋势凸显

从消费预期看，居民膳食营养需求转向提质导向，未来针对显著地域特征和独特营养风味、有稳定的消费和供应链渠道、公众认知度和美誉度高的地方优特产品将更受消费者青睐。滩羊肉品质和品牌优势日益凸显，为推进滩羊肉迈入中高端市场奠定了坚实基础。但随着规模养殖模式转变，精细高效的养殖管理要求更高，产业发展面临较多不确定性。从周边区域看，内蒙古、陕西、甘肃等养羊大省（区）实施划区轮牧，宁夏滩羊实施全舍饲养殖，加之标准化程度不高，生产成本明显高于区外。在全球经济一体化形势下，有效应对价格竞争，还需要通过技术进步、规模扩大、成本控制等综合措施来保证稳定的养殖效益。另外，滩羊个体小、繁殖成活率仅116%，几乎是一年一胎，繁育能力明显不足，易受多胎多羔湖羊、小尾寒羊的冲击，滩羊选育手段、种业创新能力有待持续提高。

二、宁夏滩羊发展的路径

滩羊产业发展正处于高质量发展的关键时期，要以国家农业绿色发展先行区和乡村全面振兴样板区建设为抓手，以促进农民增收为核心，深入实施特色农业提质计划，推进滩羊产业高端化、绿色化、融合化发展，擦亮"盐池滩羊"区域公用品牌，做大做强"中国滩羊之乡"。

（一）完善产业体系的路径

1. 坚持优化布局，推动产业集约集群发展

进一步优化产业布局、实行分区施策是提高产业发展集中度、扩大产业发展竞争优势的必经之路。一是持续提升盐池、红寺堡、同心、灵武、海原等中部干旱带滩羊核心区发展优势，推行养殖出户入场，加强整乡整村推进，加快现代产业园和标准化规模养殖基地建设，增强集聚效应。二是着力增强引黄灌区平罗、利通、中宁、沙坡头、惠农和固原地区原州、西吉、彭阳等滩羊改良区发展后劲，不断完善生产体系和改良模式，推进标准化生产、规模化经营和产业化发展。三是充分发挥项目引领带动作用，加强资源整合，凝聚发展要素，瞄准产业发展的短板、弱项和缺口，大力实施滩羊特色优势产业集群项目，全力提升滩羊核心区标准化生产水平，发挥"领头羊"作用，带动自治区滩羊产业集聚、集约、集群发展。

2. 坚持标准化规模养殖，转变产业发展方式

标准化生产是滩羊产业加快生产方式转变、实现高质量发展的必然选择，也是提高生产效率和生产水平、增加农民收入的重要途径。一是按照"七化同步"要求，加强经营主体建设规模化养殖场、现代化养殖园区以及机械化设备、高效养殖技术的推广应用，推进信息化管理、标准化生产，培育一批国家级、自治区级标准化示范场。加快推进盐池县滩羊标准化养殖示范县建设，培优扶强龙头企业，构建全产业链有效联结、融合发展新格局，打造"一县一业"高质量发展示范样板。二是推进养殖户种养结合、扩群增量，配套完善基础设施、机械设备，培强扶壮一批制度完善、设备配套、管理科学的家庭牧场；采取联合经营、托管分红、股份合作等方式，建设一批机制健全、管理规范、效益良好的出户入场示范点，提升基地建设标准化水平和规模优势。三是积极引导社会力量参与社会化服务体系建设，健全饲料加工配送、疫病防控、技术培训、市场营销等市场化服务机制，促进中小养殖户与现代化畜牧业发展有效衔接。加大养殖生产投入品监管和疫病防控体系建设，强化规模养殖场"两病"净化，切实保障产业健康持续发展。壮大滩羊协会、产业集团，进一步提升联企带农、技术服务、市场开拓等能力，推行盐池"六统一"（统一品种、统一技术、统一收购、统一品牌、统一饲料、统一销售）发展模式，提升规模养殖效益水平。

3.优化联农带农机制，构建"经济共同体"

积极引导滩羊产业龙头企业发挥带动作用，通过交叉入股、互相持股等股份合作方式构建滩羊产业经济共同体。龙头企业利用自身优质的信息资源、渠道资源，以委托订单、生产承包、价格保底等手段，与农村经济合作社、养殖基地、家庭牧场等滩羊养殖单位建立起紧密利益链接，共同建立和完善标准化、规范化、优质化的滩羊生产经营体系。同时，针对部分合作社、家庭牧场存在的融资难、贷款难、利率高问题，鼓励、支持有条件的龙头企业试点信贷担保等金融领域带动作用。推广应用"龙头企业＋产业协会＋专业合作社＋基地农户""折股量化＋保底收益＋按股分红"等合作模式，发展集体养殖合作社，分等级收购高端滩羊，形成养殖销售利益共享、风险共担的联结机制。

积极引导滩羊生产、销售产业链上的相关企业增强技术合作与信息交流。积极探索建立区域联动、行业联动、上下联动的滩羊产业信息交互全平台，借助互联网发展优势，接入滩羊产业相关企业，从而达到信息共享的目的。特别是龙头企业之间及龙头企业与其他企业之间的信息发布与数据连接，促进生产、加工、销售一体化生产运行方式的革新。充分利用盐池滩羊产业发展集团有限公司的带动作用，开展滩羊收购进口和出口的统一工作。

成立滩羊产业联合体。积极扩展滩羊产业联合体的作用，落实滩羊产业行业规范，提升市场共建、共创、共管水平。在滩羊产业相对聚集的县区、乡镇，政府可引导区域内滩羊产业乡村协会或基层协会的建立，有效发挥行业协会在协调等方面的作用。

尝试建立滩羊优质种群。在滩羊本品种选育的基础上，联合区内高校、研究院所、繁育基地，运用基因编辑等现代基因技术，推进滩羊品种提纯复壮等工作。同时，从现有种群中筛选符合《滩羊》（GB/T 2033-2008）标准的特级种羊，建立系谱档案，进行纯度分析与保持。完善包括生产记录、投入品使用记录、用药记录、消毒记录、免疫记录等的档案记录。有条件的企业还可以试点进行优质种羊的生殖细胞冻存工作，为日后宁夏滩羊优质种群库的建立提供前期基础。以活体保种为主，有目的、有计划地进行选育留种，实行闭锁繁育制度，扩大种群数量，组建滩羊研、选、育、推一体化生产体系。

4. 完善扶持政策，凝聚产业发展合力

建立完善扶持政策，是引领滩羊产业高质量发展的重要措施。要优先满足资源要素配置，强化制度性供给，激发产业内生发展动力。

一是统筹国家和自治区农业生产发展、乡村振兴衔接补助、科技等资金，加大对养殖基地、良种繁育、优质饲草料生产、粪污资源化利用、精深加工等关键环节的支持力度，推进全产业链协调发展。二是有效衔接产业发展规划与国土空间规划，完善用地政策，强化水资源配套，加强基础设施建设，落实养殖用地、用水、用电优惠政策，拓展产业发展空间。三是调整现行支持"六特"产业发展财政资金使用方向，运用产业基金方式支持龙头企业发展。发挥政府产业引导基金、纾困基金撬动作用，引导社会资本向滩羊产业聚集，优化信贷资金供给，创新"金融＋产业"发展模式，推广"青贮贷""滩羊贷"等金融信贷产品，扩大免抵押、免担保整县整乡整村授信贷款覆盖面，畅通融资渠道。开展基础母羊完全成本保险和肉羊价格保险试点，优化保险政策，拓宽试点范围，降低养殖风险。

（二）精细化生产体系的路径

1. 做强精深加工，加快产业转型升级

做强精深加工和中高端市场营销是滩羊产业延长产业链、提高附加值、实现优质优价的关键举措。一是加大企业"内培外引"力度，培育壮大盐池滩羊产业集团、鑫海食品公司、灵武福兴神农等龙头企业，加快盐池惠安堡屠宰加工厂等项目建设，千方百计提升企业精深加工转化能力。二是加强高端产品开发，着力发展冷鲜分割肉、调理肉制品、熟肉制品三大类制品，探索符合滩羊肉优质特征、适合目标市场和中高端人群消费习惯的精细化分割工艺和产品，持续提高产品附加值。加快配送中心、直销

窗口建设，不断完善冷链运输配送体系，推进冷链生产、冷链配送定向销售，建设供应链、延长产业链、提升价值链，带动滩羊养殖基地标准化建设、优质化生产，实现优质优价。三是强化联农带农作用，支持龙头企业通过订单生产、股份合作、保护价收购等方式，与养殖基地、专业合作社、家庭牧场建立紧密利益联结机制。大力推广"龙头企业+产业协会（合作社）+订单生产+基地农户""村集体经济+合作社+农户+订单销售""互联网+可视化生态牧场+私人订制""养殖基地+精深加工+营销中心+直播带货"等模式，带动小农户参与现代化生产经营，更多分享产业增值收益，提高家庭经营收入，实现农民增收、企业受益。

2. 充分挖掘饲草料资源，促进种养结合绿色发展

优质饲草是滩羊产业高质量发展的物质基础，也是降本提质的有效途径，更是打造滩羊特色口味的重要因素。

一是以主产区为重点，引导养殖示范乡、示范村成立合作组织，强化饲草社会化服务，建立市场化服务机制，建设饲草综合配送中心，构建集饲草料加工、流通、配送为一体的多元化供给保障体系。在优先满足粮食和食用农产品生产基础上，积极引导养殖场（户）通过土地流转、订单生产等方式，扩大青贮玉米、一年生禾草、苜蓿等优质饲草种植，保障滩羊扩群增量需求。

二是积极引导种草养羊绿色发展，在中部干旱带滩羊核心区，组织实施"粮改饲"项目，加大非常规饲料开发利用，加大柠条平茬力度，指导养殖场充分挖掘枸杞渣、枣渣、葵花头、玉米芯、马铃薯秧、瓜菜秧叶、葡萄藤蔓等非常规饲料的开发和秸秆加工利用。同时，加大天然草原适播牧草品种筛选繁育力度，开展补播改良试验示范。

三是加强饲草加工配送社会化服务组织建设，建立健全饲草料加工、流通、配送等多元化饲草料保障体系，支持规模养殖场配套完善粪污处理设施，推动羊粪堆肥发酵、有机肥生产和还田利用，促进种养结合、循环发展、可持续发展。

四是适当提高养殖市县"粮改饲"项目资金补贴额度，加大饲草种植、循环利用政策扶持力度。鼓励建设饲草配送中心，做到草畜配套。给予重点市县养殖基地且近3年成功创建国家级、自治区级标准化养殖场的滩羊养殖企业相应的补助。

3. 加强标准化养殖技术示范推广力度

健全标准体系，提高标准质量。聚焦滩羊产业优势，主动参与滩羊国家标准、行业标准、地方标准和团体标准的制定。提升地方标准质量，积极培育优质的滩羊团体标准，强化滩羊企业标准制定，推进政府主导制定标准与市场自主制定标准协同发展、协调配套，健全全覆盖、多层次、系统化的高质量标准体系。根据品种良种化、生产规模化、养殖设施化、管理规范化、防疫制度化、粪污处理无害化、信息数据的要求，加快推动标准化生产基地建设。与中国农科院、宁夏回族自治区标准化院等机构合作，开展特色品质评价及分等分级和质量安全跟踪监测与评价，制定适应盐池滩羊肉生产、加工、包装、分级、贮藏、运输、销售等全产业链高质量发展的团体标准体系。

抓好滩羊产业关键环节标准制定，带动全产业链标准全覆盖。围绕滩羊产业发展实际，强化先进工艺、先进设备、先进技术的引入示范。完善优质滩羊品种选育、精深加工、品牌建设、社会化服务等关键环节标准制修订。实施好标准化创新发展工程，切实以标准化助力产业技术升级，引领产业高质量发展，支撑产业提质增效。

推动标准实施，切实发挥作用。实行滩羊全产业链标准的全生命周期管理，充分了解市场主体、消费群体、监管需求，主动对接技术进步、产业发展等。发挥政府导向作用，加强标准在政策措施中的引用，落实标准实施主体责任，严格标准执行，确保标准立得住、行得通、用得好。

健全社会化服务体系，完善标准科研创新机制。整合滩羊产业科研院所和产业部门力量，健全滩羊产业标准化技术委员会，建立完善的标准科研创新机制。健全标准化基础设施体系，推动标准化工作数字化、网络化、智能化转型，大力发展滩羊产业标准化服务，充分发挥"标准化＋"效应，推动滩羊产业标准化建设取得新进展。

4. 强化技术协同创新，提升良种化水平

技术创新是产业高质量发展的动力源泉，要聚焦滩羊产业破解短板弱项的要求，强化协同创新平台技术支撑作用。一是整合科研院所和产业部门技术力量，充分发挥盐池滩羊产业研究院、红寺堡区天源滩羊繁育工程技术中心等的创新能力，紧盯"育、繁、推"关键环节，积极实施种质资源保护利用，持续开展滩羊种质特性以及优良性状形成机制研究，加快滩羊双羔品系培育和生物育种等的研究示范，加强精准饲喂、高效繁育、精细化管理等关键技术攻关，打造科技创新高地。二是持续推进滩羊繁育基地建设，按照扩群增量、规范选育、提升品质的要求，支持滩羊良种繁育龙头企业改善选育条件、加强生产性能测定、开展信息化管理，加强三级繁育体系建设，不断提升繁育供种能力，加大优质种公羊推广力度。要推进滩羊核心区开展滩羊保护区建设，以示范乡村、家庭牧场及合作社等新型经营主体为重点，促进滩羊能繁母羊扩群增量，不断提高滩羊良种繁育水平和保护水平。三是依托自治区重大人才工程项目，充分利用东西部合作机制，柔性引进一批国家产业体系高层次人才，加快破解滩羊产业高质量发展瓶颈。采取"请进来、走出去"等方式，加强产业领军人才、技术骨干人才、实用技能人才和经营管理人才的培养。

（三）不断拓宽经营体系的路径

1. 加强品牌培育，提升产业增值效应

品牌就是形象，就是价值，就是竞争力，要树立品牌化经营理念，大力实施品牌强农战略，努力塑造"滩羊产品必是精品"的良好形象。

一是深入挖掘"盐池滩羊"区域公用品牌特征和内涵，持续开展"宁夏品质中国行"等系列活动，运用好宁夏农村电商综合服务平台和"乡味宁夏"等载体，加大品牌宣传推介力度，提升品牌知名度。

二是坚定品牌发展方向，推行"区域公用品牌＋企业品牌＋商品品牌"三牌联育营销模式，加大培育昫盐、宁鑫、宁西部罗山等特色品牌，形成品牌整体效应。

三是强化品牌保护，建立品牌保护跨区域监管机制，严格许可使用管

理。对"盐池滩羊肉"专卖店进行"定期＋不定期"的检查，组织市场监督、法院、公安等部门建立联席会议制度，开展"盐池滩羊"商标电商平台维权打假行动，保护滩羊肉品牌形象和信誉。

2. 拓宽营销渠道，探索新型营销方式

进一步培育龙头企业，重点支持盐池滩羊产业集团等屠宰加工企业改建扩建，引进先进精深加工和冷链配送设备，开发适合中餐饮食习惯和滩羊肉品质特性的精细化分割工艺和产品，立足中高端市场和消费群体建设冷链营销配送体系，建立连锁经营、网络营销和产品直接配送等多种形式的营销体系，提高冷鲜肉生产销售比例。支持红寺堡区、同心县和灵武市新建滩羊屠宰加工企业加强全产业链构建，促进融合发展。

引导滩羊全产业链企业升级改造加工设备，支持滩羊企业与科研院所开展技术合作与交流，联合研发滩羊肉新型便捷、绿色、速食的文创产品，创新设计出外表更加美观、品牌个性突出、符合环保要求、适应消费者不同需求的食品包装，推进旅游食品新技术成果的产业化发展。鼓励企业开发二毛皮、滩羊毛制品及羊胎盘、羊尾脂等滩羊副产品。支持餐饮企业研发滩羊肉新菜品，培训输出制作滩羊肉菜品的专业厨师，打造高端品牌产品，延长产业链，提升"盐池滩羊"产品附加值。创新餐饮体验店联合销售模式，在滩羊小镇打造"盐池滩羊肉"餐饮连锁加盟样板店，鼓励盐池滩羊集团、百草滩羊等企业在北京、银川等地开设盐池滩羊特色餐饮连锁店。

3. 完善溯源体系和优质优价体系

引导加工企业与养殖基地、专业合作社、家庭牧场签订订单式养殖，逐步完善品种认定实施办法和产品溯源体系，力争达到养殖区滩羊电子芯片佩戴全覆盖，严格落实防疫检疫工作，建设示范园防疫人员队伍，制定重大疫病应急预案和做好应急物资储备，加强固定边卡和流动检疫卡。采取优质化标准养殖，推进高端市场开拓，着力构建滩羊优质优价生产营销体系。建立完善分类分级技术标准和管理办法，实施滩羊产品质量控制、溯源管理技术，为确保滩羊优质优价提供先进的技术支撑，广泛开展滩羊基因（SNP）鉴定技术研究和特色优质滩羊肉生产技术示范。

进一步加强在自治区范围内推广应用滩羊生产加工销售全程追溯系统，细化更新滩羊肉产品包装物客户端查询系统、防疫及饲养信息追溯系统、电子出证、终端操作。通过运用盐池滩羊基因鉴定技术来实现3小时快速甄别，建立全景监控网络系统、饲草料投入品、防疫和疫病防控、产品销售等网络大数据库。将产业链加工企业数据共享，实现滩羊系谱、养殖、加工、销售等信息全过程可追溯，保证产品质量实时严格控制。从产业长远发展考虑，还应该建立宁夏滩羊数据库或宁夏滩羊数据平台，以及时补充更新产业的统计数据，从而真正实现统筹兼顾、错位立项、资源整合、互为补充。

按照宁夏"十四五"规划，到2025年，滩羊饲养量达1750万只，屠宰加工比例达70%，精深加工比例达25%，实现全产业链产值400亿元。宁夏将充分利用建设国家农业绿色发展先行区的政策机遇，全面提高滩羊产业发展质量效益和竞争力，推进滩羊产业高端化、绿色化、智能化、融合化发展。

第六节 冷凉蔬菜产业发展的机遇与路径

一、冷凉蔬菜产业的发展机遇

随着国民经济持续增长，人民群众生活水平不断提升，全民健康意识提高，对绿色安全高品质蔬菜的需求日益增加，蔬菜消费群体将不断扩大，蔬菜消费增长趋势不变。据专家分析预测，2035年的中国蔬菜消费可达7.52亿吨，较2021年增加0.12亿吨。宁夏拥有得天独厚生产高品质蔬菜的条件，因此，发展高品质蔬菜产业的潜力巨大、空间广阔。

据国家统计局统计，2022年我国蔬菜播种面积33651.15万亩，产量达79997.2万吨，蔬菜产量排名前10位的省（区）为山东、河南、江苏、河北、四川、湖北、湖南、广西、广东、贵州，10个省（区）蔬菜播种面积21712.7万亩，产量达53827.2万吨，分别占全国总量的64.5%和67.2%。宁夏蔬菜播种面积194万亩，产量达528万吨，分别占全国总量的0.6%和0.7%，排名第25位。宁夏上海青、西蓝花、番茄、辣椒等蔬菜深受上海消费者喜爱，2021年宁夏番茄占据市场1/3份额，正日益成为上海夏季冷凉蔬菜供应的主力军。宁夏与北京新发地、上海西郊国际、广州江南、深圳海吉星等全国重点蔬菜批发市场建立紧密合作关系，打通了百果园、盒马鲜生、叮咚买菜等高端销售渠道，拓展与中化集团、正大卜蜂国际、山东水发等大型企业的深入合作，创新线上市场与线下市场互动促销的O2O经营新模式，扩大供应链"朋友圈"，调动市场资源向宁夏汇集，销售方式由产地批发向"批发－直销－电商"多元化转变，高端销售渠道由国内市场向国际市场拓展，潜力较大。

从区内市场看，自治区冬春季节蔬菜70%以上仍然需要从外省调入，以人均消费蔬菜0.8公斤/天计算，1—4月共需消费蔬菜50万吨，品种达到130多种，区内冬春市场仍然有较大潜力。从区外市场看，随着消费结构转型升级，近年来，宁夏回族自治区与北京、上海、广州、深圳等地开展产销对接，建成运营蔬菜外销窗口9个，订单生产、共建基地、合作销售每年以10%的速度增长。近年来，北京、天津城镇化不断深入，菜田面积逐渐萎缩，人工成本刚性增长，本埠蔬菜供给减少。2021年，北京市外来蔬菜占比达到91.66%，但西北地区（陕西、甘肃、宁夏）占比仅为2.06%；粤港澳大湾区蔬菜消费量为1224万吨，25种大宗蔬菜68%来源于省外，市场空间巨大。

二、促进宁夏冷凉蔬菜高质量发展的路径

针对"十四五"时期宁夏冷凉蔬菜产业高质量发展目标，围绕乡村振兴战略总要求，完整准确全面贯彻新发展理念、主动服务和融入新发展格局，充分发挥宁夏自然资源优势，以黄河流域生态保护和高质量发展先行区建设为统领，以国家农业绿色发展先行区建设为抓手，以增加农民收入为核心，以农业供给侧结构性改革为主线，坚持"冬菜北上、夏菜南下"战略，紧盯国内国际两个市场，调整产业结构，优化区域布局，调大经营

规模、调长产业链条、发展精深加工，科学构建生产持续稳定、产销衔接顺畅、质量安全可控的冷凉蔬菜产业体系、生产体系和经营体系，加快乡村全面振兴样板区建设，将宁夏建设成立足国内、面向国际的高品质蔬菜生产加工集散地。

（一）构建现代化产业体系，厚植产业新优势

以产业融合化发展为指引，重点围绕"设施蔬菜、露地蔬菜（含供港蔬菜、脱水蔬菜和黄花菜）、硒甜瓜"三大产业，聚焦调优品种结构、提升加工能力、延伸产业链条三大着力点，加快形成一二三产业融合发展的产业体系，不断提升冷凉蔬菜产业发展质量效益和竞争力。

1.调整优化产业结构

设施蔬菜产业主要分布在引黄灌区和南部山区，以种植番茄、辣椒、黄瓜、韭菜、芹菜、麒麟瓜、甜瓜等为主。引黄灌区以日光温室和大跨度拱棚并重发展，中部干旱带日光温室和大跨度拱棚同步发展，南部山区以拱棚发展为主。以提升设施蔬菜质量效益和配套农机装备水平为主攻方向，加快科技创新和成果转化，优化设施结构，研发改制智能装备与实用机械，开展连作障碍防治关键技术攻关；推广绿色标准化技术与高效模式，全面提高生产机械化、数字化、智能化水平与设施生产能力。

露地蔬菜产业主要分布在南部山区和引黄灌区，以菜心、西蓝花、芥蓝、芹菜、娃娃菜、甘蓝、番茄、辣椒等为主。重点在原州区、西吉县、彭阳县、隆德县建设一批芹菜、娃娃菜、西蓝花、甘蓝专业乡镇，在贺兰县、永宁县、灵武市、平罗县、惠农区、通区、青铜峡市、沙坡头区、中宁县建设一批番茄、辣椒、菜心、芥蓝、西蓝花等专业乡镇。以提升中高端市场占有份额和竞争力为主攻方向，选育优良品种，培育制种大县，创建国家级区域良种繁育基地，做强蔬菜种业；优化品种布局，发展订单生产，加大春夏蔬菜和麦后秋菜种植面积，加大高标准冷凉蔬菜基地建设，提高机械化水平；加强冷链体系和冷凉蔬菜集配中心建设，提高商品化处理和外销外运能力；综合利用蔬菜秸秆和尾菜，推行绿色、有机生产技术标准，提高产品品质。

硒甜瓜产业主要分布在中部干旱带和引黄灌区,以大果型硒砂瓜、中果型西瓜(麒麟瓜)、甜瓜为主。在沙坡头区、中宁县、海原县、同心县、盐池县建设地膜硒瓜产业带,在兴庆区、灵武市、平罗县建设黄河东岸沙地高品质厚皮甜瓜产业带,在贺兰县、灵武市、青铜峡市、中宁县、原州区、隆德县建设中果型西瓜(麒麟瓜)产业带。以科学生产,可持续发展为主攻方向,探索绿色生产模式。打造黄河东岸沙地高品质厚皮甜瓜产业带,巩固中部干旱带地膜硒甜瓜生产,大力发展中小果型高品质西瓜。筛选培育优良品种,推广应用错期种植、嫁接育苗、增施有机肥、精准管理等关键技术,提升硒甜瓜品牌美誉度、影响力和知名度,推进产业持续健康发展。

2. 大力发展冷凉蔬菜加工

加快发展产地初加工。鼓励和支持农民合作社、家庭农场和中小微企业等发展产地初加工,重点推广采后处理、预冷保鲜、净菜加工、精品包装等技术与装备,减少产后损失,延长供应时间。积极发展腌制蔬菜、冷冻锁鲜蔬菜、黄花菜制干、休闲食品和方便菜等初加工,满足市场多样化需求,提高产品附加值。

稳步提升精深加工水平。支持现有加工企业加快技术研发、装备升级和模式创新,引进新工艺、新材料、新技术,开发预制菜、果蔬汁、黄花菜面膜、酵素、功能性保健品等精深加工产品,提升增值空间。积极探索西瓜皮、西瓜籽等副产物加工,推进产地精深加工和资源循环利用,促进资源梯次、高效、高值利用,提高废弃物综合利用率。

建设一批冷凉蔬菜加工园区。科学合理布局自治区冷凉蔬菜加工产业,支持惠农区、大武口区、盐池县、红寺堡区、沙坡头区、西吉县、彭阳县等建设集生产、加工、流通为一体的冷凉蔬菜加工示范园区,引导企业向园区集聚,整体提升冷凉蔬菜加工水平和辐射带动能力,形成主导产品突出、规模效应明显、组织化程度较高的冷凉蔬菜加工集聚区。

3. 日臻完善冷凉蔬菜流通体系

提升改造产地流通市场。积极开展田头基础设施建设与升级改造,支持生产基地、流通企业建设冷链物流集散中心、蔬菜现代集配中心，提高冷凉蔬菜产品冷藏运输能力，延长蔬菜供应期，实现错峰销售，增强冷凉蔬菜产业抵御价格波动风险能力，扩大外销外运范围。

多渠道拓宽外销市场。鼓励专业合作社、农产品经纪人、蔬菜龙头企业入驻大中城市批发市场、大型卖场、生鲜超市，加大冷凉蔬菜专销区或外销窗口建设。依托"宁夏品质中国行"活动，深化与粤港澳大湾区、长三角经济带、京津冀都市圈等大中城市批发市场的产销对接。建立一体化冷凉蔬菜通关绿色通道，打通冷凉蔬菜直供港澳的渠道。推广订单生产、产销合作、基地共建、股份经营等合作模式，提高种植品种、生产标准、分级包装及加工产品与目标市场的匹配度。

开发新零售新业态销售渠道。积极引进新零售企业和平台，建立长期紧密的合作关系，鼓励在宁夏建立直供基地、配送大仓，集采集配中心，辐射带动合作社、种植大户进行订单生产。运用好直播、短视频等新兴媒体渠道，开展直播带货、线上平台营销。积极搭建宁夏地产蔬菜综合交易系统，形成线上线下相结合的"互联网＋菜园子"产销新模式。

4. 积极培育壮大新型产业

拓展冷凉蔬菜产业功能。发展景观农业、农事体验、观光采摘、特色蔬菜观赏等新业态，开发"伴手礼""后备箱"等旅游产品。引导有条件的设施蔬菜园区融合科普教育、休闲体验、文化传承等内容，建设中小学生实践教育基地。在城市郊区建设一批功能齐全、布局合理、机制完善、带动力强的冷凉蔬菜产业多功能园区。

发展电子商务。大力推进农业物联网、电子商务等信息技术在冷凉蔬菜生产经营上的应用，鼓励新型经营主体开展在线经营，推广大众参与式评价、数字创意漫游、沉浸式体验等经营新模式。对接盒马鲜生、京东生鲜、美团优选等电商平台，"线上＋线下"相结合，引导生产基地采用会员宅配、门店直销、农批对接、农超对接、团膳配送等形式，丰富营销业态。

（二）完善生产体系，夯实产业发展基础

以推进生产标准化为重点，聚焦冷凉蔬菜良种繁育与生产基地建设，

加大科技创新与人才支撑，提高物质装备和绿色化发展水平，为冷凉蔬菜产业高质量发展奠定坚实基础。

1. 加快良种育繁推体系建设

加大新品种选育力度。坚持东西部合作，产学研结合，发挥宁夏大学、宁夏农林科学院等科研团队力量，支持自治区内有实力的蔬菜育种企业与国内外科研院所、育种团队深度合作，开展基因资源挖掘、种质资源创新、分子育种、生物育种、基因编辑等研究，提高自主创新能力，培育一批具有自主知识产权的优新品种和创新型育种企业。开展品种选育研究和示范协同攻关，推动育种创新、标准化制（繁）种、新品种推广和科技服务一体化发展。

建设冷凉蔬菜良种繁育基地。以露地蔬菜、供港蔬菜、黄花菜、硒甜瓜为重点，开展种子生产加工和检验等应用技术研究，分区域建设规模化、标准化自治区级良种繁育和杂交制种、繁种基地5个，重点提升制种、繁种基础设施条件，配套现代化种子研发中心、生产、加工、贮存中心和配送体系，提升制种、繁种生产加工能力和服务水平，加速新品种选育、扩繁和推广。

加大新品种试验示范与推广力度。以引进高端品种、应用高新技术、培育高端市场为目标，开展新品种引进、试验示范，筛选一批优质、高产、抗病、抗逆、商品性好、适宜不同市场需求的优良品种。分区域建设冷凉蔬菜新品种展示园，收集国内外优新品种示范展示，搭建新品种筛选评价、示范推广平台，为育种者、生产者、销售商提供选择品种、签订订单平台，加快新品种推广速度。

2. 强化冷凉蔬菜生产基地建设

加快高标准设施建设。以建设全钢架大跨度节能日光温室和拱棚为主，鼓励新型经营主体和农户加大投资力度，提高建造标准，支持建设智能玻璃联栋温室；对老旧日光温室进行改造升级，增强抵御自然灾害的能力，提高生产性能。规划每年新建日光温室和拱棚2万亩以上，改造提升日光温室1万栋以上。

加大绿色高标准冷凉蔬菜生产基地建设。实施品种培优、品质提升、品牌打造和标准化生产三品一标行动。对接粤港澳大湾区、长三角经济带、京津冀都市圈目标市场质量要求，以绿色食品、有机食品为发展方向，完善种植管理技术规程，制定肥料定额用量，制定农药减量使用规范，制定栽培管理、分级包装、加工贮运标准。分区域、分作物，打造一批生产规模大、技术含量高、产销衔接紧密的绿色生产基地。推行标准化生产，推广一批绿色高质高效技术模式，实行统一品种、统一农资、统一标准、统一检测、统一标识、统一销售的六统一管理。建设一批标准化生产、规模化种植、商品化处理、品牌化销售和产业化经营的五化绿色蔬菜标准园。

提升集约化育苗生产能力。推广应用育苗新技术，鼓励新型经营主体建设大中型蔬菜集约化育苗基地和智能化育苗工厂，支持现有蔬菜集约化育苗基地改造升级，配备自动化播种机、种苗分级分选等设备，提高种苗生产技术水平，整体提升蔬菜种苗质量和商品化育苗能力。

3. 加大科技创新与人才支撑

开展绿色优质生产关键技术集成创新。强化产学研合作，开展轻简化栽培、高效节水灌溉、化肥农药减量增效、病虫害绿色防控等关键技术攻关，提升蔬菜种植机械化、智能化水平，加快设施装备与专用品种和绿色高效栽培技术集成配套。

增强科研支撑能力。强化东西部科技合作，集聚科技创新资源，鼓励、支持企业围绕冷凉蔬菜和硒甜瓜等产业组建各类科创新平台。完善自治区冷凉蔬菜"产学研推用"一体化产业技术体系，强化科技创新力量。深化区内外农业院校的战略合作，成立工作站，吸引各类"高精尖缺"人才投身自治区冷凉蔬菜产业发展。推行柔性引才方式，支持自治区内外院士、专家，通过兼职挂职、入股合作等形式提供智力服务。

稳定科技推广队伍。积极开展多元化农技推广服务队伍建设，鼓励和引导高校、职业院校涉农专业毕业生到基层农技推广机构工作。增加县乡（镇）两级蔬菜专业技术推广机构人员编制，建设一支稳定、一主多元化的蔬菜产业科技推广队伍，构建农科教协同的技术推广体系。

推进生产机械化，普及土地耕整、灌溉施肥技术装备，推动电动运输、多功能作业平台等与温室结构集成配套。推进装备智能化，提升设备研发能力、应用能力，推广适合机械化生产的作物品种，提升各环节协同能力。探索构建露地冷凉蔬菜规模化生产耕整地、播种、育苗等人机智能协作技术解决方案。

推进产业数字化。利用物联网、大数据、云计算、移动互联等新技术，统筹规划建设自治区冷凉蔬菜产业数据资源体系，构建基础数据资源库，建立信息监测预警、生产全过程监测与质量追溯、投入品管理等大数据综合管理服务平台，实现区、市、县、乡（镇）四级资源共享，精准管控，为政府、生产经营者、技术人员等提供全方位精准化信息技术咨询服务，在产业大县率先开展数字蔬菜产业创新应用基地示范。

4. 推进产业绿色发展

示范推广绿色先进实用技术。大力推广蚯蚓生物技术、高效轮作模式、水肥精准管理、病虫害轻简化绿色防控等技术，示范应用宜机化安全设施、生物培肥、物联网智能化环境监测与调控等生产技术和太阳能储放热、光伏一体化等技术。在蔬菜生产集中区，推广尾菜沤肥、生物发酵堆肥，蔬菜茎蔓添加益生快腐菌打碎直接还田，加快残膜回收和尾菜综合利用，构建以绿色为导向的标准化生产技术体系。

发展种养循环模式。结合养殖业发展，引导养殖场户关联配套蔬菜种植基地，加大推广粪肥还田利用、蔬菜种植与蚯蚓养殖套种套养等模式，构建"畜禽养殖–高效肥料–蔬菜种植"有机衔接、相互匹配的种养循环产业，积极探索推广不同种养结合循环发展模式。

大力发展高效节水灌溉。大力推广滴灌、微喷灌等高效水灌溉技术，提高水资源利用率。推动大数据、云计算、物联网等现代信息技术在蔬菜生产中的应用，建设一批自动化、智能化蔬菜节水灌溉系统示范基地，实现智能化节水。在完善供水计量设施基础上，开展用水总量控制和定额管理。

推进化肥农药减量。开展有机肥替代化肥行动，全面实施测土配方施肥，加快高效缓释肥、生物肥料、土壤调理剂等新型肥料的综合应用。开展冷凉蔬菜控肥增效试验示范，重点推广基于自动化监测的水肥一体化施肥技术、液体肥料高效施用技术。集成推广生物防治、理化诱控、生态调控等绿色防控技术，提高冷凉蔬菜植保无人机覆盖率。鼓励新型经营主体、专业化植保组织购买高效植保机械，提高农药使用效率。

（三）创新经营体系，增强产业发展新动能

加快培育壮大新型经营主体和社会化服务组织，加强质量品牌建设，建立农民增收长效机制，构建更具活力、更有动能的经营体系，带动农民共同富裕。

1. 培育壮大新型经营主体

规范发展家庭农场。科学制定创建标准，规范生产行为，完善经营制度，提升管理水平。积极开展家庭示范农场创建活动，着力培育一批示范家庭农场，引领带动家庭农场健康发展。建立示范性家庭农场名录库，实行动态管理。加大家庭农场政策扶持力度，鼓励和支持家庭农场申报实施冷凉蔬菜产业项目，建立同等条件下较高信用等级家庭农场享有贷款优先、利率优惠的正向激励机制。

培育壮大专业合作社。制定蔬菜专业合作社运营标准，提升合作社规范化水平，推动蔬菜专业合作社健康发展。鼓励发展镇级、县级专业合作联社，支持农民合作社依法自愿组建联合社。通过合作社主体"再联合"，进一步提升冷凉蔬菜产业的组织化程度和种植规模，增强市场竞争力和抗风险能力。

扶持壮大龙头企业。优化营商环境，加大招商力度，引进实力雄厚的生产型、营销型、科技型企业落户宁夏；鼓励"新乡贤"等返乡下乡人员投资冷凉蔬菜生产经营，领办创办企业；积极培育本地龙头企业，加大用地、信贷、税收、担保等方面的扶持力度，提升龙头企业发展动能，发挥辐射、引领、带动作用。利用银川综合保税区优惠政策，扶持培育以冷凉蔬菜经营为主的进出口企业。

加快建设产业化联合体。聚焦主导品种，以生产加工、物流营销等龙头企业为引领、农民合作社为纽带、家庭农场为基础，通过资金、技术、品牌、信息等要素融合渗透，构建产业联合体，推行"经营计划统一、市场开拓统一、资金协调统一、生产资料调配统一、产品销售统一、技术指导统一和农机管理统一"，实现优势互补、要素融通、共同发展。

2. 推动服务组织多元化

加快培育服务组织。加快培育一批集技术指导、农资供应、测土配肥、统防统治、农机作业、仓储流通、信息服务、金融服务、市场营销等多环节于一体的县级冷凉蔬菜生产服务主体。支持村集体经济整合资源，发展生产性服务，培育以行政村为基本服务单元的生产性服务组织。引导现有农业龙头企业通过基地建设、订单生产等方式为小农户提供农业生产全程服务，培育一批服务模式成熟、服务机制灵活、服务水平较高的冷凉蔬菜生产服务企业。建立自治区冷凉蔬菜产业社会化服务组织名录库，建立服务主体信用评价机制和托管服务主体名录管理制度。

促进主体融合发展。引导冷凉蔬菜生产服务主体、服务联合体加强与科研院所、技术推广等部门在技术应用、人才培养等领域的合作，提升服务能力和水平。鼓励金融机构开发个性化金融产品，拓展服务主体融资渠道。引导保险机构探索"保险＋期货"等方式，降低市场经营风险。加快大数据、物联网等现代信息技术推广应用，提升服务主体智能化、信息化服务水平。

创新服务模式。探索建立"生产托管＋金融保险＋蔬菜银行""服务组织＋村集体经济组织＋小农户"的整村托管、"公司＋合作社＋村集体经济组织＋小农户"等服务模式。支持新型服务主体开展单环节托管、关键环节综合托管和全程托管。建立自治区冷凉蔬菜生产托管服务组织信息数据库，打造集信息采集、分析、预测等功能模块，实现自治区冷凉蔬菜生产托管服务组织基本情况、服务面积、服务标准、服务价格等基础信息统一入库。

3. 加强质量品牌建设

完善冷凉蔬菜全产业链标准体系。对接粤港澳大湾区、长三角经济带、京津冀都市圈等目标市场质量要求，以绿色有机食品为发展方向，制定推广生产管理、采收分级、分拣包装、品牌标识、冷链运输、产品质量追溯全产业链一体化标准。制定完善地方标准和技术规程，保障主要产品全程有标可依。

加强冷凉蔬菜质量安全监管。完善以市级检测机构为支撑、县级农业综合执法机构为主体、监测信息平台为补充的区、市、县、乡（镇）四级质量安全监管体系。推动市、县（区）将本地冷凉蔬菜生产企业、新型经营主体纳入冷凉蔬菜质量监管信息平台，实现生产、加工、经营等全产业链信息动态更新和监管，试行飞行检查制度，加强对企业、新型经营主体的生产监管。

打造"宁字号"名优品牌。重点打造"宁夏菜心""宁夏番茄""西吉西芹""盐池黄花菜""六盘山冷凉蔬菜"等可辨识、易流通、有内涵的"宁字号"名优品牌，设计"宁字号"区域公用品牌标识和蔬菜包装箱。对按照统一标准生产、实现全程产品质量追溯的企业、合作社授权使用公用品牌标识和专用包装箱，扩大"宁字号"蔬菜品牌效应。建立品牌营销体系和宣传平台，借助全国知名农产品展会和外销市场，开展多种形式的品牌展示、推介和宣传，提升品牌影响力和产业竞争力。

加强品牌认证与信用体系建设。积极开展"两品一标"农产品认定和认证，到2027年认证60个以上绿色有机产品，认定5个以上地理标志产品。制定"宁夏菜"优质产品评价指标体系、信用征集实施办法，建设信用评价平台，强化"互联网+"在信用监管领域的应用。开展信用评级与金融保险结合试点，探索在冷凉蔬菜质量追溯标签中增加生产主体信用评价结果。

4. 构建农民增收长效机制

健全利益联结机制。引导单一农户、家庭农场、合作组织等经营主体与企业开展股份制合作，以土地、劳动力、生产资料、技术等资源要素入股，形成紧密利益联结共同体。以龙头企业、合作社和产销联合体为引领，建立"公司+市场+基地+农户""企业+村委会+农户"等模式，通过订单生产、土地入股、合作共建基地等方式，建立优质优价销售与分红相结合的利益联结机制,让农户分享产业链增值收益。支持龙头企业、合作社、家庭农场、小农户发展多样化的联合经营,成立联合体和联合社,提升小农户组织化程度,实现新型经营主体与小农户利益联结多元化。

提升农民专业技术水平。依托高素质农民培训工程、农村实用人才培训工程等项目,采取云学堂、集中办班、现场观摩、入村指导等形式,加大培训力度,提升农民生产技能,培养高素质农民。变革培训培养模式,以企业、大户生产基地为平台,组织开展生产实操实训,将理论培训转变为技能培训,把农民培养成产业技术工人。

完善冷凉蔬菜风险保障机制。发挥政策性农业保险(气候灾害保险)保障作用,完善保险机制,支持农业保险扩面提标,提高防灾减灾能力。鼓励市、县(区)探索开展完全成本保险、价格保险、基本收益保险等多种形式的农业保险试点,对成效显著的,自治区财政给予保险费40%的奖补。

(四)强化实施保障,确保产业高质量发展

1.加强组织领导

产业发展是一个系统工程,需要有一支坚强的领导力量。为此,必须成立由自治区分管领导牵头,自治区党委农办、发展和改革委、教育厅、科学技术厅、工业和信息化厅、财政厅、人力资源和社会保障厅、自然资源厅、生态环境厅、交通运输厅、水利厅、农业农村厅、商务厅、市场监督管理厅、地方金融监督管理局、乡村振兴局、供销社、宁夏农林科学院、银川海关、银保监局、宁夏大学等部门和五市人民政府联合组成的工作领导小组,统筹谋划,密切配合,明确职责任务和分工,做好规划指导、资金投入、生产用地、水资源利用和管理、金融支持等工作,协调解决实施过程中的困难和问题,协同推进冷凉蔬菜产业高质量发展。各市、县(区)承担主体责任,研究制定本区域实施方案和年度计划,细化工作任务,着力抓好组织实施、协调和服务等工作,充分调动和发挥市场主体、生产主体和技术推广部门的作用,紧密协作,形成合力,推进产业高质量发展。

2.强化要素保障

做好产业顶层设计,优化产业扶持政策,从全产业链谋划支持环节,

做好农业生产发展、农业资源及生态保护补助等中央财政补助资金项目的筛选、申报和争取工作，加大土地出让收入用于冷凉蔬菜产业重点项目建设的支持力度。各部门形成合力，整合项目资金，加大政策引导，吸引社会资金多渠道投入建设；创新扶持机制，采取政府补贴、贷款担保贴息、产业基金引导相结合的方式，支持重点环节和重大项目建设。鼓励金融机构加大金融产品和服务能力创新，探索冷凉蔬菜产业链打包信贷支持模式。配合财政支持项目实施，加大投贷联动、投贷保贴一体化等投融资模式的探索力度。在符合国土空间规划、产业发展规划的前提下，依法分类保障蔬菜分拣包装、初级加工、商贸物流、冷链储运、质量检测、脱水加工、晾晒烘干、集中看护、农资存放等的用地。完善蔬菜灾害保险和价格保险等，发挥农业政策性保险保障作用。

3. 建设科技支撑体系

推进产业科技创新，加大关键技术科研攻关力度。建立产加销、产学研一体化产业体系，以科技创新推进产业升级。加强推广技术体系建设，优化人员结构，增强服务能力。探索冷凉蔬菜技术推广的社会化组织形式和服务机制，培育和发展一批服务性、经营性机构、组织和企业。建立东西部合作长效机制，加强政府、企业、协会、商会在标准制定、质量监管、品牌宣传等方面的交流合作；与知名院校、科研院所合作，围绕产业高质量发展技术需求开展关键技术研发，强化科技成果和人才培养，打造产学研合作链条。建立宁夏冷凉蔬菜产业科技与创新联盟，大力开展冷凉蔬菜产业技术协同创新，提升产业链整体创新能力和综合竞争实力。

第八章

宁夏"六优"产业发展的机遇与路径

第一节　文化旅游产业发展的机遇与路径

一、宁夏文化旅游产业发展的机遇

"十三五"时期，在以习近平同志为核心的党中央坚强领导下，全国文化和旅游行业坚持稳中求进工作总基调，贯彻落实新发展理念，坚持文化和旅游融合发展，加快推进旅游业供给侧结构性改革，繁荣发展大众旅游，创新推动全域旅游，着力推动旅游业高质量发展，积极推进旅游业进一步融入国家战略体系。

随着中国国民收入的不断提高，文化旅游产业的市场不断扩大，旅游业与文化产业、康养产业、农业等产业深度融合，形成新的业态，对国民经济产生了综合带动作用。

旅游产业的发展体现了人民日益增长的美好生活需要，根据文化和旅游部的统计，2024年国庆7天假期全国出游人数达7.65亿人次，全国营业性演出达4.43万场，票房收入达22.09亿元，同比增长分别为5.9%、14.5%、25.9%，票房收入增长高于出游人次和营业演出场次增长。得益于免签政策，入境游持续升温。

旅游产业与文化产业深度融合，成为弘扬传统文化的重要载体。博物馆旅游、国风舞蹈、国风音乐、秦腔、皮影戏、清明上河园等文化旅游项目持续火爆。红色旅游、乡村旅游、文化遗产旅游等蓬勃发展，旅游产业成为弘扬红色文化、推动绿色发展、促进乡村振兴的重要支柱产业。

二、推动宁夏文化旅游产业高质量发展的路径

（一）深挖潜力、聚焦特色、深度开发优势文旅资源

1. 大力挖掘关联领域可利用的价值要素

推进研学旅游健康发展。依托生态资源和历史文化遗产资源、红色教育资源、公共文化旅游设施、科研机构等，开发历史研学、扶贫研学、治沙研学、生态研学、文化研学、星空研学等研学旅游产品，建设一批安全适宜的中小学生研学旅行基地。支持中小学将研学旅行纳入教学计划，开展"研学旅行"、"第二课堂"和红色旅游等进校园活动。推动资源共享和区域合作，打造一批跨市、县（区）的示范性研学旅行精品线路，逐步形成布局合理、互联互通的研学旅行网络。

推进红色旅游创新发展。支持深入挖掘红色文化内涵，发展红色旅游，打造推广"不忘初心、牢记使命"精品红色旅游教育培训线路。坚持把红色旅游和乡村旅游作为落实脱贫富民及乡村振兴战略的突破口，实施红色旅游扶贫工程。支持举办红色旅游进校园、进社区、进乡村、进企业等活动。

推进生态旅游持续发展。支持申报创建国家公园，坚持把"绿水青山就是金山银山"的发展理念贯穿到旅游规划、开发、运行、管理、服务全过程，践行绿色旅游发展观，引导树立绿色旅游消费观，推动绿色旅游产品体系建设。推动六盘山上、贺兰山下、长城内外、黄河岸边及自治区河湖山川、沙漠草原、主题公园、美丽乡村、特色小镇等强化生态文化旅游功能，建设高品质生态旅游目的地，充分发展观光旅游、休闲度假、生态体验旅游等。

推进特种旅游快速发展。支持建设一批户外营地、徒步骑行服务站、

汽车露营营地、航空飞行营地、船艇码头等基础设施，着力把宁夏打造成中国特色旅游的目的地之一。鼓励符合条件的地区和旅游景区开辟低空旅游航线，开发空中游览、航空体验、航空运动等特色旅游产品。

2. 大力推进各类文化旅游综合体快速发展

打造文旅融合的特色街区或综合体。鼓励在保留街区历史风貌与传统民俗文化的基础上，挖掘历史文化内涵、强化旅游功能、培育消费新业态，扩大旅游效应，引入餐饮、住宿、文化、非遗、购物、娱乐等业态进行综合创意建设。打造与现代城市相融合的现代公共旅游空间，让城市建设发展与游客的吃、住、行、游、购、娱等紧密结合，使文化旅游街区和综合体成为城市最具识别性的符号之一。

打造文旅融合的特色小镇。支持特色小镇整合文化旅游要素，深挖文化内涵，丰富旅游业态，强化文化旅游功能，全力打造文化旅游体验项目，促进文化旅游产业升级，加快生产、生活、生态空间与旅游空间相融合，向游客传递当地特色文化，提升经济与社会效益。

打造文旅融合的主题公园或广场。鼓励结合旅游市场需求，深入挖掘深受大众喜爱的公园或广场文化旅游资源。通过文化、艺术和科技手段进行真实有效的展示和演绎，并将其植入公园或广场中，让游客与地域文化、特色文化、科技文化产生情感共鸣，增强主题公园或广场对游客的吸引力。

完善文旅融合的文化创意产业园。支持开展各级文化产业示范园区、基地、示范户创建评定工作。实施文化和旅游创客行动，推动动漫产业、数字文化产业健康发展。进一步规范各级文化产业示范园区、基地命名和管理，支持园区、基地提高创新能力、管理能力和服务水平。

3. 着力构建"+ 旅游"模式，不断推动文化和旅游业铸魂提质增效

推进"文艺 + 旅游"。积极协调组织自治区各级各类文艺院团主动围绕旅游和游客开展文艺创作。积极支持文艺进景区，推动各地和有条件的文艺院团或景区开展大型旅游演艺和实景演出活动。支持各类文艺院团、演出机构与演出中介组织等，以多种形式参与旅游演艺活动和项目。推动各类文艺主体打造主题突出、特色鲜明的文化旅游演艺产品，培育和发展一批优秀旅游演艺作品、歌曲、地方戏曲等，不断推出"既叫好又卖座"的优秀原创旅游演艺精品，进一步丰富游客全天候的文艺和旅游体验。

推进"公共文化服务＋旅游"。推动公共文化场所、公共文化设施服务旅游业或与旅游业共建共享。增强文化场所和文化服务的旅游功能，引导博物馆、文化馆、图书馆、美术馆、科技馆等进行宜游化改造，嵌入各种旅游消费，丰富游客互动体验，使公共文化场所和设施切实成为重要的旅游接待设施和游客活动场所。

推进"文物保护＋旅游"。立足让文物"活起来"，将文物保护、展示、创新、创意等与旅游相结合，开发特色鲜明的文创产品、旅游商品。着力发掘和保护利用一批特色鲜明的古镇、古村、古街、古巷等古遗址，推动文物研学旅游。围绕长城、长征、黄河文化旅游资源，全力打造一系列精品旅游线路和旅游产品，着力让文物说话、让历史说话、让文化说话，切实强化文物遗产的旅游功能和作用。

推进"非遗传承＋旅游"。自觉立足市场需求和游客要求，全力推动非遗产品、文创产品的商品化。鼓励申报命名一批国家级非遗扶贫就业工坊，命名一批自治区级非遗保护传承基地、非遗扶贫就业工坊。支持"非遗项目＋代表性传承人＋非遗旅游产品"融入旅游景区，见人见物见生活，丰富游客体验，高质量举办宁夏黄河流域非遗作品创意大赛、非遗讲解大赛、"云游非遗"、"非遗购物节"等系列活动，拓展"非遗游宁夏"新空间。加强非遗与旅游融合制度建设，促进非遗与旅游融合发展制度化、规范化、常态化。

推进"文化产业＋旅游"。明确文化产业定位，着力面向旅游市场发展文化产业，自觉遵从市场规律加大文化和旅游招商引资。积极围绕游客需求开发文化产品，增加旅游体验，促进旅游产业与文化产业对接，拓展文化和旅游产业发展空间、发展平台。推动文化产业园区（基地）与旅游业融合，着力将文化产业园区打造成具有吸引力的文化和旅游园区及旅游场所。

4. 着力构建"旅游+"模式，不断培育发展文化旅游新业态

推进"旅游+三农"，大力发展乡村旅游。通过"旅游+农村"，进一步挖掘乡村传统文化和乡俗风情，打造乡村旅游景区（点）、文化旅游特色镇，充分展现乡愁、乡风、乡情，美化乡村生态环境，建设美丽乡村；通过"旅游+农民"，引导农民既种田又种"风景"，培育一批乡村旅游模范村、模范户、乡村旅游致富带头人，着力丰富民俗体验、发展民宿经济、提升农家乐服务水平，助力脱贫富民；通过"旅游+农业"，开拓农业发展新路子，大力发展农业休闲旅游、观光旅游和田园综合体。

推进"旅游+工业"，推动工业与文化旅游耦合共生。着力挖掘工业历史文化底蕴，丰富工业旅游业态，发展多种形式的工业旅游。支持有条件的地方和企业开展工业遗产、园区和基地旅游化建设，着力开发集历史回顾、文化展现、生产展示、观光体验、教育科普等为一体的工业旅游景区（点）和线路。重点发展煤化工、枸杞加工、葡萄酒加工、牛奶生产、工业遗址观光等工业旅游产品。

推进"旅游+住建"，推动文化和旅游小镇建设。支持文化旅游与城镇融合发展，支持依托闽宁镇、瑞信温泉小镇、沙坡头水镇等，主动植入文化和旅游基因，积极打造一批文化旅游名镇和特色小镇，使其成为传承文化与发展旅游的和谐共生体。鼓励各地积极申报国家历史文化名城名镇。

推进"旅游+商贸"，推动商业要素旅游化。自觉围绕吃、住、购、娱大力发展旅游。鼓励特色文创产品、旅游商品研发设计、生产和销售体系建设，培育特色鲜明的文创产品、衍生产品、非遗商品、特色工艺品和土特产品。支持建设线上线下特色文化和旅游商品购物店，不断扩大旅游消费。加大地域"好味道"培育，升级"老字号"，开发"原字号"，壮大"宁字号"，做强舌尖上的美食文化，推出一批风味美食。根据游客需求着力促进餐饮多样化发展。积极引入一批知名菜系，开发多元地方特色餐饮，不断调整和优化餐饮结构，大力推动民宿、客栈等标准化发展，推动城市公寓、闲置房产等与旅游住宿业相结合，增强大众自助旅游服务功能。全力推动各地特别是大中城市建设和打造集文化和旅游为一体的城市综合体，

不断发展城市旅游，满足游客需要，促进文化旅游消费。不断丰富夜间生活，扩大夜间消费，着力打造夜市和夜间消费一条街等。

推进"旅游+医疗"，推动发展康养旅游。依托自然资源和优越气候条件，结合枸杞、葡萄酒、滩羊肉等美食美味，充分利用中医疗养、温泉养生、沙漠理疗等优势资源，开发休闲旅居、生态康养等旅游新业态、新产品，丰富四季旅游产品和项目。推动大健康与文化、旅游深度融合，加快建设融合生态养生体验、中医中药及保健、避暑度假等资源于一体的健康养生精品休闲旅游。

推进"旅游+体育"，推动体育健身旅游。鼓励举办重大体育旅游活动，发展一批国家体育旅游示范基地，打造一批有影响力的体育旅游精品线路。引导有条件的旅游景区开展体育赛事活动。培育具有较高知名度、较强竞争力的国家体育旅游精品赛事、汽车自驾运动营地等体育旅游项目。支持依托贺兰山、六盘山、黄河、长城、沙漠等资源开展健身旅游活动。进一步调动社会力量投资建设冰雪运动场地设施，加快发展冰雪体育旅游产业。

推进"旅游+信息化"，推动文化旅游智慧化建设。支持提升智慧景区和现有各类文化旅游互联网平台，推进"创意进景区"和"创意下乡"行动。加快互联网、大数据、人工智能等现代技术在文化和旅游领域的跨界融合、转化应用。创新消费模式，开发更多智能化、体验式旅游新产品，打造文化科技旅游融合发展示范基地。围绕改造、拓展、提升，着力加大对现有文化旅游网站、手机 App、大数据平台等进行新的智慧化建设和发展。对自治区 A 级景区特别是精品景区进一步加大智慧旅游建设和智慧旅游标准化、一体化建设，切实实现自治区文化和旅游互联互通。

（二）着力打造项目带动、资金支持的文旅深度融合机制

全力推进全域旅游示范区创建。建立健全区、市、县三级联动全域旅游示范区创建工作机制。加大对全域旅游示范区创建单位的协调指导和工作推动，巩固提升创建成果，符合条件的市、县（区）全力开展国家全域旅游示范区创建工作，着力构建平台、打造载体、优化环境。坚持观光旅游与休闲旅游并重，深入实施银川都市圈文化旅游区、黄河文化旅游带、贺兰山东麓生态文化旅游廊道、大六盘红色生态度假游板块、大沙坡头休闲度假游板块、宁夏东部旅游板块建设"六大行动",精心规划建设一批重大工程、重大项目,推动创建工作可持续发展。

全力实施重大规划建设项目。统筹长城文化公园建设。立足文化旅游深度融合发展,在全面保护的基础上,加大对长城文化内涵的挖掘和旅游功能的强化,着力讲好长城故事、打造精品长城旅游线路。切实加快建设和完善兴庆区、灵武市、盐池县、西夏区、沙坡头区、原州区、彭阳县等地长城遗迹沿线文化和旅游基础设施,深度开发历史探秘、文化体验、教育研学、生态休闲、户外运动、低空飞行、康养度假等文化旅游业态和产品。以黄河东部长城历史文化资源为重点,依托长城和长城沿线边塞文化、生态资源、特色产业,建设文化和旅游及关联产业融合发展新高地,进一步打响"中国长城博物馆"品牌。

统筹长征文化公园建设。立足文化旅游深度融合发展,摸清底数、整合资源、精心谋划、打造载体、强化抓手,全力推动长征宁夏文化公园建设。加快开发建设以爱国主义教育、革命文化传承等为主题,以隆德六盘山红军长征景区、西吉将台堡、彭阳乔家渠、同心、盐池等为重点,以红色旅游、研学旅游、乡村旅游、生态康养旅游等业态产品为主要内容的长征文化公园,打造"不忘初心、牢记使命"走好新的长征路实践教育示范区和国家长征文化公园核心区,讲好红军长征故事。

统筹黄河主题文化公园建设。加强与沿黄八省区联动,合力推出黄河联线旅游产品,全力推动黄河文化旅游带精品段工程建设。放眼黄河九省区,立足黄河两岸,着力科学定位和统筹黄河流域生态保护和高质量发展,全力打造银川、吴忠至青铜峡、中卫沙坡头"三大休闲旅游目的地"。围绕黄河两岸,突出特色、整合文化和旅游资源,切实打造黄河民宿、黄河文化体验等黄河文化旅游精品,提升黄河沿线文化旅游品质。进一步挖掘灌溉工程世界遗产效应,推进黄河渠首公园建设,培育旅游新业态,唱响"天下黄河富宁夏""塞上江南·美丽宁夏",讲好具有宁夏特点的黄河文化故事。

统筹国家级四大旅游度假区创建。支持各地依托贺兰山东麓众多葡萄酒庄园、黄河岸边塞上江南美景和"天下黄河富宁夏"美誉、六盘山麓避暑胜地等优质旅游资源,着力打造争创贺兰山东麓旅游度假区、黄河岸边旅游度假区、六盘山麓旅游度假区、沙坡头旅游度假区四大国家级旅游度假区。

全力推动旅游景区铸魂提质增效。推动旅游景区加大项目开发和资金投入力度。进一步挖掘文化内涵,将优秀文化融合贯穿景区开发、项目建设、产品打造等各环节,加快景区设施、旅游项目换代升级。鼓励旅游景区加强智慧景区建设,持续优化内外环境、强化景区管理、提升景区服务。增强游客的满意度和舒适度。要围绕文化旅游精品景区打造,加快推进青铜峡黄河大峡谷、六盘山长征旅游区创建国家5A级旅游景区,不断培育和评定4A级旅游景区。对成功创建5A级旅游景区、国家级旅游度假区、国家生态旅游示范区的,给予一定资金奖励。要积极协调引导文艺、非遗、娱乐体验、文创产品、特色餐饮等项目进景区,以丰富的项目和业态,增强景区对游客的吸引力。

全力打造文旅融合新线路新产品,坚持不懈推动和开发建设旅游体验、研学旅行、山地运动、生态康养、休闲度假以及精品民宿、主题客栈、旅游演艺、非遗产品、工业旅游等文化旅游融合发展的新产品新业态。大力推广历史文化体验、红色文化教育、生态观光,以及葡萄酒品鉴、长城自驾游、星空观测、避暑研学、沙漠疗养、美食养生等特色化、主题化旅游线路。以六盘山长征旅游景区、将台堡革命遗址、单家集、乔家渠毛泽东夜宿地等为核心,打造革命文化精品红色旅游线路;以兴庆区至盐池明长城为轴,着力打造宁夏长城游精品线路;以闽宁镇为重点,开发红色文化教育游、葡萄酒庄品鉴游、脱贫致富产业游和青少年研学游等旅游线路;以沙坡头宿集、西夏区和泾源县各类民宿为标杆,积极打造休闲游、乡村游、农家乐旅游线路。

(三)厚植优势、优化供给,着力增强文旅服务水平

坚持以科技为新动能,着力做强做大文化旅游业。着力围绕文化旅游特别是游客需求发展科技含量高的产业，培育高科技业态，丰富高科技体验，打造高科技文化旅游产品。通过构建大平台、大网络、大数据推动文化旅游数字化转型，提升服务、管理、营销、体验智能化水平；通过高技术产业与文化和旅游业的融合，实现有效延长和增容旅游产业价值链；通过运用现代高新科技开发旅游资源，积极采用新设计、新技术、新工艺、新材料等，提高旅游商品研发制作水平；通过利用生物技术、信息技术、新能源技术等，开发兼具文化内涵、科技含量的旅游新产品，不断提升旅游的吸引力、体验感和互动性；通过强化智慧旅游和智慧景区建设，着力落实预约、限量、错峰的景区旅游新要求。

坚持以需求为新动能，着力培育消费市场，打造文化旅游新业态。自觉立足需求谋工作、谋供给、谋发展。根据消费市场的新变化，构建演艺、动漫、创意设计、网络文化、工艺美术、非遗发展等孵化机制，培育文化旅游市场主体。着力提升市、县（区）现有特色文化旅游街区服务功能，营造集景观游览、文化品位、艺术鉴赏、旅游消费、购物休闲于一体的、轻松愉悦的旅游环境，支持创建国家文化和旅游消费试点示范城市和夜间文化旅游消费集聚区。大力培育夜间文化旅游消费市场，引导发展观光夜市、美食广场、文化广场等消费集聚区，打造一系列美食街区、美食不夜城，切实发展夜间经济。支持有条件的旅游景区在保证安全、避免扰民的情况下开展夜间游览服务，丰富夜间生活。

坚持以改革开放为新动能，着力推动文化旅游产业高质量发展。支持区属龙头文化旅游企业跨地区、跨行业、跨所有制兼并重组，进一步做强主业、做大产业。加快出版、影视、演艺、旅游等领域资源整合和交叉持股，培育和发展一批具有一定规模及实力的企业集团。鼓励在宁央企、大中型企业拓展文化旅游业务，组建现代文化旅游企业。加大文化旅游产业招商引资力度，引进一批龙头文化旅游企业落户宁夏，参与宁夏文化旅游业的建设和发展。继续举办文化旅游产业项目对接大会、旅行商大会、动漫节等，多渠道搭建文化旅游产业合作平台。加快建设和储备一批示范性强、拉动作用明显的文化旅游产业项目，发挥重点项目的支撑作用。深入实施大众创业、万众创新战略，支持小微文化旅游企业走"专、精、特、新"发展道路，鼓励"个转企"，推动总量上规模、质量上水平。

（四）加强品牌宣传，着力塑造文化和旅游深度融合发展的新形象

增强文化和旅游品牌核心吸引力，坚持媒体宣传与活动展示相结合，进一步扩大宁夏文化和旅游的知名度和美誉度。要聚焦国际国内市场，着力打造自治区及各地文化和旅游的城市品牌、产品品牌、企业品牌、节庆品牌、服务品牌，不断构建多层次、全产业链的文化旅游品牌体系。持续加强与中央及区外媒体合作，实施媒体整合宣传推广，提升宣传效果、扩大宣传影响，叫响"塞上江南·神奇宁夏"、"塞上江南·美丽宁夏"和"让我们去宁夏，给心灵放个假"等旅游品牌。

增强文化和旅游重大活动影响力，按照"政府引导、市场主导"原则，不断提升中阿旅行商大会、中国（宁夏）户外健身休闲大会、中国西部民歌（花儿）歌会、中国宁夏动漫节等大型活动影响力。同时，立足文化和旅游深度融合发展，协调支持和指导市、县（区）办好一系列有影响力的文化旅游节庆活动，提升中国（沙坡头）·丝绸之路大漠黄河国际旅游节、中国·银川贺兰山文化旅游节、中国（吴忠）黄河金岸文化旅游节、六盘山山花旅游节等节会吸引力。支持各地围绕美食体验、运动休闲、文艺展演等举办各类节会活动，增强地域特色，活跃文化旅游市场。创新举办"文旅大集·欢乐大年"系列活动，提升"冬游宁夏·享受阳光"等活动的知名度和实效性。

增强文化和旅游国际交流带动力，坚持文化交流与旅游合作相结合、文化旅游宣传与文化旅游成果展示相结合，创新举办各类全国性、国际性重大展会和交流活动，着力拓展区外、国外空间和市场，加快融入"一带一路"沿线国家和地区。进一步深化多方合作，设立"宁夏之窗"海外营销中心。大力开发适应境外游客需求的旅游线路、演艺产品和特色商品，鼓励和支持宁夏文艺院团赴境外开展各种形式的商演，打造一批适宜出访的小型精品文旅演艺项目。组织优秀剧目赴韩国、日本等国家及中国台湾地区开展商业演出和交流演出，打造宁夏海外文化旅游形象标识系统，讲好中国故事、展示宁夏魅力，着力提升宁夏文化和旅游对外的影响力、知名度和美誉度。

增强文化和旅游整合营销传播力，坚持硬推介与软推介相结合、媒体宣传和广告推介与活动展示相统一，主动分析市场行情，精准把握游客流向，不断改革和创新营销策略和方式，科学评估和监测营销成效。整合宣传推广、文艺及非遗展演、文创产品展销等渠道资源，协同开展宣传营销活动，形成立体化、矩阵式营销格局。充分依托大数据，整合运营、精准营销，重点开拓京津冀地区、珠三角地区、长三角地区以及河南、四川、重庆和福建等重点客源市场，强化项目运作、平台和载体建设。设立专项资金，加大奖励激励力度，通过抖音、快手等现代媒体、自媒体，切实加大对宁夏文化旅游资源的宣介，以全媒体、多频次形式推广宁夏文化旅游资源。

宁夏要以繁荣文化事业、促进文化和旅游高质量发展为目标，解放思想、开拓创新、锐意进取，着力挖掘文化和旅游资源，主动探索文化和旅游深度融合发展的新路径，积极培育深度融合发展的新业态，全力打造深度融合发展的新模式，切实构建深度融合发展的新格局，不断推动发展实现新突破、新跨越。着力释放文化旅游经济的强大活力，不断放大"同心圆"，努力实现资源开发方式重构、文化和旅游产品体系重造、产业要素结构重塑、综合服务功能重建，全面开创宁夏文化建设和旅游发展的新局面，为建设美丽新宁夏、共圆伟大中国梦作出更大贡献。

第二节　现代物流产业发展的机遇与路径

一、宁夏现代物流产业发展的机遇

（一）经济的发展拉动了对现代物流的需求

物流畅则经济兴，随着中国经济发展与高水平对外开放，物流产业迎来新的发展机遇。现代物流业的发展大大提高了物流效率，降低了物流成本。数字信息技术把司机、货源、消费者等主体高效联系起来，加速了资本周转与资本循环。

近年来，我国物流业逐渐由基础性产业上升为战略性、先导性产业，物流业在国民经济中的地位不断增强。2022年，党的二十大提出全面建设社会主义现代化国家、以中国式现代化推进中华民族伟大复兴的战略目标。国务院发布了《"十四五"现代物流发展规划》，描绘了中国式现代物流体系建设的宏伟蓝图。2022年，全国社会物流总额实现352.4万亿元，2020—2023年全国社会物流总额年增速为3%~9%，增速持续领先于同期GDP水平，物流需求规模稳定增长，物流业成为保障产业链供应链安全稳定的关键。2023年我国经济在恢复性增长中逐渐回暖，随着国家一系列政策措施的出台，供应链上下游需求稳步恢复，物流业发展机遇明显增多。

（二）科技发展促进了现代物流的发展

现代物流业是物流产业与现代科技和管理方式的结合，特别是数字技术的发展极大地推动了物流业新模式、新场景的应用。现代物流平台可以借助互联网、卫星定位、大数据技术实现人、车、货全过程的匹配，向生产者、消费者及时反馈信息，通过可视化的技术使人能够直观地了解和控制目标货物的流动。人工智能技术的发展推动现代物流产业新的应用场景的出现，现代物流与传统产业融合促进了生产效率的极大提高。

当前，我国现代物流加快融入先进制造业、商贸流通业及金融服务业，打造物流平台、发展智慧物流，成为现代物流弯道超车的抓手，"公转铁、公转水"、绿色物流成为发展新方向。在由"物流大国"向"物流强国"跨越的过程中，伴随着老龄化、少子化的人口结构变迁，我国物流业人才红利开始减弱，招工难与就业难的结构性矛盾长期存在。物流产业的发展能够提供更多的就业岗位，提升人民生活的幸福指数，促进经济社会的高质量发展。

二、宁夏现代物流产业发展的路径

随着现代物流业各项工作持续走上正轨，宁夏将持续落实好党组工作部署，坚持"一张蓝图绘到底"，以物流提质增效降本为目标，以完善统计体系和调查研究为基础，以物流与产业融合发展为手段，以政策制定落实、企业培育、项目建设和资金支持为抓手，力争各项工作再创佳绩。

（一）促进产业高质量发展，降低物流成本

（1）扩大增量。采取相应的政策措施，吸引国内知名连锁经营企业来宁夏布局建设发展连锁店、超市、跨区域配送中心。通过用市场交换先进管理理念、先进管理技术和方法，带动物流资源和资金流动，培育活化宁夏物流市场。

（2）优化存量。积极加强同工信、发改、农业农村等部门的交流、沟通和合作，按照"渠道不变、支持方式不乱、集中投向、各专一方"的思路，支持鼓励引导一些具备条件的商贸企业、农业生产企业和制造业企业，将长期低效附着在身上的物流资源和业务需求剥离，实现物流业务外包，壮大宁夏物流市场规模。

（3）抓住自治区推进银川都市圈经济发展的机遇。充分利用现代信息技术，不断提高物流企业的信息化水平，推动企业内部流程优化改造，提升其对经济发展的服务能力和水平。以中心城市为依托，统筹使用好现有物流信息资源，积极稳妥推进公共物流信息平台建设。支持发展共享物流。提高城市内部、城市之间、城乡之间配送资源利用效率。

（二）物流园区高质量发展

物流园区是由物流企业组成的，物流园区的高质量发展，离不开物流企业的全面、高效发展。具体来说需要从以下几个方面发力。

（1）物流企业高质量发展促进物流园区高质量发展。物流园区是物流企业和商贸的集合体，物流园区高质量发展，离不开物流企业的高质量发展。首先，要促进物流企业的全面发展，在对现有物流企业详细调查摸底的基础上，按照一定的分类标准确定出目前现有物流企业的层级及其侧重领域。在此基础上，采取差别化针对性支持措施，促进现有运输、仓储、货代、外贸、批发等企业的服务延伸和功能整合。促使重点传统物流企业浴火重生、破茧成蝶，加快向现代物流企业转变。其次，支持重点物流企业添置先进的硬件设备、采用先进的物流管理技术和经营模式，以智能化、信息化为支撑，贴近市场、方便用户、降低流通成本，提高经营效率和服务质量。最后，以市场化方式，支持鼓励相关物流企业通过参股、兼并、劳动与资本相结合等合适的方式进行重组、合并，扩大经营规模。逐步培育一批制度健全规范、服务水平较高、跨区域布局经营网络、具有一定业务覆盖面的大型专业物流企业，撑起宁夏物流业发展的门户。

（2）数智化助力物流园区高质量发展。物流园区数智化转型是物流园区高质量发展的重大机遇，当前已经有中国物流集团等较多的央企、国企在物流园区数智化转型方面作了有益的尝试，给全国各地的物流园区起到了示范作用。当前物流发展"小平快"，不借助、依靠数字技术和数字平台，难以实现货物的调度。这就要求借助数字网络来降低成本提升效率。此外，物流信息、标准化和网络安全也是当前物流园区数智化发展的重要方向。

（三）物流人才高质量发展

针对当前宁夏物流产业发展的要求，一方面，招聘物流产业发展需要的人才，促进物流产业高质量发展。另一方面，培养物流产业高质量发展需要的人才。具体来说，培养德智体美劳全面发展、富有创新精神和科学素养，系统掌握现代物流管理、冷链技术与装备、冷链运输管理、冷链仓储与配送管理、物流数据分析、供应链管理等知识，具有良好工匠精神、专业技能和信息素养，能够在现代农业、商贸流通等冷链物流领域胜任物流数据应用与管理、物流系统分析与设计、物流项目规划与运营、物流数字化管理等工作的高层次技术技能人才。

对接宁夏物流行业新职业新技能要求，在物流仓运配等专业技术技能基础上，加强表达与沟通能力、办公软件运用能力、应用文写作能力、统计与数据分析能力、英语能力等通用技能培养。进一步完善专业能力体系，加强物流规划设计能力、物流成本核算能力、物流企业现场管理能力、物流机械设备操作能力、物流信息设备操作能力及车辆配载能力、物流单证制作能力等专业技能培养。进一步拓展职业发展能力，加强逻辑思维能力、商业策划能力、合同制作能力、PS 或视频软件操作能力及标书制作能力培养，着力培养一大批复合型、高层次技术技能型职业本科物流人才。进一步优化调整物流专业职业本科课程体系，根据专业建设需要，增设物流规划与设计、物流金融、生产物流管理、物流项目管理、智慧物流设计与实施、Excel 在物流管理中的应用、商品养护等专业课程。推动课程与教育教学改革高职向职业本科升级。见表8-1。

表8-1 典型工作任务与职业能力分析

岗位群	典型工作任务	职业能力	职业素质
物流市场开发与客户服务	发掘客户，与客户沟通，针对客户需求进行方案设计和成本核算	1. 熟悉公司的业务；2. 熟练掌握物流专业知识；3. 懂基本的财务知识；4. 具有良好的语言表达能力	口头表达和文字记录能力，收集资料、汇总写作能力，合作沟通能力，身体健康
物流仓储岗位	仓储作业管理	1. 出入库管理能力；2. 单据处理能力；3. 账务处理能力；4. 库存控制能力；5. 熟练应用仓库管理信息系统能力；6. 指挥机械作业能力；7. 安全保障作业能力	信息技术应用能力、设备操作与管理能力、规划组织能力、商务管理能力、合作沟通能力、良好的职业道德、身体健康
物流配送岗位	货物配送、快递	1. 订货、采购、进货及收货能力；2. 保管、拣取、养护等作业管理能力；3. 包装、加工能力；4. 货物的分拣和组配能力；5. 制定合理的运输方案；6. 处理客户信息和投诉能力	规划组织能力、信息技术应用能力、商务交流基本能力、学习及自我发展能力、创新思维能力、良好的职业道德
成本与绩效管理	核算物流作业成本；能将物流作业成本分析应用于作业流程优化和绩效考核方案；能计算仓储、配送和货物运输作业各类指标	1. 物流费用项目进行统计、核算分析能力；2. 企业物流成本控制能力	统计报表编制、分析能力，成本核算与管理能力
企业信息管理	企业管理信息系统建设	1. 基础数据管理能力；2. 信息管理系统软硬件及安全实施维护能力；3. 采购、销售、库存管理、存货核算等作业能力；4. 处理网上订单、电子商务物流能力	经营管理能力、信息技术应用、管理能力、提高学习能力和思维分析能力

岗位群	典型工作任务	职业能力	职业素质
货物采购与供应	采购管理	1.制订采购计划能力；2.进行商务谈判、签署采购合同能力；3.财务管理能力；4.制定采购方案，实施采购经营业务的能力	合作沟通能力、规划组织能力、商务运作能力、适应环境能力、技术应用能力
运输计划与调度	运输计划制订；车辆调配、指挥、协调；单据填写、交接、归档和更新；生产工具保管；司机调配管理；车辆维修保养和燃油管理	1.熟悉运输路线和市场供求信息；2.熟悉货物特性，具有货物配载和加固的规划能力；3.有较强的协调沟通能力，能够协助上级制订工作计划和工作方案	规划设计能力、职业道德素养、合作沟通能力、成本核算能力、思维分析能力、国际货运知识、外语与计算机应用能力
物流研究员	调查研究综合分析、从事物流科学研究	1.物流方法、理论应用能力；2.物流研究能力	方法应用能力、研究能力、问题分析能力

（四）充分发挥政府的保障作用

（1）持续推动专班有效运转。一是持续推进《现代物流业高质量发展实施方案（2022年—2027年）》，落实现代物流业高质量发展工作要点，紧盯各成员单位任务分工推进情况，坚持月调度、季汇报，组织好年度包抓工作推进会议。二是进一步发挥自治区领导包抓机制作用，指导市、县（区）结合实际抓好物流工作，用好用活专班考核"指挥棒"功能，年初确定年度工作要点、年中定期跟进进展情况、年底对照逐项盘点完成情况，真正形成各部门齐抓共管，各市、县（区）协同推进的发展格局。

（2）持续抓实调查研究提升工作能力。一是更新完善统计样本和体系，加强对物流统计数据的深入挖掘分析，提升分析报告质量，做到指标数据准确，趋势分析科学，与经济发展形势相互印证、精准契合。二是依托高等院校、业内专家"外脑"，加大物流行业调查研究力度，组织开展商贸物流、供应链创新与应用、物流需求分析等课题研究，找准政策措施的落脚点和发力点，研究制定促进自治区供应链创新与应用的相关政策。

（3）持续培育专业化的物流企业。一是充分利用好现代物流业专项资金，联合财政修订资金管理办法，制定申报指南，指导五市聚焦重点领域和重点项目，选优扶强，提高资金使用效率。二是持续加强调研、培训，评选第二批自治区重点物流企业，启发自治区物流企业学习借鉴先进经验做法。鼓励有实力的企业强化资源整合，摒弃野蛮生长模式，发挥规模效应，嵌入产业链，提升价值链。动态管理好自治区、市、县三级重点物流企业库，梯次储备培育市场主体，建立 A 级物流企业后备库，持续支持企业参评国家 A 级物流企业。三是建立 2024 年重点物流项目库，指导市、县（区）加大项目谋划力度，重点抓好商贸服务型国家物流枢纽建设、物流与产业融合发展重点项目等建设，积蓄产业发展后劲。

（4）持续优化发展环境。一是强化落实政策，组织评审好示范物流园区、标准化物流器具循环共用示范项目、配合交通运输厅评选省级多式联运示范工程等项目，引导企业发展。二是办好第三届宁夏物流行业职业技能大赛和人才培训活动，持续为物流业发展汇才聚智。组织策划实施好第三届宁夏物流节活动，持续提升行业影响力。三是依托专业力量做好物流领域安全生产监管工作，守牢安全底线。

第三节　现代金融产业发展的机遇与路径

一、宁夏现代金融产业发展的机遇

（一）经济增长潜力

宁夏经济持续增长，为金融业提供了广阔的发展空间，金融机构可以通过提供多样化的金融产品和服务，满足实体经济的融资需求，促进经济增长。产业结构优化：长期以来，宁夏的产业结构主要集中在能源、化工、电子和冶金等传统产业上，这些行业的发展潜力相对较小，对于金融业的创新和多元化发展形成了一定的制约。近年来，宁夏积极推进产业结构调整，大力发展新能源、新材料、装备制造等新兴产业，同时推动传统产业的转型升级。这种产业结构的优化，为宁夏的经济增长注入了新的动力。固定资产投资增长：宁夏的固定资产投资保持了稳定增长，特别是在基础设施建设和重点产业项目上的投资不断增加。这些投资不仅推动了经济增长，也为宁夏的长期发展奠定了坚实基础。对外开放水平提高：宁夏积极扩大对外开放，加强与周边地区和国家的经贸合作，推动了外贸进出口的增长。人力资源开发：宁夏注重人力资源开发，通过发展教育、培训等，提高了劳动力的素质和技能水平。这为宁夏的经济发展提供了充足的人力资源保障。扶贫工作成效显著：宁夏一直致力于扶贫工作，通过实施一系列扶贫政策和措施，使贫困地区的居民逐步脱贫。这不仅改善了人民的生活水平，也为宁夏的经济增长创造了有利条件。综上所述，宁夏具有较大的经济增长潜力。在政策支持、产业结构优化、固定资产投资增长、对外开放水平提高、人力资源开发及扶贫工作成效显著等多方面因素的共同作用下，宁夏的经济将继续保持稳定增长，并有望实现更高质量的发展。

（二）科技创新推动

随着科技的不断进步，金融科技等新兴业态快速发展，为金融业带来了新的机遇。宁夏金融业可以积极拥抱科技创新，推动金融服务的智能化、便捷化，提高金融服务的效率和质量，满足消费者日益多样化的金融需求。金融服务智能化：宁夏地处内陆，交通不便，离金融中心地带较远，使宁夏在获取金融资源、信息和技术支持方面存在一定的困难。但是随着人工智能、大数据和区块链等技术的应用，金融服务逐渐实现智能化。这些技术使金融机构能够更准确地识别用户需求，提供个性化的金融服务。智能化的金融服务不仅提高了客户体验感，还使金融服务更加便捷、高效。数字化转型：科技创新推动了金融业务的数字化转型。通过互联网和移动金融等渠道，金融业务可以更加便捷、高效地进行。客户不再需要亲自前往银行网点，通过手机银行、网上银行等渠道即可方便地进行转账、查询、支付等操作。数字化转型不仅提高了金融服务的效率，还降低了经营成本。金融产品创新：科技创新为金融产品的创新提供了更多可能性。例如，通过大数据分析和机器学习技术，金融机构可以开发出更加精准、个性化的金融产品，满足不同客户的需求。同时，区块链技术也为金融产品的创新提供了新的思路，如去中心化的数字货币和智能合约等。科技创新对金融业的发展产生了深远的影响。技术的不断进步和创新为宁夏金融业发展带来更多的机遇。

（三）金融市场改革

我国金融市场改革不断深化，为宁夏金融业提供了更多的发展机遇。我国资本市场改革不断深化，为宁夏企业提供了更多的融资渠道和机会。宁夏金融机构可以加强与资本市场的对接，推动宁夏企业在主板、中小板、创业板等多层次资本市场上市融资，同时参与企业并购重组等资本市场活动，提升金融服务实体经济的能力。同时，金融市场的开放和合作也为宁夏金融业带来了更多的国际合作机会。宁夏可以充分利用"一带一路"倡议及地理位置优势，加强与"一带一路"国家和地区的金融交流与合作，推动跨境贸易、投资等金融业务的发展。

（四）绿色金融发展

绿色金融是国家金融发展战略，旨在通过金融手段推动环境保护和可持续发展，是宁夏未来金融业的重要方向之一。宁夏政府出台了一系列政策，鼓励和支持绿色金融的发展。这些政策包括提供财政支持、税收优惠、贷款优惠等措施，以吸引更多的金融机构和企业参与绿色金融。宁夏的金融机构积极创新绿色金融产品，如绿色信贷、绿色债券、绿色保险等，以满足不同客户在环保和可持续发展方面的融资需求。例如，宁夏银行推出了林权、排污权、用能权抵押等贷款产品，支持环保项目的实施。宁夏的绿色金融服务于实体经济，支持节能环保、清洁能源、生态保护等领域的项目和企业。这些项目和企业通过获得绿色金融的支持，能够更好地推动环境保护和可持续发展。宁夏还积极开展绿色金融领域的国际合作，与国际金融机构和企业合作，共同推动绿色金融的发展。这种合作有助于引进先进的绿色金融理念和技术，提高宁夏绿色金融的发展水平。

二、推动宁夏现代金融产业发展的路径

（一）加强金融生态建设，优化金融机构体系

金融生态是营商环境的重要组成部分，对于宁夏这样的西部内陆欠发达

地区来说，要想汇聚更多的资金，促进金融更好地服务实体经济，必须不断优化金融生态环境。第一，强化法制保障。提高金融监管执法水平，更加注重保障金融投资和金融消费者的合法权益，健全金融法律专业服务市场，规范金融法律服务，加大对各种金融法规政策的宣传力度，形成全社会普遍守法的浓厚氛围。第二，加强诚信建设。把社会信用体系建设放在更加重要的位置，建立健全企业、个人等各类市场主体的信用记录，推进政府公用信息向社会开放共享，依法保护企业的行业秘密和个人隐私信息。第三，培育征信市场。规范发展会计、审计、评级、评估、法律等中介机构。第四，积极引导激励企业的诚信经营。保持对逃废债的高压打击态势，完善失信企业和个人黑名单制度，限制失信企业的信贷行为，限制失信企业法定代表人、失信个人的高消费活动和经营活动，提高逃废债行为成本，为经济转型发展创造良好的金融生态环境。第五，加强金融人才队伍建设。金融人才作为高资本投入型人才，一直是宁夏金融发展的短板，为补齐这一短板，应建立多元化的金融人才发展投入机制，培养和引进熟悉直接融资、股权融资、风险管理、金融产品开发等方面的专业人才，为金融改革发展提供支撑。

从发展实践来看，任何转变最怕的就是思想观念因循守旧、墨守成规。如果没有思想观念上的转变，具体工作中的转变也就无从谈起。所以，必须冲破旧有思维模式和传统观念的束缚，逐步克服金融就是银行的传统金融思维，树立资本运作、市场融资的观念和信心，调动企业利用资本市场融资的主动性和积极性。

从效率视角看，同类金融机构越多，竞争越充分，金融服务实体经济的效率就会越高；从金融功能的视角看，金融机构的业态越丰富，金融功能的综合性、全面性也会越高。金融机构之间虽然存在竞争性（例如商业银行之间、商业银行与券商之间），但其分工协作所带来的正面效应大于其竞争关系所带来的负面效应（例如银行和担保公司之间）。这些不同种类的金融机构构成了一个开放的金融体系，纳入这个体系的机构越多，其系统的稳定性越高。这些机构包括法人存款性机构、外资银行、法人券商机构、法人保险机构、法人信托机构、法人财务公司、法人担保公司、再担保公司等增信机构。因此，应尽可能囊括不同种类的金融机构，起到维护系统稳定的作用，并且要更加重视法人金融机构的设立，因为法人机构具有业务开展方面的决定权。更多考虑外资机构的作用，因为外资机构的业务模式、管理经验、产品创新代表了整个金融业的发展趋势，且其对本地金融机构具有示范效应。

（二）完善金融市场体系，促进资源优化配置

由于金融组织体系的组建存在较高的固定成本，只有经济规模达到一定水平之后才能发展特定的金融体系，同时金融业才能体现出对经济增长的正向促进作用，所以强大的经济基础是金融发展的支撑。宁夏应紧紧围绕发展现代农业、重点特色优势产业，不断优化结构、提升质量。

优化融资结构，提升直接融资占比。第一，把直接融资，特别是股权融资放在突出位置。完善上市企业培育工程。健全完善企业上市后备资源库，筛选和支持实力强、成长性好的企业，综合利用财政、税务土地等经济手段，引导企业通过主板、中小板、创业板上市和"新三板"、"四版"挂牌。可对宁夏一些有实力的企业，特别是从事服务业的企业，进行改造重组，建成符合上市条件的公司；对投资风险较大、科技含量高的高新技术企业积极做好上市的推介工作；对二次创业中的民营企业，可以通过吸收部分竞争性领域的国有控股企业的股份，进行扩张，改组为上市公司。培育和引入天使投资、创业投资等风险投资，发挥好宁夏资本市场发展基金的作用，推动更多企业进入资本市场。第二，持续扩大债券融资规模。债券融资和股票融资是企业直接融资的两种方式，在成熟的资本市场上，债券融资往往更受企业的青睐，之所以会出现这种现象，是因为企业债券融资同股票融资相比，在财务上具有税盾和杠杆的作用，因此，宁夏企业应利用并放大这种效应加大债券融资力度。第三，大力培育市场中介机构。资本市场的中介机构担负着连接市场各方、盘活全局的重任。创新、延伸业务边界，很大程度上取决于中介机构的服务效率和创新能力。宁夏金融服务中介机构较少，应大力培育综合服务类券商、经纪类券商和具有证券从业资格的会计师事务所。第四，加强与沪深证券交易所、中小企业股份

转让系统、港交所等境内外交易所的交流合作与沟通，为宁夏企业上市融资创造有利的条件。促进交易市场的发展才能催生金融机构、金融产品的创新，构建多样化的投融资渠道。而资金流、信息流、人才流叠加，促进生产要素在一定范围内自由流动，可以有效解决生产要素、商品、金融产品的定价问题，为合理配置资源提供有效手段。因此应加快推进宁夏农村集体产权、集体林权交易平台建设，扩大"两权"抵押贷款试点，推进村集体资产股份权能改革试点，更大范围盘活农村资源，让"死资本"变成"活资本"。探索建立宁夏环境能源交易，促进水资源、矿产资源得到集约高效利用，助推宁夏企业转型升级。

绿色金融是我国金融发展的重要方向，也是宁夏"生态立区"的迫切需求。宁夏已经在发放"绿色贷款""绿色债券"方面作了有益探索，应在此基础上推动金融机构设立"绿色专营机构"，扩大绿色信贷规模，积极发行绿色债券和绿色票据，探索基于排污权、用能权等环境权益抵押、质押的绿色金融产品创新，从而支持低碳环保、新能源、绿色农业产业的快速发展，为宁夏的产业转型升级提供金融支持。

第四节　健康养老产业发展的机遇与路径

一、宁夏康养产业高质量发展的机遇

近年来，高品质健康生活已成为我国社会的普遍追求。随着经济社会发展程度的提高，民众的平均寿命延长，我国社会的老龄化不断加剧，统摄健康、养生、养老多领域的康养产业得到快速发展。在《健康中国行动（2019—2030年）》和国家出台若干相关政策以引导康养消费的背景下，康养产业成为各地政府和市场投资机构青睐的朝阳产业。

随着宁夏经济高质量发展的全面深入，康养产业迎来了重大的发展机遇。中共宁夏回族自治区第十三次代表大会报告中强调："建设医养康养胜地，推动生产性服务业增容扩量、生活性服务业提质升级、新兴服务业发展壮大。"宁夏"十四五"规划中也提出："推动生活性服务业向高品质和多样化升级，加快发展健康、养老等服务业。"康养产业作为一种前景广阔的产业形态，已经在国民经济中占据重要地位和份额。高质量发展康养产业不仅可以为消费者提供一种健康的生活方式，更重要的是增强民众对健康养生的意识，推动人民的生活质量不断提升。

（一）康养产业发展是应对人口老龄化的必然选择

党的十九届五中全会提出"实施积极应对人口老龄化国家战略"，这是党和国家首次把积极应对人口老龄化问题上升到国家战略高度。党的二十大报告也提出，"实施积极应对人口老龄化国家战略，发展养老事业和养老产业"。康养产业为应对人口老龄化提供了积极的应对方案，发展地域特色的康养产业是宁夏积极应对人口老龄化挑战的新部署。

按照联合国对于老龄化社会的划分标准，老龄化社会是指60岁以上人口占总人口数量的10%以上或65岁以上人口占人口总数的7%以上。我国早在21世纪初就步入了老龄化社会，并在近10年里，成为全球老龄化发展速度最快的国家。国家统计局第七次全国人口普查报告（第五号）结果显示，截至2020年底，全国65周岁及以上人口数达到1.90亿人，占总人口数量的13.5%。根据2022年宁夏统计年鉴，自治区65周岁及以上人口数69.28万人，占总人口数量的9.62%，表明自治区已经进入老龄化，未来能力弱的、无陪伴的、年龄大的老人数量将持续上升，与之相伴而生的是多样化的养老需求。面对老龄化日趋严重的情况推进康养产业的发展是有效应对健康诉求升级的必然要求，也是提高人民生活质量的重要保障。

宁夏当前自治区人口的15.7%为老年人口，数量已达110.6万人，农村60岁、65岁老年人口比例高于城镇。① 独居老人、空巢老人数量增多，很多老年人行动不便，为他们提供价格优惠、贴心的服务是迫切的需求。

（二）康养产业发展是新时代健康需求转型升级的客观需要

人们对健康的重视程度越来越高，健康领域的产品需求大幅度增长，

---

① 《乡村老饭桌的喜和忧》，《宁夏日报》2024年9月24日。

对医疗保健的成效需求、健身器械的品质保证和医疗卫生用品的质量要求不断提高，这些方面的经济支出也随之增多，逐渐成为人们提高生活水平的必需品。在社会群体中有助于自身康养发展的理念如雨后春笋般出现，比如"花钱买健康""为身心健康而旅游"的想法扎根在人们心中。不同年龄阶层的人群对康养有不同的诉求，70年代及年龄更大的人群主要是为了自己身体的机能健康；80年代的人群随着年龄的增加，同时还面临来自家庭和工作的双重压力，主要是追求身体和心理的双重健康；90年代的人群追求的是自身进一步完美的美容保养及心理健康。随着我国经济的发展、国民收入水平持续提高，人们对康养的需求从"求医问药、防病治病"的基本医疗需求，转变为"少生病、晚生病、不生病、纤体美容、延年益寿"等高层次的健康需求，从而形成了巨大的康养产业市场消费群，为康养产业高质量发展带来了前所未有的新契机。

（三）康养产业是推动第三产业升级扩容发展的要求

《关于促进老年用品产业发展的指导意见》提到，2025年老年用品产业总规模将达到5万亿元。数据显示，2019年中国养老产业市场规模达6.91万亿元，预计2030年我国养老产业市场规模将超过20万亿元，其间复合增长率将高达11.9%。康养产业是经济新常态下促进我国第三产业经济结构调整升级、培育发展动能的新发力点。

根据2023年宁夏统计公报，自治区地区生产总值稳步提升，2023年为5314.95亿元，其中第三产业增加值为2399.61亿元，占地区生产总值的45%以上，自治区转型发展进入快速发展时期。

另外，随着经济水平不断提高，自治区城镇和农村居民人均可支配收入也在不断增加，2023年自治区全体居民人均可支配收入为31604元，比上年增长6.8%。按常住地分，城镇居民人均可支配收入为42395元，增长5.5%；农村居民人均可支配收入为17772元，增长8.2%。全年自治区全体居民人均消费支出为21629元，比上年增长13.0%。其中，人均服务性消费支出为9082元，增长17.5%，占居民人均消费支出的比重为42.0%。医疗保健和教育文化娱乐等服务性支出从2017年的6266.3元增长到2023年的9622

元，呈现逐年递增趋势。

作为极具发展前景的新兴产业，康养产业的发展有利于助推新产业、新业态、新模式的创新发展，由于产业链长、覆盖面广，康养产业在自身发展的同时，能有效带动旅游、养老服务、健康管理、医药乃至信息、文化等相关产业的发展，可成为扩大消费需求的重要突破口，对拉动内需和稳定增长具有重要意义。

（四）康养产业是推动宁夏经济社会高质量发展的有效途径

康养产业的范畴很广泛，包括与康养相关的信息服务、特色产品及环境保护和生态修复等。从概念内涵上来分析，康养产业涉及自然资源开发利用及节约高效、环境的深度研发和全面保护等尊重自然、顺应自然、保护自然，为推进人与自然和谐共生助力的理念。从实践层面上来研究，康养产业的发展与良好的生态环境和丰富的农业、林业、旅游业、中医药业等自然资源紧密相关，而发展康养产业也在大力保护环境，促进生态圈不断优化升级。例如，自治区近年来充分利用地理文化等优势，建设了生态文化养生度假村、康复疗养胜地、温泉特色小镇等多个康养产业项目，初步形成了自治区医疗卫生服务稳步提高、健康养生与社会养老事业扎实推进的格局，进一步加强与有机农业、特色旅游和药材深加工等康养产业深度融合，走出一条将绿水青山变为金山银山的脱贫致富之路，形成了可持续发展的体系，为宁夏经济社会高质量发展不断提供优质的生态产品。

二、宁夏康养产业高质量发展路径

（一）加快基础设施建设

1.增加医养结合服务能力建设

加大推进社区卫生综合性服务机构建设，提升社区康复站的功能作用，加强村卫生室与农村康养机构、残疾人照护机构统筹建设。整合医疗卫生、养老服务、残疾人康复及社区等服务功能，建设一批康复、护理机构和社区医养结合服务中心（站），实施一批基层医疗卫生机构医养结合服务能力提升示范项目。大力发展居家、社区、机构医养结合服务，探索建立"医护康养一体化"的家庭医生签约服务新型模式，大力支持有条件的医疗卫生机构为老年患者提供家庭版病床、上门理疗等服务，建立养老服务机构设立医疗服务站点体系，第一时间提供医疗卫生服务。增加公办养老机构护理型床位供给，增设安宁疗护床位，满足不同群体的护理需求，支持社会力量举办安宁疗护服务机构或提供安宁疗护服务。建设自治区医养结合服务管理平台，形成线上线下一体化全流程医养服务及管理模式。

2. 增加社区服务人群的养老设施

积极推进落实社区养老配套设施同步规划、同步建设、同步验收、同步交付的工作规则，在社区层面建立嵌入式养老服务机构，利用空置公租房，免费为老年人提供生活照料、助餐助行、紧急救援、精神慰藉等服务。抓牢抓实部门监管职责，确保养老服务设施交付产权人后用于社区养老服务。加强农村老饭桌、互助院等养老服务设施建设，推广农村邻里互助的助餐模式。支持有条件的地方通过购买服务方式，大力发展老年人急需的助餐、助浴、助急、助医、助行、助洁等服务，鼓励优质社会餐饮企业参与养老助餐服务。

3. 增加老年友好型居住环境设施

充分考虑老年人社会交往、出行便利和日常生活需要，将适老化设施建设纳入城镇老旧小区改造内容。尊重居民意愿，通过产业引导、业主众筹等方式，统筹推进适老化设施改造，通过开展场所无障碍改造、有条件地加装电梯等措施，为老年人提供安全、舒适、便利、宜居的环境。采取政府补贴的方式，对所有纳入分散特困供养的失能、高龄、残疾老年人家庭给予最急需的适老化改造、安装紧急救援设施。鼓励成年子女与老年父母就近居住或共同生活，支持社会资本投资老年宜居环境建设、老少同居社区、专业化养老社区等更多适合老年人居住的商业住宅产品，加快老年友好型居住环境建设。

（二）拓展康养产业潜在市场

1. 提升康养产业市场消费需求空间

正确引导老年人的消费观念，进一步激发老年人潜在的消费需求，充分发挥老年人消费对社会经济的重要推动作用。推动老年人商业服务体系建设，鼓励企业设立线上线下融合、为老年人服务的专柜和体验店，创造便利消费条件。打造自治区老年用品和康养产品展示中心，建立集展示、体验、租赁、销售为一体的康养产品适配服务信息平台，鼓励各大电商平台、零售企业开展"孝老爱老"购物活动，提升老年人生活品质。制定完善老年用品和服务目录、标准，不断提升产品和服务质量，强化健康养老产业标准实施监督管理。

2. 加大康养产业金融服务支持力度

为进一步完善健康养老金融支持做好项目储备，全力争取中央及地方的资金支持。鼓励合格投资者按市场化方式发起设立各类健康养老产业发展基金，引导金融机构、国有企业、社会资本参与投资宁夏健康养老产业，加快形成投资主体多元化、投资方式多样化的投资机制。探索开展基础设施不动产信托投资基金（REITs）试点，拓宽社会资本投资渠道。加大财政投入，采取贴息、先建后补、以奖代补等方式，引导支持健康养老产业龙头企业发展和重大项目、示范基地建设。积极开展政银企合作，创新符合健康养老产业特点的金融产品和服务。有效利用外资发展宁夏健康养老产业。鼓励政策性银行和商业银行，出台针对健康养老产业的专项信贷政策，提高对养老企业信贷的支持力度和精度。

3. 推进康养产业市场智慧化创新发展

鼓励康养企业加大老年用品创新力度，支持开发、推广应用适合老年人衣、食、住、行、医及文化娱乐等各类安全有效的健康辅具、文旅用品、服装服饰等老年用品用具和适老化产品。积极推广社区、养老机构老年人康复辅具租赁，探索建立养老机构和服务场所购买使用老年人康复辅具补贴制度。支持石嘴山市、吴忠市、固原市集聚发展老年功能器械制造、老年功能性保健食（饮）品生产、老年服饰生产、特色中药材加工等涉老产业；鼓励支持银川市在可穿戴便携式监测、居家养老监护等智能养老设备研发研制生产方面进行产业布局；支持中卫市发展大数据、人工智能、虚拟现实等新技术，加强其与智慧养老融合。

（三）深入打造"康养+"产业品牌项目

1.做实"康养+农业"品牌项目

以绿色、有机、品质、安全的健康食品为重点，着力打造健康养生食药材生产基地。推进绿色食品、有机农产品和地理标志农产品等特色优质农产品建设。积极发展以特色杂粮、奶制品为主的长寿食品、富硒食品、特色药食材等，塑造"宁字标"健康养生葡萄酒品牌，提高市场竞争力。加快食药物质研究成果的转化应用，深化发展优质道地药材食用产品深加工项目合作，重点发展保健食品和中医保健等产品。支持枸杞、甘草等相关深加工企业，以保健食品、特殊医学用途配方食品为重点，研发老年功能性特色健康养生产品。培育壮大一批健康食品龙头企业，塑造健康养生食品品牌，提高市场竞争力。

2.做实"康养+工业"品牌项目

支持引导企业发展植介入医疗器械、康复治疗设备、中医理疗设备及康复辅助器具、电动轮椅等产业。加快发展医用生物材料及高端耗材产品，重点开发可降解生物材料、表面改性及生物功能化修饰技术、生物材料纳米制备技术等。加快开发细胞处理试剂盒、体表（体内）止血材料、海藻生物胶、手术防粘连材料、生物黏合剂、功能性敷料、生物活性骨修复（固定）材料、心脏震波仪、可降解缝合线等产品，形成技术和产品优势。开发生产医用氧气加压舱、医用口罩、防护服、红外线体温计、检测试剂等医用物资。研发生产适于家庭简便操作的健康检测、监测产品及自我保健、功能康复等器械，引入小型家用、可穿戴、远程诊疗等移动医疗产品。支持中医针灸、刮痧、拔罐等诊疗活动应用的传统中医医疗器械和四诊仪、经络检测仪、电针治疗仪等中医药理论与现代科学技术相结合的现代中医医疗器械研发生产。

3.做实"康养+医疗"品牌项目

（1）构建优质高效医疗卫生服务体系品牌。优化医疗卫生资源布局，科学规划医疗机构设置，坚持立足宁夏、辐射周边，服务"一带一路"的战略定位，积极争取推进国家区域医疗中心建设，加强自治区级区域性医疗中心建设，提升重点疑难疾病诊疗能力。稳妥推进高水平社会办医，鼓励社会力量进入专科医疗、第三方医疗服务、康复、护理、前沿医疗技术应用等领域，打造运动医学、医学美容与抗衰老等特色高水平医疗服务产业。

（2）推动发展健康医疗产业和前沿医疗服务。壮大医疗健康产业规模，引进和培育一批具有资源集聚力、市场竞争力、行业影响力的"互联网+医疗健康"企业，助推医药产业发展和转型升级，培育经济发展的增长极。以高水平医院为基础，加强公共卫生服务平台建设，打造一批医学检验、医学影像诊断、病理诊断、医疗消毒供应等高端健康产业。建设互联网医院，搭建自治区一体化全民健康信息平台，深化宁夏互联网医院（"互联网+医疗健康"一体化平台）建设和应用。

（3）推广智慧医疗健康服务。推进"互联网+医疗健康"示范区建设成果应用，利用远程医疗服务体系、远程诊断中心，推动实现诊疗时间、诊疗地域、诊疗内容全覆盖。探索智慧就医、智能查房、移动医护、智能药房、5G远程医疗服务等应用。对接医疗机构和养老服务资源，促进医院、养老机构、社区、家庭信息互联互通，利用远程医疗、远程会诊及可穿戴智能设备等，推动大数据分析在疾病监控、医疗辅助决策等方面发挥重要作用。

4. 做实"康养+旅游"品牌项目

依托"塞上江南·神奇宁夏"独特的地貌、气候、自然资源与休闲养生、康复疗养、健康管理等有机结合，发展培育省际候鸟式、疗养式、休闲式、田园式等适合老年人的旅游新业态。将中医养生保健服务和中医老年健康、中医药健康旅游、中医药健康产品、葡萄酒产业、旅游产业相结合，针对不同人群特点，开展老年重病患者康复理疗、亚健康人群正念减压、季节性治未病、休闲游憩、沙疗沙浴、温泉疗养等健康养生项目，打造具有宁夏特色、优势突出的中医药健康旅游养生品牌。打造一批以休闲养生、健康养老、生态疗养、康养综合体等为核心内容的旅居康养示范基地，加快建设一批候鸟式养老群落、健康养老服务综合体，着力培育一批产业特色突出、示范效应明显、辐射能力强的健康养老产业集聚区。支持社会资本参与旅居康养服务，鼓励支持培训疗养机构、酒店、民宿等升级改造、转型发展旅居康养床位，增加旅居康养服务供给。建立闽宁等跨区域异地养老战略合作机制，整合区内外康养资源，打造集信息咨询、服务订购和健康管理于一体的智慧养老服务信息平台，为来宁旅居康养人群提供高效便捷服务。如固原市围绕"天高云淡六盘山"打造医养康养胜地，中卫市围绕"沙漠水城·云天中卫"打造休闲度假旅游目的地。

5. 做实"康养 + 运动"品牌项目

加快老年人健身基础设施扩容升级，支持打造一批健身休闲综合服务体、体育公园、体育产业示范项目，创新老年健身休闲运动项目推广普及方式。进一步优化市场环境，引导社会力量参与老年健身休闲运动设施的建设运营，鼓励建设适合老年人的城乡社区智慧健身休闲运动中心（馆）、智能健身路径。支持各地建立老年健身休闲运动消费引导机制，鼓励发展各级老年人体育协会和多种形式的群众体育赛事活动，拓展健身休闲、竞赛表演、体育旅游等消费新空间，丰富节假日体育赛事供给，提升老年健身休闲运动消费的群众参与度、普惠性。打造具有区域特色的健身休闲示范区、健身休闲产业带。支持和推动各地规划建设体育产业园区或在现有产业园区布局体育制造业，重点发展体育用品及器材制造、体育运动服装及鞋帽制造、体育智能与可穿戴装备制造、户外运动器材制造等，打造一批体育制造业集群。

（四）充分发挥人力资源效能

1. 吸引周边城市的农村剩余劳动力

根据第七次全国人口普查数据，毗邻自治区的陕西榆林市常住人口为362.47万人，乡村人口为139.19万人；甘肃平凉市常住人口为184.86万人，乡村人口为102.1万人；内蒙古鄂尔多斯市常住人口为215.36万人，乡村人口为48.56万人。自治区相对周边城市拥有较强的工业基础和医疗卫生服务优势，通过数据分析，根据雁阵模型理论，制定完善的产业高质量发展政策，承接从东部沿海发达地区转移来的劳动密集型康养工业，吸引周边城市的一部分剩余劳动力到自治区各市县充分就业，同时制定相对优厚的户籍政策，从而提高城市化率，满足自治区康养产业高质量发展市场对劳动力的需求。

2. 大力培养康养产业专业人才队伍

出台相应政策，引导高等院校或者职业（技工）院校充分发挥现有资源，全面开设与康养产业相关专业和课程，依托职业（技工）院校、二级以上医院和大型（连锁）养老机构建设一批养老服务实训基地。持续开展养老服务管理人才、养老护理员、营养配餐师、康复理疗师等专业人才培训，以满足自治区康养产业的进一步发展需要。

3. 逐步完善健康养老人力资源保障体系

加强与自治区内外科研院校和知名养老机构合作，引进和培养一批掌握健康养老服务领域先进管理经验和技术的专业人才，逐步完善包括专业化服务人员、志愿者队伍等在内的健康养老人力资源保障体系。打造一批由高端管理人才领衔的，成熟、稳定、高效的养老创新创业团队。探索建立养老服务从业人员信用评价体系和养老服务人才统一评价机制，建设养老服务从业人员信息库，对养老服务人员实行统一登记管理服务，为健康养老服务提供充足的人才支撑。

（五）强化康养产业发展的政策供给

1. 积极扩大跨地区异地就医医保费用结算的政策范围

坚持以人民健康为中心，深化医保领域"放管服"改革，增强服务意识，创新管理方式，适应人口流动和就业转换需求，完善医保关系转移接续政策，积极推进跨统筹区基本医保关系转移接续工作，实现基本医保关系转移接续"跨省通办"，扩大异地就医直接结算范围。充分发挥自治区相对优势，进一步加强自治区康养产业特色品牌医疗机构建设，将相关医疗费用纳入异地就医医保直接结算范围。

2. 出台将部分康养项目纳入医保费用结算范围的优惠政策

除医疗卫生机构外，着力打造一批特色康养产业项目，从有差异性精品项目开始，实现异地接受康养项目的医保费用直接结算。这样不仅可以减轻消费者的经济压力，还可以通过提前的康复疗养，实现从治已病到防未病的转变，更重要的是有利于自治区康养产业高质量发展。

3.大力提升养老服务从业人员的待遇水平

引导康养服务机构将专业职业技能等级与自身工资收入、职务晋升相挂钩，激发从业人员工作的积极性和创造性。对在养老服务机构就业的医生、护士、康复医师、社会工作者等具有职业或执业资格的专业技术人员，执行与医疗机构、福利机构相同的职业评定和晋升政策。定期组织养老护理人员职业技能竞赛等评比活动，锻造高技能专业人才和裁判员队伍。探索建立人才褒奖机制，发挥舆论宣传引导作用，提高养老护理人员社会地位。

第五节　电子商务产业发展的机遇与路径

一、电子商务产业发展的机遇

2020年底召开的中央经济工作会议指出，要大力发展数字经济。农村电商是"互联网＋农业"融合的重要形式，不仅能够贯通生产与市场，连接城市与农村，而且是推动乡村振兴取得新进展、农业农村现代化迈出新步伐的巨大引擎。

自治区党委、政府坚持以习近平新时代中国特色社会主义思想为指导，巩固拓展脱贫攻坚成果，深入实施乡村振兴战略，着力推动宁夏农村电商发展，出台了一系列促进宁夏农村电商发展的配套政策措施，致力于培优农村电商发展环境，完善信息基础设施和物流服务体系，使宁夏农村电商队伍快速发展壮大，实力不断增强。贯彻落实党的二十大精神和中央经济工作会议精神，聚焦开辟宁夏农村电商发展新路径，要抢抓数字经济发展的重大机遇，补短板、强弱项、破瓶颈，全力推动农村电商高质量发展。

（一）电子商务助力乡村振兴的发展机遇

在传统的经济模式下，大部分农村地区，尤其是偏远乡村，面临着信息闭塞、交通不便、缺乏销售渠道、难以适应现代商业经济等困难，很多地区有品质优良、具有特色的产品。电子商务的兴起迅速拉近了城乡距离，推动乡村商品"走出去"，促进乡村振兴。

中央大力推动乡村振兴，大力建设乡村交通、水利、通信等基础设施，以乡村特色产品、生态旅游等产业推动经济与生态协调发展，电子商务是重要的媒介。乡村振兴是电子商务的重大机遇。

党的十九大提出实施乡村振兴战略，加快我国农业农村现代化新征程。农村电子商务作为实现乡村振兴的重要抓手，在调动乡村经济活力、激活乡村经济潜力、转变农村经济发展新模式方面带来了新动能。

国家将发展数字乡村作为推进农业农村现代化的重要战略，取得了积极成效，形成了一批可供借鉴与推广的经验。2024年9月9日，全国数字乡村建设工作现场推进会在四川绵阳召开，提出补齐乡村信息化发展短板，培育发展新质生产力，推进数字治理现代化，增强乡村信息化支撑保障能力，探索数字乡村发展长效机制等主要任务，系统推进数字乡村建设。

目前，中国农村电商发展仍然存在一些亟待解决的问题，如物流运输价格较高、快递不能到村、商品退换货服务匮乏、"三无"商品较多等，使商家和顾客之间易发生消费纠纷，阻碍了农村电商的进一步普及和发展。

（二）跨境电商发展机遇

以跨境电商出海带动外贸转型升级和产业链、价值链重塑的行业新趋势正在形成，跨境电商行业已成为当前逆全球化、单边主义冲击背景下中国稳住外贸基本盘的重要力量。据中国海关统计，2017—2022年中国跨境电商进出口总额增长近10倍，2022年进出口规模为2.1万亿元，比2021年增长7.1%，占我国货物贸易进出口总值的4.9%。

目前，中国跨境电商发展具有以下特点：创新能力增强，带动实体经济转型升级，如B2B2C、M2C及C2M模式推动了企业新的海外发展方式；跨境电商全球布局扩大，开拓国际国内潜在市场，中国跨境电商企业不断扩大境外投资并购规模；跨境电商监管体制逐步完善，营造良好发展环境，贸易便利化水平不断提升。

跨境电商还面临着中西部地区发展滞后、对带动B2B业务发展方面缺乏有效的推进方式、监管体制尚需完善、国际环境发生剧变等一系列内外部问题。

（三）电子商务数智融合的发展机遇

数字经济是牵引经济发展的新动能，数字商务作为数字经济的重要组成部分，在助力商贸领域企业提升经营能力、实现降本增效、推动转型升级等方面具有重要作用。加快培育和壮大数字商务企业，对于鼓励和引导更多企业积极应用先进信息技术创新发展，加快企业数据赋能，引导市场主体向数字化、网络化、智能化发展具有重要意义。

二、电子商务产业发展的路径

（一）加强统筹规划促进产业体系发展

按照政府主导、社会参与、协会引领、市场推进、金融支持、媒体助力的原则，统筹推进电商产业发展，构建促进电商产业高质量发展的"四梁八柱"。建立健全工作调度、报告和考核等制度机制，设立专项基金，为中小企业提供支持。加强统计、市场监管、物流、工信、商务等部门及相关行业的沟通和协作，完善政府统计和行业统计互为补充的统计方式，形成互相支持、信息共享机制。

1. 拓展全面电商平台

宁夏电商应加强孵化园和乡村站、点建设，整合力量为拓展销售渠道、降低流通成本提供支撑。推动建立县、镇、村微商服务平台，探索建立线上店、线下店、微店"三店合一"模式。商贸流通、工业、旅游、文化、农业、餐饮、民宿等行业积极开展电商活动，实现由传统型向电商型的转变。整合项目资金，推进电商与贸易流通、工业生产、金融服务等领域联动发展，知名电商企业设立分支机构，实现"买全国、卖全国"的网络销售目标。

2. 加强行业监管

行业内部健全完善信用监管体系，加强与税务、银行等金融部门的信息共享，对纳入"异常经营名录"的失信企业进行重点监管。结合"大数据智慧监管系统"和日常走访摸排，严格落实亮证、亮照、亮规则、规范经营等主体责任和义务。结合"12315"投诉举报、舆情收集等渠道，及时发现违法线索，受理网络投诉，严厉打击不正当竞争行为，切实维护公平有序的市场竞争环境。

3.构建综合物流网络

加强对物流企业的培育、扶持、引导，整合快递物流行业，形成产业集聚效应。合理利用物流快递补贴政策，逐步解决物流成本高问题，助力物流行业的高速发展。物流企业加强协作、抱团发展、降低成本、互利共赢，构建以城区为中转、乡镇为基点、村户为终端的城乡一体化综合配送体系。

大力推动仓储设施的基础建设，依托物联网技术、信息化工具和电子设备建设信息化的农产品仓储系统，实时监测温度、湿度，做到控温控湿，整体把控农产品储藏环境，全智能检测产品储藏流程，为农产品的保存打下基础。加快生鲜冷链物流建设，提高冷链物流供给能力，服务于自治区具有季节性、易腐性特点的农产品、畜产品发展的需要。在极大提高农产品的品质和新鲜度、减少农产品在保存和运输中损耗的同时，调动农民的从业积极性。

（二）加强产业融合深度

1.培育特色电商品牌

按照"一村一品"思路，对农产品进行"地标保护""绿色""有机""无公害""非遗"等资质申报认证。积极培育乳制品、亚麻籽、粮油食品、调味品等品牌，围绕畜产品、农产品等土特产品，统一策划、包装、设计，提升产品档次和知名度。提升葡萄、富硒苹果、牛羊肉等优势产业的质量安全，在确保网销产品质量过关的同时，对农产品进行深加工，提高产品附加值，进一步提高产品销售价格。

2.强化农产品品质监管

生产出品质达标的特色农产品对于电商的持续高质量发展至关重要，要加强质量监管，从源头上保障农产品高品质。首先，农民和生产者要加强对农产品品质重要性的理解，增强品质观念。其次，政府和有关部门介入来严格规范农产品生产、加工和营销流程，避免出现农药残留超标、产品不合格等质量安全问题。最后，通过电子商务营销平台，对农产品品质进行检测、抽样调查和分析，把控产品的合格率。更重要的是，电子商务企业制定适应电子商务的农产品质量、分等分级、分拣包装等标准，推行无公害农产品、绿色食品、有机农产品和地理标志农产品品牌化建设，保证农产品质量安全和信用度。农产品品质监管不仅离不开生产阶段的管控，还要深入营销服务、商品储存和物流运输等工作中，保证各个环节监管到位，尤其要注重电商企业系统化运营安全管理。

（三）加强人才与资金支持力度

1.强化人才培养

农村电商要发展，离不开一支爱农业、懂技术、善经营的人才队伍，要积极开展电商招才引智工作，为产业发展提供人才支持。在人才引进方面，引导具有实践经验的电商从业人员返乡创业，扶持农村青年、大学生、农业合作社等开办网店，定期开展电商知识下乡活动；聘请专业人士对产业大户、龙头企业、网店店主等开展针对性实操培训，培养本土网销人，多途径、多形式宣传家乡特色产品，扩大宣传推广效应。在人才培训方面，建设电商人才实训基地，建立人才信息库，开展线上线下模式推动原本的农村电商从业者学习专业的电子商务，发挥这些人员的专业优势和技术优势；要着力推动自治区大中专院校与电商企业建立人才培养合作机制，设立企业实训基地，推动校企村密切合作，请专家指导教学，搭建全方位、多角度的学习平台，对电商专业的学生进行专业化的实操培训，为宁夏电子商务发展注入更多新鲜活力，共同推动电子商务产业健康高速发展。

2.加大金融支持力度

针对农村电商，积极鼓励银行或信用社等金融机构加大对电商产业的支持，提供优惠的贷款服务及合适的金融产品，同时建立和完善风险控制体系，保障好农村居民账户信息和资金安全。政府及相关部门可以加大对想要进行电子商务创业的农村返乡青年的授信程度和贷款支持力度，同时对符合条件的电商创业群体，制定相应的贷款和补贴政策，调动他们创业的积极性。积极营造规范有序的市场环境和营商环境，加强网络市场监管，坚决杜绝假冒伪劣产品进入销售市场，对一切不正当竞争等违法行为坚决打击；积极维护公平竞争的市场秩序，不断推进电子商务诚信建设。

第六节　会展博览产业发展的机遇与路径

一、会展业发展面临的机遇

会展业是"六优"产业的重要产业之一，具有带动性强、关联度高等作用，是连接各大产业、市场和各生产要素的重要纽带，当前在促生产、提消费、扩贸易、稳就业、推广创新技术等方面的作用日渐显现，已经成为地区产业高质量发展重要的动力型产业。在构建新发展格局和提振市场活力方面，会展产业作为极具创新空间和发展潜力的产业拥有良好的发展机遇。

中阿博览会是宁夏回族自治区具有政治意义和经济增长潜力的重要展会，中阿博览会也面临着重要的机遇，主要有以下四个方面。

第一，中阿战略伙伴关系高质量发展。中阿关系即将上升为国家领导人或政府首脑级别。当前，中阿关系机制化程度是"战略论坛型"，仅次于中国与东盟、欧盟和中东欧的"首脑峰会型"。中国－阿拉伯国家合作论坛第九届部长级会议通过的《安曼宣言》明确指出，进一步加强全面合作、共同发展、面向未来的中阿战略伙伴关系，实现共同发展和互利共赢，努力携手打造面向新时代的中阿命运共同体，为推动构建人类命运共同体作出贡献，并将此议题提交未来的中阿峰会。这标志着中阿关系发展的美好前景，中阿关系各方的协调力和落实力也会随之提升。

第二，中国加快构建新发展格局。中阿经济循环是构建新发展格局的应有之义，也是促进国际大循环的重要环节。阿拉伯国家为了更好地促进经济发展、增加就业、改进民生，加强与中国等国家的合作是明智选择。因为中国拥有规模体系最完善、强大的工业体系和全球最顶尖的基础设施能力。从中阿双方来看，加强中阿合作、畅通中阿经济循环和产业关联，符合中阿双方的共同发展利益和人民福祉，也符合中阿各国的发展要求。

第三，地方合作成为推动"一带一路"高质量发展的内生动力。江苏、浙江、四川等省份积极利用中阿博览会的平台高质量建设"省国对接"的对外经贸合作，通过主宾国、主宾省制度，越来越多的省份积极地加入各个领域的对阿经贸合作中，为高水平推动"一带一路"建设提供了更好的机遇。同时，中阿关系不断发展，中国同阿拉伯国家在"一带一路"、产能合作等领域的合作不断增多，务实合作不断增强，7个阿拉伯国家成为亚洲基础设施投资银行创始成员国。现在中阿工业合作，特别是园区建设和基础设施建设既有央企、国企的积极参与，又有各地的民营企业融入其中。中阿经贸合作，一方面促进了新发展格局的建设，另一方面为中国的产业链、供应链发展开创了更为广阔的市场和更具前景的机遇，而各个领域的深入合作为中阿关系的高质量发展提供内生动力。

第四，中国与阿拉伯国家合作共建"绿色丝绸之路"，积极建设"一带一路"生态环保大数据服务平台和"一带一路"绿色发展国际联盟。宁夏和阿拉伯地区的文化、气候具有一定程度的相似之处，推动共建"绿色丝绸之路"是中国参与全球气候环境治理、践行绿色发展理念的重要国际倡议。阿拉伯国家积极出台发展非油产业、加大绿色经济投入和生态环境治理的发展战略，例如，沙特、阿联酋、巴林等国的"2030愿景"，阿尔及利亚和科威特的"2035愿景"等。中阿双方在荒漠化防治、清洁能源、国际产能合作与基础设施建设的绿色化、绿色贸易、绿色金融等方面合作潜力巨大，一些项目和发展计划颇具示范意义。例如，2020年5月，由哈尔滨电气集团有限公司总承包的迪拜哈斯彦"4×600MW"清洁燃煤电站项目1号机组一次并网成功，成为中国制造在中东地区首个清洁煤电项目。埃及政府计划到2035年将清洁能源发电量占总发电量的比例提升至40%。

二、会展博览产业发展的路径

会展博览产业是一个集人流、物流、资本流为一体的系统性工程。为创造出适合会展博览产业高质量发展的服务环境，宁夏对会展博览产业进行了系统性的创新和全过程的提升。具体有以下几个方面。

（一）会展行业层面

1.拓展优化进出口通道

宁夏大力推进公、铁、海联运模式，打造高效便捷的出海通道，搭建起涵盖国际铁路、铁海联运、卡车班列等多种运输方式于一体的国际货物体系。2022年，通道目的地已覆盖中亚五国、蒙古、俄罗斯、匈牙利、越南、老挝以及印度、美国、日韩等18个国家，运送货物货值达4.3亿美元。目前银川河东国际机场共有109条航线，2023年5月底银川—香港定期航班正式复航，宁夏借助香港国际机场构建往来东南亚和大洋洲的便捷空中通道，对将银川河东国际机场打造成面向"丝绸之路经济带"沿线国家门户枢纽机场起到重要推动作用。下一步，宁夏还将复航银川至迪拜航线，开启银川至阿拉伯国家的空中通道。

2.打造代表性会展，不断强化会展博览产业发展载体

自治区将创办行业代表性展会作为推动会展博览产业高质量发展的重要举措。2023中国算力大会搭建算力政产学研用沟通交流合作平台，举办"算力中国"创新成果展等活动，现场规模近6000人次，形成合作成果36个，发布了"1268"成果体系，有力扩大了"西部数谷""中国算力之都"影响力。养老服务业博览会组织参展企业517家，吸引近3万人观展，形成合作项目26个，有力提升了宁夏养老产业发展的市场广度。国际肉类产业博览会、宁夏美食文化节、"数商兴农"直播电商产业发展论坛、现代物流高质量发展高峰论坛等活动，架起会展博览与商贸流通的桥梁，助推技术创新、行业交流、产业发展。中阿旅行商大会、丝绸之路黄河文化旅游博览会已成为推动宁夏文化产业发展的重要引擎。种业博览会、西部国际煤炭与高端能源产业博览会等一批具有行业影响力的专业性、市场化展会，

在引领产业创新发展、促进产业结构升级方面发挥了重要作用。

3. 做强国家级平台，不断提升会展博览产业影响力

第六届中阿博览会成功举办，"1+8+2"论坛活动精彩纷呈，国际、国内、宁夏、专业4大展区爆棚，观展人数突破35万人次；来自65个国家和地区、49个国家部委和兄弟省区政商学界的参会参展嘉宾达1.12万人，其中工商界人数占比达82%；签约成果403个、协议金额1710亿元，其中宁夏引进项目271个、协议金额1151亿元。中国（宁夏）国际葡萄酒文化旅游博览会签订融资、投资、销售类项目224个，协议总金额达307.2亿元，进一步加强了宁夏同世界主要葡萄酒国家及国内葡萄酒产区的合作交流。两个国家级展会向世界展示了自信开放、充满活力的中国形象，得到国际国内社会各界的广泛赞誉，国家级平台载体能级不断跃升。

4. 广泛宣传推广，不断促进会展博览产业交流互鉴

商务厅组织500余家企业参加进博会、消博会和广交会等20场国内知名专业性和综合性展会，赴日本、泰国、德国等国家（地区）参加境外知名展会，促进经贸合作交流。农业农村、文化和旅游等部门组织企业参加食博会、预博会、薯博会、海峡两岸文博会、旅游产业博览会等展会，交流发展经验，促进产业发展。宣传部重点开展中阿博览会、葡萄酒文化旅游博览会、枸杞产业博览会和国际肉类博览会宣传活动，借助知名媒体平台实现全网点击量超过42.9亿人次。

（二）产业基础层面

1. 在品牌培育和壮大主体上持续发力

研究制定中国-阿拉伯国家博览会中长期发展规划，以更高站位、创新理念、务实精神谋划中阿博览会各项活动。推动银川市聚焦全产业链、吴忠市聚焦绿色发展、石嘴山市聚焦工业转型、固原市聚焦绿色食品、中卫市聚焦数字经济，进一步构建以国际性会展品牌为龙头，以区域性会展品牌为支撑，以节会赛事为补充的会展博览品牌体系。培育引进国内实力雄厚、专业化程度高、竞争力强的会展企业落户或设立分支机构。支持会展企业、商协会组织或专业机构加快引进或创办符合宁夏产业发展方向、具有国际知名度和行业影响力的会展项目，壮大规模效益，提升人均效能。鼓励会展企业取得中国展览馆协会、国际展览业协会等国内外知名会展行业组织认证，支持企业专业化发展。力争引进会展博览企业10家以上，培育年收入3000万元企业5家以上、年收入2000万元企业8家以上。

2. 在优化环境和服务保障上持续用力

加强与国内有实力的经营主体合作，探索以"自治区 + 银川市 + 投资公司"模式成立混合所有制公司，推动市场化运作，在银川建设改造一座适应宁夏发展需求的专业会展场馆。发挥会展博览安全协作机制，组织开展突发事件处置演练和大型活动安全保卫专项培训，制定应急预案，严防重特大公共安全事件。强化人才培养，建设会展产教研融合实训基地。倡导绿色会展，鼓励推广绿色产品和技术，营造产业发展新生态。持续深化商事制度改革，进一步优化审批环节，压缩审批时限，提升服务质效，推进大型活动项目"一网通办"。深入落实《展会知识产权保护指引》，不断优化展览会、博览会知识产权维权援助站的服务功能。加大地理标志品牌价值培育，促进地理标志品牌线上线下展会宣传推广。

3. 在多元融合和产业链建设上持续发力

促进商务、文化旅游、农业农村等部门、市县（区）联动，推动"会展 + 招商""会展 + 消费""会展 + 文旅""会展 + 节庆赛事""会展 + 优势产业"深度融合，支持县区会展博览创新转化，借助酒庄、景区、街区、广场等多元条件，逐步打造标志性会展博览活动。支持数智化会展，鼓励企业线上线下融合办展，举办"云展示""云洽谈""云签约"。大力推进会展产业链上下游企业协同发展，支持集展台设计、材料加工、模型制作、宣传印刷等服务为一体的展览工厂建设，健全会展博览产业链。

后　记

　　宁夏提出建立以"六新六特六优＋N"为支撑的现代化产业体系，是将"因地制宜发展新质生产力"落到实处的具体规划。本书是在中共宁夏区委党校（宁夏行政学院）经济学教研部详细调查宁夏重点产业的发展条件、现状、问题、机遇，并探索其发展路径的基础上汇集而成，是集体智慧的结晶。参与撰写的人员主要有中共宁夏区委党校（宁夏行政学院）经济学教研部刘雪梅、杨丽艳、朱丽燕、李园、宋克玉、董俭堂、刘彩霞、周彤云、芦建红、梁旭晖、孙治一、汪砚、王雪虹、张满闯及北方民族大学杨青清等。

　　希望书中的内容能为读者了解宁夏发展"六新六特六优＋N"现代化产业体系的实践作出一点贡献。希望本书能够起到抛砖引玉的作用，促使读者思考宁夏建设现代化产业体系的路径，汇集集体力量共同建设美丽新宁夏。